# Das Plakat in der Schweiz

Mit 376 Kurzbiographien von Plakatgestalterinnen und Plakatgestaltern

EDITION STEMMLE
SCHAFFHAUSEN · ZÜRICH · FRANKFURT/M · DÜSSELDORF

Verlag

Edition Stemmle

Autoren

Willy Rotzler
Fritz Schärer
Karl Wobmann

Mitarbeiter

Tapan Bhattacharya-Stettler
Therese Bhattacharya-Stettler
Thomas Bolt
Christian Jaquet
Werner Jeker
Ruedi Külling
Martin Kunz
Stefan Paradowski

Themen und Gestaltergruppen

Künstlerplakate
Photoplakate
Schriftplakate
Modeplakate/PKZ
Politische Plakate
Sportplakate
Theaterplakate
Touristikplakate
Magie des Gegenstandes
Das Plakat im Tessin
Lehrer an der Schule für Gestaltung Basel
Plakatgestalter in Bern
Das Plakat zwischen Kunst und Kommerz
Ein Plakatwettbewerb der Klubschulen Migros

Bildlexikon der Schweizer Plakatgestalter 1890–1990

Beiträge zu einzelnen Gestaltern

Aeschlimann Roland
Baumberger Otto
Bickel Karl
Brühwiler Paul
Brun Donald
Bundi Stephan
Cardinaux Emil
Coigny Christian
Erni Hans
Falk Hans
Geissbühler K. Domenic
Jeker Werner
Jost Heinz
Keller Ernst
Leupin Herbert
Mangold Burkhard
Müller-Brockmann Josef
Odermatt Siegfried
Peikert Martin
Pfund Roger
Piatti Celestino
Steinemann/Clemenz
Stoecklin Niklaus
Tissi Rosmarie
Troxler Niklaus
Wirth Kurt

# Inhalt

| | |
|---|---|
| Gestaltung | Odermatt & Tissi, Siegfried Odermatt, CH-8001 Zürich |
| Farbphotos | Hans Hinz, CH-4123 Allschwil |
| Plakatreproduktionen | Andreas Müller-Franz, CH-8032 Zürich |
| Photolithos | Ast + Jakob AG, CH-3098 Köniz<br>Marti Repro AG, CH-3032 Hinterkappelen<br>R plus R, CH-8945 Geroldswil |
| Satz | Partnersatz AG, CH-3027 Bern |
| Druck | Meier + Cie. AG, CH-8201 Schaffhausen |
| Buchbinder | Buchbinderei Burkhardt AG, CH-8617 Mönchaltorf |

Die Herausgabe dieses Buches erfolgte mit Unterstützung
des Migros-Genossenschafts-Bundes und der Cassinelli-Vogel-Stiftung Zürich.

ISBN 3-7231-0404-5

# Vorwort

Plakate sind Spiegel. Spiegel zunächst für die Gesellschaft, von der sie und für die sie massenweise und unausweichlich zum Aushang gebracht werden.
Im Plakat spiegeln sich die Interessen einer Gesellschaft, ihre Ziele, Bedürfnisse und Wunschträume. Und manchmal weckt das Plakat erst diese Interessen, Ziele, Bedürfnisse und Wunschträume.

Das Merkwürdige und Faszinierende am Plakat ist seine Zugehörigkeit zu verschiedenen Sphären der Kommunikation, die nichts oder nur wenig miteinander gemein zu haben scheinen. Zunächst bedient sich das Plakat zur Visualisierung seiner Botschaft bildnerischer Mittel der Form- und Farbgestaltung.
Es hat also im weiteren Sinne mit Kunst zu tun; es ist «angewandte» Kunst. Daher spiegeln sich in ihm die Stiltendenzen eines Zeitalters, einer Nation, einer Region, aber auch die Stiltendenzen einer künstlerischen Richtung oder Gruppe und letztlich der Stil einer einzelnen starken Künstlerpersönlichkeit. Man kann daher das Plakat als Vehikel gestalterischer Botschaften verstehen.

Das Plakat ist aber seiner Funktion gemäss vor allem ein Werbemittel, es steht im Dienst bestimmter Zwecke. Es wirbt für Güter aller Art und für Dienstleistungen aller Art und immer wieder auch für eine gute Sache, die zu unterstützen es den Betrachter auffordert. Die Sachen und Dienstleistungen, für die das Plakat wirbt, die Informationen und behördlichen Verlautbarungen, die es übermittelt, stehen in unmittelbarem Zusammenhang mit den wirtschaftlichen, politischen, sozialen und kulturellen Verhältnissen seiner Entstehungszeit, seines Entstehungsortes. Das Plakat ist ein Spiegel dieser ökonomischen, politischen und sozio-kulturellen Verhältnisse.

Als Vermittler der Botschaften von Auftraggebern und Gestaltern spiegelt das Plakat durch seine thematischen Inhalte wie durch seine gestalterischen Formen letztlich die Wesenszüge, Eigenschaften, Bedürfnisse, Interessen, Freuden und Ängste der Menschen in seiner Zeit. Das Plakat ist also – über seinen Werbegegenstand, über seine formale Gestaltung hinaus – ein Zeitspiegel. Vielleicht sogar ein Indikator, ein Seismograph.

Die Publikation «Das Plakat in der Schweiz», thematisch und durch das Erscheinungsjahr 1990 auch zeitlich für das helvetische Jubiläum 1991 wie gemacht, ist ohne nationale Motivation entstanden. Eine zufällige Koinzidenz. Und doch: Das Plakatschaffen in der Schweiz ist oft zu Recht gepriesen und ebenso oft zu Unrecht idealisiert worden. Gute Gründe jedenfalls, das Schweizer Plakat einmal mehr und anders – teils vertiefter und teils vollständiger – darzustellen und in Erinnerung zu rufen, sind vorhanden.

Das vorliegende Werk hat eine eigene und eigenartige Entstehungsgeschichte, die in ihren entscheidenden Aspekten dem Leser und Betrachter, der Leserin und Betrachterin erklärt werden soll. Denn es ist sowohl eine eigenständige Publikation über das Plakat in der Schweiz wie es teilweise die Dokumentation einer mehrjährigen Ausstellungstätigkeit der Plakatgalerie in Bern ist.
Das letztere zu erläutern ist nötig, weil erst damit die Struktur des Werkes verständlich wird.

Während mehr als zehn Jahren, von 1977 bis 1989, dokumentierte die Plakatgalerie der Klubschule Migros in Bern das Schweizer Plakatschaffen mit Ausstellungen und kleinen, die Ausstellungen begleitenden Publikationen. Ausstellungen und Publikationen waren einzelnen Gestaltern und Gestalterinnen gewidmet, bestimmten Gruppen von Gestaltern und ausgewählten Themen. Diese bestehenden Texte mit den zugehörigen Plakatabbildungen bilden – überarbeitet, aktualisiert und um weitere Texte ergänzt – den Kern dieser Publikation. Damit ist angedeutet, dass Teile des Werkes durch diese Vorgaben bestimmt worden sind, im Inhalt und im Aufbau.

Die Plakatgalerie in Bern wäre in ihrer damaligen Form nicht möglich gewesen ohne einen zuverlässigen und starken Partner: Die Plakatsammlung des

Museums für Gestaltung in Zürich stellte während Jahren seine umfassenden Bestände für Ausstellungszwecke zur Verfügung; dreiviertel aller in Bern gezeigten Plakate konnten aus diesem Fundus bezogen werden. Ein Text von Karl Wobmann, dem damaligen Leiter der Plakatsammlung in Zürich, gibt Auskunft über Geschichte und Funktion dieser bedeutenden Sammlung.

Selbstverständlich haben wir, wo immer möglich, den Kontakt zu den noch lebenden und aktiven Gestaltern und Gestalterinnen gesucht, ihre Beteiligung und Mitarbeit erbeten und damit auch ihr Einverständnis zur Plakatauswahl erwirkt. Dies galt seinerzeit für die Plakatausstellungen in Bern und gilt nun auch für die Abbildungen im letzten Teil des Buches, im «Bildlexikon der Schweizer Plakatgestalter 1890–1990». Und es gilt ganz besonders für die biographischen Texte, die in ihrer Gesamtheit das erste verlässliche Nachschlagewerk über Schweizer Plakatkünstler bilden. Nach Möglichkeit wurden die Texte den betreffenden Gestaltern zur Korrektur und zur Ergänzung vorgelegt. Wir dürfen also davon ausgehen, dass die biographischen Angaben zu lebenden Gestaltern grundsätzlich up to date sind. Nicht vermeiden liess sich allerdings ein Ungleichgewicht, was den Umfang einzelner Texte betrifft: Recht vollständige Aufzählungen beruflicher Tätigkeiten und Verdienste auf der einen, knappe und nüchterne Angaben zu den entscheidenden Stationen eines Gestalter-Lebens auf der anderen Seite. Ohne konkrete Beispiele und Namen zu nennen: Die Länge eines Textes muss nicht zwingend auch eine Gewichtung sein.

Die vorliegende Publikation besteht also aus einzelnen, mehr oder weniger eng zusammenhängenden Teilen. Jeder dieser Teile hat eine etwas andere Entstehungsgeschichte und wird von einem oder mehreren Autoren verantwortet. Ein Ganzes mit eigenständigen Teilen, eine Art Collage also. An dieser Collage waren als Autoren – in der einen oder anderen Form und in unterschiedlichem Umfang – beteiligt:

Dr. Willy Rotzler, Kunstpublizist, Hausen am Albis
Karl Wobmann, ehemaliger Leiter der Plakatsammlung des Museums für Gestaltung, Zürich
Dr. Therese Bhattacharya-Stettler, Kunsthistorikerin, Bern
Dr. Tapan Bhattacharya-Stettler, Kunsthistoriker, Bern
Dr. Thomas Bolt, Kunsthistoriker, Bern
Dr. Christian Jaquet, Werbeberater, Atelier Jaquet, Bern
Werner Jeker, Graphiker/Designer, Lausanne
Ruedi Külling, Graphiker/Mitinhaber Advico Young & Rubicam, Zürich
Dr. Stefan Paradowski, Kunsthistoriker, Lachen SZ

Ein besonderer Dank gilt denjenigen, die – seit Jahren – mit viel Vertrauen in die vorliegende Arbeit die Rahmenbedingungen für die Publikation geschaffen haben:

Jules Kyburz, Migros-Genossenschafts-Bund, Präsident der Verwaltungsdelegation, Zürich
Hans Alfred Weber, ehemaliger Leiter der Klubschule Bern

Fritz Schärer

# Das Schweizer Plakat
# Längsschnitte und Querschnitte

Darüber, was ein Plakat im wesentlichen ist, lässt sich schnell Einverständnis erzielen: ein Papierbogen, ein- oder mehrfarbig mit textlichen und bildlichen Elementen bedruckt, im öffentlichen Raum, auf Strassen und Plätzen an speziell dafür hergerichteten Wandflächen und freistehenden Trägern angeschlagen. Es liesse sich auch sagen: Das Plakat ist ein Werbemittel, vergleichbar dem Prospekt oder dem Inserat, das zu Kauf oder anderem Handeln auffordert und sich zu diesem Zweck verbaler und bildlicher Mittel bedient. Einigkeit dürfte auch darüber bestehen, dass das Plakat zum heutigen Strassenbild gehört, erfreuliche farbige Akzente in den grauen Alltag setzt oder – umgekehrt – zur Verstärkung des «optischen Lärms» beiträgt, der uns im Alltag umgibt.

### Fragen an das Plakat

Wer sich mit solchen Binsenwahrheiten nicht zufrieden geben will, kann präzisere Fragen an das Plakat stellen. Zum Beispiel die Frage nach seiner Geschichte, seiner Entwicklung. Alles hat seine Geschichte, entsteht unter bestimmten Voraussetzungen, entwickelt und wandelt sich unter bestimmten Einflüssen und Bedingtheiten in Raum und Zeit. Man kann jedoch auch die unterschiedlichen Funktionen des Plakats und ihre Verwandlungen zu klären versuchen, also von seinen Inhalten sprechen und den Aufgaben, die es jeweils erfüllt. Und man kann das Plakat – unter technischen und formalen Gesichtspunkten – als Zweig der angewandten Druckgraphik, genauer: der Werbegraphik, verstehen. Tut man dies, so stellt sich bald einmal die Frage nach den Urhebern von Plakaten, den Plakatgestaltern. Diese lassen sich in zeitliche und stilistische Ordnungen bringen, die auch von Nationalcharakteren geprägt sein mögen. Am Ende gelangt man zu einer Funktions- und einer Formgeschichte des Plakats. Setzt man dabei auch Qualitätskriterien ein, so liegt der Begriff «Plakatkunst» nahe. Und dieser verlockt zum Herstellen von Beziehungen zwischen Plakat und anderen Bereichen des gestalterischen Schaffens, insbesondere der freien Kunst.

Das Wort «Plakat» hat eine lange Geschichte, die sich bis zum mittelhochdeutschen «placke» (Fleck, Gegend) zurückverfolgen lässt; im Französischen wurde das Wort zur «plaque» (Platte, Täfelchen) und zum modernen «placard» (Anschlag). Bei dem deutschen Satiriker Johannes Fischart erscheint das Wort «Plakat» 1578 erstmals in der Bedeutung eines obrigkeitlichen Anschlags. Die 1517 von Luther an der Schlosskirche von Wittenberg angeschlagenen 95 Thesen über den Ablass sind ebenfalls solche öffentliche Anschläge mit der Aufforderung zu einem Handeln, in diesem Fall zu einer öffentlichen Disputation. In anderen Sprachen haben die modernen Begriffe für das Plakat (französisch: «affiche», englisch: «poster», italienisch: «avviso», «cartello» oder «manifesto») je eine andere Herkunft.

### Vorläufer des Plakats

Reduziert man die Funktion des Plakates auf das Elementare, so lässt es sich als Botschaft, als Mitteilung eines Einzelnen oder einer Gruppe an eine Mehrzahl von Empfängern verstehen. Es ist also ein Mittel der Kommunikation. Zu seinem Wesen gehört, dass die Botschaft sich gleichlautend und gleichzeitig an eine Vielzahl von Empfängern richtet, die dem Absender nicht einzeln und namentlich bekannt sind: Die Empfängerschaft ist anonym. Der Absender hat keine direkte Kontrolle darüber, ob die potentiellen Empfänger auf die Botschaft reagieren oder nicht, z.B. einer Aufforderung nachkommen. Der einzelne Empfänger anderseits ist frei in der Entscheidung darüber, ob und wie er auf die Botschaft reagieren will.

Vielzahl und Anonymität der Adressaten einer Botschaft scheinen unabdingbar zum Plakat, resp. schon zu seinen Vorläufern zu gehören. Vielzahl der Adressaten bedeutet: die Botschaft muss in mehreren Exemplaren ausgesandt, also vervielfältigt werden. Anonymität der Angesprochenen bedeutet: die Botschaft muss öffentlich verbreitet, z.B. auf Hausmauern angebracht werden. Dafür eignet sich die Stadt, in der täglich viele Menschen zirkulieren. Die Entstehung des Plakats ist also erst in einem Stadtorganismus denkbar und möglich.

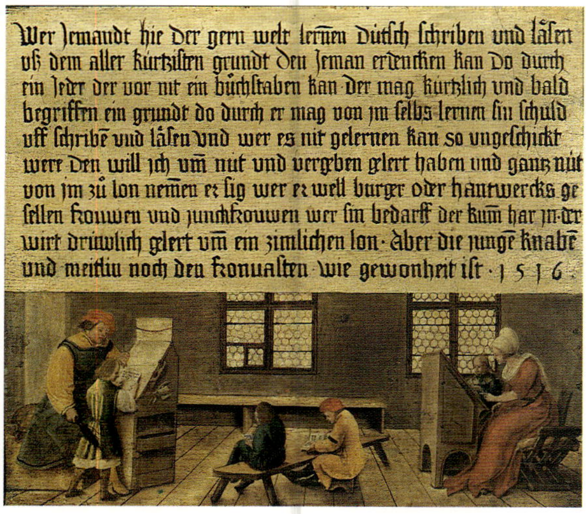


Hans Holbein d.J., Schulmeistertafel, 1516, Vorderseite

Mit der Vorstellung des Plakats verbindet sich fast automatisch der Gedanke der Werbung, einer Aufforderung zum Konsumieren oder zu andern Arten des Handelns. Die möglichen Antworten auf die Frage: Wo und wie fing die Werbung an? sind von der Definition bedingt, mit der man das komplexe Phänomen Werbung zu fassen versucht. Versteht man unter Werbung die absichtsvolle, ja planmässige Beeinflussung eines grösseren Personenkreises, mit dem Ziel, ein bestimmtes Verhalten oder Handeln zu bewirken, dann finden sich mancherlei «Vorläufer», die noch kaum mit Werbung im eigentlichen Sinn in Verbindung zu bringen sind.

Ein wesentlicher Teil aller weltlichen oder kirchlichen «Repräsentationskunst» – die Stiftung eines Tempels oder die Errichtung einer Kathedrale, das Reiterstandbild eines Herrschers – sind Werbung für geistliche oder weltliche Machtträger. Werbung ist es auch, wenn – schon im Altertum – durch redegewandte Agenten, oft unter Vorspiegelung falscher Tatsachen, Matrosen oder Soldaten angeworben werden. Werbung, und zwar marktwirtschaftliche, ist es, wenn auf dem öffentlichen städtischen Markt der Früchte- oder Fischhändler im Wettstreit mit seinen Konkurrenten lauthals seine Ware anpreist und so zum Kauf verlockt. Politische Beeinflussung, wie es sie in grossem Umfang bereits bei den Römern gab, mag man als Propaganda, die Anpreisung von Waren oder Dienstleistungen als Reklame bezeichnen.

Fast alle Spielarten ursprünglicher Werbung bedienen sich primär des Wortes, das – gesprochen oder geschrieben – über den Verstand auf den Angesprochenen einwirkt, um ihn zur gewünschten Reaktion zu bewegen. Aber auch das Bild ist von Anfang an zu werbenden Zwecken benutzt worden: Wer einen Schuh als Malerei, Mosaik oder schmiedeeisernen Aushänger an seiner Hausfassade anbringt, will sagen: Hier arbeitet ein Schuhmacher, tritt ein, wenn du ihn brauchst. Wenn in Pompeji oder Ostia römische Bodenmosaiken Fische-Stilleben zeigen, so weiss der Passant, da werden Fische feilgeboten, auch wenn das Wort «pisces» nicht daneben steht.

All diesen frühen Werbemassnahmen gemeinsam ist, dass die «Werbegraphik» als Unikat an einer bestimmten Stelle angebracht ist: Die Inschrift vertritt den Ausrufer, das Warenbild steht für die auf Tischen ausgelegte Ware. Solchen Frühformen der Werbung fehlt jedoch das für die neuere Werbung selbstverständliche Prinzip der Multiplikation, erfolge sie manuell oder mechanisch. Während Jahrhunderten kannte das Abendland keine taugliche Methode zur mechanischen Vervielfältigung von Schrift oder Bild. Waren mehrere Exemplare eines bestimmten Dokumentes benötigt, so musste dieses, Stück für Stück, manuell kopiert werden. Das galt für Urkunden und ganze Bücher ebenso wie für andere Bild- oder Textdokumente. Erst mit der Erfindung des Buchdruckes durch Johannes Gutenberg und einige seiner Zeitgenossen änderte sich dies: Mit der Druckpresse wurde es möglich, Texte und Bilder in beliebiger Stückzahl zu vervielfältigen.

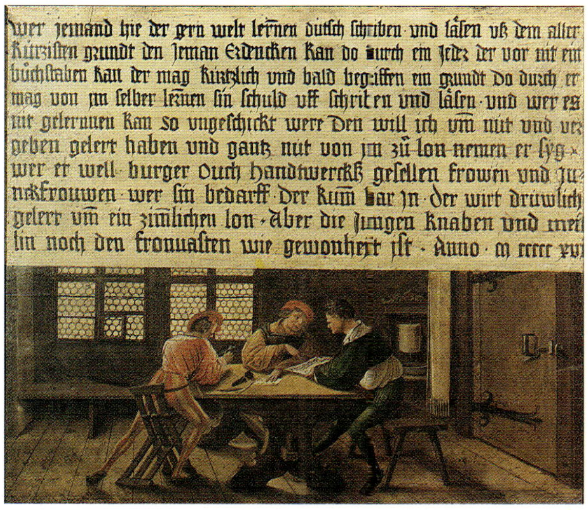

Hans Holbein d. J., Schulmeistertafel, 1516, Rückseite

**Vom Gutenberg-Zeitalter zum Plakat-Zeitalter**

Die Erfindung der Schrifttype, also der in beliebiger Anzahl aus Holz oder in Blei geschnittenen Letter, die frei zu Wort- und Satzfolgen, ja zu umfangreichen Texten («Gutenberg-Bibel») zusammengestellt werden kann, und das Herstellen von beliebig vielen, gleichartigen Abdrucken von solchem Schriftsatz vermittels einer mechanischen Presse – beides sind Errungenschaften des rational denkenden Zeitalters der Frührenaissance. Erstmals werden Kenntnisse und Erkenntnisse der Physik, speziell der Mechanik, ingeniös zur Befriedigung unterschiedlicher Bedürfnisse der Gesellschaft genutzt. Die Buchdruckpresse gehört, ähnlich wie das durch Wind oder Wasser getriebene Mahlwerk der Mühlen oder der Webstuhl, zu den frühen, mit grosser Effizienz arbeitenden mechanischen Einrichtungen. In der Entwicklung der Buchdruckpresse spiegelt sich auf exemplarische Weise der Prozess der Mechanisierung, also der Ersatz von Handarbeit durch Maschinenarbeit. Das Druckgewerbe hat bis zur Vollautomatisierung Anteil an diesem Prozess.

Schaustellerplakat, Holzschnitt, Genf 1625

David Redinger, Schaustellerplakat, Kupferstich, Zürich 1747

Es hat im Gutenberg-Zeitalter, zwischen 1450 und 1550, unterschiedliche Motivationen gegeben, für die Verbreitung von Text und Bild rationelle, nämlich mechanische Methoden zu entwickeln. Neugier und Wissensdurst der ihre physische und geistige Freiheit erkämpfenden Menschen an der Schwelle zur Neuzeit stehen im Vordergrund. Vergleichsweise rasch breiten sich die Fähigkeiten zum Lesen und Schreiben aus – als unabdingbare Voraussetzung zum Erwerb von Wissen und zur liberalen Kommunikation innerhalb einer Gesellschaft, insbesondere der bürgerlich-urbanen in den Handwerker-Städten. Das doppelseitige Aushängeschild des jungen Hans Holbein von 1516 für einen Basler Schulmeister zeigt die Situation: Nicht nur Kinder, sondern auch Erwachsene lassen sich im Lesen und Schreiben unterweisen. Den Wirtshausschildern und Aushängezeichen von Handwerkern verwandt, ist diese Schulmeistertafel mit ihrer Text- und Bildwerbung zugleich ein Vorläufer des Plakats in der Schweiz.

Nicht nur der Wissensdurst zunehmend grösserer Bevölkerungskreise, also der Wunsch nach populärem oder anspruchsvollem, weltlichem, geistlichem oder wissenschaftlichem Lesestoff, hat die Entwicklung des Buchdrucks beflügelt. Abgabe und Austausch jeder Form von Information durch weltliche oder kirchliche Instanzen wie durch die Wissenschaften gehören als Triebfedern mit zu diesem Aufschwung. Sodann haben Flugblätter und Mandate als geistige Waffen in den Glaubenskämpfen der Reformation und Gegenreformation oft die Form von Wandanschlägen. In der Regel legt der meist ausführliche Text die Argumente dar, während die oft drastische, ja karikaturistische Holzschnitt-Illustration den Blickfang bildet.

Schon in der Frühzeit des Buchdrucks regeln in vielen Städten behördliche Anordnungen den öffentlichen Anschlag von plakatartigen Flugblättern. Und wo ihre Inhalte den obrigkeitlichen Machthütern gefährlich zu werden drohen, kommt es gar zum Verbot des öffentlichen Anschlags. Noch um die Mitte des 17. Jahrhunderts wird beispielsweise in Paris jedem die Todesstrafe angedroht, der ohne behördliche Bewilligung Plakate öffentlich anschlägt.

Das frühe politische Plakat ist offensichtlich eine gefährliche Waffe im religiösen und politischen Meinungsstreit. Vor allem wenn seine Urheber die Anonymität und den nächtlich-heimlichen Anschlag wählen, kann das Plakat als subversive Meinungsäusserung festgefahrene Ordnungs- und Herrschaftssysteme aufweichen und gefährden. Diese Brisanz zeichnet auch in unserer Zeit in bestimmten politischen oder sozialen Situationen das politische Plakat aus – im regulären oder heimlichen Anschlag.

Nur die Buchdrucker und Verleger bleiben merkwürdigerweise von Anfang an von behördlichen Reglementierungen weitgehend befreit. Offensichtlich werden ideelle wie wirtschaftliche Bedeutung des frühen graphischen Gewerbes – um 1500 sollen europaweit bereits über 1000 Druckereien in Betrieb gestanden haben, und Städte wie Basel lebten damals von den Papiermühlen – höher eingestuft als die Gefahren, die mit der Veröffentlichung von Druckwerken verbunden sind. Jedenfalls haben von Anfang an Drucker und Verleger ihre Dienste und Druckwerke, d.h. Schriftmuster und Bücher, auch in öffentlichen Anschlägen anpreisen dürfen – ein weiterer Zweig des frühen Plakats: die Eigenwerbung des graphischen Gewerbes und die Buchwerbung.

Die Entfaltung der gewerblichen Produktion in den ursprünglich streng zünftisch geordneten Handwerkerstädten ist nur zögernd über eine reine Bedarfsproduktion hinausgewachsen, die einer eigentlichen Werbung noch kaum bedurfte. Auch die Entwicklung von Manufaktur-Betrieben, vorzugsweise im textilen und keramischen Bereich, vollzog sich weitgehend ohne den Einsatz spezifischer Werbemassnahmen. Reisende Grosskaufleute, fliegende Händler, Marktfahrer und Agenturen der Produzenten gewährleisten den nötigen Absatz der noch weitgehend manuellen und nur zögernd mechanisierten Fabrikationsbetriebe. Eigentlich kommerzielle Werbeplakate sind daher vor dem Beginn des 19. Jahrhunderts noch nicht benötigt. Das Beispiel der Verleger – also Buchanzeigen in Plakatform – löst zunächst keine Nachfolge in anderen Wirtschaftszweigen aus.

Merkwürdigerweise ist es ein am Rand oder gar ausserhalb der bürgerlichen Ordnung und wirtschaftlichen Tätigkeit stehender Bereich, für den seit dem 16. Jahrhundert das gedruckte Plakat von existentieller Wichtigkeit ist: das fahrende Volk der Artisten und Schausteller, die von Stadt zu Stadt, von Dorf zu Dorf ziehen und kurzfristig jeweils vor ihrem Auftreten die lokale Bevölkerung auf ihre Darbietungen aufmerksam machen müssen. Dazu werden Drucke verwendet, deren Texte teils umständlich-höflich, teils grossmäulig-reisserisch die ungewöhnlichen Schaustellungen und die hochgelobten Protagonisten ankünden, während die in der Regel primitiven, aber drastisch-anschaulichen Holzschnitte oder Kupferstiche als Blickfang zum Lesen der Ankündigungen verlocken. Diese «Gauklerplakate» sind meist so konzipiert, dass Veranstaltungsort und Datum nachträglich eingedruckt oder handschriftlich zugefügt werden können. Auch in der Schweiz sind vom 16. Jahrhundert an solche Schaustellerplakate zum Aushang gekommen. Nur noch in wenigen verstreuten Exemplaren erhalten, sind sie die Vorläufer der eigentlichen Zirkus- und Variété-Plakate, letztlich aber aller Arten von Veranstaltungsplakaten.

Theater in Zürich.

Direktion: Carl Beurer.

Zweite Vorstellung im sechsten Abonnement.

Sonntag den 13. März 1836.

# Maria Stuart.

Trauerspiel in fünf Aufzügen, von Friedrich von Schiller.

Personen:

| | |
|---|---|
| Elisabetha, Königin von England | Frau Doktor Klingemann. |
| Maria Stuart, Königin von Schottland, Gefangene in England | Dem. E. Klingemann. |
| Robert Dudley, Graf von Leicester | Hr. Remmert. |
| Georg Talbot, Graf von Schrewsbury | Hr. Müller. |
| Wilhelm Cecil, Baron von Burleigh, Großschatzmeister | C. Beurer. |
| Graf von Kent | Hr. Boucher. |
| Wilhelm Davison, Staatssekretair | Hr. Plagge, der ältere. |
| Amias Paulet, Ritter, Hüter der Maria | Hr. Winter. |
| Mortimer, sein Neffe | Hr. La Roche. |
| Graf Aubespine, französischer Gesandter | Hr. Rudolph. |
| Graf Believre, außerordentlicher Botschafter von Frankreich | Hr. Schwartz. |
| Okelly, Mortimers Freund | Hr. Keller. |
| Drügeon Drury, zweiter Hüter der Maria | Hr. Andersen. |
| Melvil, ihr Haushofmeister | Hr. Deutsch. |
| Hanna Kennedy, ihre Amme | Mad. Keller. |
| Margaretha Kurl, ihre Kammerfrau | Dem. Müller. |
| Sherif der Grafschaft | Hr. Kündig. |
| Offizier der Leibwache | Hr. Heuberger. |

Französische und englische Herren. Trabanten. Hofdiener der Königin von England. Diener und Dienerinnen der Königin von Schottland.

Preise der Plätze:

| | | | |
|---|---|---|---|
| Große Loge | 1 fl. | Parterre | 20 ß. |
| Loge Nro. 4. | 35 ß. | Dritte Gallerie, Mitte | 20 ß. |
| Logen Nro. 9. 12–18. 20. | 30 ß. | Dritte Gallerie, Seiten | 15 ß. |
| Sperrsitze | 30 ß. | Vierte Gallerie | 10 ß. |
| Parterre-Gallerie | 25 ß. | | |

Billets für die Herren Aktionärs sind Morgens und zwar von 9–10 Uhr für die Logenplätze, von 10–11 Uhr für die Sperrsitze, und von 11–12 Uhr für Parterre und übrige Plätze zu haben. Das Publikum ist ersucht die Billets Nachmittags von 1 bis 2, und von 3 bis 4 Uhr, und Abends von 5 Uhr an bey der Casse zu beziehen. Die Billets sind nur für denselben Tag gültig.

Mäntel, Schirme u. s. w. werden am Eingang des Parterre, der Sperrsitze und in den Gallerien gegen die Gebühr von 1 Schilling auf jede Person abgegeben.

Zutritt auf die Bühne und in die Proben wird Unberufenen nicht gestattet.

Eröffnung um 5 Uhr, Anfang um 6 Uhr präcis, Ende nach 9 Uhr.

Nro. 78.

Theaterzettel, Buchdruck, Zürich 1836

Verwandt sind diesen Schaustellerplakaten die sogenannten Theaterzettel: auch sie Vorankündigungen von Gastspielen meist wandernder Schauspielertruppen. Vor allem aus dem 18. und frühen 19. Jahrhundert haben sich derartige Theaterzettel auch in der Schweiz in stattlicher Zahl erhalten. Sie bestehen in der Regel aus reiner, typographisch oft reizvoll gegliederter, ornamental gerahmter Textinformation über das gespielte Stück, über den Autor und vor allem die Hauptdarsteller, mit vielfach lobender Würdigung ihrer Fähigkeiten und Spezialitäten. Schliesslich werden Ort und Zeitpunkt der Veranstaltung genannt, manchmal auch die Eintrittspreise. Dieser stets in Buchdruck hergestellte Plakattyp ist ein wichtiger und direkter Vorläufer des Theaterplakats. Auch bei den teils berühmten, die Lande mit dem «Thespiskarren» durchziehenden Schauspieltruppen handelt es sich um randständige Gruppen, vielfach rechtlos, vom städtischen Bürgertum zwar beklatscht, aber gesellschaftlich nicht akzeptiert.

**Die Rolle der graphischen Techniken**
Unter dem Gesichtspunkt der graphischen Herstellungsverfahren zeigt das Schweizer Plakat dieselben Entwicklungen wie das Plakat in anderen Ländern auch. Vielleicht mit gewissen Akzentsetzungen, die man als schweizerisch bezeichnen kann. Die wichtigste ist ein vergleichsweise hoher reproduktions- und drucktechnischer Standard, der einem schweizerischen Sinn für das «gut Gemachte», für handwerklich-technische Sorgfalt entspricht. Solches Sensorium für materielle Qualitäten zeigt sich beim Plakat allein schon bei den Papierqualitäten. Während in anderen Ländern der ephemere Charakter des Plakats, seine Kurzlebigkeit also, ein utilitaristisches Denken zur Verwendung minderwertiger, etwa stark holzhaltiger Papiersorten verlockt, ist hierzulande in der Regel das Plakatpapier von einer Qualität, welche die funktionale Lebensdauer des Plakates selbst bei weitem übertrifft. In einem Mass oft, das die Frage nach dem Ewigkeitswert des Plakats aufkommen lässt.

Was die in der Schweizer Plakatproduktion im Lauf der Zeit eingesetzten Drucktechniken betrifft, so steht – wie anderswo – am Anfang das Hochdruckverfahren des Buchdrucks, also die Verwendung von Holz- oder Metall-Lettern für den Text, des Holzschnitts oder (in unserem Jahrhundert) des Linolschnitts für die bildlichen Elemente. Die frühen Schaustellerplakate und andere primitive Drucke des 16.–18. Jahrhunderts sind dafür ebenso Zeugen wie, in unserer Zeit, die Kleinplakate alternativer kultureller Gruppen oder die kurzfristig mit möglichst geringem Finanzaufwand hergestellten Veranstaltungs-, Wahl- oder Abstimmungsplakate.

Lithographie Spengler, Lausanne 1833

Zirkus- und Theaterplakat, Lithographie, 1859

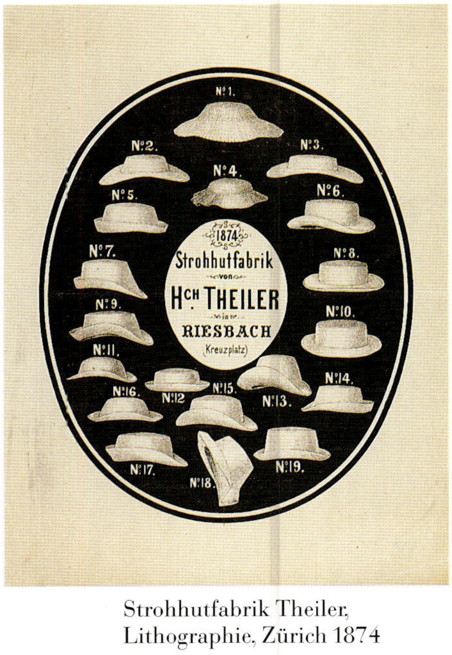

Strohhutfabrik Theiler, Lithographie, Zürich 1874

Obrigkeitliche Verlautbarungen des 17./18. Jahrhunderts und gelegentlich darüber hinaus bedienen sich dagegen vielfach der Tiefdrucktechnik des Kupferstichs, später des Stahlstichs, primär natürlich für den präzisen und feinen Bilddruck: doch wurden auch längere Texte von Kalligraphen und Stechern seitenverkehrt in die Kupferplatte graviert. Es liegt in der Natur des feinlinigen Kupferstichs, dass ihm, selbst bei Verwendung von Schraffuren, die plastische Kraft zu einem Blickfang und grosse Formelemente zur Fernwirkung fehlen.

Als Illustrationstechnik erscheint der Kupferstich nicht nur auf obrigkeitlichen Verlautbarungen, zu denen auch Werbeplakate für den Eintritt in fremde Militärdienste, etwa die Schweizergarde der französischen Könige, gehören. Ein grosser Kupferstich von G. D. Heumann aus dem Jahre 1754 beispielsweise zeigt eine übermässig in die Breite gezogene Ansicht der Stadt Basel; darüber schwebt eine von Putten gehaltene Schrifttafel, die zweisprachig, deutsch-französisch, für das Hotel Drei Könige in Basel wirbt. Im unteren Teil des Blattes werden den fremden Reisenden Dienstleistungen angeboten und, als besondere Verlockung, eine offene, das Bild beherrschende Halle des Hotels über dem Rhein. Das Blatt ist nicht nur ein Beispiel für künstlerisch anspruchsvolle Werbung mit einer schönen Kupferstich-Vedute, sondern gleichzeitig ein eigentlicher Vorläufer des Hotelplakats und damit ein Hinweis, wie das Gastgewerbe der Schweiz schon in der Frühzeit des Tourismus für sich geworben hat.

Gerade die – von der Graviertechnik bedingten – subtilen stilistischen Merkmale des Kupferstichs und des für grössere Auflagendrucke besser geeigneten Stahlstichs wurden zunächst von der nach 1800 sich ausbreitenden Lithographie übernommen. Es gibt Zeugnisse dafür, wie die Maler und Kupferstecher, fasziniert von den neuen Ausdrucksmöglichkeiten der Lithographie, sich mit der anfänglich von viel Geheimnis umgebenen, chemigraphischen Technik auseinandergesetzt haben. Eine Gruppe bekannter Zürcher Maler und Stecher (darunter Heinrich Füssli, Salomon Gessner, Ludwig Vogel u.a.), unterstützt von Kunstfreunden wie dem Maschinenbauer Johann Kaspar Escher, kaufte 1807 dem Breslauer Lithographen Karl Theodor Müller, einem Schüler von Alois Senefelder, das «Druckgeheimnis auf Steinplatten» ab. Das im Besitz der Zürcher Kunstgesellschaft erhaltene Dokument, im Juli 1807 von Johann Heinrich Meyer verfasst, ist ein eigentlicher Lehrgang der lithographischen Technik und das früheste Zeugnis für die Anwendung der Lithographie in der Schweiz.

Der Übergang von den traditionellen Drucktechniken des Buchdrucks und des Kupferstichs zur modernen, dem frühindustriellen Zeitalter voll entsprechenden Flachdrucktechnik der Lithographie lässt sich besonders schön bei einer graphischen Spezialität der Schweiz beobachten: bei der Veduten-Graphik. Diese hatte ihren Aufschwung im 18. Jahrhundert als Begleiterscheinung zum frühen Tourismus erlebt: Pittoreske Landschaftsmotive und Szenen aus dem Volksleben (Trachtenbilder) wurden zunächst als Kupferstiche, dann als Stahlstiche, vielfach handkoloriert, den fremden Reisenden als Souvenir feilgeboten. Mit der Ausbreitung von Alois Senefelders Erfindung des Steindrucks trat um 1810 die Lithographie an die Stelle der Andenkenstiche. Vielfach waren es dieselben Zeichner, Drucker und Verleger, die – bisher in der merkantilen Produktion von Stichen engagiert – sich nun dem neuen Medium der Lithographie zuwandten. Aus diesem über die ganze Schweiz verbreiteten, äusserst zielstrebig und bereits arbeitsteilig betriebenen Wirtschaftszweig der Vedutengraphik erwuchsen im Lauf des 19. Jahrhunderts in den meisten Städten die teils bis heute aktiven lithographischen Anstalten, deren Tätigkeit eng mit der Entwicklung des Plakats in der Schweiz verbunden ist.

In allen Sektoren der druckgraphischen Produktion nimmt im 19. Jahrhundert die Lithographie ihren Aufschwung. Sie begleitet die stürmischen Entwicklungen des Industrie-Zeitalters, deckt den wachsenden Bedarf der Fabriken und Handelshäuser an kommerziellen Drucksachen, von Briefbogen und Fakturaformular zu Geschäftsanzeige, Etikette, Packung, Prospekt und Warenkatalog

Théophile Steinlen, 1894

bis schliesslich zum Plakat. Mit dem Aufkommen der Chromo-Lithographie seit der Mitte des 19. Jahrhunderts, also mit dem Einzug der Buntfarbe in alle Arten von Werbedrucksachen, wird die drucktechnische Entwicklung immer stürmischer. Triebfeder ist dabei das vom wirtschaftlichen Konkurrenzkampf ausgelöste Bedürfnis nach effizienter Werbung. In der Schweiz macht auf diesem Feld die touristische Werbung den Anfang: Die Touristikplakate bilden den eigentlichen Auftakt zum Plakatschaffen in der Schweiz.

**Später Aufbruch zur Plakatkunst**

Wer – mit gutem Recht – dem Schweizer Plakat generell einen hohen künstlerischen Rang zuerkennt, vergisst in der Regel eine Tatsache: das überraschend späte Erscheinen erster künstlerisch hochstehender Plakate in der Schweiz. Vor allem in Frankreich, aber auch in England hatte sich eine eigentliche Plakatkunst bereits zwischen 1880 und 1900 zu grossartiger Blüte entfaltet. «Maîtres de l'affiche» wie Jules Chéret, Pierre Bonnard, Henri de Toulouse-Lautrec oder englische Zeichner wie Aubrey Beardsley, Dudley Hardy und die Beggarstaff Brothers hatten lange vor der Jahrhundertwende das Plakat als eigenständige graphische Gattung den kommerziellen Reklamezeichnern entrissen und in den Stand der Kunst erhoben.

Eugène Grasset, 1892

In der Schweiz gab es damals – trotz wirtschaftlicher Blüte dank Tourismus, Textil- und Maschinenindustrie und international bedeutendem Handel – keine Plakate, die dem internationalen Standard der «affiche artistique» entsprochen hätten. Konventionelle, teils läppische, teils kitschige Werbeplakate in historisierender Formensprache beherrschten das Feld. Im Zeitalter des Fin de Siècle gab es in der Schweiz nichts, was dem künstlerischen Plakat in Frankreich, England, aber auch in Deutschland entsprochen hätte. Das hat viele Gründe: Der wichtigste ist wohl der, dass dem Land eine eigentliche Metropole fehlte, die als vitaler Umschlagplatz gesellschaftlicher, geistiger, kultureller und wirtschaftlicher Ideen auch das Plakatschaffen hätte fördern können. Die grossen Erneuerungen beim Plakat vollzogen sich in Paris, London, Berlin, München und Wien.

Technisch wären die Voraussetzungen zu einem frühen Aufschwung des Plakats durchaus gegeben gewesen. Überall standen leistungsfähige lithographische Anstalten in Betrieb. Was an Plakaten aus ihren Pressen kam – vor allem Verkehrs- und Touristikplakate – blieb im wesentlichen über die Jahrhundertwende hinaus in konventionellen Stilmustern befangen. In anderen Plakaten, etwa für grosse historische oder sportliche Feste, herrschte noch die dem Historismus des späten 19. Jahrhunderts verpflichtete, altväterisch illustrative, teils auch allegorische Bildsprache vor.

Henri-Claude Forestier, um 1900

Umso überraschender erscheint es daher, dass drei Schweizer, alle aus Lausanne stammend und im Paris des Fin de Siècle tätig, mit ihren kreativen Kräften einen wesentlichen Beitrag zum damaligen Pariser Plakatschaffen geleistet haben. Der internationalen Kunstwelt galten (und gelten) sie jedoch als Franzosen.

Théophile-Alexandre Steinlen wurde neben Bonnard und Toulouse-Lautrec zum wohl bedeutendsten Pariser Plakatkünstler der Jahrhundertwende und in der Folge, als sozial engagierter Zeichner, ein beredter Wortführer der Unterprivilegierten. – Félix Vallotton, ein Hauptvertreter der Künstlergruppe der «Nabis», entwickelte in seinen Holzschnitten einen unvergleichlichen graphischen Stil. Die dramatische, teils lineare, teils flächenhafte Konfrontation von Schwarz und Weiss verleiht vielen Holzschnitten Vallottons stark plakative Züge. Eigentliche Plakate – für Buchverlage und Cabaret-Theater – sind nur in geringer Zahl entstanden. – Der dritte Schweizer, der um die Jahrhundertwende in Paris eine führende Rolle spielte, war Eugène Grasset. Ausgehend von einer neogotischen Formensprache, entwickelte er einen «floralen» Jugendstil, der nachhaltigen Einfluss auf die französische wie die englische Plakatkunst der Zeit hatte. Seine Handbücher zur Gestaltungslehre und zur Ornamentik

Paul Krawutschke, 1906

Giovanni Giacometti, 1900

gaben wichtige Anstösse für das formgestalterische Schaffen der Jahrhundertwende. Zu den schönsten Plakaten Eugène Grassets, stets mit jungen Frauen in üppigem Haar, gehören die Anzeigen seiner eigenen Ausstellungen. Für das Schweizer Plakat der Zeit blieben diese drei Lausanner weitgehend ohne Wirkung. Immerhin entwickelte sich in der französischen Schweiz so etwas wie eine zarte Blüte von «Art Nouveau». Ihr wichtigster Vertreter war der Genfer Henri-Claude Forestier. Für den Komponisten und Musikerzieher Emile Jaques-Dalcroze, der eine neuartige Verbindung von rhythmischer Gymnastik und Musik entwickelt hatte, schuf Forestier beschwingte Veranstaltungsplakate und Programme. Wie sehr er jedoch in bieder provinziellen Vorstellungen verhaftet blieb, zeigt sein Plakat von 1905 für ein Genfer Gastspiel der Pariser Diseuse Yvette Guilbert: Da ist nichts von der starken Ausstrahlung der Sängerin zu spüren, die Chéret, Steinlen und Toulouse-Lautrec zu grossartigen Plakaten inspiriert hatte.

Um 1905 scheint die Geburtsstunde der Schweizer Plakatkunst zu nahen. Noch auf der Scheide zwischen Konvention und Moderne steht ein Plakat für die Automobil-Ausstellung von 1906 in Genf. Drei Dinge sind daran bemerkenswert: Schöpfer des Plakats ist der aus Polen stammende Paul Krawutschke, der damals auch für Zürcher, Thurgauer und Urner Kantonal-Schützenfeste die Plakate lieferte, offenbar also mit seinem münchnerisch geprägten Plakatstil als Autorität galt. Zweitens trägt das Plakat für den 2. Genfer Auto-Salon ein neues, äusserst modernes Thema in die Plakatwelt. Und drittens wird in ihm der traditionelle Typus der allegorischen Frauenfigur (mit Fackel und Flügelrad als Symbolen für Fortschritt und Geschwindigkeit) umfunktioniert zu einem dominierenden, erstaunlich kühnen Frauenakt, also zu einem Lockvogel der Werbung, einem Vorläufer des modernen Pin-up-Girl.

Gleichzeitig aber entstehen die ersten wahren Schweizer Künstlerplakate. Emil Cardinaux, Cuno Amiet, Giovanni Giacometti, Burkhard Mangold, Wilhelm Friedrich Burger, Carl Moos, Robert Hardmeier und andere gehören zu ihren Protagonisten. Sie alle kreisen in geringer oder grösserer Distanz um Ferdinand Hodler, der mit seinem ungewöhnlichen Plakat für die Wiener Secession von 1904 den Weg gewiesen hatte.

**Stilperioden und Stiltendenzen**
Das Plakat bedient sich – wie andere freie oder angewandte bildnerische Äusserungen – der Stilmittel seiner Zeit. Es kann die von den grossen Künstlerpersönlichkeiten einer Epoche entwickelten, neuen künstlerischen Ausdrucksformen aufgreifen, den speziellen Anforderungen der Plakatgraphik und den Bedingungen der jeweiligen Werbebotschaft anpassen. Dieser Anverwandlungsprozess kann ein bewusster, kann aber auch ein instinktiver, ja ein unfreiwilliger sein. Kein Mensch lebt ausserhalb seiner Zeit; was um ihn herum geschieht, hat Auswirkungen auf sein Tun. Gerade ein wacher, welt- und zeitoffener Gestalter wird nicht isoliert wirken, sondern in ständiger Auseinandersetzung mit seiner Zeit, vor allem mit der Kunst seiner Zeit, mit dem Geschehen in allen Bereichen des Visuellen. In vielen Fällen ist der «Plakatstil» die Spiegelung eines Kunststils der Zeit.

Es zeichnet die Kunst des 20. Jahrhunderts aus, dass nicht ein einheitliches Stilverhalten die einzelnen Zeitabschnitte dominiert, sondern dass vielmehr nebeneinander unterschiedliche, oft gegensätzliche Stilkonzepte bestehen – realistische und abstrakte, konstruktive und expressive, rationalistische und idealistische. Da einzelne Stilkonzepte kurzlebig, andere langlebig sind, einzelne wandlungs- und entwicklungsfähig, andere nicht, ergibt sich ein verwirrendes Nebeneinander widersprüchlicher Stiltendenzen. Man spricht daher vom Phänomen des «Stil-Pluralismus». Nicht alle Stiltendenzen, die aus der experimentellen Arbeit von Künstlern oder Künstlergruppen in einer Metropole herauswachsen – Paris, Mailand, Berlin, Wien oder, seit den fünfziger Jahren, New York – breiten sich rasch und gleichmässig über die ganze westliche Welt aus. Es gibt immer wieder auch das Phänomen der «Stil-Verspätung».

Ludwig Hohlwein, 1913

Ludwig Hohlwein, 1910

Emil Huber, 1914

Beide Phänomene – Stil-Pluralismus und Stil-Verspätung – sind charakteristische Elemente schweizerischer Kunst, zurückzuführen einerseits auf die, je nach Landesgegend, unterschiedliche Orientierung an ausländischen Kunstzentren, anderseits auch auf das Fehlen einer dominierenden Schweizer Kunstmetropole. Eine gewisse Rolle spielt überdies ein eigensinniges Selbstbehauptungs- und Beharrungsvermögen, verbunden mit einer Scheu vor dem unbekannten Neuen. Solche Resistenz gegenüber dem Fremden und Andersartigen hat die positive Seite von Abwehr blosser Tagesmoden, die negative Seite von Schwerfälligkeit gegenüber Erneuerungen.

Was für die freie Kunst gilt, gilt mindestens in gleichem Mass für die angewandte Kunst der Plakatgraphik. Allerdings ist die Rezeptionsbereitschaft beim Plakat eine andere und grössere als in der Malerei. Im Plakatschaffen, wie in anderen Sektoren der Werbung, spielt das «Neue», also auch Andersartige, eine wichtige Rolle und hat einen höheren Stellenwert als in der Bildkunst. An der Plakatwand erzielt derjenige die grösste Aufmerksamkeit, der neu ist, innovativ und anders als die anderen. Die Novität nicht nur der Aussage selbst, sondern auch der Aussageform ist ein wesentliches Element. Jedes Plakat ist sozusagen eine Antwort auf alle bisherigen Plakate, von denen es sich unterscheiden will und muss.

In der Malerei steht hingegen die Kontinuität und Entwicklungslogik eines individuellen Schaffens im Vordergrund. Kurzfristige Stilwendungen sind bei einem Maler oft suspekt und Anzeichen von Unsicherheit, wenn nicht gar von Unvermögen. Der Plakatgraphiker dagegen muss flexibel sein, wandlungsfähig, neugierig auf Wandlungen im Sehvermögen seiner Zeitgenossen. Daher reagiert er besonders wach und schnell auf aktuelle Trends, soweit sie sich für seine Arbeit nutzbar machen lassen. Anderseits geht die Plakatkunst oft dort auf Distanz, wo eine aktuelle Kunsttendenz für Werbeziele kontraproduktiv wäre, die Masse der Plakatbetrachter überfordern oder schockieren würde. So hat etwa die nicht-retinale konzeptuelle Kunst der sechziger Jahre, die dem Auge wenig sinnliche Eindrücke liefert, im Plakat kaum Niederschlag gefunden, obwohl die Ausstellung «Wenn Attitüden Form werden» von 1969 in der Kunsthalle Bern entscheidende Impulse auf Künstler und Kunstinteressierte gegeben hat. Erst mit grosser Verspätung gab es Echo-Erscheinungen im Plakat und dabei – verständlicherweise – weniger im Plakatbild selbst als in der Textbotschaft, allenfalls in der Kombination von Text und Bild.

Seit Jahrhundertbeginn haben als Vermittler zwischen freier Kunst und Plakatkunst immer wieder jene Maler eine wichtige Rolle gespielt, die einerseits und vorwiegend sich ihrem freien Schaffen widmeten, anderseits aus Interesse und Lust ihre Stilmittel auch in den Dienst des Plakates stellten. Wahrscheinlich mehr als in anderen Ländern spielt das «Künstlerplakat» in der Schweiz eine führende Rolle. Dabei handelt es sich nicht nur um die künstlerischen Impulse, es geht auch darum, dass Künstler seit Hodler durch ihre Aktivitäten im Bereich der Werbekunst dem Plakat in seiner gesellschaftlichen Wertung eine «Würde» verliehen haben, auf die es in vielen Ländern verzichten muss.

Sowohl die eigentlichen Künstlerplakate – für Ausstellungen, Tourismus oder Sozialwerke – wie auch die bewusst an der Zeitkunst orientierten Plakate von professionellen Gestaltern sind wichtige Transportmittel neuer Ideen und Formtendenzen. In diesem Sinne hatte schon um die Jahrhundertwende die Charakterisierung des öffentlichen Plakataushangs als «Galerie der Strasse» ihre Richtigkeit. Die kreative Plakatsprache kann ein Instrument sein, breite, kunstferne Segmente der Gesellschaft mit neuen Sehweisen vertraut zu machen. Ob dabei von einer kunst- und geschmackserzieherischen Funktion des Plakats – unabhängig von seinen Werbefunktionen – die Rede sein kann, bleibt eine kontroverse Frage. Das Plakat vermag neue Tendenzen der Kunst über den geschlossenen Kreis von Ausstellungsinstituten und Kunstgalerien hinaus publik zu machen und zu propagieren. Es kann aber auch – durch Überbetonung gewisser Trends und Stilmuster und vor allem durch eine kurzlebige

Ernst Keller, 1956

«Übernutzung» zu deren ästhetischem Verschleiss beitragen. Beispiele dafür sind etwa, um 1905/10, die Verflachung der ornamentalen Linienkunst des Münchner Jugendstils, um 1935/40 die Banalisierung der surrealistischen Motiv-Assoziation, um 1965/70 die modische Auswalzung der groben Punktraster, wie sie der Pop-Künstler Roy Lichtenstein entwickelt hatte, oder, um 1980, die Einverleibung von Spray-Formen aus der New Yorker Graffiti-Szene ins Plakatbild.

An welchen Kunsttendenzen die Plakatgraphik auch Anschluss zu finden sucht, die stärksten Lösungen ergeben sich zweifellos dort, wo ein Plakatgestalter ein Stil-Vorbild eigenständig interpretiert, souverän umfunktioniert und seinem persönlichen Gestaltungskonzept adaptiert. Erst dann wird seine Arbeit «stimmig», hält sich frei von epigonaler Nachäfferei. Man kann auch sagen – und die Geschichte des Schweizer Plakats liefert dafür überzeugende Beispiele: die starke Gestalterpersönlichkeit geht stets ihren eigenen Weg, auch wenn sich dabei streckenweise Analogien zur jeweiligen aktuellen Kunst ergeben.

**Zeitschnitte**

Gerade weil das Plakat vergleichsweise kurzfristig geplant, entworfen, gedruckt und ausgehängt werden muss, um rasch bestimmte Werbe- und Informationsaufgaben seiner Auftraggeber zu erfüllen, spiegeln sich in ihm – teils unfreiwillig, teils bewusst eingeplant – die jeweiligen Zeitsituationen. Das gilt für Darstellungsmotive und die Art ihrer Formulierung, gilt vor allem aber für die Art der eingesetzten bildnerischen Mittel.

Theoretisch wäre es daher möglich, durch streng chronologische Ordnung der Schweizer Plakatproduktion, etwa nach Entstehungsjahren, eine präzise Motiv- und vor allem Stilentwicklung sichtbar und ablesbar zu machen. Das aber ist aus mehreren Gründen nicht möglich: Erstens gehören die Plakatgraphiker, die zu einer bestimmten Zeit mit ihrer neuesten Arbeit nebeneinander an der Plakatwand erscheinen, verschiedenen Künstlergenerationen mit unterschiedlichem Entwicklungsstand an. Nicht alle sind etwa auf die gleiche Weise «modern» oder «aktuell». Und genau so gibt es nebeneinander progressive und traditionalistische Auftraggeber. Zweitens vertreten die Plakatgraphiker, vielfach ungeachtet ihrer Generationszugehörigkeit, unterschiedliche Auffassungen in der konzeptionellen und formalen Bewältigung der ihnen gestellten Aufgabe. Und drittens wenden sich gerade in der Schweiz mit ihren regionalen Verschiedenheiten Gestalter mit unterschiedlichem kulturellem und schulmässigem Hintergrund vorzugsweise an die Betrachter ihrer Region mit den je wieder andersartigen Mentalitäten. Auch das Gleichzeitige ist also nur schwer vergleichbar.

Mit anderen Worten: Jede Jahresproduktion an Plakaten, wie umfangreich sie auch gewesen sein mag, ist von verwirrender Vielfalt, daher kaum auf den Nenner eines «Jahresstils» zu bringen. Die Vielfalt wird vielleicht noch grösser, wenn die künstlerisch ungenügenden Plakate ausgefiltert werden und die Selektion sich auf die guten bis besten Entwürfe beschränkt. Sehr deutlich lassen sich die grossen Unterschiede in Konzept und Gestaltung der Plakate eines Jahres seit 1941 beobachten, dem Jahr, da erstmals unter den Auspizien des Eidgenössischen Departements des Innern die jeweils «besten Plakate des Jahres» ausgezeichnet wurden. Keine Jahresernte, die nicht von verwirrender, zugleich aber auch spannender Vielfalt wäre.

Ist daher jedes Bemühen vergeblich, präzise «Jahresschnitte» durch das Schweizer Plakatschaffen zu legen, so bietet wenigstens der gröbere Raster von markanten Zeitepochen die Möglichkeit zu einigermassen aussagekräftigen «Zeitschnitten». Ergiebig kann auch diese Sicht nur sein, wenn die formalen Elemente der Gestaltung und die Konzepte der Visualisierung von Werbebotschaften beobachtet und überdies die zeittypischen Werbethemen, Werbemotive und Werbeinhalte mitberücksichtigt werden, denn gerade sie charakterisieren den Querschnitt durch einen Zeitabschnitt.

Fritz Bühler, 1945

Jan Tschichold, 1937

Walter Käch, 1927

Man müsste also fragen: Für was, für welche Waren und Dienstleistungen wird in einer Zeit vorzugsweise geworben? Welche Werbekonzepte und Strategien werden dabei verfolgt? Und wie, mit welchen formalen, stilistischen Mitteln löst der graphische Gestalter die ihm aufgetragene Aufgabe? An welchen Kunsttendenzen der Zeit orientiert er sich? Dazu wäre jedesmal auch die Landesgegend in Betracht zu ziehen, in der sich der Plakatgestalter an die Allgemeinheit oder eine spezifische soziokulturelle Schicht seiner Region wendet. All diese Gesichtspunkte zusammengenommen ergeben ein komplexes, nur schwer durchschaubares Muster. Eine einigermassen umfassende und aussagekräftige Chronologie solcher Zeitschnitte würde den Rahmen dieser Betrachtung sprengen. Einige wenige Hinweise müssen genügen.

Der internationale Jugendstil der Jahrhundertwende brachte zwei für das Plakat entscheidende gestalterische Momente: Bedeutung und Ausdruckskraft der Linie, die stilisierend die Formen konturiert, anderseits Wirksamkeit der dichten, flächenhaften Farbfelder, also Verzicht auf illusionistische Darstellung zugunsten einer reinen Flächenkunst. Die Linie konnte organisch schwungvoll oder expressiv kantig sein, die plane Farbfläche tonig weich oder kontrastreich kraftvoll und laut. Vor diesem Hintergrund, aber auch unter dem Eindruck des «Aufbruchs in die Moderne», wie er sich europaweit in der Malerei vollzog, wurde für eine ganze Generation von Schweizer Malern Ferdinand Hodler zum Vorbild. Sein linienbetonter Symbolismus und sein zunehmend helleres und heftigeres Kolorit prägte das Plakatschaffen dieser von Cuno Amiet und Giovanni Giacometti angeführten Maler. Sie stellten sich mit Lust den vielseitigen und wachsenden Werbebedürfnissen und nutzten mit grosser Könnerschaft alle Möglichkeiten der Farblithographie. Vor allem aber weckten sie das Interesse an dem neuen, das Strassenbild verändernden Medium Plakat. Wenn das grüne Pferd des bäuerlichen Reiters, mit dem Emil Cardinaux für die Landesausstellung von 1914 in Bern warb, einen Skandal auslöste, weil die Symbolbedeutung des Grün noch nicht verstanden wurde, so zeigt gerade dieser landesweite Widerstand gegen das noch Ungewohnte, wie weit ins Neuland die Schweizer Plakatpioniere vorstiessen. Ein Plakat wie das von Emil Huber 1914 für das Hotel Bellevue in Zürich geschaffene mit dem (englischen) Reisenden vor der schräg ins Bild gestellten Lokomotive verweist formal und motivisch auf das Neuartige dieser Plakatkunst.

Die Kriegsjahre 1914–1918 brachten, trotz Grenzbesetzung, vor allem eine Fülle von malerischen, teils expressiven Ausstellungsplakaten, von mondän angehauchten Ankündigungen des Gastgewerbes und von Theaterplakaten, vor allem Otto Baumbergers, für ausländische Gastspiele – alles Hinweise auf die Belebung des kulturellen Lebens durch die kurzfristig im Lande weilenden Emigranten. Kaum einen Niederschlag im Plakat fanden die politische Linke (Lenin in Zürich!) und die im Zürcher Cabaret Voltaire 1916 begründete internationale Dada-Bewegung. Mit Beginn der zwanziger Jahre veränderte sich die Plakatszene: Die noch dominierenden, trotz sorgfältigen Schriftgestaltungen eher blassen, dekorativen Allerweltsplakate der routinierten Reklamezeichner wurden nun verdrängt durch die Arbeiten aus dem neuen Berufsstand der «Gebrauchsgraphiker».

Vor allem aus der 1918 begründeten Graphik-Fachklasse von Ernst Keller an der Zürcher Kunstgewerbeschule gingen junge Gestalter hervor, die eine solide Basis für eine spezifische Schweizer Gebrauchsgraphik legten. Das Plakat wurde nun als Flächenarchitektur verstanden, an der sorgfältig komponierte Schrift und stark stilisierte, ja zu Zeichen formalisierte Bildmotive beteiligt waren: Das Plakat wurde zu einem wirksamen, elementaren Bildzeichen.
In diese Neubelebung symbolhafter Zeichen aus frühen Kulturen flossen auch die Abstraktionstendenzen der aktuellen Kunst mit ein. Die weiterhin wichtigen Malerplakate gingen bei analogen Abstraktionstendenzen eher von der kubistischen und futuristischen Malerei aus, wohl am überzeugendsten gelang dies Otto Morach. Eine deutlich andersartige Tendenz entwickelte sich in Basel, wo Niklaus Stoecklin und seine Nachfolger eine aus der «neuen Sachlichkeit»

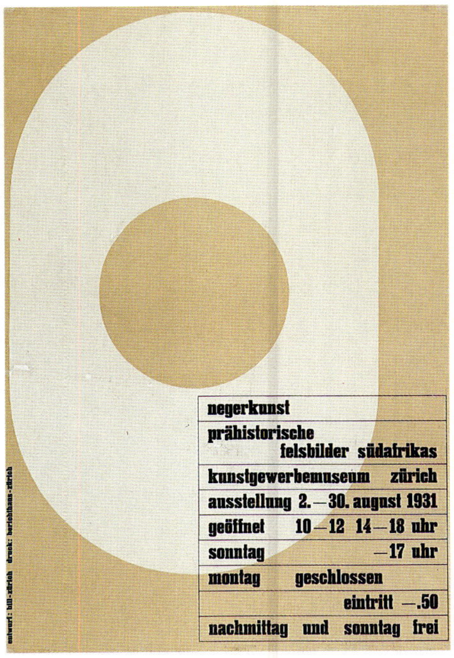


Max Bill, 1931

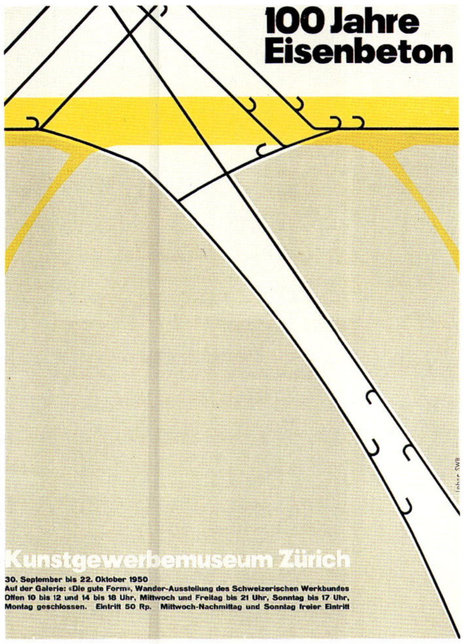


Richard Paul Lohse, 1950

Hans Neuburg, 1967

und dem «magischen Realismus» abgeleitete übersteigerte Dingtreue für das Plakat nutzten.

Das Auftreten professioneller Graphiker bewirkte, dass in den zwanziger Jahren das nun «salonfähig» gewordene Plakat von zunehmend breiteren Auftraggeberkreisen genutzt wurde. Dieser Aufschwung des Plakats brachte nicht nur Verdienst, selbst in den Jahren der Weltwirtschaftskrise, er stimulierte vor allem den künstlerischen Dialog unter den Plakatschaffenden. Es kam dazu, dass mit der Vereinheitlichung des Plakatformats auf das sogenannte «Weltformat» (B 4) und mit der Pflege des Aushangs durch die Allgemeine Plakatgesellschaft dieser friedliche Wettstreit der Plakate unter den Augen einer interessierten Öffentlichkeit sich mit fairen Spielregeln vollziehen konnte.

Mit der für die Schweiz typischen Verspätung wurde, nach der Adaption des Expressionismus und der Abstraktionstendenzen, der Vorstoss der europäischen Malerei in die «Ungegenständlichkeit» wahrgenommen – eine von den Funktionen des Plakates her zweifellos schwierige Entwicklung. Die von der holländischen «Stijl»-Bewegung, vom osteuropäischen Konstruktivismus und am Bauhaus in Dessau entwickelte «funktionale» Gestaltung kam erst mit den dreissiger Jahren zum Tragen. El Lissitzkys Photomontage-Plakat für eine russische Ausstellung im Zürcher Kunstgewerbemuseum von 1928 war in gewissem Sinne ein Auslöser.

Neben der von solcher konstruktiven Gestaltung nur wenig berührten, stetig sich weiterentwickelnden gebrauchsgraphischen und malerischen Plakatkunst entstand, vor allem im Bereich des Ausstellungsplakats, eine «konstruktive Graphik». Nach den Prinzipien der von Jan Tschichold und anderen postulierten «neuen typografie» und «neuen gestaltung» wurden Grotesk- oder Blockschriften, Linien, geometrische Flächenelemente – wie Balken, Rechtecke, Kreise – zu transparenten, rational strengen Flächenordnungen gefügt und – unter Verzicht auf zeichnerisch-malerische Darstellungen – kombiniert mit Photos oder Photomontagen der dinglichen oder menschlichen Werbemotive.

Gestalter wie vor allem Max Bill oder Walter Cyliax und der in Zürich tätige Stuttgarter Anton Stankowski entwickelten einen neuen, zwar asketischen, aber kraftvollen, weitgehend sachlichen Plakatstil, der sich in die unmittelbare Nähe der geometrisch-konstruktiven oder, wie Bill formulierte, «konkreten» Kunst stellte. Von den Pionieren dieses progressiven Plakatstils, zu denen auch Richard Paul Lohse, Hans Neuburg und andere gehörten, führt ein direkter Weg zur «konstruktiven Graphik» der Nachkriegszeit in den Händen jüngerer Generationen.

Diese Nachkriegszeit im Schweizer Plakat – inzwischen über viele Jahrzehnte dauernd – ist zunächst charakterisiert durch einen wachsenden Pluralismus der Stiltendenzen. Entsprechend den rasch sich ablösenden Stiltendenzen in der Kunst – wie der Op Art der fünfziger, der Pop Art der sechziger Jahre –, deren Äusserungen dank raschem Informationsfluss schnell und leicht zugänglich werden, geraten alle Bereiche der Werbegraphik in Fluss. Ein zeitweise rasantes Wirtschaftswachstum mit all seinen Implikationen – Anlass und Folge zugleich um sich greifender Werbeaktivitäten – verändert auch die Basis der Plakatgraphik.

Vielfach unter amerikanischem Einfluss entwickeln sich die Werbeagenturen; sie lösen die einstigen Reklamechefs oder Reklameberater der Unternehmen ab, stellen sich mit dem zunehmenden Know-how einer Werbewissenschaft zwischen Produktion und Konsum, werden zu einem autonomen Dienstleistungssektor eigener Gesetzlichkeit. Der graphische Gestalter verliert vielfach, jedenfalls im wirtschaftlichen Bereich, den direkten Kontakt zum Produzenten von Waren und Dienstleistungen: er wird Teil eines Teamwork von Spezialisten im Dienst der Agentur. Gleichzeitig verliert das Plakat nicht nur seine individuelle Handschrift, sondern auch seine einst dominante Rolle unter den Werbemitteln, es erfüllt, neben Inserat, Fernsehspot u.a., zunehmend nur noch Teilaufgaben im Rahmen von Marketing- und Werbestrategien.

Carl B. Graf, 1956

Trotzdem: Wer Rückschau auf die Plakatproduktion der letzten Jahrzehnte hält, stellt fest, dass es immer noch und immer wieder in stattlicher Zahl Plakate gibt, die in den Bereich der Plakatkunst gehören. Einmal weil zu den älteren Vertretern der Plakatgestaltung immer wieder neue, jüngere Kräfte treten, die, konzeptionell und formal eigenständig, innovativ neue Plakatsprachen entwickeln, zumindest das Vokabular der bestehenden phantasiereich vermehren. Allerdings entstehen solche überzeugenden Plakate meist nur noch im kulturellen Bereich oder im Dienst von offiziellen Institutionen, Sozialwerken und dergleichen. Im Wirtschaftsbereich gewinnt das unpersönliche, ja anonyme «Agentur-Plakat» zunehmend an Boden, was frappante und begeisternde Lösungen nicht ausschliesst. Wie um seine Vormachtstellung zu unterstreichen, wählt dieses Plakat vorzugsweise die Verdreifachung des normalen Plakatformats zum Format B 12. Es bewegt sich damit auf die Dimensionen des Wandbildes hin, dessen formalen Gesetzlichkeiten es oft nicht genügt, vor allem wenn es sich der Farbphotographie bedient. Nach wie vor aber liefern die Arbeiten kompetenter Plakatgraphiker die Wertmassstäbe.

**Formale Polaritäten**

Als Instrument der Werbung im weitesten Sinn ist das Plakat ein Spiegel der Werbebedürfnisse seiner Zeit, es legt Zeugnis ab von den Waren und Dienstleistungen, die angeboten und gebraucht werden, es spiegelt also ökonomische und sozio-kulturelle Verhältnisse seiner Zeit. In der Wahl der Motive und der Art ihrer Visualisierung lässt das Plakat Rückschlüsse zu auf die Menschen seiner Zeit. Zunächst aber ist das Plakat als Zweig der angewandten Graphik ein Produkt bildnerischer Gestaltung.

Der Plakatschaffende bedient sich bestimmter formaler, farblicher, textlicher und schriftgestalterischer Mittel, um die ihm aufgetragene Botschaft an den Betrachter heranzutragen. Die Kenntnis der farb-formalen Gestaltungsmittel kann er im Unterricht an einer Fachschule für Gestaltung oder bei einem Lehrmeister erwerben, vielleicht auch im Selbstunterricht. Basis der bildnerischen Arbeit sind die Grundgesetze der Farb- und Formgestaltung auf der Fläche, all das also, was an Erfahrungen und Einsichten im Lauf der Jahrhunderte zu «Formenlehren» und «Farbenlehren» zusammengewachsen ist. Diese Gestaltungslehren beruhen auf dem menschlichen Wahrnehmungsvermögen, der Perzeption durch das Auge, die im Betrachtenden bestimmte Reaktionen auslöst.

Grundsätzlich sind am Plakat zwei gegensätzliche Mittel der Kommunikation beteiligt: Schrift und Bild. Beide bedürfen der Gestaltung. In der Regel ergänzen und klären sie sich gegenseitig, wobei das Bild, dank seinem Form- und Farbausdruck, eher an die Empfindungsfähigkeit, das «Gefühl» des Betrachters sich wendet, die Schrift als Visualisierung von Sprache eher über den Verstand aufgenommen wird. Dabei muss keineswegs das Bild zwingend den Text illustrieren oder veranschaulichen. Es kann auch der Text erst den Sinn des Bildes erklären. Im Idealfall ergibt die Verbindung Schrift/Bild eine Verstärkung oder Ausweitung der Botschaft, als ob sie von zwei Seiten her käme. In Fällen reiner Information kann das Plakat auf das Bild verzichten. Dagegen sind Plakate ohne Schrift nur in Ausnahmefällen möglich.

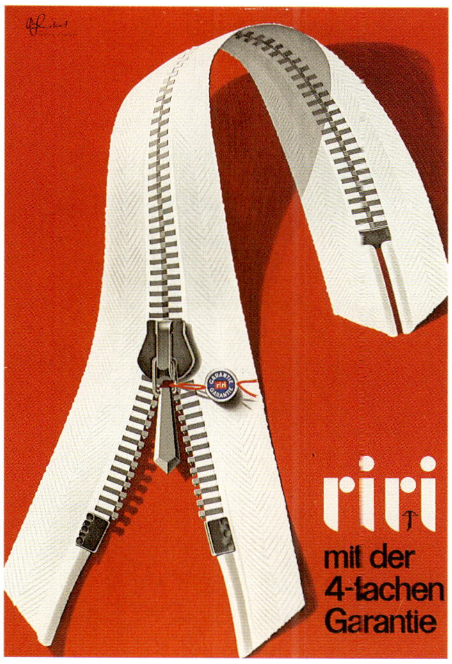


Pierre Gauchat, 1945

Inhalt und Wortlaut des Textes werden dem Gestalter in der Regel geliefert. Seine Aufgabe ist es, Formcharakter und Grösse der Schrift mit dem Bild in Einklang zu bringen. Je knapper der Text, umso besser die Voraussetzungen für eine wirkungsvolle Plakatkomposition. Wo grössere Textmassen unterzubringen sind, besteht die gestalterische Aufgabe in der sinnvollen, graphisch verantwortbaren Gewichtung. Der Gestalter kann die Schrift selber zeichnen oder aus bestehenden Schrifttypen absetzen lassen, notfalls vergrössern und in seinen Entwurf montieren. Allein schon durch die Wahl der Schriftcharaktere – entsprechend dem Werbethema, entsprechend dem Stil des Entwurfs – kann das «Klima» eines Plakates festgelegt werden: Kraftvolle, wuchtige Schriften können etwa die Bauwelt, feine, elegante Schriften etwa die Modewelt

Anton Stankowski, 1933

suggerieren. Historische Schriftformen (wie Fraktur) betonen traditionelle Werte, zeitlos sachliche Schriftformen (wie Grotesk) verweisen eher auf technische, moderne Themen, klassische Antiquaschriften stehen für Zeitlosigkeit, spielerisch konstruierte Schriften spiegeln oft modische Trends.

Die schon in der Frühzeit des Schweizer Plakats zutage getretene, im Schriftunterricht an den Gestalterschulen über Jahrzehnte geförderte Schriftkultur galt, vor allem auch im Ausland, als ein Merkmal schweizerischer Plakatkunst. Es ist wohl kaum Zufall, dass mehrere Generationen von Schweizer Schriftkünstlern sich internationalen Ruf erworben haben, von Ernst Keller, Walter Kaech und Hans Vollenweider zu Jan Tschichold, Emil Ruder, Armin Hofmann, Walter Diethelm und Adrian Frutiger. In jüngerer Zeit scheint das Interesse an den formalen Qualitäten der Schrift zu erlahmen, woran neue Techniken der photomechanischen, schliesslich der elektronischen Satzherstellung nicht unbeteiligt sind. Eine mehr beiläufige Verwendung vorfabrizierter, wertneutraler Schriftcharaktere ist im Vormarsch. Damit geht die formale Einheit von Bild und Schrift weitgehend verloren.

Oft hat das einen Plakattext dominierende Wort – ein Firmenname wie Bally oder Bell, ein Produktename wie Eptinger oder Riri – einen unverwechselbaren Formausdruck, ist Logotype oder Markenzeichen. An seiner Stelle kann ein graphisches Signet erscheinen – als moderner Abkömmling uralter Symbolzeichen. Das neue SBB-Signet ist dafür ein gutes Beispiel. Die Formalisierung von Firmennamen und Markenzeichen war lange ein wirksames Element plakatgraphischer Gestaltung. Die Häufung von Wortbildern und Markenzeichen hat deren Wirksamkeit zunehmend beeinträchtigt, sie werden in der Plakatgraphik marginalisiert.

Sofern nicht eine Schriftkomposition das Plakat beherrscht, kommt dem Bild die Hauptaufgabe zu, Aufmerksamkeit zu erregen und das Interesse für die Botschaft zu stimulieren. Als Flächengestaltung spiegelt das Plakat alle Möglichkeiten zeichnerischer und malerischer Artikulation der Fläche: von der rein linear-graphischen zur zeichnerisch-modellierenden, ja schattierenden Wiedergabe körperhafter und räumlicher Gegebenheiten. Tritt die Farbe dazu, so kann ihr Einsatz dem des transparenten Aquarells, der deckenden Gouache oder der Öl- und Acrylmalerei entsprechen, wobei freie, tonige Flächenbehandlung und volle, reine Farbfläche extreme Möglichkeiten sind. All dies stets unter dem Gesichtspunkt, dass beim Plakat als druckgraphischem Produkt die Möglichkeiten der linearen und flächendeckenden, ein- oder mehrfarbigen drucktechnischen Wiedergabe eines Entwurfs zum Einsatz kommen.

Herbert Matter, 1936

Von grösster Wichtigkeit ist die Farbgestaltung entsprechend den Wirkweisen der einzelnen Farben. Auch wer nicht an den amerikanischen Slogan «Color sells» denkt, geht davon aus, dass die Farbe – mehr als die Form – Wirkungen auf die Psyche des Betrachters hat: Die Farbenwahl ist also nicht allein vom Werbethema abhängig, sondern ebensosehr von der Frage, welche Emotionen und Reaktionen «farbpsychologisch» im Betrachter ausgelöst werden sollen. Dabei spielt nicht nur die Gesamtheit der in einem Plakat wirksamen Farbtöne, das «Farbklima», eine Rolle, wichtig ist vor allem der farbige Grund, auf dem ein Bildmotiv steht. Ein rotgrundiges Plakat unterscheidet sich grundlegend von einem weiss- oder schwarzgrundigen. Die Farbwahl spielt letztlich eine entscheidende Rolle für die Werbewirksamkeit eines Plakats. Denn Farben haben eine unmittelbar sinnliche Wirkung auf den Menschen. Und zum Seh-Erlebnis kommen die unbewussten Wertungen der über die Netzhaut empfangenen optischen Informationen.

Mit dem Einbezug der Photographie als Darstellungs- und Gestaltungsmittel seit den dreissiger Jahren eröffneten sich, über die bisherigen zeichnerisch-malerischen oder rein graphischen, linearen oder flächenhaften Gestaltungsweisen hinaus, neue Wege der Visualisierung. Man sprach vom «Sachplakat», weil die Photographie eine objektive Darstellung von Dingen, Landschaften

Walter Cyliax, 1929

Emil Schulthess/Hans Hinz, 1936/37

Emil Schulthess/Hans Hinz, 1936/37

und Menschen zu gewährleisten schien. Diese Glaubwürdigkeit der Photographie konnte, gerade im Plakat, als Augentrug benutzt werden. Die ursprünglich schwarzweisse Photographie wurde allerdings der Forderung nach Farbe im Plakat nicht gerecht. So begann man trickreich die Photographie zu kolorieren. Vor allem bei Touristikplakaten – selbst jenen von Herbert Matter – fand dieses artifizielle Verfahren Anwendung. 1936 gelang es dem Photo-Experimentator Hans Hinz erstmals, bei Conzett & Huber in Zürich Farbpapierkopien nach Dreifarben-Auszügen herzustellen. Zusammen mit dem damaligen Graphiker und späteren Photographen Emil Schulthess, konnte Hinz solche Vorlagen für erste, 1936/37 entstandene, echt farbphotographische Plakate liefern.

Die zunehmende Verwendung der im Lauf der fünfziger Jahre technisch perfektionierten Farbphotographie hat konzeptionell und gestalterisch die Plakatgraphik verändert. Technische Entwicklungen im Bereich der Photolithographie und des Farboffset haben dazu beigetragen. Generell lässt sich sagen: Die Nutzung vorhandener oder speziell inszenierter, schwarzweisser und farbiger Photographien, sowie phototechnische und photokünstlerische Manipulationen brachten überraschende Ausweitungen der plakatgestalterischen Möglichkeiten. Dabei ist nicht zu übersehen, dass den – künstlerischen – Gewinnen auch Verluste gegenüber stehen.

Mit dem hier skizzierten Inventar an Möglichkeiten setzt der Plakatgestalter seine Vorstellungen in die Realität des Entwurfes um. Eine Vielzahl teils gegensätzlicher Lösungen bietet sich an: Die Komposition kann Fülle zum Ausdruck bringen (Vielheit und Vielzahl dicht gefügter Formelemente) oder aber Leere (Reduktion der Formelemente an Zahl und Grösse). Die Komposition kann expansiven, «extravertierten» Charakter haben, also zum Bildrand stossen oder darüber hinaus: Vom Rand angeschnittene Formen wirken grösser, haben mehr Kraft und Dynamik. Umgekehrt kann das dominante Plakatmotiv intimer, «introvertierter» im Ausdruck sein, wenn es von den Rändern weg ins Zentrum gerückt wird, umgeben von leerem Raum: Etwas Kostbarem, Preziösem vermag dieses Gestaltungsprinzip gerecht zu werden.

Dominante Formen können vertikal betont sein, also emporwachsen; sie können umgekehrt horizontal betont sein, also ruhig sich hinlagern. Während horizontale und vertikale Orientierung der Komposition eher einen statischen Formausdruck ergeben, bewirken die Schräglagen der beiden Diagonalen einen dynamischen Formausdruck. Zirkuläre Formen provozieren den Eindruck der Rotation und der Pulsation nach vorn und nach hinten. Besondere Wirkungen ergeben sich durch die Positionierung der Schwerpunkte: dominante Farb-Formen ganz unten wirken schwer, lastend, aber beruhigend; ganz nach oben geschoben, wirken sie leicht, schwebend, aber vielleicht bedrohlich; ganz nach links geschobene Schwerpunkte signalisieren ein Kommen, ganz nach rechts geschobene ein Gehen.

Die Gestaltung kann betont flächenhaft sein, was der Zweidimensionalität des Papierbogens entspricht; sie kann aber auch Körper- und Raumillusionen erwecken: durch Modellierung, Schattenwurf, Formüberlagerung und Formtransparenz. Im Extremfall lassen sich mit gestalterischen Mitteln eigentliche Scheinwirklichkeiten herstellen. Mit der Photographie kann die wahre Erscheinung einer Sache oder Situation dokumentarisch vorgeführt werden. Anderseits kann die Photographie, dank dem verbreiteten Glauben an die Unbestechlichkeit ihrer Wirklichkeits-Wiedergabe, dazu benutzt werden, das Nicht-Wahre als Wahrheit erscheinen zu lassen.

Der Plakatgestalter kann sich, im Interesse der Intensität seiner Aussage, auf ein einziges Gestaltungsprinzip konzentrieren, kann aber auch zwei oder mehrere miteinander verbinden und durch Konfrontationen dem Entwurf Lebendigkeit, Dramatik, Intensität verleihen. Zwischen Kargheit und Übermass gibt es viele Zwischenstufen. Vielleicht ist von souveräner Gestaltung dort zu sprechen, wo Text- und Bildelemente logisch, formal zwingend aufeinander

Heini Fischer-Corso, 1957

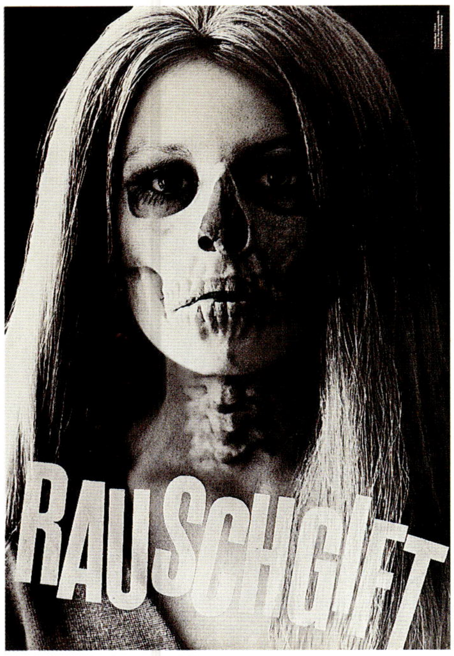


Andreas Fierz, 1969

Hannes Huber, 1987

bezogen sind, wo es gelungen ist, die Schrift als graphisches Formelement mit den Bildformen in einen spannenden Dialog zu bringen, wo die eingesetzten graphischen oder photographischen Mittel dem Werbethema adäquat sind und wo das üblicherweise Erwartete mindestens um soviel überschritten oder ausser acht gelassen wird, dass Auf-Sehen und Auf-Horchen sich einstellen.

**Plakate nach Aufgaben**

Eine historische Betrachtung des Schweizer Plakats nach stilistisch-gestalterischen Kriterien rückt zwangsläufig Entwürfe ähnlicher oder gleichartiger zeichnerisch-malerischer oder formal-graphischer Darstellungsart zusammen, ungeachtet der konkreten Werbe- oder Informationsthemen. Solche stilistische Betrachtungsweise sieht das Plakat als Ausdruck und Zeugnis bestimmter ästhetischer Tendenzen zu einem bestimmten Zeitpunkt, ja als Vorzeigestück für den Stil einer Epoche. Das Verwandte oder Gleichartige lässt sich wirkungsvoll konfrontieren mit dem Vorausgegangenen wie dem Nachfolgenden. Dabei zeigt sich bald, wer die tonangebenden Plakatgestalter sind, wer ihre Adepten und Nachläufer. Der Eingeweihte mag sogar imstande sein, die künstlerischen Quellen namhaft zu machen, aus denen ein einheitlicher Plakatstil schöpft. Um zwei Beispiele zu nennen: Zwischen 1908 und 1914 gab es einen markanten Einfluss von Ludwig Hohlwein, dem Haupt der damaligen Münchner Plakatkunst, auf das Plakatschaffen in Zürich. In den späten dreissiger Jahren nahmen sich einzelne Vertreter der magisch-realistischen Dingdarstellung im Plakat mit ihren teils unheimlichen, teils witzigen Motiv-Assoziationen den belgischen Surrealisten René Magritte zum Vorbild. – Eine solche stil-orientierte Betrachtungsweise klammert jedoch andere wesentliche Aspekte der Plakatproduktion weitgehend aus.

Ein völlig andersartiges Ordnungsprinzip geht von den Funktionen aus, von der unmittelbaren Aufgabe, die ein Plakat zu erfüllen hat: für eine Zahnpasta zu werben, zu einem Schützenfest einzuladen oder die Unterstützung der Winterhilfe zu erbitten. Seit den Anfängen einer systematischen Betrachtung des Plakatschaffens – in den Untersuchungen zur «Reklamekunst» am Jahrhundertbeginn – hat man von unterschiedlichen «Plakatgattungen» gesprochen. Im Lauf der Zeit haben sich verschiedene Ordnungsprinzipien herausgeschält, teils grob-, teils feinmaschige. Stellenweise mögen sie sich decken, oft sind sie nicht vergleichbar. Selbstverständlich sind die Plakataufgaben über die Jahrzehnte hin nicht die gleichen geblieben, sind vielmehr in stetem Wandel begriffen und werden so zu Indikatoren für die Zeitlage.

Um die Jahrhundertwende wurde für Sicherheitspetrol im Beleuchtungswesen geworben, bis in die vierziger Jahre für Eierbriketts und Unionbriketts als Heizmaterial; im ersten Jahrhundertjahrzehnt mangels privater Badezimmer für die Volksbäder und in den zwanziger Jahren für Transmissionsräder; im folgenden Jahrzehnt standen Autorennen auf staubigen Bergstrassen im Vordergrund, und erst in den fünfziger Jahren die Verkehrssicherheit. Zwei Jahrzehnte später wurde auf die Drogensucht aufmerksam gemacht, und seit Mitte der achtziger Jahre muss vor Aids gewarnt werden. Offensichtlich spiegeln sich in den Plakataufgaben wechselnde wirtschaftliche und soziokulturelle Verhältnisse und Veränderungen.

Als gröbste Aufgliederung der Plakatproduktion bietet sich eine Scheidung in kommerzielle und nicht-kommerzielle Plakate an. Doch verästeln sich beide Bereiche in unterschiedliche Aufgaben und Themenkreise. Das kommerzielle Plakat kann als «Warenplakat» für einzelne Produkte wie Waschmittel oder Zigaretten, Mineralwasser oder Autos werben. Es kann aber auch als «Firmenplakat» einzelne Unternehmen wie Bally oder Grieder empfehlen. Als «Branchenplakat» kann es die Aufmerksamkeit auf ganze Wirtschaftszweige lenken wie Seide oder Wolle, Bier oder Schweizer Wein. In der Produktewerbung bieten sich sofort weitere Unterscheidungen nach Warengattungen an: das Zigarettenplakat ist anders als das Waschmittelplakat, Veloplakate lassen sich nicht mit solchen für Nähmaschinen oder Radios vergleichen. Die verschie-

Carlo Vivarelli, 1954

Karl Gerstner, 1960

denen Arten des Warenplakats sprechen teils unterschiedliche Interessenten an oder aber unterschiedliche Interessensphären ein und derselben Person. Umfassend wirbt schliesslich das kommerzielle Plakat für alle Arten von Messen – Muba, Olma, Comptoir u.a. – oder für Einkaufszentren, also für die grossen modernen Warenmärkte.

Zum Bereich des kommerziellen Plakats gehören auch Dienstleistungs-Unternehmen wie Banken, Versicherungen, Taxi-Unternehmen oder Waschanstalten. In weitere Grenzzonen gehören pharmazeutische und hygienische Produkte, das Baugewerbe oder graphische Betriebe.

Eine stark kommerzielle Komponente besitzt jedoch auch das Touristik-Plakat, das für die Schweiz, für einzelne Regionen oder Orte wirbt, für Bahn, Schifffahrts- und Autobusbetriebe, die öffentlichen Verkehrsbetriebe und den Flugverkehr eingeschlossen. Da verbinden sich infrastrukturelle Elemente mit wirtschaftlichen, während in Plakaten für Hotels und Gast- oder Vergnügungsstätten der kommerzielle Charakter überwiegt.

Kaum geringer sind die Verästelungen bei den Gattungen, die man als kulturelle Plakate bezeichnen kann. Hier denkt man zunächst an Plakate für Theater- und Tanzveranstaltungen, an Konzert- und Filmplakate und nicht zuletzt an Ausstellungsplakate, die nicht nur für Kunstereignisse werben, sondern auch für Schaustellungen aller Art.

Auch das Sportplakat gehört im weiteren Sinne zum soziokulturellen Bereich. Vor allem Sportarten wie Turnen, Schiessen oder Schwingen, die nicht nur mit sportlichen, sondern ebensosehr mit festlichen Anlässen verbunden sind, rücken in die Nähe von Festen der Gemeinschaft, wie Gesangs- oder Musikfesten. Da tritt meist auch eine patriotische Komponente ins Spiel, wie sie auch von Plakaten begleitete Jubiläumsfestlichkeiten auszeichnet. Dieses patriotische Element spielt im Plakatschaffen der Schweiz eine wesentlich grössere Rolle als in anderen Ländern.

Dass auch das kulturelle Plakat – es will letztlich eine kulturelle Veranstaltung «verkaufen» – eine kommerzielle Komponente enthält, wird deutlich beim Plakat für Zeitschriften, Zeitungen und Bücher: ein Buch ist nicht nur ein Kulturgut, sondern auch eine Ware, und eine Zeitschrift oder Zeitung ist nicht nur ein geistiges, sondern auch ein Konsum-Gut.

Am weitesten entfernt von wirtschaftlichen Interessen ist jener gerade in der Schweiz wichtige Bereich des Plakats, das für soziale Werke und Institutionen – Winterhilfe, Pro Juventute, Rotes Kreuz, Terre des Hommes, Caritas, Brot für Brüder u.a. – wirbt oder ganz allgemein für humanitäre Anliegen wie Hunger in der Welt, Hilfe für Kriegs- und Katastrophenopfer. Den Plakaten für humanitäre Zielsetzungen wären jene Aktionen anzugliedern, die – von der öffentlichen Hand oder von Organisationen getragen – auf Gefahren für den Einzelnen wie für die Gemeinschaft aufmerksam machen: Krebsgefahr für Raucher, Verkehrssicherheit, Verbrechen, Drogensucht, Aids, Waldbrandgefahr und ähnliches bis zur Warnung vor Trinkwasserbelastung, Luftverschmutzung, Atomgefahr und Waldsterben. Auch solche Themen im Bereich von Umweltschutz haben im Schweizer Plakatschaffen einen wesentlich höheren Stellenwert als in der Plakatproduktion der meisten anderen Länder. Das mag mit einem ausgeprägten gesellschaftlichen Verantwortungsgefühl, wohl aber auch mit einem Hang des Schweizers zur Belehrung Anderer zusammenhängen.

Als umfangmässig bedeutende Gattung sei schliesslich das politische Plakat genannt. Die grosse Zahl kommunaler, kantonaler und eidgenössischer Abstimmungen und Wahlen löst oft, vor allem bei heftig umstrittenen Themen, hitzige Wahl- und Abstimmungskämpfe aus, die sowohl in der Presse und in Flugblättern, wie besonders intensiv im Wettstreit der Plakate ausgetragen werden. Grosse Themen wie Frauenstimmrecht, Fremdarbeiterfrage, Arbeitszeitver-

Bruno Monguzzi, 1988

kürzung, Altersfürsorge, jüngst auch die Armeeabschaffung haben in den vergangenen Jahren zum heftigen Kampf auch an den Plakatanschlageflächen geführt. In vielen Fällen bevorzugen die Gestalter politischer Plakate das Anonymat, doch haben sich immer wieder bedeutende Maler und Plakatkünstler mit ihrem Namen zu ihren oft den Tag überdauernden politischen Plakaten und damit zu ihren politischen Überzeugungen bekannt. Für das «Plakatleben» ebenso wie für das politische Leben der Schweiz spielt das politische Plakat als Ausdruck des demokratischen Meinungsstreits eine bedeutsame Rolle.

**Steinbrüche der Kultur**

Im Geleitwort zu einer internationalen Ausstellung von Zirkusplakaten hat 1978 Carl-Albrecht Haenlein, Direktor der Kestner-Gesellschaft in Hannover, historische Plakatsammlungen als «Steinbrüche der Kultur» bezeichnet. Die überraschende Definition hat allerdings ambivalenten Charakter, sie ist mehrdeutig, was vielleicht gerade ihren Reiz ausmacht.

Das Wort könnte einerseits so verstanden werden, dass aus der Gesamtmasse der Plakate wie im Steinbruch aus dem anstehenden Gestein Blöcke (lies: Motive und Darstellungsweisen) in gewünschter Dimension und Menge herausgebrochen werden, aus denen Gebäude der Kultur aufgebaut werden können. Solche Steinbrüche wären dann Orte, an denen sich jeder für eigene kulturelle Zwecke bedient. Umgekehrt wären solche Steinbrüche als ein Kulturganzes zu verstehen, aus denen wunsch- und wahlweise unterschiedliche Kulturbrocken, jeder ein einheitliches Stück (eben ein einzelnes Plakat), herausgelöst werden könnten. Aus der einen Sicht wäre also die Masse der Plakate eine Fundgrube für Phänomene der Kultur; aus der anderen Sicht wäre jedes Plakat ein in sich geschlossenes Teilchen, herausgebrochen aus einem umfassenden Kulturganzen.

In jeder dieser Sehweisen spiegelt das Plakat ein je wieder andersartiges Stück Kultur. Mit Recht daher das Wort vom Plakat als Kultur- und Zeitspiegel. Beachtenswert ist dabei das Phänomen der Zeitlichkeit und Zeitlosigkeit: Die Aufgabe, die ein Plakat primär zu erfüllen hat, seine Funktion als Werbemittel also, die eigentlicher Anlass zu Entwurf, Ausführung und Aushang ist, verliert schnell an Bedeutung. Eine Werbebotschaft von gesten hat ihren «impact» heute weitgehend oder vollständig eingebüsst, bewegt uns nicht mehr. Als Zeugnis graphisch-gestalterischer Bemühungen jedoch, als Ausdruck des Kunstwillens einer Persönlichkeit oder einer Zeit, behält das Plakat ungeschmälert seine Bedeutung. Als Zeit- und Kulturspiegel erhält es sogar, mit wachsender zeitlicher Distanz zwischen Entstehungszeit und Betrachterblick, zunehmende Wichtigkeit als beredtes Dokument einer Zeit, einer Gesellschaft, ihrer Interessen und ihrer Wünsche.

Das Plakat von heute, von gestern und von vorgestern erzählt uns von Menschen; von Menschen, die es in Auftrag gegeben, die es gemacht und die ihre Blicke ursprünglich darauf gerichtet haben. So vergänglich das Plakat in seiner jeweils aktuellen Werbe- und Informationsaufgabe sein mag, es bleibt unvergänglich als Zeugnis seiner Zeit. Es gibt nur wenige Kulturprodukte, die über die Menschen, von denen und für die sie gemacht sind, soviel erzählen wie das Plakat. Plakate, die heute auf der Strasse das Wort-Bild an uns richten, berichten den Betrachtern von morgen bereits über uns! Offen oder verhüllt, laut oder leise, liebenswürdig oder boshaft, ehrlich und vielleicht sogar schonungslos. Faszinierend ist ihre Botschaft auf alle Fälle.

Willy Rotzler

# Gestalter und Themen
# Eine Auswahl

# Burkhard Mangold

Die Entstehung des Künstlerplakates in der Schweiz zu Beginn unseres Jahrhunderts fiel zusammen mit der Entwicklung eines schweizerisch nationalen Stils innerhalb der Malerei durch Ferdinand Hodler. Über die Landesgrenzen hinaus fand diese Entwicklung grosses Interesse, und es erstaunt daher kaum, wenn im Ausland auch auf dem Gebiet der Plakatkunst vor allem jene Schweizer Plakatgestalter allgemeine Bekanntheit genossen, die wie Emil Cardinaux oder Otto Baumberger ihren Malstil bewusst auch für ihre Plakate verwendeten. Jedenfalls lobten die damaligen Kritiker des jungen Schweizer Plakates vorrangig jene Qualitäten, welche dieses mit der Malerei gemeinsam hatte. Wo aber stand Burkhard Mangold?

Auch der Basler Maler und Graphiker gehörte zur ersten Generation begeisterter Plakatpioniere. Sein Hauptinteresse allerdings galt weniger der Übertragung eines bestimmten Malstiles in eine plakative Form, als vielmehr der intensiven Suche nach den spezifischen Gestaltungsprinzipien einer ausdrucksstarken Plakatsprache. Unter den vielen Plakatgestaltern, die, oft nur mit wenigen meisterhaften Plakaten, ihren Beitrag zur Entwicklung des Schweizer Künstlerplakates geleistet haben, zählt Burkhard Mangold zu den wenigen, die eine überaus grosse Zahl von Plakaten geschaffen haben. Für ihn bedeutete das Plakatzeichnen eine Hauptbeschäftigung innerhalb seines künstlerischen Schaffens, obwohl er sich mit fast allen Gebieten der freien und angewandten Kunst auseinandersetzte. Wand- und Glasgemälde, Dekorationsentwürfe für Umzüge und Feste, Diplome, Kalendergraphik, Illustrationen und Holzschnitte für unzählige Publikationen gehörten ebenso zu seinem Schaffen wie ab 1923 das Malen von Fasnachtslaternen für die berühmten Fasnachtscliquen «Sans Gêne», «Centralclub» und «Basler Mittwochsgesellschaft». Neben seiner werbegraphischen Tätigkeit schuf er auch als freier Künstler zahlreiche Gemälde. Sein Bekenntnis zu einer selbständigen Plakatmalerei lässt jedoch nichts an Deutlichkeit fehlen, wenn er 1920, auf seine reiche Erfahrung zurückblickend, schrieb: «Eine Menge junger Leute bilden sich zum Plakatmaler aus und, wenn ihnen dies nicht gelungen, werden sie Bildermaler.»

Burkhard Mangold reagierte mit seinen Plakaten auf zwei wesentliche Tatsachen der Werbesituation um die Jahrhundertwende: Einerseits wurden Ende des 19. Jahrhunderts die Plakate in immer komplizierteren Verfahren und in immer üppigerer Ausstattung vorwiegend von virtuosen Lithographen fabriziert. Das Plakatbild verkam dabei oft zur blossen Stimmungsmache für die in den verwirrendsten Schrifttypen gesetzten Reklametexte. Noch zu Beginn dieses Jahrhunderts entstanden Plakate, die in vielfacher Überlagerung von Postkartenbildern zwar die bildliche Darstellung wieder in den Vordergrund zu rücken versuchten, dennoch aber die gleiche, breit angelegte, erzählerische Bildsprache verwendeten. Der zweite entscheidende Ausgangspunkt für das Plakatentwerfen Mangolds liegt da, wo mit der Propagierung des Markenartikels im letzten Viertel des 19. Jahrhunderts in gezielten Kampagnen ganze Stadtquartiere und Strassenzüge mit Werbeplakaten und Werbeschriften überklebt und verunstaltet wurden. Eine werbegeschichtlich äusserst interessante Entwicklung, indem die Bedeutung historisch angestammter Werbeorte wie Marktplätze, Kirchenportale u.a.m. plötzlich relativiert wurde. Fortan entschied die Werbung selbst über die Attraktivität und die Werbewirksamkeit eines bestimmten Ortes und nicht mehr umgekehrt. Dieses Phänomen, ursprünglich in der Masse an Werbematerial begründet, versuchte Burkhard Mangold nun als spezifische Qualität auf jedes einzelne seiner Plakate zu übertragen. Nach seiner Auffassung hatte folglich neben dem künstlerischen nicht zuletzt auch der methodische Wettstreit über den Erfolg des Plakates zu entscheiden, und der erfolgreiche Plakatkünstler musste gleichzeitig auch ein geschickter Werbestratege sein. Die Andersartigkeit jedes Plakates, seine unverwechselbare Einzigartigkeit prägt denn auch das Gesamtwerk Mangolds. Innerhalb der Gruppe der wenigen Schweizer Künstler, deren Ziel es war, auch dem Plakat künstlerische Qualität zu verleihen, beschritt Burkhard Mangold einen eigenen Weg. Er sah sein Plakatschaffen hauptsächlich in baslerischer Tradition verwurzelt, obwohl er sich gern an Plakaten des Münchners Ludwig Hohlwein orientierte. Dieser war auch für einige andere Schweizer Plakatkünstler ein Vorbild.

Fast wissenschaftlich entwickelte und erprobte er mit äusserster Akribie in Dutzenden von Skizzen und Entwürfen jeweils die treffendste Bildlösung. Diese analytische Systematik gehört zum Schaffen und zur Person Mangolds. Sie macht die verblüffende Varietät innerhalb seines Plakatwerkes erst verständlich und erklärt wohl auch, dass von den über einhundertfünfzig Plakaten nur wenige allgemein bekannt geblieben sind. So verbindet man mit seinem Namen nicht so sehr einen bestimmten Plakatstil, als vielmehr für die Entwicklung des modernen Plakates grundlegende Gestaltungselemente. Nur wenige seiner Plakate hätten Bestand als Gemälde, die meisten existieren einzig für den entscheidenden und faszinierenden Augenblick des Bemerktwerdens.

Von der Fachwelt wahrgenommen wurde der ehrgeizige Basler 1905, als der Zürcher Druckanstaltbesitzer J.E. Wolfensberger auf sein prämiiertes Plakat für das Eidgenössische Sängerfest in Zürich von 1905 aufmerksam wurde und ihn für sein Lithographenteam anwarb. Diese Anstellung begründete die Plakatgestalterkarriere Burkhard Mangolds, er gehörte ab jetzt mit Emil Cardinaux und Otto Baumberger zu den wichtigsten Plakatkünstlern im Dienste der Zürcher Druckanstalt. Während knapp fünfzig Jahren entwarf Mangold Plakate für praktisch alle Gebiete der Plakatwerbung. Die meisten zeichnete er selbst auf den Stein, bei den restlichen überwachte er die peinlich genaue Ausführung seiner Entwürfe in den Lithoanstalten Wassermann, Basel, und Wolfensberger, Zürich, wo fast alle seine Plakate gedruckt wurden. Zwei Drittel, darunter seine besten, entstanden bereits vor 1920. Neben der vielfältigen Produktwerbung für Autos, für Mode, für Ausstattungen bis hin zur Reklame für Haferflocken und Schönheitscrèmen, entstanden im Atelier des Baslers zahlreiche Ausstellungs-, Konzert- und Tourismusplakate, Plakate für Vereinigungen, für Sportanlässe, sowie einige sehr engagierte für Wahlveranstaltungen und Abstimmungen (Stimmt für Liste 1, 1919).

Burkhard Mangolds Ausbildungsweg formte bestimmend seinen graphischen Stil. Vor allem das künstlerische Klima in München, wohin Mangold nach seiner Ausbildung an der Kunstgewerbeschule in Basel und einer Dekorationsmalerlehre für sechs Jahre, von 1894 bis 1900, übersiedelte, übte auf den jungen Basler einen kaum zu überschätzenden Einfluss aus. Hier gründete Mangold zusammen mit zwei Freunden ein «Atelier für dekorative Kunst», und hier lehrte er zeitweise an der Städtischen Malschule. In diesen Jahren experimentierte Mangold intensiv mit der Technik der Lithographie. Nachhaltig auf sein Plakatwerk wirkte sich seine Passion für die zeitgenössische illustrative Satire aus. Seine frühesten Plakate schliessen an den Stil der aufmüpfigen, bissig-ironischen Münchner Zeitschriften-Illustration an. Eng verwandt mit Zeichnungen der am Ende des 19. Jahrhunderts gegründeten Wochenschrift für Kunst und Leben «Jugend», sind sie im Grunde genommen bühnenhaft inszenierte und ins Monumentale vergrösserte Textillustrationen. Der spritzige «Jugendstil» verbindet sich dabei kreativ mit dem exakt formulierten Werbeauftrag. Bereits manifestieren sich der für Burkhard Mangold charakteristische zeichnerische Plakatstil, sein ironischer Humor und sein Witz. Mit unverkrampfter Frische und Zielsicherheit, unverkennbar eingebettet in die Baslerische Fasnachtskultur, packte Mangold selbst traditionell festgelegte Bildthemen neu an. Das Plakat für das Armbrustschiessen von 1901 als Beispiel kehrt den erwarteten präzisen Apfelschuss Wilhelm Tells in überraschender Art in sein Gegenteil um. Die Negation der gewohnten Bildlösung zwingt zum nochmaligen Hinsehen. Das Plakat provoziert. Überraschend ungezwungen verfuhr Mangold auch in späteren Plakaten, wenn er die Lavinia aus einem Gemälde Tizians (Jubiläumsausstellung für Bäckerei, Conditorei & verwandte Gewerbe in Basel, 1910), klassische Motive wie die Dioskuren (IX. Baselstädtisches Kantonalturnfest, 1911) oder die Drei Grazien (Ganter & Co. Zürich, 1915) ungeniert vor den Karren der Werbung spannte.

Einige seiner Plakate sind besonders geeignet, seine verschiedenartigen werbegraphischen Vorstellungen und Techniken zu dokumentieren. Ein gutes Beispiel für die typische Vielschichtigkeit und Vielfalt in der Anlage seiner Werbepalette und darüber hinaus auch für sein Selbstverständnis hat Burkhard Mangold mit seinem Plakat «Der Wolf zieht um...» anlässlich der Geschäftsverlegung der Druckanstalt Wolfensberger 1911 geschaffen. Wie eine Schnitzelbank begleiten die von ihm geschmiedeten Verse rhythmisch die bildliche Darstellung des Umzuges. In allegorischer Form zieht die Firma Wolfensberger als Wolf in hölzerner Riesengestalt vorbei, gleichsam als «Trojanisches Pferd», von einer gewaltigen Volksmenge begafft, bestaunt, bewundert. Darauf sitzt selbstbewusst der arbeitende Plakatkünstler (mit dem Bürstenschnitt wohl Mangold selbst), Helfer werfen hundertfach reproduziert seine Ideen in die Masse. Dieses Beispiel veranschaulicht die charakteristischen Eigenarten der Mangold-Plakate: Die Verschleifung und das überraschende Gegeneinanderausspielen von Gewohntem und Ungewohntem. Die diagonale Anordnung der Komposition erzeugt die dynamische Grundbewegung, innerhalb welcher Identifikationsfiguren, Vorbilder in Gestalt monumentalisierter Helden,

1915

1914

1907

1911

oder in den engagierten Abstimmungsplakaten abschreckende Bösewichte ihren Part übernehmen. Ferner wird die Zeichnung grundsätzlich raffiniert angeschnitten oder im Spielraum derart eingeengt, dass in der unvollendeten Form eine schier unerträgliche Spannung aufgebaut wird. Die künstlerischen Mittel dienen dabei vor allem der Verschleierung des Reklamezweckes. Nicht die beschwörende, magische Stilisierung des Gegenstandes, wie später etwa bei Niklaus Stoecklin, sondern der Weg hin zum Gegenstand bildet die Herausforderung im Plakatschaffen Burkhard Mangolds.

Dem 1907 entstandenen Plakat für die Automobilfabrik SAFIR in Zürich liegt, wie auch dem letzten Bild der fünfteiligen Plakatserie «DAVOS» von 1917, die dynamisch geschwungene Linie des Buchstabens «S» zugrunde. Mangold hat mitunter selbst die phonetische Qualität der Sprache für die Wirkung seiner Plakate herangezogen, und er verstärkt im Zischlaut des «S» die Illusion der enormen Geschwindigkeit, mit welcher das Fahrzeug in die Tiefe rast. Dem Besenritt einer Hexe vergleichbar, steuert mit flammendem Haar die Femme fatale das Gefährt, dem hinten als Personifikation der geballten Kraft golemhaft ein Monster aufsitzt. Grelle Farbakzente kontrastieren mit dem Tiefschwarz und Halbdunkel. Die Faszination des Plakates gründet im Nervenkitzel des Überrolltwerdens ebensosehr wie im Anreiz der mühelosen Beherrschung des modernen Automobils. Eine Meisterleistung des Reklamebildes. Ähnliche unausweichliche Situationen schuf Burkhard Mangold für viele seiner wirkungsvollen Affichen.

Die Vorzüge des Gegenstandes prägnant ins Plakat umzusetzen, hiess für Mangold immer wieder Änderung auch in der Wahl seiner stilistischen Mittel. Völlig andersartig, ja vermeintlich harmlos, nimmt 1908, ein Jahr nach dem Safir-Plakat, das Plakat für die Ausstellung für Amateur-Photographen in Interlaken gezielt die Möglichkeiten der Photographie, Perspektive, Nah und Fern, die Bewältigung der Kontraste von Licht und Schatten, zum Anlass für die realistische, photographisch genaue Detailtreue in der Wiedergabe, wo zudem der Plakatbetrachter unvermittelt sich selbst als Sujet in die idyllisch-familiäre Aufnahme miteinbezogen sieht.

Ebenso eindrücklich dokumentieren auch andere Plakate die für Mangold typische Verschachtelung verschiedener Wirklichkeitsebenen. In seiner Anlage äusserst komplex inszeniert ist das 1915 entstandene Plakat «Chemiserie Wegmann Zürich». Als Blickfang wirkt das vibrierende Hemd der Identifikationsfigur des sitzenden Mannes. Der neugierige Blick des Betrachters wird sogleich geschickt über das Spiegelmotiv, wo neben dem Porträt des Mannes im Hintergrund das Gesicht seiner Partnerin aufscheint, in den Vordergrund zurückgeworfen, wo die liegende Frau noch erahnt werden kann, deren Bewunderung schliesslich mit dem Kauf modisch eleganter Hemden gewonnen werden soll.

Im Plakat für das Herrenmodegeschäft PKZ Burger-Kehl & Co., Zürich, von 1913 verwendete Mangold, als Chiffre

1911

1908

1913

1919

1922

1931

für perfekte Mode, für die zu Schaufensterpuppen gewordenen Modelle den damals international bekannten, flächig-abstrakten Plakatstil des Münchners Ludwig Hohlwein. Die gemalte Rückwand der Vitrine gestaltet Mangold plakativ gesteigert in der Art seines persönlich für seine Malerei bevorzugten, in rhythmischer Spachteltechnik aufgebrachten neoimpressionistischen Pointillismus. Das Schauspiel des Schaufensters gaukelt dem umworbenen Kunden in fluktuierender Stofflichkeit mehrere Wirklichkeiten und Wunschbilder vor.

Diesen vielschichtig gestalteten Produktreklamen steht eine grössere Anzahl von Plakaten gegenüber, welche mit weniger Umschweifen die Kunden erreichen. Unter den vielen Figurenplakaten finden sich die bekanntesten Plakatlösungen, die Mangold geschaffen hat; mit ihnen führte der Basler seine werbegraphische Pionierarbeit noch vor 1920 zu ihrem künstlerischen Höhepunkt.

Das 1914 entstandene Touristikplakat «Winter in Davos» gehört nicht nur zum Besten im Plakat-Œuvre des Baslers, sondern zählt zudem zu den Spitzenwerken der schweizerischen Plakatkunst. Die verdichtete Zeichnung der Figuren ist durch die intensiven Farbflächen zusätzlich gesteigert und auf maximale Fernwirkung angelegt. Sprühende Farbigkeit kontrastiert mit der Hell-Dunkel-Regie der übrigen Flächen. Die Bewegung ist am Höhepunkt angelangt, das Hin und Her des Schlittschuhlaufens gipfelt in der Fliehkraft der spiralförmigen Pirouette des Paares im Vordergrund. Die ausschwingende Bewegung führt gelenk zurück in die Plakatfläche und animiert zum Mittun. Einzigartig demonstriert dieses Plakat Burkhard Mangolds bezaubernde Überredungskunst.

Nach 1920 tritt als neues Element zunehmend die Abstraktion in den Vordergrund der Plakatgestaltung. Es gibt aber nur sehr wenige Werke, in denen der Basler ganz auf die Darstellung von Figuren verzichtete. Selbst im Plakat «Terrasse Restaurant Kunsthalle» von 1922 spürt man, trotz der Reduktion auf das Gegenständliche, die raffinierte Dame, die vornehm ihren Handschuh und die Rose zurückgelassen hat. Oder 1931 lockt allein der Schein des hellerleuchteten «Sommercasino Basel» den Gast wie einen schwärmenden Nachtfalter zum Eröffnungsball.

Wie kaum einer seiner Zeitgenossen perfektionierte Burkhard Mangold die Technik der Bildsprache im Reklameplakat, und er hat mit seinem Beitrag die Geschichte des Künstlerplakates im ersten Viertel des 20. Jahrhunderts entscheidend mitgestaltet. Mit Überzeugung hat sich Burkhard Mangold während über einem halben Jahrhundert als Künstler und Lehrer dem Plakat gewidmet. Ihm ist dabei mehr gelungen als nur Plakatmaler zu sein, und es ist nicht zuletzt das Verdienst des engagierten Baslers, dass sich das Künstlerplakat in der Schweiz nicht im wirtschaftlichen Konkurrenzkampf aufgerieben, sondern im künstlerischen Wettstreit, ohne die werbestrategischen Notwendigkeiten zu verleugnen, in regionalem Facettenreichtum ausgebildet hat und in hoher Qualität behaupten konnte. ●

T. B.

Emil Cardinaux

Der zeichnerisch und malerisch begabte Emil Cardinaux, 1877 in Bern geboren, siedelte als Student der Rechte 1898 nach München über. Das künstlerische Klima dieser Stadt – eine der Geburtsstätten des Jugendstils, Erscheinungsort der Zeitschriften «Simplizissimus» und «Jugend» – bewog Cardinaux, das Jus-Studium aufzugeben und sich der Kunst zu widmen. Während zwei Jahren war er Schüler des Malers Franz von Stuck, des Protagonisten einer symbolistischen Kunst, die zum Linienstil des Jugendstils weiterführt. Von 1903 an lebt Cardinaux wieder in Bern und reist in den folgenden Jahren nach Paris und nach Italien. Er zeichnet und malt als begeisterter Alpinist auch in den Bergen.

Inzwischen war er, von der symbolistisch schwülstigen Kunst Stucks herkommend, unter den Einfluss von Ferdinand Hodler geraten. Dessen linienbetonten Stil versucht er in seine eigene, gelegentlich dekorative Bildsprache umzusetzen.

Seit etwa 1905 setzte Cardinaux seine flexiblen graphischen Mittel für eine Vielfalt von angewandten graphischen Arbeiten ein: Sie sind Ausdruck von Werbebedürfnissen der verschiedensten Wirtschaftszweige jener Zeit. Ein damals typisches Gebiet der Kleingraphik war die sogenannte «Monokarte», ein kleines Kunstblatt in ein- oder mehrfarbiger Originallithographie, dessen Rückseite der Firmen- oder Verkehrswerbung diente und das eifrig gesammelt wurde. Mit solchen Mono-Blättern hängt wohl Cardinaux' Hinwendung zum Plakat zusammen. Denn seine ersten Plakatentwürfe sind identisch mit Entwürfen für Monos.

Von 1906 an beschäftigt sich Cardinaux regelmässig und intensiv mit Plakaten. Er gehört – neben Burkhard Mangold – zu den eigentlichen Begründern des künstlerischen Plakates, sowohl in schweizerischem Rahmen wie auch in internationaler Sicht. Bis zu seinem Tod, 1936, dürfte er weit über 100 Plakate geschaffen haben. Zumindest ein Teil dieser Plakate gehört zu den Pioniertaten der Schweizer Plakatkunst.

Cardinaux' Plakatschaffen umfasst die Bereiche Warenplakat, Verkehr, Veranstaltungen und Politik. In jedem dieser Bereiche hat er bedeutende Leistungen vollbracht. Seine entscheidenden Beiträge zur schweizerischen Plakatkunst dürften zwischen 1906 und 1918 liegen. Spätere Plakate, vor allem die Entwürfe für gesamtschweizerische oder regionale Verkehrswerbung, zeigen einen bildmässigen, betont malerischen Stil, der die ursprüngliche, plakatgemäss lapidare Bildsprache vermissen lässt.

Zeigen die frühen Warenplakate (Schokolade Villars) in der kraftvollen Konturierung der Motive noch die humoristische graphische Sprache des späten Jugendstils, so verraten spätere Warenplakate eine eigenständige Verwandlung der Werbebotschaft: etwa die suggestive Visualisierung der Kraft von Berna-Lastwagen (1913), oder die Geschwindigkeit der Martini-Automobile (1916), oder die auf schwarzweisse Silhouetten reduzierte Eleganz der Männerbekleidung (Burger-Kehl, PKZ, 1911).

1913

1916

1914

1914

Zu einer grandiosen, vielleicht nie mehr erreichten Leistung geriet das Zermatt-Plakat von 1908. Welch gewaltiger Schritt nach vorwärts dieses für die damaligen Verhältnisse so kühne Plakat bedeutet, ist nur zu ermessen, wenn man es mit seinem direkten Vorgänger, dem bieder-illustrativen Zermatt-Plakat von A. Reckziegel, 1898, vergleicht. Monumentalisierende Vereinfachung des Bergmotivs, Verzicht auf Details, Verfremdung der Farbgebung machen das Zermatt-Plakat Cardinaux' zu einem Klassiker der Plakatkunst.

Ähnliches gilt für das Plakat der Landesausstellung 1914 in Bern. Der fahnentragende Bauer auf dem grünen Schimmel wurde damals als so ungewöhnlich, so schockierend empfunden, dass er einen landesweiten Kunstskandal auslöste. Ein in Eile herausgegebenes neutrales Plakat musste die Gemüter besänftigen. Dass das unnaturalistisch grüne Pferd eine einfache Symbolik hatte, wurde nicht begriffen. Der selbstherrliche Bauer, ein eigentlicher Herrenbauer, sollte ja die «grüne Welt» der Landwirtschaft zum Ausdruck bringen.

Weniger Anstoss erregten die stark expressiven Theater- und Konzertplakate Cardinaux': die «Salome» von 1914 und «Palestrina von Pfitzner» von 1917, oder die politischen Affichen wie «Ja zum Völkerbund» von 1920 und die grosse Folge werbewirksamer, zum Teil eleganter Warenplakate der zwanziger Jahre.

Oft unerwartete Töne konnte Cardinaux immer wieder in Tourismus-Plakaten anschlagen: Die Hodlerisch mächtig aufragenden Baumstämme des Sihlwalds (Sihltal-Bahn 1920) gehören ebenso hierher wie die malerisch raffiniert erfasste Feriengesellschaft auf der Hotel-Terrasse (Palace Hotel St. Moritz 1920).

Solche Plakate präludieren die Anfänge der professionellen Schweizer Graphik, die nach 1920 einsetzt, getragen von Ernst Keller, der mit der Einrichtung einer Graphikklasse an der Zürcher Kunstgewerbeschule einen neuen Typ des spezialisierten graphischen Gestalters heranbildet.

Das Verdienst von Emil Cardinaux bleibt es, dass er mit einigen grandiosen Würfen und mit einer stattlichen Reihe überzeugender Plakate eine Entwicklung eingeleitet hat, welche die Schweiz zu einem Land des gestalterisch vorbildlichen Plakats machen sollte. ● W. R.

1920

1911

1920

1920

1918

# Otto Baumberger

Otto Baumberger, der seit 1911 in Zusammenarbeit mit der graphischen Anstalt J. E. Wolfensberger als Plakatschöpfer hervortritt, ist eine Schlüsselfigur des Schweizer Plakatschaffens: er nimmt mit seinen Entwürfen nicht nur an der stilistischen Entwicklung des Schweizer Plakats teil, sondern er treibt selbst die Erneuerung mit kühnen Würfen immer wieder aktiv voran.

Ausbildungsmässig kommt Baumberger aus dem Lithographenberuf. Als Weggefährte der Maler Otto Meyer-Amden und Hermann Huber hat er sich zunächst in Zürich, später in München künstlerisch weitergebildet, dort auch den Schritt vom Zeichner zum Maler vollzogen. Doch bleibt das zeichnerische Element in seinem späteren künstlerischen Schaffen dominierend. Baumberger ist der vielseitigste und fruchtbarste Schweizer Graphiker seiner Generation. Sein Werk umfasst Plakate, Buchillustrationen, selbständige graphische Mappenwerke, Festschriften für Industrien, Briefmarken und zeitkritische Illustrationen für den «Nebelspalter». Nach einer Lehrtätigkeit an der Zürcher Kunstgewerbeschule wurde er 1932 als Professor an die Eidgenössische Technische Hochschule berufen, wo er bis zu seinem Tod zeichnerisches Gestalten lehrte. Einer breiteren Öffentlichkeit ist Otto Baumberger bekanntgeworden durch seine monumentalen Bildzeichnungen zur Schweizergeschichte auf dem Höhenweg der Schweizer Landesausstellung von 1939 in Zürich.

Gleich mit einem seiner ersten Plakate, jenem für Künstlerkonzerte im Zürcher Corso, 1911, stellt sich Baumberger in die vorderste Reihe der Plakatschaffenden. In einer expressiven, doch modisch schmiegsamen Bildsprache zeigt er die elegante, auf Rot-Schwarz gestimmte Geigerin als monumentalen Blickfang, während das Kaffeehaus-Publikum – die Damen mit modisch aufgeplusterten Topfhüten – als farbig reizvolles Menschenpanorama über das abstrakte schwarze Band des Podiums hervorschaut. Sorgfältig ist die olivgrüne Schrift ins Bildfeld komponiert. Auch im späteren Plakatwerk hat Baumberger versucht, die Schrift nicht nur als Informationsmittel, sondern auch als formales Gestaltungsmittel einzusetzen.

Ähnliche Themen erscheinen in Plakaten der folgenden Jahre, so 1915 in zwei formal gewagten Plakaten für das «Wiener Café Splendid» und das «Grand Café de la Paix», damals Treffpunkte einer internationalen, vom Weltkrieg nach Zürich verschlagenen Gesellschaft. Beide Male bringt Baumberger das Modisch-Elegante des Themas in einer adäquaten, spritzig expressiven Formensprache zur Darstellung. In gleichzeitigen Warenplakaten ist Baumbergers Stil sachlicher, man möchte sagen: architektonischer. Die Fernwirkung wird dabei durch betonte Linearität und Silhouettierung des Gegenständlichen auf spektakuläre Art erreicht.

Eine fast ornamental-schnörkelhafte Verschmelzung von Bildmotiven und Text findet sich in zwei für die Zeit besonders typischen Entwürfen von 1913: den Plakaten für «Specks Cinema» und das Restaurant «Du Pont». Der Maler Baumberger hingegen tritt erstmals in einem dunkel glühenden Plakat für «Seiden-Grieder» hervor, ebenfalls

1919

1930

1915

1931

1911

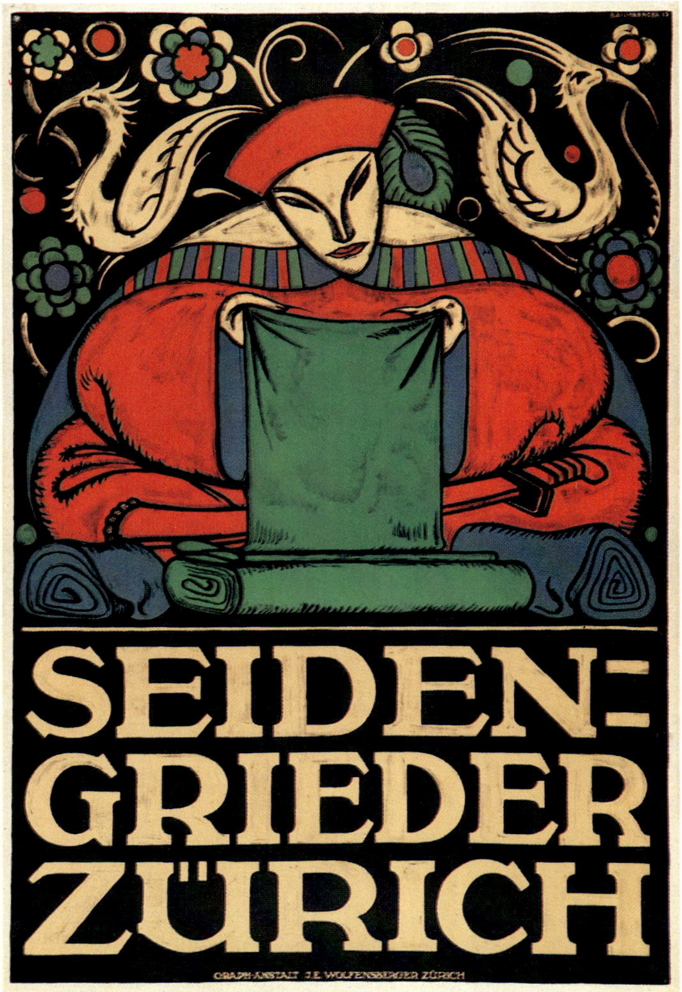


1913

1918

1937

von 1913. Vor schwarzem Hintergrund präsentiert ein rotgewandeter Chinese in Hockestellung seine grünen und blauen Stoffballen. Die bewusst exotische Darstellung wirkt wie eine fernöstliche Lackmalerei, die Farben leuchten wie Intarsien aus dem schwarzen Grund hervor. Als begehrter Plakatkünstler hat Baumberger während des Ersten Weltkriegs vor allem für Auftraggeber aus den Bereichen der Wohneinrichtung, der Bekleidung und des Gastgewerbes Entwürfe geliefert.

Mit einigen Plakaten erinnert Baumberger auch an seine Tätigkeit für das Theater: als Bühnenbildner zuerst in Berlin, später in Zürich. So entstehen ein expressives, in seiner tragischen Haltung erschütterndes «Medea»-Plakat für ein Gastspiel des Wiener Burgtheaters in der Schweiz und, ebenfalls von 1917, das Plakat für eine «Orestaia», mit der das Deutsche Theater von Max Reinhardt in Zürich gastierte. In der Geschichte des Schweizer Plakats finden sich nur wenige Theaterplakate von solch intensiver künstlerischer wie theatermässiger Ausstrahlung.

Baumberger macht von etwa 1918 an, je nach der ihm gestellten Aufgabe, deutliche Unterscheidungen in der Wahl seiner Stilmittel: Warenplakate werden sachlicher, touristische Plakate erhalten eine betont malerische Note. Baumberger setzt seine gestalterischen Mittel bewusst und zielgerichtet ein: Im Warenplakat will er mit suggestivem Blickfang und mit sachlich genauer (Bild-)Information überzeugen; die «Remington»-Schreibmaschine ist dafür ein Beispiel. Beim Verkehrsplakat – für Zürich mit der Dampferausfahrt vom Bürkliplatz – wird locker und malerisch-illustrativ ein einladendes Klima, eine ferienhafte Stimmung erzeugt.

Der kühnste Vorstoss in plakatgraphisches Neuland gelingt Baumberger 1919 mit einem Plakat für die Zürcher Hutfirma Baumann. Er verzichtet auf die Buntfarbe, stellt den schwärzlich glänzenden, «super-realistisch» wiedergegebenen Zylinder dramatisch diagonal, vom Bildrand leicht angeschnitten, in die Fläche. Er nimmt damit eine für das spätere Schweizer Plakatschaffen wichtige Tendenz vorweg: die Konzentration auf eine «magisch» gesteigerte, naturalistische Dingdarstellung, wie sie vor allem für die Basler Schule um Niklaus Stoecklin und in dessen Nachfolge zwischen den dreissiger und fünfziger Jahren charakteristisch wird. Mit einem Kleiderplakat für PKZ hat Baumberger 1923 diesen Weg nochmals beschritten. Etwa in Kino- und Wahlplakaten oder Plakaten für Auto- und Flugsport geht er zu einer teils illustrativen, teils stilisierenden Bildsprache über.

Anfang der dreissiger Jahre beginnt der fruchtbare Plakatschöpfer seine Entwürfe formal zu disziplinieren, ja einer eigentlichen Form-Askese zu unterstellen. Den Auftakt macht das Ausverkaufsplakat von 1930 für das Teppichhaus Forster: In reiner Schwarzweiss-Darstellung wird die Rechteckform des Teppichs zu einem diagonal ins Bildfeld gestellten «abstrakten» graphischen Zeichen von höchster Suggestivkraft. Mit diesem Entwurf nimmt Baumberger das «konstruktive» Plakat der fünfziger und sechziger Jahre in der Schweiz vorweg.

1928

1918

In vielen Variationen häufen sich jetzt ähnlich kühne, als «puristisch» zu bezeichnende Tendenzen in Baumbergers Plakaten. Entweder durch Motivausschnitt und Monumentalisierung oder durch Silhouettierung und Motivrepetition sowie durch andere gestalterische Mittel sucht er immer wieder suggestive Lösungen. Ein dem Forster-Plakat vergleichbarer kühner Wurf gelingt 1937 mit dem Plakat «Brak Liqueur»: Auf weissem Papiergrund, die Fläche in der Höhe wie der Breite voll ausspannend, steht in Schwarz die rudimentäre Form eines Kelchglases, auf dem ein kraftvolles «B» aufruht. Dabei werden die beiden Formelemente – Bildzeichen und Schriftzeichen – zu einer formal perfekten Silhouettenform verbunden, die einen ungewöhnlichen Blickfang darstellt.

Dieses Meisterplakat bildet den grandiosen Schlusspunkt von Baumbergers Plakatschaffen. Nachdem er im Lauf der dreissiger Jahre das Feld zunehmend einer jüngeren Graphiker-Generation überlassen hatte, widmete er sich von 1940 an ausschliesslich anderen Aufgaben, vor allem der Buchillustration und der freien Illustration von Hauptwerken der Weltliteratur, Arbeiten, in denen sein ungewöhnliches zeichnerisches Können voll zur Geltung kam.

Um sich zu vergegenwärtigen, zu welch kühner Formvereinfachung, zu welch hohem Abstraktionsgrad – selbst im kommerziellen Warenplakat – Otto Baumberger in den dreissiger Jahren vorgestossen ist, müsste man sein Liqueur-Plakat mit einem heutigen, von einer Farbphotographie ausgehenden Plakat etwa für Zigaretten oder Spirituosen konfrontieren. Der Vergleich würde zeigen, dass wir heute zwar über Marketing-Erfahrungen, über werbepsychologisches Know-How und über vorzügliche reproduktionsgraphische Techniken verfügen, plakatkünstlerisch jedoch in einer Flaute stecken.

Otto Baumbergers Plakatwerk als Ganzes belegt in persönlichen Leistungen den Weg des künstlerischen Schweizer Plakats von seinen Anfängen bis in die Zeit seiner mächtigen Ausbreitung. ● W. R.

# Niklaus Stoecklin

Weltweit sind sich Kenner der Geschichte des Plakats darin einig, dass die Schweiz seit der Jahrhundertwende einen bedeutenden Beitrag an das künstlerische Plakat geleistet hat. Dies obwohl die Schweiz keine Metropole von Weltrang – wie Paris, London, New York, seinerzeit auch Berlin – besitzt, deren stimulierendes Klima zu einer Blüte des Plakats hätte beitragen können. In der Schweiz wetteifern ein paar Städte vergleichbarer Grösse mit ihren stark lokal gefärbten Aktivitäten.

Als zweites fällt auf, dass in der Schweiz künstlerische Plakate nicht nur für kulturelle Anlässe geschaffen werden, sondern dass auch für den Tourismus, sowie für die eigentliche Wirtschaftswerbung, also für Waren, künstlerisch hervorragende Plakate entstanden sind. Eine Erklärung für dieses Phänomen darf sich jedoch nicht darauf berufen, in der Schweiz sei die Wirtschaft kunstfreudiger und kulturbewusster als anderswo. Die immer wieder erstaunliche gestalterische Qualität des Schweizer Plakats hängt wohl damit zusammen, dass unter den Werbemitteln dem Plakat eine besondere Würde zuerkannt wird. Das ist einerseits das Verdienst einiger graphischer Anstalten, die seit Jahrhundertbeginn fast missionarisch für das künstlerische Lithographie-Plakat eingetreten sind. Anderseits ist es das Verdienst von «freien» Künstlern, die sich aus Überzeugung dem Plakat gewidmet und dadurch Massstäbe gesetzt haben. Diese Sensibilisierung für eine eigentliche Plakatkunst hat früh dazu geführt, dass das Plakat nicht Waffe im Wettstreit von Dienstleistungen und Produkten, also im wirtschaftlichen Konkurrenzkampf blieb, sondern dass es bald zu einem Wettstreit des Werbemittels Plakat kam. In diesem Plakat-Wettstreit spielte, neben werbetechnischen und werbepsychologischen Gesichtspunkten, das Gestalterische eine Hauptrolle. Überspitzt gesagt: Wer die künstlerisch besseren Plakate aushängen konnte, hatte mehr Erfolg als seine Konkurrenz.

Wenn man von Blütezeiten der Plakatkunst spricht, drängt sich die Frage nach den Namen der Künstler auf, die für solche Blüte verantwortlich sind. Da zeigt sich ein für die schweizerische Plakatgeschichte charakteristisches Phänomen: Nicht nur einige wenige Star-Namen sind zu nennen, die Entwicklung wird vielmehr von einer stattlichen Zahl von Persönlichkeiten getragen. In den vergangenen hundert Jahren haben viele Entwerfer sich oft nur mit zwei, drei «Meisterplakaten», in die Annalen der Schweizer Plakatkunst eingeschrieben. Nur wenige Künstler haben ein an Umfang wirklich grosses Plakatwerk geschaffen. Einer von ihnen ist der Basler Niklaus Stoecklin. Er hat zwischen 1920 und 1960 rund 110 grossformatige Plakate entworfen.

Niklaus Stoecklin ist der seltene Fall eines Künstlers, bei dem freie und angewandte Kunst in enger Verbindung nebeneinander einhergehen. Die Beziehungen zwischen seiner Malerei und seinen zweckgebundenen graphischen Arbeiten sind so eng, dass eine Trennung in «frei» und «angewandt» hinfällig wird. Nicht zuletzt deshalb, weil Stoecklin auch den Auftragsarbeiten – neben Plakaten: Schulbüchern, Kalendern, Briefmarken u.ä. – seine ganze gestalterische Meisterschaft – und Liebe – zukommen liess, sie also nicht bloss als Brotarbeiten verstand.

In der Geschichte der Schweizer Malerei nimmt Niklaus Stoecklin einen hervorragenden Platz ein: Er ist der Begründer und Hauptvertreter jener in den zwanziger Jahren zur vollen Wirkung gekommenen Richtung der Malerei, die man als «Neue Sachlichkeit» oder als «Magischen Realismus» bezeichnet. Darunter wird eine Kunstrichtung verstanden, die sich nicht von der sichtbaren Wirklichkeit entfernt wie etwa Expressionismus oder abstrakte Kunst, sondern im Gegenteil die Wirklichkeit durch eine minutiöse Dingtreue steigert, ja übersteigert und ihr dadurch eine betörende, eben: magische Wirkung verleiht.

Was zunächst als vordergründige Genauigkeit, als naturalistische Wiedergabe erscheint, wird zu einem hintergründigen Spiel, zu einer Augentäuschung, die auch das Nicht-Mögliche, Nicht-Logische so präzis darstellt wie das Alltägliche und Selbstverständliche. Diese künstlerische Haltung und Sprache war gerade für das Plakat besonders geeignet, weil hier in der Regel von einem konkreten Werbegegenstand – einem Stoffballen, einem Schuh, einer Zahnpasta – auszugehen ist.

Im Plakatschaffen Stoecklins gibt es kaum ein Gebiet, auf dem er nicht tätig war. Er hat für eine Vielzahl alltäglicher Konsumgüter, für Basler Spezialgeschäfte, für Rabattmarken, für kollektive Produkte-Werbung wie das Ei, für Feste, Bälle und Sportveranstaltungen, für den Tourismus, für die PTT, für Kunst- und Gewerbeausstellungen, für das Theater, aber auch für Wahlen und Abstimmungen Plakate geschaffen. Auffallen mag, dass die Auftraggeber vorwiegend in Stoecklins Heimatstadt Basel sitzen, dass also eine regionale Optik sowohl auf Seite der Auftraggeber und des Künstlers wie auch bei den angesprochenen Betrachtern vorherrscht.

Im Plakatschaffen Stoecklins sind zwischen 1920 und 1960 grundlegende Wandlungen in Konzeption und Stil zu beobachten. Zum Teil entsprechen solche Veränderungen den Wandlungen im Zeitstil, zum grösseren Teil aber spiegeln sie die eigene künstlerische Entwicklung Stoecklins. Was sich bei ihm nicht wandelt, ist das Handwerklich-Technische: Stoecklin hat als passionierter Zeichner seine Plakate stets eigenhändig ausgeführt, das heisst, in den meisten Fällen auf den Stein gezeichnet und unter seiner Aufsicht in Basler graphischen Anstalten drucken lassen. In dieser Eigenhändigkeit der Plakat-Ausführung verrät sich ein immer seltener werdendes Ernstnehmen der Aufgabe. Im frühen Plakatschaffen scheint Stoecklin noch eine deutliche Trennung zwischen Malerei und Plakatgraphik zu machen. Für das Plakat wählt er ein einzelnes, signethaftes Motiv, monumentalisiert es und verleiht ihm durch sorgfältige Modellierung fast plastische Qualität. Das Plakat für eine Drechslerei-Ausstellung ist dafür ein Beispiel. Ähnliches gilt für die Buchdruck-Type, die diagnol-dynamisch das Bildfeld dominiert. Auch bei einer Hilfsaktion für Basler Dichter wird die Verbindung von Pegasus und Baslerstab fast zum Signet.

Ähnlich signethafte Formulierungen findet Stoecklin bei frühen Warenplakaten, wobei er sich auf sparsame farbige Akzente beschränkt. Meisterliches Beispiel ist das «Gaba»-Plakat von 1927, das auf lapidare Weise für eine Hustentablette wirbt. Es spricht für die Wirksamkeit dieses damals unerhört kühnen Warenplakats, dass es über Jahrzehnte hinweg mit geringfügigen Schrift-Modifikationen immer wieder nachgedruckt worden ist. Dass Stoecklin auf dem Weg zu einem «abstrakten» Plakat war, bezeugt die Komposition für das Hotel Victoria-National von 1930 – in der Touristik-Werbung bis heute eine der abstraktesten Lösungen.

In der Folge entwickelt Stoecklin einen nicht weniger plakativen, jedoch seiner Malerei angenäherten Stil. Dieser kommt vor allem in zwei Warenplakaten grossartig zur Wirkung: im Cluser Transmissionsrad, das suggestiv technische Schönheit zum Ausdruck bringt, und in der Radioröhre «Valvo», bei der die Mittel der Diagonal-Komposition und der plastischen Übersteigerung des Gegenstandes eingesetzt sind.

Um 1930 nutzt Stoecklin vermehrt zeichnerisch-malerische Darstellungsmittel: eine bis zum Äussersten gesteigerte Dingtreue, die dem Gegenstand (oft ein in Wirklichkeit kleiner, im Plakat wie in Grossaufnahme monumentalisierter Gegenstand) eine unausweichliche Präsenz verleiht. Das Ohr für ein Radiogeschäft und, ein Jahrzehnt später, das Zahnglas für eine Zahnpasta zeugen von der Eindringlichkeit der Visualisierung. Ähnliche Präzision zeigt das Plakat für ein Mottenschutzmittel. Der auf Plakatgrösse monumentalisierte Schädling verrät in seiner Schönheit den passionierten naturwissenschaftlichen Zeichner.

Eine andere Seite von Stoecklins Persönlichkeit und Bildsprache wird vor allem in Herrenmode-Plakaten sichtbar: liebenswürdiger, doch hintergründiger Schalk, Spass an unerwarteten Wort- oder Bildassoziationen, skurriler Ulk, in dem sich der leidenschaftliche Basler «Fasnächtler» verrät. Ein frühes Beispiel für die surreale Tendenz ist das Plakat für Frühjahrsmode, bei dem aus dem Kragen der Jacke nicht Hals und Kopf eines Herrn herauslugen, sondern eine elegant geschwungene Maiglöckchen-Rispe.

In späten Plakaten kommen malerische und werbegraphische Sprache voll zur Deckung, etwa bei der appetitlichen Spiegeleier-Pfanne, die mit dem Wunsch «E Guete» für mehr Eier-Konsum wirbt, oder beim Basler Spalentor, das zu den gültigsten Touristik-Plakaten der Schweiz gehört. Mit solchen Arbeiten wurde Stoecklin zum Begründer des «Sachplakats», eines Plakatstils, der sich seit den vierziger Jahren als eine der Haupttendenzen im schweizerischen Plakatschaffen entfaltete. An dieser «Basler Schule» sind Peter Birkhäuser, Donald Brun, Herbert Leupin, Fritz Bühler, Ruodi Barth und andere beteiligt. Dank vermehrter Verwendung der Farbphotographie im Plakat hat dieser minutiöse Basler Stil an Bedeutung verloren. Dass mit der Ausbreitung der farbigen Werbephotographie eine Verwandlung, ja Verzauberung der Realität verloren gegangen ist, zeigt in aller Deutlichkeit das imponierende Plakatwerk von Niklaus Stoecklin. ● W. R.

1927

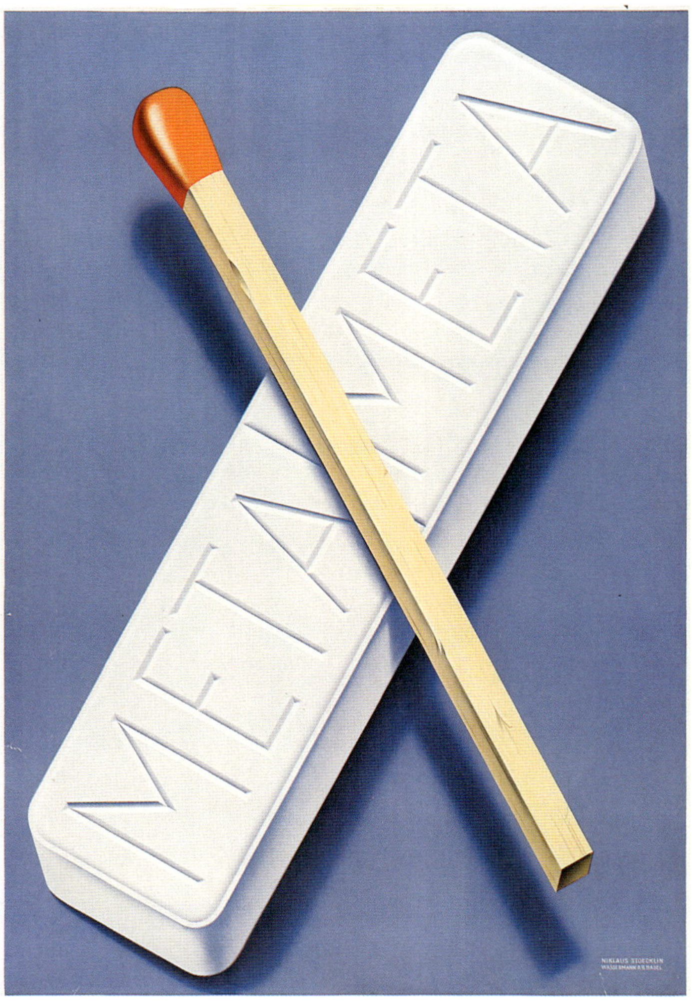


1941

1925

1930

1922

1931

# Karl Bickel und Martin Peikert

Ein Plakat verfehlt seine Aufgabe, wenn es nicht Elemente aufweist, die dem jeweiligen Zeitgefühl entsprechen. Diese Elemente können im Motivischen liegen, in der Textformulierung oder aber im graphischen Stil. Ein Plakat, das in seiner Formensprache, seinen gestalterischen Mitteln seiner Zeit weit vorauseilend konzipiert ist, erregt Widerspruch oder bewirkt Ablehnung, kann somit seine Werbebotschaft nicht abliefern. Anderseits erregt ein allzu konventionelles Plakat kaum grosse Aufmerksamkeit, ist also ebenfalls wirkungslos.

In diesem Spannungsfeld den richtigen Ton zwischen Schock und Akzeptanz zu finden, liegt oft das eigentliche Problem des Gestalters, der eine Werbeaufgabe zu erfüllen hat. Der Künstler möchte den Bogen des Verständnisses möglichst weit spannen, der Auftraggeber wirkt meist als Bremser.

Die späten zwanziger und frühen dreissiger Jahre waren, auch in der Schweiz, eine Zeit grosser Widersprüche. Die aktuelle Kunst war, von einer kleinen Elite akzeptiert und gefördert, auf kühnem Vormarsch in die abstrakte Gestaltung oder, wie Wassily Kandinsky sagte, auf dem Weg in «die gegenstandslose Welt».

Die Gesellschaft der Zeit aber war hin- und hergerissen zwischen dem Glauben an den Fortschritt in Technik und Wissenschaft und dem angsterfüllten Bedürfnis nach Bewahrung alles Überkommenen. Dazu kam, nach dem New Yorker Börsenkrach von 1929, die weltweite Wirtschaftskrise mit ihren Arbeitslosenheeren, kam überdies seit 1933 die Bedrohung durch das nationalsozialistische Deutschland.

Die Unsicherheit zwischen dem Vorstoss ins Neue, Unbekannte, und dem Verharren im Überlieferten spiegelt sich auch im Schweizer Plakat jener Jahre. Für alle Bereiche der angewandten Kunst hatte die Pariser «Exposition Internationale des Arts Décoratifs et Industriels Modernes» von 1925 eine neue Formensprache zwischen kantiger Abstraktion und stilisierender Figürlichkeit gebracht. Der Stil dieser Zeit, bis tief in die dreissiger Jahre wirkend, wurde weltweit unter dem Begriff «Art Déco» bekannt. Die beiden Schweizer Plakatkünstler Karl Bickel und Martin Peikert, obwohl zwei verschiedenen Generationen angehörend, sind typische Repräsentanten dieser Stilepoche. Ihre Plakatschöpfungen aus den zwanziger und dreissiger Jahren sind daher nicht nur charakteristische Zeugen der Schweizer Plakatkunst jener Zeit, sie sind zugleich unschätzbare Zeitdokumente.

**Karl Bickel**
Der 1886 in Zürich geborene, 1982 in Walenstadtberg gestorbene Karl Bickel hat nach einer Ausbildung zum Lithographen und Reklamezeichner während langen Jahren in Zürich ein Graphik-Atelier geführt, bevor er sich auf dem Walenstadtberg niederliess. Er ist einer breiten Öffentlichkeit vor allem als Schöpfer von weit über hundert Briefmarken für die PTT bekanntgeworden, ein Schaffensgebiet, in dem sich seine unvergleichliche Gabe für den subtilen Kupferstich voll entfalten konnte.

Künstlerisch fusst Bickel in der Hodler-Nachfolge des Jahrhundertanfangs. Eines seiner frühesten Plakate – 1914 für eine Zürcher Elektrofirma geschaffen – zeigt ganz im Geiste Hodlers einen zwischen horizontalen Wolkenbändern aufstrahlenden Frauenakt. Schon bald aber wendet sich Bickel einem gemässigten Expressionismus zu, den er um 1920 etwa bei dem Heilquellen-Plakat für St. Moritz in eine eigentliche Plakatsprache ummünzt. Der nicht ausgeführte Entwurf für eine Zürcher Spiegel-Firma, mit einem beschwörenden Männerakt, gehört ebenfalls in diese Stilphase.

Heilbäder, Sonnenkult, bald auch das Strandbad sind bevorzugte, zeittypische Themen von Bickels damaliger Plakatkunst. In jenen Jahren war das Strandbad als neuer, geradezu modischer Rahmen gesellschaftlicher und familiärer Freizeit-Betätigungen im Tagesgespräch. «Strandbad», «Lido», «Gartenbad», «Familienbad» – das waren eigentliche Reizworte. Die Neuheit bestand nicht zuletzt darin, dass die traditionelle Trennung von Männer- und Frauenbad zugunsten eines ungezwungenen Zusammenseins der Geschlechter aufgehoben war. Im Bereich der Touristikwerbung wetteiferten die Städte und Ferienorte in der Anpreisung ihrer neuen, «schicken» Strandbäder. Dazu gehörte, die Frau in zunehmend freizügigerem Badeanzug als Badenixe, als Sportgirl zu zeigen. Bickels Plakat von 1928 für das damals hochmoderne Zürcher Strandbad vermittelt dieses neue Lebensgefühl.

Bickel verstand es wie nur wenige andere, mit seinen Plakaten nicht so sehr eine Sache, eine Ware oder einen Ort zu «verkaufen» als vielmehr ein bestimmtes, optimistisches Lebensgefühl. Das Arosa-Plakat von 1924 beschränkt sich auf den Ortsnamen, zeigt den Kopf einer liegenden jungen Frau, die sich geniesserisch der intensiven Bergsonne aussetzt. Bei einem Plakat für Montreux aus dem Jahre 1932 verweist die übermächtige, einladende Narzissenblüte auf das alljährliche Narzissenfest – eine moderne Form des Jahrtausende alten Frühlingsfestes. Ausdrücklich genannt aber ist der Anlass auf dem Plakat nicht.

Eine andere Spezialität jener Zeit waren die oft abenteuerlichen, vielfach durch dramatische Unfälle gekennzeichneten Bergrennen auf noch ungeteerten Alpenstrassen. Das 1925 für das Klausen-Rennen geschaffene suggestive Plakat mit dem wie eine Vision vor dem Betrachter emporschiessenden Rennwagen gehört zu den stärksten für Autorennen geschaffenen Plakaten überhaupt.

In Bickels Plakatschaffen finden sich auch zahlreiche Waren- und Firmenplakate, so eine modisch-elegante Werbung für Seiden-Grieder oder für Nestlé, wobei ein Mädchen das Markenzeichen des Vogelnestes auf einem Baumast betrachtet und darin eine Schokoladentafel entdeckt. Es finden sich auch Plakate für Hotels, Kurorte, Reiseunternehmen sowie für die Schweizer Mustermesse. Und neben vielen Briefmarken für die Pro Juventute entstand 1943 auch das damals in seiner magischen Einfachheit besonders stark wirkende Wickelkind. In seiner Eindrücklichkeit bildet dieses Plakat das Gegenstück zu einer realistisch dargestellten gichtigen Hand, mit der Bickel schon 1925

Karl Bickel, 1920

Karl Bickel, 1928

Karl Bickel, 1925

Karl Bickel, 1932

für die Einführung einer staatlichen Altersversicherung zwingend die Ja-Parole vertreten hat.

Dass humanitäre Gedanken ein zentrales Anliegen von Karl Bickel waren, hat er mit dem «Pax-Mal», einem monumentalen Friedensdenkmal, bekundet, an dem er auf Walenstadtberg von 1924 bis 1949 arbeitete. Das Monument kann, vom Künstler der PTT als Geschenk übergeben, noch heute besichtigt werden.

**Martin Peikert**

Als Sohn eines Architekten und Kunstfreunds ist Martin Peikert 1901 in Zug geboren und dort, nach einer vielseitigen Laufbahn, 1975 gestorben. Nach dem Besuch der Ecole des Beaux-Arts in Genf führten ihn Studienaufenthalte nach Stuttgart, Hamburg und Berlin. Dort erlebte er 1922 die goldenen oder «tollen zwanziger Jahre» an einer Zentralstelle des hektischen gesellschaftlichen Lebens und kulturellen Geschehens. Jedenfalls brachte er aus Berlin einen Hauch des Weltmännischen in die Heimat. Diese Weltoffenheit bleibt in seinen graphischen Arbeiten, speziell in seinen Illustrationen, über Jahre hin spürbar.

1925 trat Peikert ins graphische Atelier von Orell-Füssli in Zürich ein und widmete sich dort einer Vielzahl graphischer Aufgaben. 1927 gab er den Posten wieder auf, arbeitete jedoch als freier Mitarbeiter weiterhin für die graphische Anstalt. Vor allem lieferte er für deren Zeitschrift «Wochenschau» die farbigen Titelblätter und unzählige Illustrationen. Ihre Themen sind für sein Schaffen ebenso typisch wie für die lebenslustige Zeit: Bälle, Modeschauen und Feste stehen im Vordergrund.

Neben Illustrationen und Reklamegraphiken für Firmen, Waren und Verkehrsorganisationen entstanden immer wieder auch Plakate, teils für die gleichen Auftraggeber. Diese Plakate sind sowohl von den Aufgaben her wie vor allem in ihrem Stil typisch für die Zeit ihrer Entstehung.

So gibt es aus dem Jahre 1925 ein rassiges Herrenmode-Plakat für Globus, das in seinem nur mit wenig Grün farbig belebten Schwarz-Weiss den Hang der Zeit für die maskuline Eleganz voll zum Ausdruck bringt. Eine illustrative Bildsprache ist so ins Flächenhaft-Plakative gesteigert, dass der Entwurf bis heute seine Wirksamkeit bewahrt hat. Dieselbe Eleganz findet sich auch im blau-weissen, frech mit Gelb gehöhten Plakat für eine Ruder-Regatta in Zug: Das eigentliche Sportgeschehen bildet den Hintergrund, als Blickfang steht davor die sportlich modische Silhouette einer jungen Zuschauerin. Peikert hat dieses kompositorische Mittel der jungen weiblichen Rückenfigur wiederholt angewandt, zum Beispiel in einem Persil-Plakat von 1928.

Schon 1925 ist eine Affiche für das Strandbad Interlaken erschienen, die vor den Bade-Anlagen und dem markanten Gebirgshintergrund eine quer durchs Bild eilende Ballspielerin zeigt. Das Plakat ist illustrativ, detailreich, und hat trotzdem eine werbewirksame Grosszügigkeit. Ähnliches gilt für das Weggis-Plakat von 1930, auf dem ein sonnenbadendes Mädchen vor der See- und Bergszenerie posiert. In solchen Plakaten zeigt sich Peikert als der gewandte,

Martin Peikert, 1930

Martin Peikert, um 1930

Martin Peikert, 1925

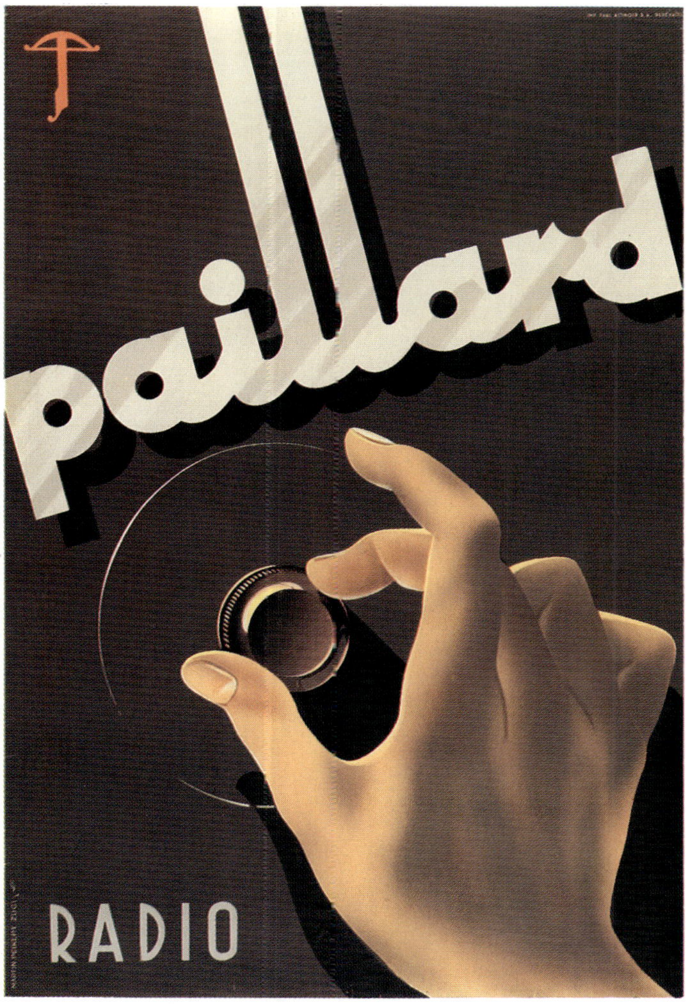


Martin Peikert, 1937

erfolgreiche «Reklamekünstler», der die Werbeanliegen der Zeit elegant zu visualisieren versteht. Das trifft auch für eine Werbedrucksache der «Recta»-Uhren zu: eine selbstbewusste junge Frau im Profil am Volant ihres sportlichen Cabriolets. Die Uhr an ihrem Arm ist kaum zu sehen.

Man würde dem Graphiker Peikert nicht gerecht, wenn man nicht darauf hinwiese, dass er eine starke Beziehung zum Formausdruck von Markenzeichen und Firmenschriftzügen hat. Das späte Rigi-Plakat mit der dominierenden Sonne ist dafür ein Beispiel, ebensosehr das 1937 entstandene Plakat für Paillard-Radios, das typischerweise nicht das Produkt zeigt, sondern eine zarte Frauenhand am Drehknopf des Empfängers.

Unvergesslich bleibt eine Leistung des Schriftgraphikers Peikert: die «Villars-Kuh», jene einprägsame Verbindung von Firmenname und Silhouette einer Kuh – als Milchlieferant für die Schokolade. In unzähligen Exemplaren stand über Jahre dieses weisse Bildzeichen entlang den Bahnlinien vor dunklen Waldrändern.

Es ist ebenso reizvoll wie aufschlussreich, Plakate der beiden Künstler, Karl Bickel und Martin Peikert, zu vergleichen, die ungefähr gleichzeitig entstanden sind und dieselben Themen zum Gegenstand haben: das Strandbad, die Bergsonne, die Montreux-Narzisse und die St. Moritzer Enziane oder die Plakate für das Zürcher Modehaus Grieder.

Zunächst überrascht die Verwandtschaft der jeweiligen Plakat-Lösung, eine Verwandtschaft, die gewiss im Zeitgefühl und Zeitstil begründet ist. Gerade der genaue Vergleich macht aber auch die gestalterischen Unterschiede deutlich: Bickel, der sachliche und spezifisch schweizerische Künstler; Peikert, der sportlich-elegante und weltmännische. Solche Unterschiede sind der Ausdruck von zwei in ihrer Wesensart grundverschiedenen Persönlichkeiten. ●

W. R.

# Ernst Keller

Kein Zweifel kann bestehen, dass eine Persönlichkeit wie Ernst Keller nicht aus dem Nichts auftaucht. Vieles auf dem Feld, das zu dem seinen wurde – die graphische Gestaltung –, war seit langem in Bewegung. Die grosse Erneuerungswelle der Jahrhundertwende hatte als wichtigstes Resultat die Einsicht gebracht, dass das Leben als ein Ganzes begriffen werden muss und dass es nicht angeht, die einzelnen Künste und alle anderen menschlichen Aktivitäten zu fraktionieren und zu isolieren. So hatte sich, den Bedürfnissen einer aufstrebenden Waren-Wirtschaft entsprechend, eine «Reklamekunst» entwickelt, an der sich Maler, Architekten, Innenarchitekten und Kunstgewerbler beteiligten.

Ernst Keller, 1891 in Aarau geboren und dort in einer Berufslehre zum graphischen Zeichner ausgebildet, war genau in diese Ära der Reklamekunst hineingewachsen. An ihrer Entwicklung hatten auch lithographische Anstalten in seiner Vaterstadt Aarau (Huber & Anacker, Kohlmann, A. Trüb & Cie.) lebhaften Anteil. Diese künstlerische – man kann vielleicht auch sagen: zeichnerisch-malerische – Werbekunst legte ihr Hauptgewicht aufs Illustrative. Das Bild, allenfalls in linearer oder flächiger Vereinfachung, stand ganz im Vordergrund. Die Schriftelemente blieben konventionell oder hatten handschriftlichen, oft dilettantischen Charakter und nur wenig Bezug zum Thema. Inzwischen hatte sich aber in Deutschland, ebenfalls als Folge der Stilbewegung um 1900, eine eigentliche Erneuerung der Schriftkunst angebahnt.

Es ist daher kein Zufall, dass Ernst Keller 1912 zur Weiterbildung nach Leipzig aufbrach, dem damals eigentlichen Zentrum des graphischen Gewerbes, des Verlagswesens und damit auch der Buchkunst. Die parallel zu der um sich greifenden Industrialisierung aller Produktionszweige sich entfaltende «merkantile Graphik» (Inserate, Packungen, Etiketten, Innenplakate und so fort) wirkte in Leipzig ebenso stimulierend auf die gestalterisch Tätigen wie die Bedürfnisse der Schriftgiessereien. Dabei waren es vor allem die zahlreichen bibliophilen Pressen, welche ein Höchstmass an formaler Qualität forderten. Der «Schriftkünstler» als Spezialist für Fragen der geschriebenen, gezeichneten, geschnittenen oder für den Letternguss konstruierten Schrift trat in jenen Vorkriegsjahren auf den Plan. Dabei liess sich oft die Tätigkeit des Reklamekünstlers für den merkantilen Bereich nicht klar und eindeutig von den anspruchsvolleren Aktivitäten des Buchkünstlers scheiden.

Ernst Keller hatte Gelegenheit, in Leipzig, diesem Umschlagplatz neuer gestalterischer wie technischer Errungenschaften, die vielfach sich widersprechenden Reformideen in ihrer vollen Entwicklung mitzuerleben. Die praktische Tätigkeit in der «Werkstatt für deutsche Wortkunst» hat ihm nicht nur entscheidende Eindrücke vermittelt, sondern auch die Hauptrichtung seiner späteren Arbeit gewiesen: die Schriftkunst. Die historische Schrift-Entwicklung mit ihren jeweils zeitgebundenen Besonderheiten, vor allem aber ihren zeitlosen Grundzügen liess ihn erkennen, dass alle Anwendung von Schrift – in welchem Zusammenhang auch immer – einerseits eine dienende Funktion hat; sie soll verbale Information klar lesbar vermitteln. Anderseits hat die Schrift auch formale Eigengesetzlichkeiten. Jeder Buchstabe ist ein subtiles Formgebilde, das elementaren Formgesetzen gehorcht. Es bestehen Beziehungen der Buchstabenform zum Grund, auf dem sie steht. Die Buchstabenfolgen, die sich zum Wort und weiter zur Wortgruppe zusammenfügen, sind eine Komposition von komplexen Linien- und Flächenelementen, die durch ihren speziellen Formausdruck auf Nebenformen ausstrahlen. Nicht nur die positive Buchstabenform ist von Bedeutung, sondern ebensosehr die Negativform um die Lettern, zwischen den Lettern.

Als Ernst Keller aus Leipzig zu freiberuflicher Tätigkeit in die Schweiz zurückkehrte, war in ihm dieses Wissen um die Formgesetze der Schrift bereits gefestigt. Der Kontakt mit werbekünstlerischen Aufgaben hatte ihm aber auch gezeigt, dass auf die Dauer ein illustrativer Stil zur Übermittlung einer Bild-Information nicht genügen kann. Dem abstrakten Charakter des Buchstabens, einem Abkömmling des Bildzeichens, des Piktogramms und des Ideogramms, müsste, so erkannte Keller, eine radikale Stilisierung der Bildelemente ins Zeichenhafte entsprechen. Diese Überlegungen führten ihn dazu, sich intensiv mit der «Sprache der Zeichen» auseinanderzusetzen und nach Beispielen aus vielen Zeitaltern und Schaffensbereichen zu suchen. So ergab sich ihm eine neue formale Einheit zwischen Schriftzeichen und Bildzeichen. Auf ihrer Symbiose beruht zu einem wesentlichen Teil Kellers graphischer Stil.

Als er 1918 an der Kunstgewerbeschule Zürich den graphischen Fachunterricht übernahm, stellte sich ihm die Aufgabe, gewonnene und ständig sich erweiternde Erkenntnisse nicht nur in die eigene Arbeit einfliessen zu lassen, sondern auch an Schüler weiterzuvermitteln. Die Tätigkeit Ernst Kellers bewegte sich seitdem und bis zu seinem Rücktritt vom Lehramt im Jahre 1956 in beiden Richtungen: Realisation eigener Arbeiten und Sensibilisierung der ihm anvertrauten angehenden Graphiker. Die beiden Bereiche sind kaum völlig zu trennen. Erst zusammengenommen machen sie aber die Persönlichkeit und die Leistung Ernst Kellers aus. Und selbst dort, wo das Stichwort «Schule von Ernst Keller» fällt, ist beides beteiligt: die Wirkung seiner persönlichen Arbeiten und die Wirkung seiner Lehrtätigkeit auf die Schüler.

Durch die Art, wie Ernst Keller eine Aufgabe anpackte (oder seine Schüler anpacken liess), hat er das Bild des Graphikers für Jahrzehnte bestimmt: Für ihn war der Graphiker eine Persönlichkeit, die mit dem gleichen gestalterischen Anspruch wie der freie Künstler ihre Probleme anpackt, jedoch deren Eigengesetzlichkeiten und spezifische Lösungsmöglichkeiten so klar sieht, dass keine Verwechslungen mit Zielsetzungen des freien künstlerischen Schaffens sich ergeben. Damit hat Ernst Keller stets alles Kunstgewerbliche zu vermeiden vermocht, weil er nie künstlerische Stilmittel rein äusserlich auf die konkrete werbegraphische Aufgabe übertrug. Was seinen Stil vielmehr ausmacht, ist eine vollständige Anverwandlung der gestellten Aufgabe und ein Suchen nach einer Lösung

1952

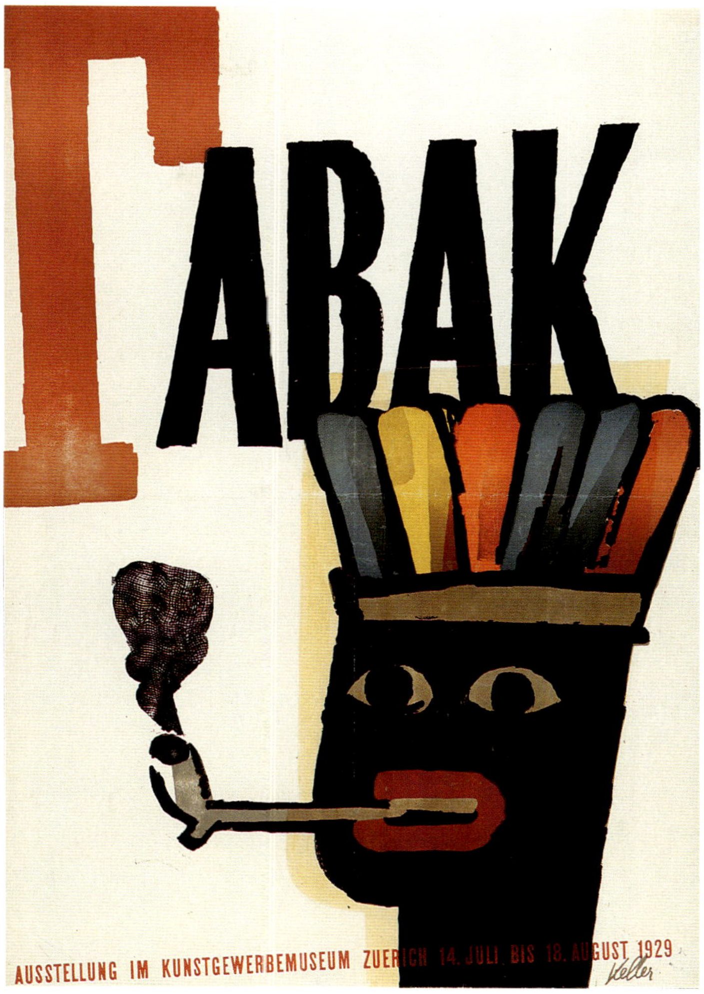


1929

1922

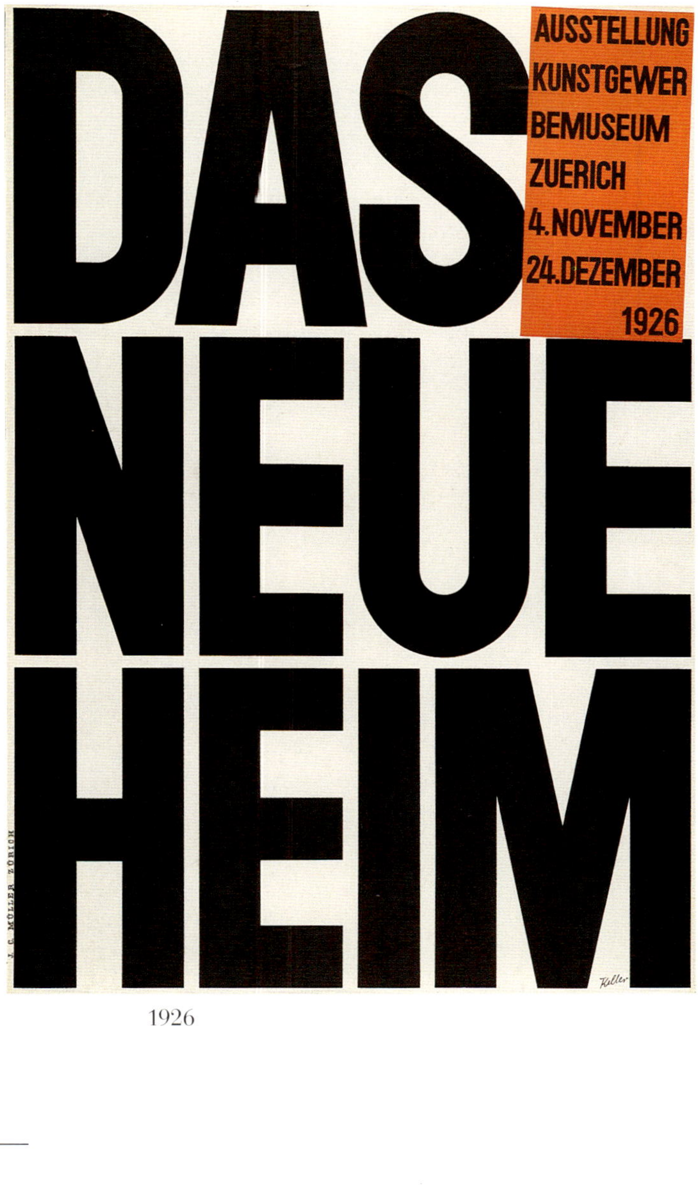


1926

von innen her, aus der Sache heraus. Lange bevor es eine raffinierte Werbepsychologie gab, hat Ernst Keller erkannt oder gewusst, dass das Ziel darin bestehen muss, mit allen gestalterischen Mitteln die Vorstellung, das «Klima» dessen zu erwecken, um das es jeweils geht.

Am bekanntesten geworden sind Kellers Plakate für humanitäre Aktionen, gelegentlich für Abstimmungen und vor allem für Ausstellungen des Zürcher Kunstgewerbemuseums. Diese Plakate haben über Jahre hin die – vielfach von seinen Schülern dominierte – Szenerie des Schweizer Plakates mit eigenwilligen und starken, stets auch unverwechselbaren Entwürfen bereichert. Gerade bei den Plakaten tritt Kellers Neigung und Fähigkeit, die bildnerische wie die schriftkünstlerische Lösung aus der Sache heraus zu entwickeln, besonders sinnfällig in Erscheinung. Dass Keller sich Erleichterungen reproduktionstechnischer Raffinessen versagte und immer den eigenhändigen Linolschnitt wählte, trägt entscheidend zur lapidaren Monumentalität dieser auch farbig eigenwilligen Plakatdrucke bei. Mit Recht zählen viele von ihnen, auch in internationaler Sicht, zu den Meisterwerken, den Klassikern der Plakatkunst.

Das Plakat von 1922 für das Tapetenhaus Kordeuter mit den beiden rhythmisierten, an japanische Holzschnitte erinnernden Figuren hat noch illustrative Züge. Allein auf einen Slogan, eine spontan wirkende, in Wahrheit aber ausgeklügelte Schrift, beschränkt sich das Jelmoli-Plakat von 1924. Mit dem monumentalen Schriftplakat «Das neue Heim», 1926, bringt Keller erstmals ausschliesslich mit dem architektonischen Schriftbild den Charakter einer Ausstellung zum Ausdruck.

Formal und farbig ungewöhnlich war 1929 das Plakat für eine Tabak-Ausstellung: eine assoziative Visualisierung der Kulturgeschichte des Rauchens. Kühn in der formalen Nutzung dynamischer Diagonaleffekte und der Beschränkung auf Schwarzweiss ist sodann ein Plakat für rationelle Baumethoden; die Hand mit der Maurerkelle setzt den Betrachter sofort über das Thema ins Bild. Ein Äusserstes an formaler Ökonomie stellt das Wahlplakat «Wählt Liste 4» von 1935 dar. Es trug wesentlich zur formalen Verbesserung der meist anonymen, ästhetisch wenig befriedigenden Wahlplakate bei.

Sowohl im sandbraunen Farbklang wie im figuralen Motiv genau auf das Thema abgestimmt war 1945 das Ausstellungsplakat «Afrikanische Kunst». Unmissverständlich und expressiv brachte es das kulturelle Klima von Schwarz-Afrika zum Ausdruck. Dass im Abstimmungskampf drastische Bildzeichen die Wahlparolen intensivieren können, zeigte Keller mit dem Totenkopf, der sich mit dem «Nein» gegen eine Zahntechniker-Initiative zur Andeutung eines Skeletts verbindet. Eine in anderer Weise lapidar-plakative Lösung fand Keller 1947 für ein Zürcher Schützenfest, wobei er gerade für dieses Thema, einen Bereich kitschig-konventioneller Plakate, exemplarisch ein Zeichen setzte. Ähnliches gilt für das 1968 entstandene Plakat zu einer Internationalen Ruder-Regatta.

Wohl eines seiner schönsten, reifsten Plakate schuf Ernst Keller 1953 zur Eröffnung des Rietberg-Museums in Zürich. In der Kombination von rotbraunem Adler und grüner Schlange auf ockerfarbigem Grund visualisiert der Gestalter auf überraschende und höchst persönliche Weise die Welt der aussereuropäischen Kunst. Das Plakat ist zugleich eine meisterliche Probe von Kellers eigenständigem Linolschnitt.

Ein wesentlicher Teil von Kellers Auffassungen und Fähigkeiten kam der späteren Arbeit seiner Schüler zugute. Keller verstand zeitlebens den Graphiker als eine beinahe moralische Instanz, die mit ihren kleineren oder grösseren Beiträgen an die Welt der optischen Erscheinungen Massstäbe setzt. ● W. R.

# Herbert Leupin

Während rund vierzig Jahren hat Herbert Leupin das Plakatschaffen der Schweiz mitgeprägt und mitbestimmt. Seine fruchtbarsten Schaffensjahre fallen zusammen mit Höhepunkten der Schweizer Plakatkunst bis in die siebziger Jahre. Das heutige Fehlen seiner Plakate trägt zur Verödung des Strassenbildes bei.

Der Wahlbasler Herbert Leupin hat im Lauf einer langen und erfolgreichen Gestalter-Tätigkeit mit rund 500 Plakaten die Schweizer Plakat-Landschaft belebt und akzentuiert. Mit seinem imposanten Plakatwerk gehört Leupin – neben den Pionieren Emil Cardinaux und Otto Baumberger – zu den fruchtbarsten Schweizer Plakatkünstlern. Man darf ihn den «Doyen» oder «Grand old Man» des Plakates in der Schweiz nennen. Aber nicht die Menge seiner Plakate ist das Staunens- und Bewundernswerte, sondern vielmehr die Kraft dieses Mannes, jedes Absinken in die Routine zu vermeiden, die Fähigkeit, über die Jahre hin sich zu erneuern. Rund neunzig seiner Plakate wurden unter den jeweils «Besten Schweizer Plakaten des Jahres» ausgezeichnet.

Sowohl im Stil wie in der Konzeption von Leupins Plakaten spiegelt sich die vielfältige Entwicklung der werbenden Graphik im Zeitraum eines Lebensalters. Doch dieser Spiegel ist nicht ein Allerweltsspiegel, sondern der unverwechselbare einer persönlichen Bildsprache. Leupins Bildsprache, sein Stil, ist nicht mit formalen Begriffen allein, mit der Definition der eigentlichen Stilmittel zu erfassen. Zum Formalen kommt ein Merkmal, das in die Bereiche des Emotionalen, des Gefühlsbetonten gehört, also letztlich eine Frage des Menschlichen ist.

Herbert Leupin hat stets verstanden, seine Werbebotschaften so in seine Bildsprache zu verpacken, dass der Betrachter, auch wenn er am Werbegegenstand direkt nicht interessiert war, sich angesprochen fühlte, sozusagen von Mensch zu Mensch. Für dieses Ansprechen des Passanten setzt Leupin zwei Waffen ein – seinen manchmal spitzbübischen, manchmal auch hintergründigen Humor und seinen Charme: Wenn wir Euch schon umwerben müssen, tun wirs doch auf liebenswürdige Art, scheint Leupin dem Betrachter augenzwinkernd zuzurufen und macht damit diesen zu einem anonymen Komplizen.

Als gebürtiger Aargauer ist Leupin in Basel aufgewachsen, in einer Stadt, deren Spitzzüngigkeit immer wieder auch aufs künstlerische Schaffen abgefärbt hat. An der Kunstgewerbeschule, die Leupin von 1931 bis 1934 besucht, werden die Lehrer Paul Kammüller, der selbst mit charaktervollen Plakaten hervorgetreten war, und Theo Eble, ein konstruktiver Maler aus dem Kreis der «Gruppe 33», zu wichtigen Anregern.

Zugänge zur Praxis erhält Leupin im damals progressiven Reklame- und Photoatelier Eidenbenz. Dass das Plakat nicht nur eine graphische Aufgabe, sondern auch eine malerische, also eine eminent künstlerische ist, erfährt der junge Schweizer in zwei Pariser-Jahren im Atelier von Paul Colin, dem wir eine Fülle künstlerisch freier Plakate, vor allem für Variété, Revue-Stars und Zirkus verdanken.

Ende der dreissiger Jahre tauchen die ersten Plakate von Leupin auf. Ihre Stilmittel sind zunächst noch die der «neuen Sachlichkeit», wie sie in Basel von Niklaus Stoecklin vertreten worden war. Es handelt sich um einen präzisen, zeichnerisch-malerischen Darstellungsstil von höchster Dingtreue. Man könnte ihn naturalistisch nennen. Doch die zeichnerischen Mittel sind so eingesetzt, dass das Banalste – ein Luftballon, ein Stück Käse, eine Mineralwasser-Flasche – durch die darstellerische Über-Genauigkeit eine magische Ausstrahlung erhält.

Diese exakte, sachgetreue Bildsprache, die vor allem dem Warenplakat zugute kam, wurde von einigen Basler Graphikern in verwandter Weise gepflegt. Von einer «Basler Schule» hat man daher gesprochen und sie in einen gewissen Gegensatz zur «Zürcher Schule» von Ernst Keller und seinen Nachfolgern gestellt.

Eines der ersten Plakate von Herbert Leupin zeigt auf einem hölzernen Servierbrett appetitliche Wurstwaren. Diese verlockende Präsentation des Essbaren wirkte damals, 1939, wie eine Sensation an der Plakatwand. Als einziges Schriftelement erschien der Schriftzug der Firma Bell als wenig auffälliger Brandstempel auf dem Griff des Holzbretts. Das Plakat war der erste durchschlagende Erfolg des Plakatkünstlers Leupin, vielleicht weil es ein unübliches Thema so appetitanregend präzis vorzeigte, vielleicht auch, weil die verlockende perspektivische Schrägstellung des Fleischbrettes eine magische Anziehungskraft hatte.

Wenn man es als gestalterischen «Trick» ansehen will, dass das Bildmotiv Distanz zum Bildrand hält, also isoliert in die Fläche gestellt ist, so hat Leupin dieses Mittel der Isolation (und der Schrägstellung) immer wieder angewandt. Durch die Distanz des Gezeigten zur Plakat-Umgebung gewinnt das sorgfältig dargestellte Motiv an Eindringlichkeit. Es schwebt in einem eigenen, scheinbar unendlichen imaginären Raum.

In den frühen dingtreuen Plakaten hat Leupin das Produkt meist isoliert – und das heisst: intensiviert – auf den neutralen Grund gestellt, der sich im Sinne einer Steigerung der Raumtiefe oft von unten nach oben farbig verdunkelt. Dieses Vorgehen zeigt sich besonders deutlich bei der Steinfels-Seife, einem monumentalen Block mit aufgelegter Wäscheklammer. Die Firmenmarke erscheint nicht als zusätzliches Element, sie ist vielmehr als Reliefschrift dem Seifenstück selbst integriert.

In anderen Plakaten hat Leupin das Produkt in ein ihm adäquates Klima gestellt. Ein schönes frühes Beispiel ist die Zigarette «Turmac». Das türkische Aroma des Tabaks wird durch den dominierenden roten Fez veranschaulicht, auf den der elegante Halter mit der brennenden Zigarette in suggestiver Diagonale hingelegt ist. Das Exotische des Produkts wird durch den feingliedrigen Schriftzug unterstrichen.

Eine grosse Zahl von in ihrer Erscheinung immer wieder andersartigen Plakaten hat Leupin für das Eptinger Mineralwasser geschaffen. Die kühle Frische ausstrahlende Flasche, die perlende Flüssigkeit waren manchmal das Motiv, einmal auch die einsam durch die Luft wirbelnde Etikette. Das wirkungsvollste, in seiner Botschaft bis heute lebendig gebliebene Eptinger-Plakat ist die dreieckige Verkehrstafel mit dem warnenden Ausrufzeichen vor weitem blauem Grund. Die massive Verformung der Stange zeugt von einem Verkehrsunfall. Dass er durch Alkohol am Steuer verursacht ist, geht aus dem Slogan hervor: «Trink lieber Eptinger». Ein Beispiel dafür, wie ein Warenplakat verkehrserzieherische Aufgaben übernehmen kann.

Wie sehr der Einfallsreichtum des Entwerfers auch die banalsten alltäglichen Produkte ins Künstlerische verfremden kann, hat Leupin bei der Werbung für Photomaterial wie Agfa-Filme oder für Zahnpasta, Sonnencrème und andere Kosmetika unter Beweis gestellt. Die vielleicht reizvollste, farbig delikate Lösung fand er für Zephyr-Rasierseife, wo der Markenname wie eine Schaumkrone auf dem Rasierpinsel schwebt. Das Plakat gehört zu den schönsten Leistungen der Schweizer Plakatkunst um 1950.

Von etwa 1950 an wird der graphische Stil Leupins freier. Die minutiöse Dingdarstellung verschwindet zugunsten einer freien zeichnerischen und malerischen Darstellung. Auch die Bildeinfälle verändern sich. Als Beispiel mögen die verschiedenen Fassungen des Plakats für die Stella-Filter-Zigarette gelten, wo die Packung oder ihre zentrale Zone zur Hand verfremdet ist, die eine Zigarette hält. Oder die Kaffeekanne vor schwarzem Grund, deren silhouettenhafte Fläche aus dem Titelblatt der «Tribune de Lausanne» gebildet ist: die Morgenzeitung zum Morgenkaffee; als Variante dazu die Silhouette des krähenden Hahns für das «Feuille d'Avis de Lausanne». Überraschende Motiveinfälle und gedankliche Assoziationen stehen zunehmend im Vordergrund.

Immer wieder hat Leupin auch dem Zirkus Knie Plakate gewidmet; eines der reizvollsten ist wohl der in kindlicher Manier dargestellte Clown, der den Buchstaben-Turm «Knie» auf dem Knie balanciert; auch farbig ein höchst attraktives Plakat. Häufig wählt Leupin auch die skizzenhaft spontane farbige Zeichnung, um einen Gegenstand, eine Situation, eine Person festzuhalten. Das Plakat für den Clown Dimitri ist dafür ein Beispiel. Noch deutlicher kommt dieser improvisatorische Stil bei dem Plakat auf gelbem Grund zum Ausdruck, wo das Orchester offensichtlich den Platz geräumt hat: Dem Notenständer ist das Täfelchen «Pause – Coca Cola» angehängt, auf dem Stuhl des Trompeters steht die Flasche mit der unverwechselbaren Form.

Von der naturalistischen Dingtreue der frühen Plakate, wie dem Telephonhörer, der die Schreibfeder durchkreuzt, aber auch von der plakativen Wucht, wie sie das Kettenmotiv eines Mustermesse-Plakates von 1943 ausstrahlt, ist es ein weiter und kurvenreicher Weg zu den späteren Plakaten, etwa dem muntern, fast karikaturistischen Papagei auf der Lenkstange eines Velos, der sein unwiderstehliches «Pepita» krächzt. Auf diesem weiten Weg finden sich

1939

1943

Plakate für Theater-Anlässe, Zeitungen, Sozialwerke und vor allem auch – oft in unschweizerisch monumentalen Formaten – für die deutsche Zigaretten-Marke «Roth-Händle».

Zu den späten, zeichnerisch skizzenhaften Plakaten gehört eines, das wiederum sein Motiv vom Rand abgerückt, sogar noch gerahmt und betont zentriert zeigt: ein Beitrag zur Werbung für das Umsteigen auf die Bahn: «SBB Super» verkündet die Aufschrift auf dem summarisch dargestellten Benzinfass. Der Slogan hat den attraktiven Doppelsinn von leistungsfähigem Super-Benzin und der SBB als «Super-Beförderungsmittel». Die Visualisierung solch hintersinniger verbaler Motive ist ganz die Sache Leupins.

Nicht allein oder nicht so sehr der plakatgraphische Stil Leupins machen seinen hohen Rang als Plakatkünsler aus. Es ist zunächst und immer wieder der Einfall, der seine Entwürfe von vergleichbaren Plakaten anderer Graphiker unterscheidet. In einem merkwürdigen und für ihn charakteristischen Pendeln zwischen Raffinement und Naivität (gespielter Naivität...), zwischen Artistik und Kindlichkeit weiss Leupin den von einer Werbeflut umstellten Betrachter für seine Sache zu gewinnen. Einfall und Visualisierung sind immer wieder überraschend neu, daher auch besonders werbewirksam.

Für dieses Merkmal von Leupins Plakaten ein weiteres Beispiel: Für den Rössli-Stumpen war auf der Packung wie in der entsprechenden Werbung stets das traditionell dargestellte Motiv eines angeschirrten Pferdes verwendet worden. Leupin stellt, in einem Plakat von 1956, eine überraschende Verbindung zwischen Markentier und Raucher her: Er humanisiert das Pferd, richtet es auf und lässt es in seinen behuften Vorderhänden den rauchenden Stumpen halten. Die Marke, das Produkt und seine Verwendung führen zu einem unwirklichen, unmöglichen oder surrealen Plakatbild.

Durch solche Ausweitung der Wirklichkeit ins Phantastische oder Märchenhafte wird verständlich, dass Leupin zeitlebens und mit Erfolg sich auch der Märchen-Illustration gewidmet hat. Vom zunehmend freieren zeichnerischen und malerischen Stil seiner Plakate her wird anderseits verständlich, dass Herbert Leupin – vielleicht des Werbens müde geworden – immer ausschliesslicher und ohne Termindruck sich der freien künstlerischen Arbeit zugewandt hat. ● W. R.

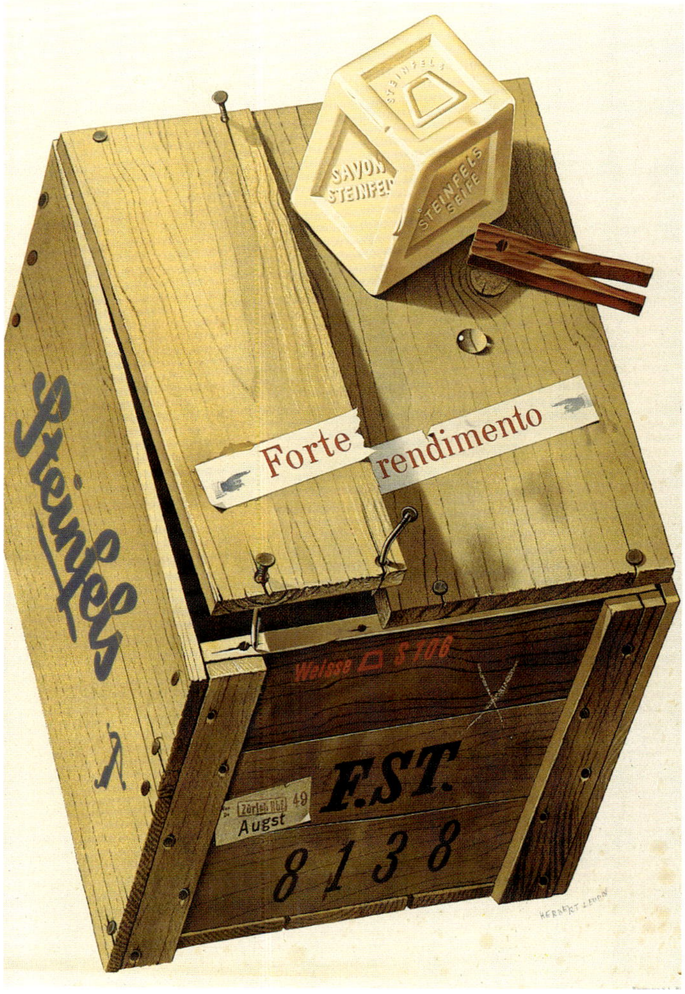


1944

1944

1947

1953

1955

1956

1956

1956

# Donald Brun

Ältester in der kleinen Gruppe von Basler Graphikern, welche die Nachfolge von Niklaus Stoecklin angetreten haben, ist Donald Brun (1909). Nach einer Graphikerlehre in Basel wird er an der Akademie in Berlin Schüler von O. H. W. Hadank, dem Nestor der deutschen Gebrauchsgraphik. Seit 1933 tritt Brun in Basel als selbständiger Graphiker in Erscheinung. Sein Schaffen entwickelt sich in grosser Konsequenz und auf stets hohem Niveau. Es umfasst praktisch alle Bereiche graphischer Gestaltung. Als Auftraggeber stehen vor allem Firmen der Basler chemischen Industrie im Vordergrund. Für sie gestaltet Donald Brun auch mit grosser Regelmässigkeit an der Basler Mustermesse spektakuläre Messestände. Sie gehören über Jahre hin zu den ästhetischen Glanzpunkten der Basler Messe. Bruns Gabe für ein phantasiereiches räumliches Gestalten mit reizvollen graphischen Akzenten mag der Grund gewesen sein, dass er mit Entwurf und Ausführung von zwei Pavillons an der Schweizerischen Landesausstellung in Zürich, 1939, betraut wurde.

Innerhalb seines vielfältigen graphischen Werkes kommt dem Plakatschaffen besondere Bedeutung zu. Für zahlreiche Firmen aus dem Bereich der Gebrauchsgüter-Produktion entstanden über die Jahre hin wirksame, in jedem Falle herausragende Plakate, die vielfach auch vom Eidgenössischen Departement des Innern ausgezeichnet wurden. Ihre Stärke liegt im klaren und grosszügigen Herausstellen des eigentlichen Werbemotivs, aber auch in der suggestiven zeichnerisch-malerischen Darstellungsweise, die besonders in frühen Jahren an den magischen Realismus eines Niklaus Stoecklin erinnert. Eigenständig ist jedoch stets der liebenswürdige, oft verschleierte Humor der Bildideen. In diesem spielerisch heiteren Angehen der Aufgabe gab es immer wieder Parallelen zum Schaffen des etwas jüngeren anderen Baslers: Herbert Leupin.

Dieser bildhafte, manchmal hintergründige Humor wächst aus einer starken Beziehung zu Gestaltungsweisen des Surrealismus heraus, dem viele Basler Künstler – nicht zuletzt dank ihren fasnächtlichen Aktivitäten – sich stets verbunden fühlten. Ein frühes Beispiel surrealer Gestaltung ist Bruns Plakat von 1940 für eine Ausstellung über das Schaufenster im Gewerbemuseum Basel. Lineare, flächige und scheinräumliche Elemente durchdringen sich, fügen sich zu einer irrealen magischen Raumvision. Zu den wohl schönsten und liebenswertesten Realisationen Bruns gehört das 1946 entstandene Plakat «Zwicky Nähseide» mit der schwarzen Silhouette einer Bilderbuch-Katze, die behutsam und elegant eine Spule Nähseide in den Pfoten präsentiert. Solche poetischen Plakate haben den internationalen Ruf des Baslers begründet.

Zu den typischen Beispielen für die Fähigkeit Bruns, mit einem überraschenden Bildeinfall dem Betrachter ein Schmunzeln zu entlocken, gehört «Tenta»: ein weiss-rot gestreifter Storen im prallen Sonnenlicht, der seinen Schatten auf Mauerputz wirft und die Augen eines bloss in karikaturistischer Manier gezeichneten Männergesichts schützt. An sich unvereinbare bildnerische Stilmittel sind zu einem einprägsamen Ganzen verbunden.

Neben verschiedenen Plakaten für das Waschmittel Persil und die Schuhfirma Bata zeigt vor allem die Serie für die verschiedenen Destinationen der Swissair eine Hinwendung zur malerischen Behandlung des Plakatsujets. Das gilt auch für eine Plakatserie, die Brun 1964 für die Schuhfirma Bally geschaffen hat. Nicht der Schuh steht da im Zentrum, sondern eine duftig mit dem Pinsel hingeworfene junge modische Gesellschaft. Diese Bally-Plakate sind im übrigen ein früher Versuch, mehrere Weltformat-Plakate zu einer geschlossenen Gesamtkomposition zu fügen, die beinahe Wandbild-Charakter besitzt.

Ein generelles Merkmal aller Plakate von Donald Brun ist die Aufmerksamkeit und Sorgfalt, mit der die Textinformation ins Bild komponiert wird. Brun sucht dabei, wo immer es angeht, die dominante Wortbotschaft, vorzugsweise ein Firmen- oder Markenname, in markanter Gestaltung der Bildbotschaft zu konfrontieren. In dieser Fähigkeit zur einprägsamen, formal perfekten Schriftgestaltung mag die strenge Schule nachklingen, durch die Donald Brun bei O. H. W. Hadank gegangen ist. Gute Beispiele für diese Schriftkultur sind die verschiedenen Plakate für die Zigaretten-Marke Gauloises.

Über welche Weite an gestalterischen Möglichkeiten Donald Brun verfügt, mögen zwei Plakate belegen, die zugleich zwei verschiedene Schaffensphasen bezeichnen: 1946 verkündet ein in superrealistischer Zeichenmanier übertrieben perspektivisch dargestellter Schnuller, auf dessen rotem Gummisauger eine Fliege sitzt, ein böses «Nein zum Frauenstimmrecht». Zwanzig Jahre später, 1966, wirbt eine collage-artig aus Zeitungs-Fragmenten montierte Komposition für die Zeitung «Sport». Zeitung und Zeitungsleser sind in hartem Schwarzweiss zu einer wirkungsvollen abstrakten Komposition gefügt.

In jeder Plakat-Gattung, in der Donald Brun im Laufe seines Schaffens tätig wurde, hat er Lösungen gefunden, die für den jeweiligen Werbebereich exemplarisch wurden. Das gilt selbst für so schwierige Aufgaben wie musikalische Festwochen. 1954 hat er das Plakat für die Luzerner Musikfestwochen geschaffen: Auf schwarzem Grund zeigt er in starker Stilisierung Hals und Schnecke eines Saiteninstruments, wobei das kraftvolle Lineament intensive Farbtöne umschliesst – wie bei einem mittelalterlichen Glasfenster. Das in seiner Einfachheit äusserst wirkungsvolle Plakat ist für ähnliche Anlässe mehrfach imitiert worden. ●

W. R.

1955

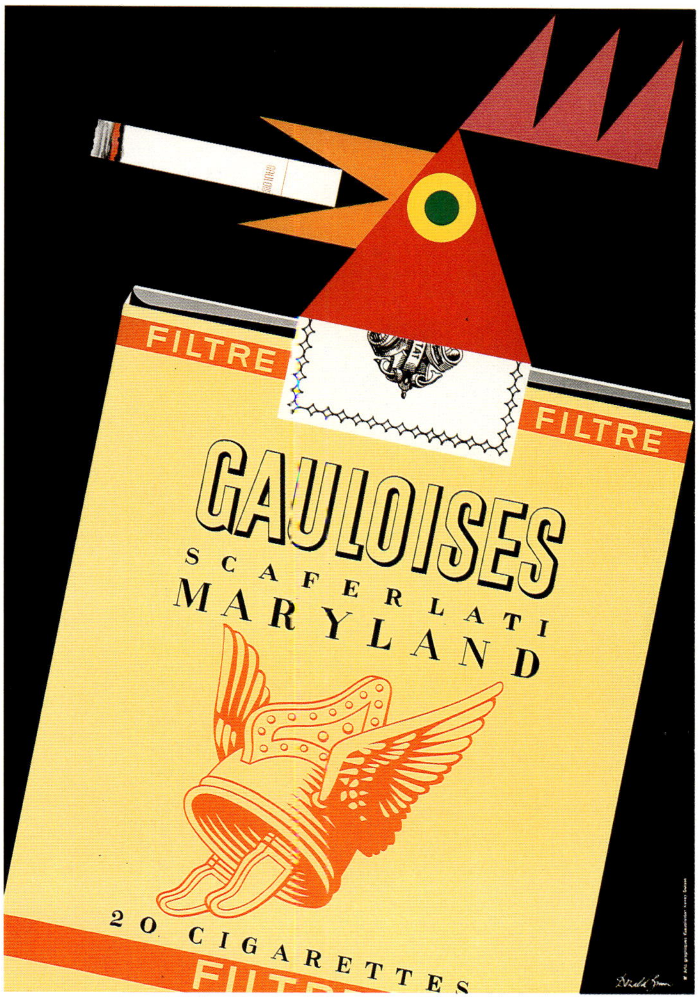


1966



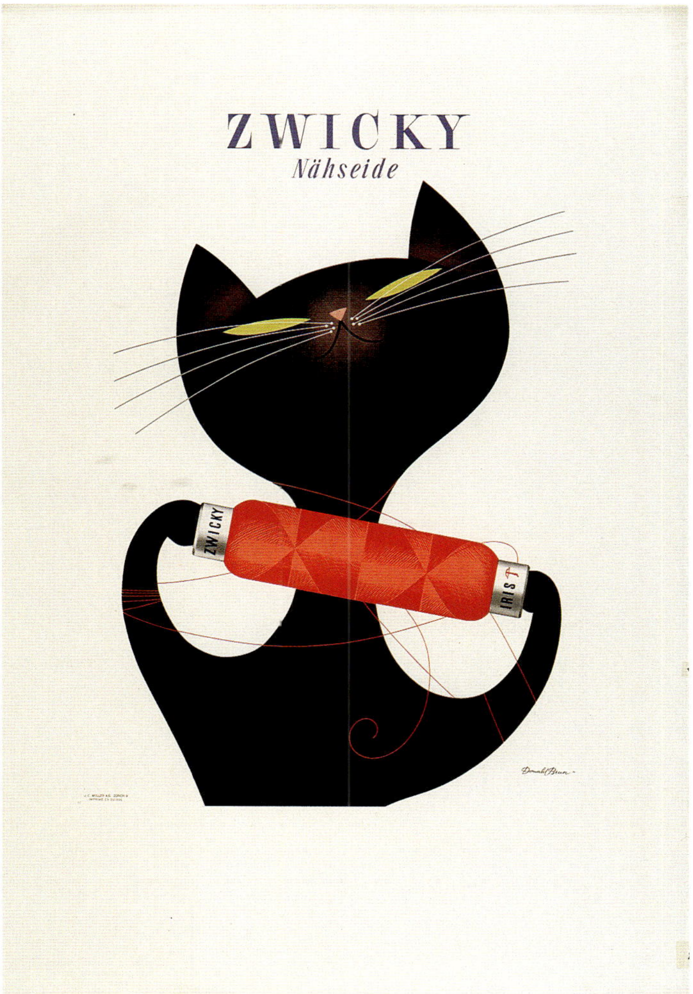


1946

1946

# Hans Erni

1946

Seiner Natur nach ist das Plakat zwar ein Kommunikationsmittel der modernen Gesellschaft und insbesondere ein Informations- und Werbemittel für Dienstleistungen und Konsumgüter des Industrie-Zeitalters. Doch waren es Künstler, die am Ende des 19. Jahrhunderts aus Begeisterung für das neue graphische Medium sich der Gestaltung von Plakaten annahmen und so die Grundlagen zu einer «Plakatkunst» schufen. Damit war der Weg frei für ein formalästhetisch qualitätvolles Plakatschaffen der professionellen Gebrauchsgraphiker. Immer wieder haben jedoch freie Künstler, Maler vor allem, sich dem Plakatentwurf gewidmet und damit neue Akzente gesetzt. Zu diesen Künstlern gehört vorab der Luzerner Hans Erni.

Unter dem Eindruck der grossen Erneuerer der modernen Kunst, vor allem der Kubisten, ist Hans Erni in den dreissiger Jahren zur eigenständigen Künstlerpersönlichkeit herangereift. In einer ersten Schaffensphase entwickelte er eine abstrakte, schliesslich rein geometrisch-konstruktive Bildsprache. Doch dann wurden ihm, dem sozial aufgeschlossenen und politisch engagierten Zeitgenossen, Fragen der menschlichen Existenz und der sozialen Gerechtigkeit immer wichtiger. So gelangte er in seiner Malerei zu einem präzisen, dem Surrealismus verwandten «magischen Realismus». Ein meisterliches Handwerk, vor allem eine stupende zeichnerische Begabung dienten ihm fortan zur Visualisierung seiner künstlerischen wie seiner humanistischen Botschaften.

Landesweit bekannt geworden ist Hans Erni durch das monumentale Wandbild «Die Schweiz, das Ferienland der Völker», das er für die Schweizerische Landesausstellung von 1939 in Zürich schuf. Das hundert Meter lange Wandbild war der Versuch, in einer eigenwilligen Montage Mensch und Natur zu verbinden. Aus dem Geist dieser Verflechtung von Naturgeschehen und Kulturgeschichte entstanden die ersten Plakate Hans Ernis.

In seinem fruchtbaren und reichen Schaffen spielen die Plakatentwürfe nicht die untergeordnete Rolle gelegentlicher und zufälliger Exkursionen ins Feld der Werbegraphik. Überblickt man Ernis Plakatwerk als Ganzes – insgesamt an die zweihundert Plakate aus über fünfzig Jahren –, so wird unschwer erkennbar, welch wichtige Rolle Erni dem Plakat als Möglichkeit zumisst, seine Botschaften einer anonymen Öffentlichkeit vorzutragen. Er bedient sich des Plakats, um in bestimmten Augenblicken und Situationen als Künstler wie als Zeitgenosse Stellung zu beziehen.

Es ist daher kein Zufall, dass Erni praktisch nie Warenplakate geschaffen, seine Kunst nie in den Dienst eigentlicher Wirtschaftswerbung gestellt hat. Hingegen hat er zunächst für die Schönheiten der Schweiz geworben, für Ferienreisen durch «Helvetisches Land». Und da geht es immer um die – inzwischen bedrohten oder bereits zerstörten – Schönheiten der Landschaft, der Wildpflanzen, der Tierwelt. Erni hat auch, 1942, noch bevor es einen überbordenden Lastwagenverkehr gab, mit einem graphisch wirksamen Plakat auf die Vorteile des Gütertransports per Bahn hingewiesen.

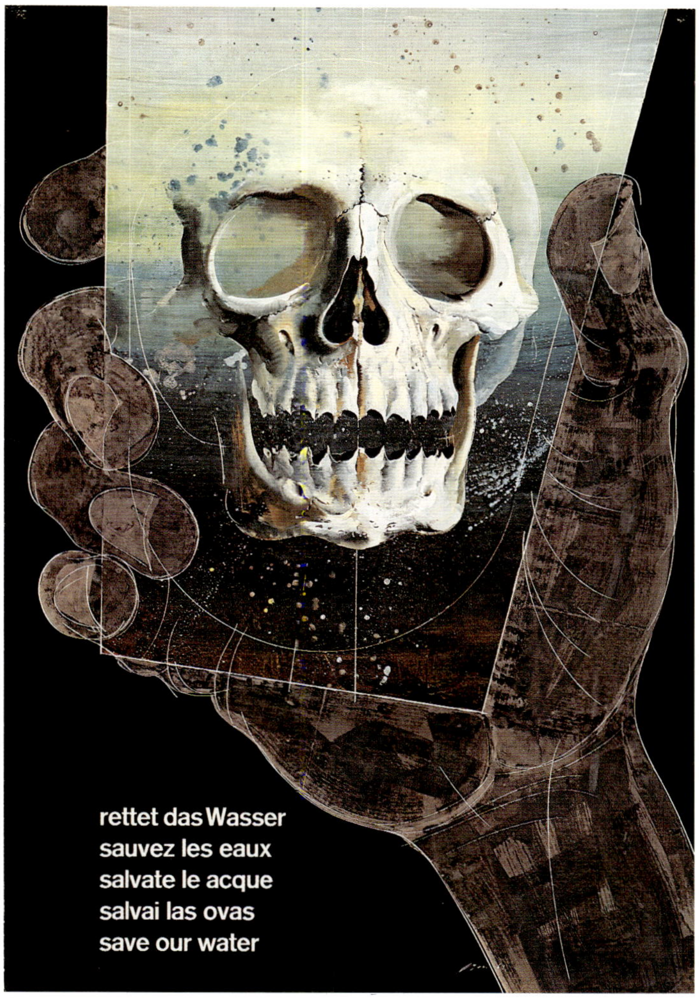


1961

1954

Das Anliegen des Telephon-Rundspruchs, einen reinen Empfang zu bieten, nutzte Erni 1948 für eine beinahe wissenschaftliche Darstellung des Gehörsystems, das er in surrealer Montage-Technik in das Gesicht eines jungen Menschen eingliederte. Besonderes Anliegen des engagierten Künstlers waren vor allem gesellschaftspolitische Fragen wie der Genossenschaftsgedanke oder aber soziale Themen. In den späten Kriegsjahren ging es um vermehrte Nutzung des Bodens zur Sicherung einer Basisversorgung der Bevölkerung. Ein Bauer, der mit dem Spaten den Boden umsticht, wirbt für den Gedanken «Mehr anbauen oder hungern?». Hunger ist auch das Thema mehrerer Plakate für Hilfsaktionen der Caritas.

Später, im Kampf von 1947 um eine Altersversicherung, zeigt Erni einen alten, entspannt hingelagerten, an den Kopf eines jungen Menschen gelehnten Mann, der sorgenlos in die Lektüre eines Buches versunken ist. Schon kurz zuvor, 1946, hatte er sich mit einer Zeichnung voranschreitender junger Frauen, weiss auf rotem Grund und begleitet von ihren männlichen Gefährten, vehement für das Frauenstimmrecht eingesetzt.

Von geradezu erschreckender Grausamkeit sind jene meist schwarzgrundigen Plakate, mit denen Erni gegen den Atomkrieg antritt (1954, ein Atompilz, der aus einem Totenkopf herauswächst), später für die Rettung unseres Trinkwassers (1961, eine Hand mit einem Wasserglas, in dem der Tod lauert), schliesslich für die Rettung unseres Waldes (1983, ein junger Mann, dessen Kehle so durchschlagen ist wie ein Baumstamm beim Fällen durch die Axt).
Kein zweiter Graphiker oder Maler hat mit so unverblümter Deutlichkeit mahnend unsere existentiellen Gefährdungen vorgezeigt.

Im Gegensatz zu diesen Warnplakaten sind Ernis Plakate für eigene Ausstellungen ganz auf eine antikisch anmutende Schönheit des nackten Menschen ausgerichtet. Es sind meist zarte Linienzeichnungen, weiss auf schwarzem Grund, welche Lieblingsthemen des Künstlers – wie den Bildhauer oder die junge Familie – zur Darstellung bringen. Diese Plakate verraten in ähnlicher Weise sinnenhafte Lebensfreude wie die dynamischen Pferde-Darstellungen für Reitveranstaltungen oder für den Zirkus. Es lebt darin jene optimistische Auffassung weiter, die schon 1946 in einem Plakat für Seiden-Grieder sichtbar wurde: einer malerisch delikaten Huldigung an die Seide, eines der edelsten Materialien der Menschheit, und an ihre Kulturgeschichte.

Ernis Plakate sind sowohl von ihrer Thematik wie von den gestalterischen Mitteln her integrierender Bestandteil seines zeichnerischen und malerischen Schaffens. Es gibt hier nicht eine spezifische «Plakatsprache», die sich von der künstlerischen Sprache des übrigen Werkes unterscheidet. Im Gegenteil: Ernis Plakate fügen sich vollgültig und ohne Zwang in die jeweilige Schaffensphase ein. Insgesamt bestechen Ernis Plakate nicht durch die Paukenschläge einer betont plakativen Bildsprache. Sie bestechen vielmehr durch ihren Kunstrang, der sich zwingend mit dem Gewicht ihrer Botschaft verbindet. ● W. R.

1942

1942

# Celestino Piatti

Der im zürcherischen Dietlikon aufgewachsene Celestino Piatti ist ein Prototyp des Generalisten im Bereich der graphischen Gestaltung. Sein Werk schliesst nahezu alle Bereiche der Graphik ein, von der Briefmarke bis zur Gestaltung des gesamten Verlagsprogramms des Deutschen Taschenbuch Verlags.

Nach dem Schulabschluss trat Piatti in die Zürcher Kunstgewerbeschule ein, die damals unter der Leitung von Johannes Itten stand. Im Vorkurs wurde Piatti in die Grundlagen des formalen Gestaltens, in der Farblehre von Johannes Itten in die objektiven Farbgesetze und die subjektiven Farbanwendungen eingeführt. In diesen Zürcher Jahren wurde er mit einem graphischen Stil vertraut, der in der Schweiz als «Zürcher Schule» bezeichnet wird: ein graphisches Stilkonzept, das die Lösung der einzelnen Aufgabe in einer formal strengen, beinahe architektonischen Stilisierung der Bildmotive sieht, oft in Verbindung mit einer kräftigen, «gebauten», in der Regel speziell gezeichneten Schrift.

Mit der Übersiedlung nach Basel, 1942, findet Piatti ein künstlerisches und gebrauchsgraphisches Klima vor, das sich von den zürcherischen Verhältnissen grundlegend unterscheidet: die «Basler Schule», die auf der Stilrichtung der «neuen Sachlichkeit» fusst, wie sie vor allem Niklaus Stoecklin vertreten hatte. Mit dem Eintritt in das Atelier von Fritz Bühler, dem er von 1944 bis 1947 angehört, trifft Piatti mit einem Graphiker zusammen, der sich vom «magischen Realismus» schrittweise löste zugunsten einer freien und betont malerischen Auffassung der Plakatgestaltung.

1948 eröffnet Piatti ein eigenes graphisches Atelier in Basel. Die Plakat-Graphik wird bald zu einem zentralen Schaffensgebiet. Die frühen fünfziger Jahre sind gekennzeichnet durch einen sowohl werblichen wie künstlerischen Wettstreit, in dem sich Auftraggeber und Plakatgestalter in aller Öffentlichkeit zu messen suchen. Auch der Glaube, nach den Einschränkungen der Kriegsjahre an einer neuen Welt mitbauen zu können, beflügelt die Plakatkünstler. Die damalige Schweizer Plakatblüte wurde für alle zu einem beglückenden optischen Erlebnis. Viele Betrachter fanden über das Plakat den Weg zur Zeitkunst.

Das Wirken von Ernst Ludwig Kirchner während seiner Davoser Jahre hatte die Basler Künstlergruppe «Rot-Blau» seit den zwanziger Jahren stark beeinflusst. Mit der erneuten Hinwendung zur Glasmalerei hatten viele Basler Maler formal expressiver und farblich fauvistischer Tendenz dem Glasbild zu neuem Leben verholfen. Das technische Element aller Glasmalerei, die Verbindung der Farbgläser durch Bleiruten, wurde zu einem markanten Stilmittel. Jedenfalls ist mit der Basler Glasmalerei – und ihrer populären Anwendung in den «Fasnachtslaternen» – eine Inspirationsquelle für den persönlichen graphischen Stil Piattis genannt. Eine ganz andere Quelle der Anregung, zu der sich Piatti ausdrücklich bekennt, ist die Kunst von Georges Rouault, der in Bildern und Glasfenstern mit kräftigen schwarzen Lineamenten seinen Darstellungen höchste Intensität verliehen hat.

Allerdings zeigt das erste Plakat, mit dem sich Piatti 1952 als neuer Name in der Plakatwelt vorstellt – einer Branchenwerbung der Schweizer Pelzhändler – seinen charakteristischen «Glasmalerei-Stil» noch nicht; es hat vielmehr einen betont malerischen, ja improvisatorischen Charakter. Auf einem Grund in zartem Grau-Rosa wird ein Tierwesen, halb Dalmatiner, halb Wildkatze, von einer hellgrün behandschuhten Damenhand an der straffen Leine gehalten. Der vom Bildrand angeschnittene Arm ist in dasselbe gelbe, schwarz gepunktete Fell gehüllt wie das Tier. «Charmanter im Pelz» verkündet der Slogan am Fuss der dynamisch-diagonal aufgebauten Komposition. Schon dieses erste, bei seinem Erscheinen stark beachtete Plakat zeigt ein für Piattis graphisches Konzept typisches Element: Der Leopard, der das Pelzwerk für die elegante Frau liefert, erscheint – zum Hund an der Leine umfunktioniert – als das dominante Bildmotiv. Beides, die von der Werbeaufgabe nahegelegte Metamorphose eines Bildmotivs ins Unreale, Phantastische, darum Faszinierende, und die Freude an der einfühlend dargestellten Tiergestalt selbst, sollte im weiteren Schaffen Piattis stets wiederkehren.

Gerade die Verwendung von ausdrucksvollen Tiergestalten – aus der wirklichen Fauna wie aus der Fabel- und Märchenwelt –, sowie der von Piatti in der Folge bevorzugt angewandte kraftvolle Bilderbogenstil lassen vermuten, der Künstler habe sich in der naiven Bilderwelt der Volksbücher aus der Frühzeit des Buchdrucks und insbesondere in den Bildgeschichten der «Imagerie populaire», der «Images d'Epinal» umgesehen. Etwas von diesem vereinfachenden, zugleich expressiven Stil der Volksgraphik lebt im Schaffen Piattis fort.

Ebenfalls 1952 kommt ein zweites Plakat Piattis zum Aushang, eine Werbebotschaft für das Buch. Erstmals erscheint hier das gestalterische Prinzip der wuchtigen schwarzen Konturierung des Bildmotivs und seiner einzelnen Farbzonen. Als Schlüsselwerk mag dieses Plakat gelten, weil es einen Werbegegenstand – das Buch – vorzeigt, der bis heute im Zentrum von Piattis Schaffen steht. Auf dem Plakat erscheint auch das symbolträchtige Bild der – hier lesenden – Eule: sowohl Begleittier der Göttin Athene als auch Symbol für Klugheit oder Weisheit, wie sie sich durch das Buch gewinnen lässt. Keine zweite Tiergestalt taucht so häufig in Piattis angewandten und freien Arbeiten auf wie die Eule mit dem charakteristischen breiten Gesicht und den scharf beobachtenden grossen Augen. Die Eule ist zu einem Marken- oder Hauszeichen des Künstlers geworden.

Die Leidenschaft des Plakatgraphikers Piatti, immer wieder für eine Werbeaufgabe neue Ideen zu artikulieren und neue Formulierungen zu finden, hat vor kaum einer Plakatgattung Halt gemacht. Eindeutig im Vordergrund stehen Plakate für schweizerische Volksabstimmungen über soziale und humanitäre Fragen, Plakate zu Entscheidungen über gesellschaftspolitische Themen, Hinweise auf Bürger-Initiativen und Hilfswerke zugunsten der Dritten Welt: alles Themenbereiche, mit denen sich der Mensch Piatti als soziales und politisches Wesen wohl zu identifizieren vermag.

1964

1957

1956, anlässlich der Abstimmung für eine schweizerische Brotgetreide-Ordnung, unterstützte Piatti die Ja-Parole mit einem monumentalen ländlichen Stilleben von Brotlaib, Kaffeetasse und Milchkrug in einer zeichenhaft lapidaren Komposition. Da ist der Abkömmling aus ländlichen Verhältnissen zu spüren, der weiss, dass Brot unser Grundnahrungsmittel ist.

In der leidenschaftlichen Auseinandersetzung von 1959 um die Einführung des Frauenstimmrechts in der Schweiz dominierte in einer wahren Plakatflut für und wider die politische Gleichberechtigung der Frau Piattis geniale Lösung: Auf weissem Grund das schwarz konturierte Profilbild eines blau gepanzerten Ritters, der bei kess emporgeschobenem Visier eine zarte Rose zwischen den Lippen hält und freundlich lächelnd auf den Betrachter zu blicken scheint: «Wir Basler sind ritterlich und stimmen für unsere Frauen», verkündet der Slogan. Durch den Rückgriff auf den mittelalterlichen Supermann wird die Courtoisie einer selbstverständlichen Geste den Frauen gegenüber in eine dem Alltag enthobene universale Geste überführt.

Mit grosser Eindringlichkeit setzt Piatti seine zeichnerischen und malerischen Mittel dort beschwörend ein, wo es um die Aktivierung unserer Hilfsbereitschaft geht. «Unsere Brüder brauchen Brot», schreit ein vom Hunger ausgemergelter Schwarzer aus aufgerissenem, zum knallroten Becher geformten Mund, die skelettdünnen Arme flehend emporgereckt. Für die Kinderhilfs-Organisation «Terre des Hommes» verkündet 1957 auf einem dunkeltonig malerischen Plakat ein Indio-Junge in Strohhut und Poncho, in den ausgebreiteten Armen Löffel und Becher beschwörend vorzeigend: «Chiles Kinder hungern». Für solche Aufrufe humanitärer Hilfswerke hat Piatti als sozial und politisch engagierter Zeitgenosse seine suggestive Kunst immer wieder zur Verfügung gestellt.

Die zweite Plakatgattung, der sich Piatti immer wieder zugewandt hat, ist die Welt des Theaters, des Cabarets und des Konzerts. Da hier ohnehin nur kulturell interessierte Kreise angesprochen sind, kann sich der Graphiker formal grosse Freiheiten erlauben. Piatti nutzt sie, indem er mutig und frech seinen Stift und seinen Farbpinsel über die Fläche führt. So im Juni-Festwochen-Plakat des Zürcher Schauspielhauses von 1966, seinem wohl freiesten und kühnsten Plakat.

Für dasselbe Theater findet er im folgenden Jahr zum gleichen Anlass eine andere, für die Entwicklung seiner bildnerischen Ideen typische Lösung: anspielend auf den Standort des Schauspielhauses «am Pfauen», zeigt Piatti in Frontalansicht einen radschlagenden, farbig phantastischen Pfauen, dessen Gesicht aus einer theatermässigen Doppelmaske besteht. Die Spiegel der einzelnen Radfedern bilden die Flächen für die Programm-Angaben. Einmal mehr visualisiert hier Piatti einen Sprachbegriff in Tiergestalt. Dass zugleich eine Verbindung hergestellt wird zwischen der Schaustellung des Pfauen und der Schauspielerei auf der Bühne, gehört zu Piattis Lust, dem Betrachter visuell und intellektuell assoziatives Verhalten abzufordern.

In jüngeren Theaterplakaten, vorzugsweise für festliche und heitere Spektakel, färbt Piatti die Plakatfläche farbig lebhaft ein, setzt auf diesen Grund mit dem Pinsel in dickflüssiger Farbe zeichnerisch-skizzenhaft die figuralen Motive. Dank reproduktionstechnischer Raffinessen erhält die Darstellung eine wirkungsvolle Plastizität.

Weitere Themenbereiche Piattis sind das Ausstellungs- und Messeplakat, gelegentlich auch das Sportplakat. Bei Getränken, Lebensmitteln und Raucherwaren, aber auch bei Konsumgütern wie Uhren, Teppichen, Matratzen und anderem, gewinnt man den Eindruck, Piatti sei vor allem dort tätig geworden, wo ihm das Einbeziehen einer Tiergestalt möglich war. Die Behaglichkeit eines auf dem Plakat nicht sichtbaren Teppichs wird durch eine mächtige, entspannt schlafende Katze veranschaulicht. Ein selig träumender Spielzeug-Bär zeigt an, wie gut es sich auf einer bestimmten Matratze schlafen lässt.

Besonders wohl fühlt sich Piatti, wenn er mit Plakaten seine Verbundenheit mit Gedrucktem, mit Zeitung und Buch, zum Ausdruck bringen kann. Zu seinen künstlerisch stärksten und zugleich plakativ wirksamsten Entwürfen gehört derjenige für eine kritische, um die Rechte der Kleinen kämpfende Zeitschrift. Den Slogan «Der ‹Beobachter› kämpft und wacht» visualisiert Piatti mit der altschweizerischen Waffe der Hellebarde. Die klingenartige blaue Seite erscheint als Gesicht mit mächtigem Auge; die aggressiv rote, spitze Gegenseite signalisiert das Kämpferische des Blattes. In der farbigen Gesamthaltung erinnert das Plakat an einen Ausschnitt aus einem mittelalterlichen Glasbild.

Dass sich der geflügelte Pegasus – dessen Hufschlag den Musenquell entspringen liess – als «Dichterross» für den Hinweis auf die Bücher des Artemis Verlages besonders eignet, hat Piatti beim Signet-Entwurf wie bei Prospekten für den Verlag wiederholt unter Beweis gestellt. Ein Plakat von 1968 mit der schwärzlichen Silhouette des Flügelpferdes auf warmrotem Grund deutet auf den Slogan hin, dass «Bücher beflügeln» können; das antike Motiv und die der altgriechischen Vasenmalerei nachempfundene Farbstellung erinnern überdies daran, dass im Verlagsprogramm die Antike eine zentrale Rolle spielt.

Für den deutschen Taschenbuch Verlag, dessen gesamte Produktion er gestalterisch betreut, hat Piatti in Kleinplakaten stets wieder neue Bildmotive für die gleiche Sache gefunden. Das zeugt von seiner geistigen Wachheit und seiner Kraft zur Formerfindung. Er kann sich dabei als einzigen verbalen Hinweis auf das von ihm entwickelte Verlagssignet beschränken und die Aufmerksamkeit des buchgewohnten Konsumenten allein durch die Originalität seiner Bildbotschaft anreizen. ● W. R.

1952

1956

# Hans Falk

Im öffentlichen Plakataushang stellt sich ein Gestalter jeweils üblicherweise nur mit einem einzigen Plakat vor. Im friedlichen Wettstreit der Plakate lassen sich also nur punktuelle Beobachtungen über die Auffassungen, den graphischen Stil und den gestalterischen Rang des einzelnen Entwerfers machen. Dagegen bietet der Aushang die Möglichkeit zum wertenden Vergleich dessen, was der Zufall aus der aktuellen Plakatproduktion zusammengewürfelt hat. Dabei ist jedes Urteil über ein bestimmtes Plakat durch sein Umfeld mitbestimmt. Wo gleichzeitig eine Anzahl vorzüglicher Plakate verschiedener Entwerfer, also unterschiedlicher Auffassung, im Wettstreit stehen, da bedarf es ungewöhnlicher Qualitäten, wenn ein Plakat künstlerisch «das Rennen machen» will. Das ist über lange Jahre hin bei den Plakaten von Hans Falk immer wieder der Fall gewesen.

Für das plakatgraphische Schaffen von Hans Falk ist nicht ohne Bedeutung, dass er in seinen Ausbildungsjahren Schüler von Malern war: in Luzern von Max von Moos, in Zürich von Albert Rüegg. Dass der Zwanzigjährige 1938 bei einem offiziellen Plakatwettbewerb für die Landesausstellung von 1939 aus über 900 Einsendern für die Auszeichnung mit dem zweiten Preis gewählt wurde, war eine erste Bekundung seiner Begabung für das als künstlerische Gestaltungsaufgabe damals klar im Aufwind befindliche Schweizer Plakat.

Die Mitarbeit im Atelier des späteren «Graphis»-Herausgebers Walter Herdeg, die Arbeitsgemeinschaft mit dem Photographen Werner Bischof, schliesslich nochmals eine Weiterbildung an der Kunstgewerbeschule Zürich bei Max Gubler und Walter Roshardt – einem Maler und einem Zeichner –, diese Jahre der künstlerischen Reifung gehen dem Auftreten des Plakatgestalters Hans Falk unmittelbar voraus. Die eigenen zeichnerisch-malerischen Anlagen und die Betonung des Künstlerischen in der Ausbildung haben die Intentionen des Plakatgraphikers Falk entscheidend geprägt: Sein Plakatstil sollte betont frei, zeichnerisch und malerisch werden.

Eine weitere wichtige Voraussetzung gehört dazu: Falk hatte von Anfang an lebhaftes Interesse an einer intensiven Auseinandersetzung mit den verschiedenen graphischen Techniken, ihren Möglichkeiten und Grenzen. Er erkannte, dass für die Realisation seiner Plakate nur die Handlithographie in Frage käme. In der Tat hat Hans Falk, mit nur wenigen Ausnahmen, all seine mehrfarbigen Plakate eigenhändig auf den Stein gezeichnet. Kommt dazu, dass er stets deren Drucklegung in allen Phasen überwachen wollte. Er wusste genau, was bei der Lithographie an Wirkungen möglich ist, und er forderte von allen Beteiligten stets das Äusserste an Arbeitsleistung. Hans Falk hat dadurch während Jahren als unbestechliche Instanz zur Hebung und Erhaltung der drucktechnischen Qualität des Schweizer Plakats beigetragen.

Zwischen 1942 und 1964, dem Jahr der «Expo» in Lausanne, hat Hans Falk rund 60 Plakate geschaffen; in grösserem Zeitabstand sind dazu nur wenige weitere gekommen. Diese Daten spiegeln biographische Fakten: 1958

1942

1946

gab Falk die gebrauchsgraphische Auftragsarbeit auf, um sich – meist im Ausland lebend – immer ausschliesslicher der freien Malerei und der bibliophilen Buchillustration zu widmen.

Überblickt man das Plakatwerk von Hans Falk, so fällt auf, dass es in diesem Schaffensbereich deutliche Schwerpunkte gibt. Im Vordergrund steht einerseits das politische Plakat: Falk bekennt sich zur sozialdemokratischen und gewerkschaftlichen Politik und stellt ihr bei Wahlen und Abstimmungen nicht nur seine Gesinnung, sondern auch seine künstlerische Kraft zur Verfügung. Wohl kein zweiter Schweizer Künstler von Rang hat sich an der Plakatwand so oft und so eindeutig zum Sozialismus bekannt.

Als zweite Dominante enthält sein Werk ein Bekenntnis zu grossen humanitären und sozialen Werken. Auch in diesem Bereich hat kaum ein zweiter Gestalter so oft und so intensiv mit Plakaten zur Hilfe aufgerufen wie Hans Falk. Einzelne Hilfswerke (etwa «Für das Alter» oder «Pro Infirmis») sind fast nicht vorstellbar ohne die eindrückliche Visualisierung ihrer Anliegen durch Hans Falk. Andere Plakatproduktionen Falks verteilen sich auf Messen und Ausstellungen, auf sportliche Veranstaltungen, auf Kabarett und Zirkus, auf Tourismus und auf Plakat-Ausstellungen, am Schluss gefolgt von lediglich vier Plakaten für wirtschaftliche Werbung im weitern Sinne.

Diese Aufgliederung von Falks Plakatproduktion nach Gattungen zeigt, dass der Künstler nicht einfach Auftragnehmer sein wollte, der seine gestalterischen Kräfte jedem zahlungsfähigen Auftraggeber zur Verfügung stellt. Offensichtlich verband Falk mit jeder Lösung einer Plakat-Aufgabe sowohl eine künstlerische Verpflichtung wie auch eine gesinnungsmässige. Anders gesagt: Zum grossen Teil sind seine Plakate nicht nur druckgraphische Meisterstücke, sondern auch Bekenntnisse.

Gleich das erste Plakat, mit dem Falk 1942 vor die Öffentlichkeit trat – das frühsommerliche «Ferien» –, war in seiner gelösten Stimmung, vor allem in seiner zarten farbigen Haltung ein eigentlicher Wurf. Die Diagonalstellung der angeschnittenen männlichen Halbfigur mit Strohhut und geschultertem Spazierstock, das aufwärts ins Offene, Blühende Gewandte brachte in jener schwierigen Zeit der Kriegs- und Aktivdienstjahre einen Optimismus in den Alltag, der weit über Touristikwerbung hinausging. Andere, ernstere Töne schlug Falk mit zwei Plakaten von 1944 und 1945 für die Schweizer Rückwandererhilfe an. Es galt, die Bevölkerung wachzurütteln für die Solidarität mit Schweizern, die im Ausland vielfach alles verloren hatten.

Im Jahre 1945 entstand das Plakat «Für das Alter», die Rückansicht einer gebeugten, am Stock gehenden Frau, die in ihrer Haltung die Einsamkeit und die Mühen des Alters zum Ausdruck bringt. Die vorwiegend schwärzlichen Töne der silhouettenhaft gezeichneten Figur auf bräunlicholivem, wie vom Alter verfärbten Grund bildeten – damals – einen ergreifenden Kontrast zur appetitlichen Buntheit der Warenplakate. Mit diesem in seiner Einfachheit und Dichte grossartigen Plakat kam ein neuer Ton ins Schweizer

1949

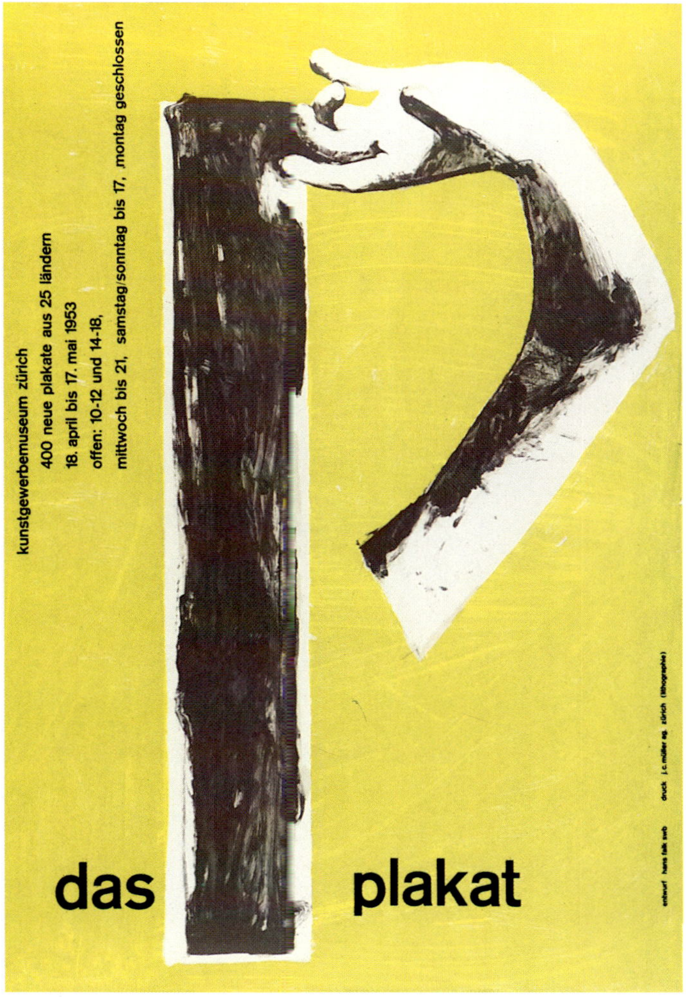

1953

1945

1948

1944

1946

Plakatschaffen: die freie zeichnerische Lösung der Aufgabe, die sich von aller «gebrauchsgraphischen» Routine freimachte gegen das Künstlerische hin.

Mit dem Plakat «Hilf den Heimatlosen» im Auftrag der Flüchtlingshilfe verstärkte sich diese ausdrucksshaft illustrative Plakatsprache sowohl stilistisch wie in der Intensität der Aussage. Dieses Plakat machte auch deutlich, dass Hans Falk ganz bewusst eine ruhmreiche Tradition aufnahm: diejenige der französischen «affiche artistique» vom Ende des 19. Jahrhunderts, der heroischen Zeit des Aufstieges des Plakats zum graphischen Kunstwerk – eine Entwicklung, die durch die Namen von Pierre Bonnard, Théophile Steinlen und Henri de Toulouse-Lautrec markiert wird.

Mit dem Plakat für den Raubtierbändiger Trubka im Circus Knie konnte Falk erstmals seine Liebe und Begabung für die Tierdarstellung und zugleich seine Passion für die Welt des Zirkus ins Spiel bringen. Er hat diese Zuneigung mit zwei weiteren Knie-Plakaten und dem Bildband «Circus» von 1981 zum Ausdruck gebracht. Zum aussagekräftigen Bildsymbol wird das Tier auf dem Plakat zur Ausstellung «Das Plakat als Zeitspiegel»: Von oben herab krächzt ein meisterlich gezeichneter Papagei das unten in die Ecke gedrängte Huhn mit seiner Werbebotschaft an. Nochmals erscheint das Tier auf dem packenden Plakat der «Pro Infirmis»: Eine skizzenhaft in Rückansicht gezeichnete, zart kolorierte Figur im altmodischen Rollstuhl ist begleitet von einem Blindenhund. Ohne Worte macht das Plakat eindrücklich darauf aufmerksam, welche Art von Hilfe zwei unterschiedliche Formen der Behinderung benötigen.

Mit einem andersartigen, ausgesprochen spektakulären Beitrag beschliesst Hans Falk 1964 im wesentlichen sein Plakatwerk: Für die schweizerische Landesausstellung in Lausanne, die «Expo», gestaltet er eine Serie von sieben Plakaten, mit denen Leitsätze der «Expo» visualisiert werden. In dieser Serie zeigt sich nicht mehr der expressive figürliche Zeichner, sondern eindeutig der Maler Hans Falk. Statt der Farblithographie benutzt er nun sinngemäss das Farboffset zur farbig satten Wiedergabe seiner mit breitem Pinsel hingemalten Originale. Es sind «abstrakte» Gestaltungen in der damals aktuellsten malerischen Sprache der «informellen» oder «tachistischen» Kunst, zu deren interessanten Vertretern Hans Falk gehörte.

Diese Expo-Plakatserie ist nicht nur einer der seltenen Versuche zu einer in sich geschlossenen Bildfolge auf der Plakatwand, sie ist vor allem der kühne, vielleicht gar vermessene Versuch, das Plakat – fast – völlig frei von seiner werbenden Aufgabe zum reinen, vervielfältigten Kunstwerk im Strassenbild zu machen. Die Kühnheit von Falks Konzept ist bis heute nicht übertroffen worden. ● W. R.

1964

1964

# Josef Müller-Brockmann

Für den durchschnittlichen Betrachter von graphischen Erzeugnissen, insbesondere von Plakaten, ist der dahinterstehende graphische Gestalter ein Spezialist, der dank seiner künstlerischen Ausbildung die ganze Skala graphischer Möglichkeiten beherrscht und dank seiner «Originalität» für jede ihm gestellte Aufgabe eine überraschende und neuartige Lösung findet. Wenn der Betrachter eines Plakats überhaupt einen Gedanken an dessen Schöpfer verliert, so imaginiert er diesen als einen «Befehlsempfänger», der seine Fähigkeiten gewandt in den Dienst der ihm aufgetragenen Sache stellt.

Wer aus professionellem Interesse genauer nach der Gestalterpersönlichkeit fragt, der entdeckt, dass zwischen dem graphischen Auftrag und dessen Bewältigung – konzeptuell und formal – oft enge Beziehungen bestehen. Andersherum gesagt: Es sind kaum Zufälle, die bei einer Plakat-Aufgabe zur Wahl eines bestimmten Graphikers führen, umgekehrt sind es auch nicht die Zufälle einer «Gelegenheitsarbeit», die einen Graphiker mit bestimmten Aufgaben konfrontieren. Meist sind tiefgründige Korrespondenzen im Spiel, die für Originalität und Qualität eines Plakates entscheidend sind.

Für die Wirkweise und Wirkkraft solcher innerer Korrespondenzen ist das Plakatschaffen von Josef Müller-Brockmann ein überzeugendes Beispiel. Der 1914 in Rapperswil Geborene gehört zur «Zürcher Schule» innerhalb der Schweizer Graphik, also zu einer Generation und einem Kreis von graphischen Gestaltern, die durch die spezifischen Unterrichts- und Lehrkonzepte der Zürcher Kunstgewerbeschule und vor allem durch einige Lehrerpersönlichkeiten (wie Ernst Keller und Alfred Willimann) geprägt wurden. Wichtiger als das handwerkliche Know-how war in dieser Ausbildung die Einschätzung des Graphikers als einer künstlerisch tätigen Persönlichkeit mit ausgeprägtem – ästhetischen wie moralischen – Berufsethos.

Am Beginn seiner Laufbahn wurde Josef Müller-Brockmann zusätzlich geprägt von den gestalterischen Aspekten der Schweizerischen Landesausstellung in Zürich, der «Landi» von 1939, die als «Sternstunde der Schweizer Graphik» bezeichnet worden ist. Als eigenwilliger, phantasiereicher Ausstellungsgestalter hat sich Müller-Brockmann zunächst über die Schweiz hinaus einen Namen gemacht. Früh wurde seine enge Beziehung zur zeitgenössischen Kunst sichtbar. Er verstand sein gebrauchsgraphisches Tun stets als ein Operieren in einem Feld, dessen Rahmen durch die progressive Zeitkunst abgesteckt ist.

Über Jahrzehnte hin hat Müller-Brockmann seine beruflich wie persönlich enge Beziehung zur konstruktiven Kunst (etwa zu den «Zürcher Konkreten» Bill, Graeser, Lohse, Loewensberg) bekundet. Diese Beziehung spiegelt sich sowohl in seinen graphischen Arbeiten, wie auch in seiner an Kunstschulen in aller Welt ausgeübten Lehrtätigkeit, die ihrerseits in Publikationen zur Gestaltungslehre Niederschlag gefunden hat. Diese «Liebe zur Geometrie» bekundet sich auch in Müller-Brockmanns grossem Einsatz als Vermittler konstruktiver Konzepte – durch Ausstellungen, Tagungen, Publikationen und durch die in

1970

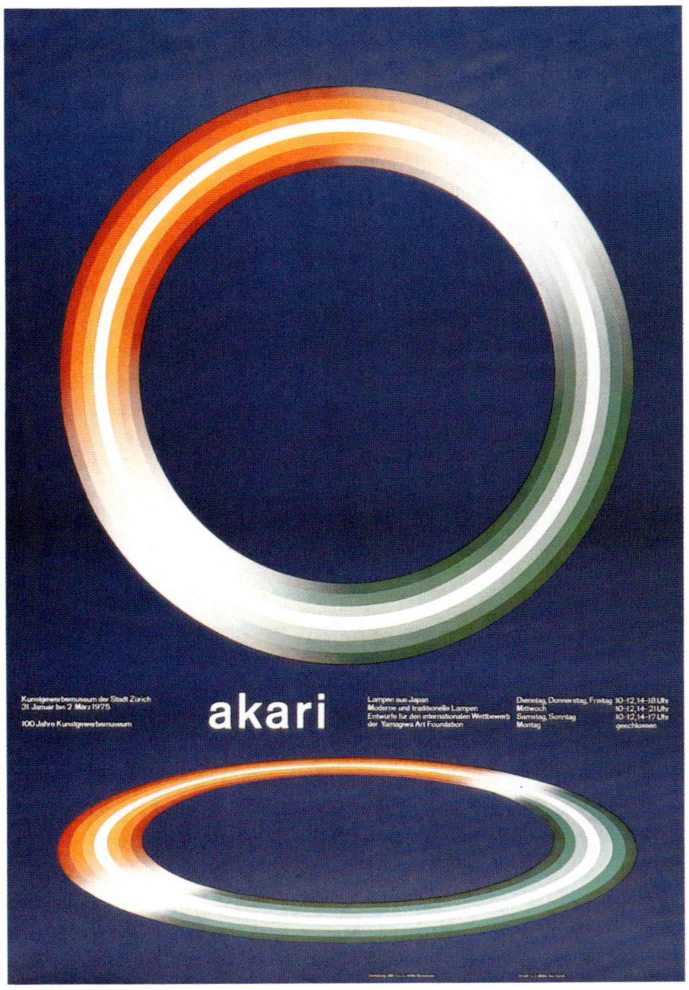


1975

Rapperswil seit 1965 idealistisch betriebene Galerie für konstruktive Kunst.

Anderseits hat Müller-Brockmann eine enge Beziehung zur klassischen wie zur experimentellen zeitgenössischen Musik. Es ist deshalb kein Zufall, wenn ihm dank dieser musikalischen Interessen Mitte der fünfziger Jahre die Aufgabe übertragen wurde, sich der bisher vernachlässigten Gattung des Konzertplakats anzunehmen. Wer Müller-Brockmanns missionarische Fähigkeiten kennt, darf vermuten, er selbst habe die Initiative ergriffen und die Leitung der Tonhalle-Gesellschaft in Zürich zu einer Erneuerung des Konzertplakates animiert.

Aus seiner Beziehung zur Musik und zur geometrisch-konstruktiven Kunst heraus hat Müller-Brockmann im Verlauf von zwei Jahrzehnten eine Folge von Konzertplakaten geschaffen, die ein Stiefkind der Plakatgraphik auf beispielhafte Höhe gebracht haben. Zwei in der Persönlichkeitsstruktur des Gestalters enthaltene Voraussetzungen haben zu den ungewöhnlichen Resultaten dieses Experiments geführt.

Das Konzertplakat hat als graphische Gestaltung rein informative Funktion. Es wendet sich an einen klar begrenzten Empfängerkreis: an potentielle Besucher von Sinfonie- oder Kammermusik-Konzerten und Solo-Abenden. Die Aufgabe besteht darin, eine Anzahl Fakten bekanntzugeben: Ort und Datum der Veranstaltung, das Konzertprogramm, die Namen des Dirigenten und der Solisten sowie Hinweise zum Kartenbezug. Eine spröde Materie also, eine reine Textinformation, deren Gewichtung durch das Herausstellen der Komponisten oder des Dirigenten, respektive Solisten präjudiziert wird. Konzertplakate werden daher üblicherweise in konventioneller Anordnung routinemässig ausgeführt.

Müller-Brockmann begann mit einer Verbesserung der typographischen Ordnung. Schon die ersten Eingriffe zeigten, dass durch Reduktion der Schriftarten und Schriftgrössen sowie durch eine klare räumliche Disposition der typographischen Elemente wesentliche formale Verbesserungen des Plakats erzielt werden können. Mit diesen Schriftanordnungen hielt sich Müller-Brockmann an die Konzepte der «neuen typografie», die in den zwanziger Jahren durch Jan Tschichold und andere begründet worden war und sich, in unmittelbarer Nähe zur konstruktiven Kunst, gerade in der Schweiz, etwa durch Max Bill, beispielhaft weiterentwickelt hatte.

Mit dieser typographischen Erneuerung des Konzertplakats hätte sich der Gestalter begnügen können. Doch nun kam Müller-Brockmanns persönliches Engagement an der Musik zum Vorschein. Seine Beschäftigung mit geometrisch-konstruktiver (also «abstrakter» Kunst) hatte ihn erkennen lassen, dass zwischen Musik als der abstraktesten aller Künste und bildender Kunst Übereinstimmungen bestehen – wenn man die Kunst auf ein Zusammenspiel (Spiel!) elementarer Form- und Farbelemente in einer rhythmisch-dynamischen Komposition (!) zurückführt. Von dieser Einsicht ausgehend und auf Prinzipien

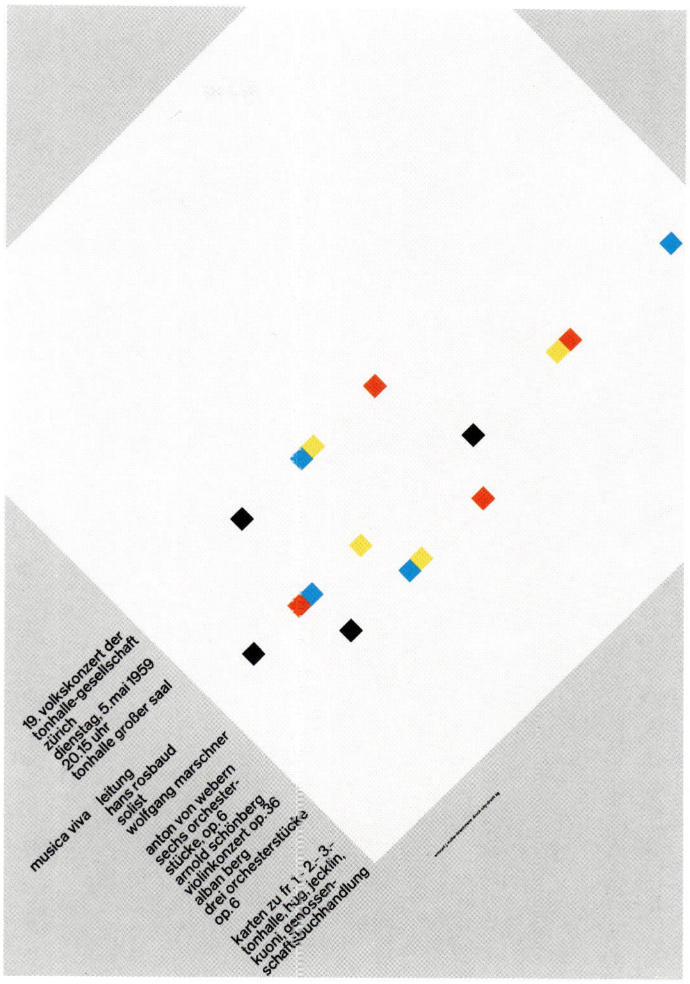


1959

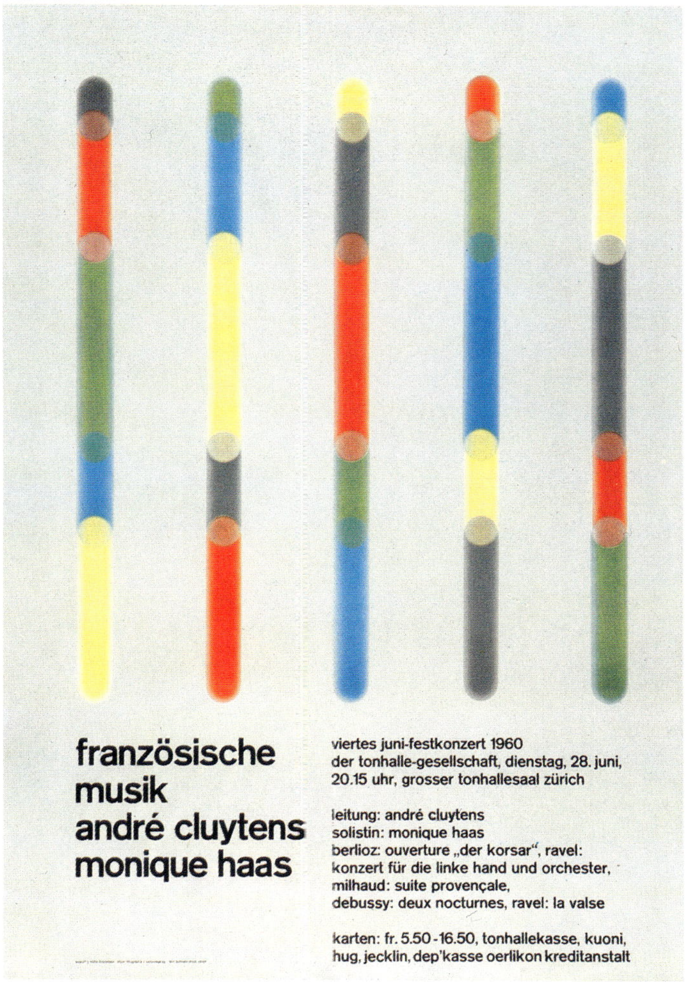


1960

1960

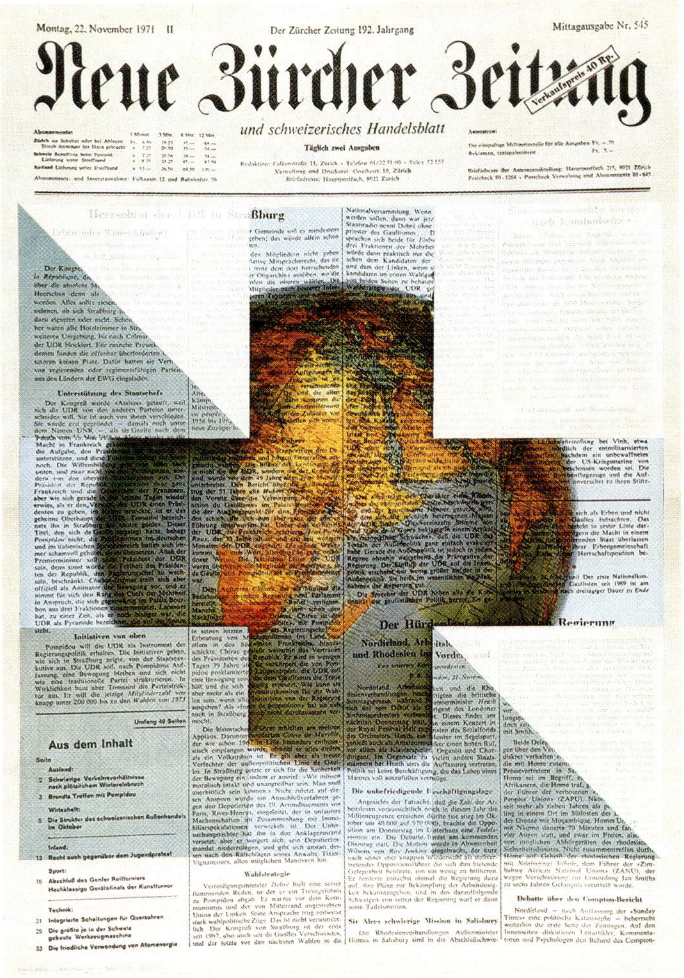


1971

1974

1956

der konstruktiven Kunst aufbauend, hat Müller-Brockmann Konzertplakate entwickelt, in denen die – abstrakte – Tonwelt der Musik durch charakteristische Form- und Farbkonstellationen visualisiert ist. Diese farbformalen Kompositionen haben weder die Aufgabe, Musik zu «illustrieren», noch lediglich signalartig die Aufmerksamkeit auf den Plakatinhalt zu lenken.

Müller-Brockmann ging es vielmehr darum, für eine bestimmte Gattung kultureller Plakate eine eigene optische Form zu finden, die an der Plakatwand sich sofort zu erkennen gibt und unverwechselbar neben Plakaten anderer Gattung, anderer Zweckbestimmung in Erscheinung tritt. Müller-Brockmanns Konzertplakate haben in Zürich während zwei Jahrzehnten entscheidend dazu beigetragen, den Plakataushang formal-ästhetisch zu beleben. Sie haben selbst im Ausland analoge Bemühungen ausgelöst.

Es gehört zum Berufsethos von Müller-Brockmann, dass er mit diesen Konzertplakaten nicht nur einen konventionellen Typus des Schriftplakats künstlerisch zu erneuern versuchte. Hinter der überzeugenden formalen Lösung stand das Ziel, einen Beitrag an die ästhetische Verbesserung unserer dinglichen – vor allem urbanen – Umwelt zu leisten. Geheimster Wunsch war aber wohl, durch die Adaption geometrisch-konstruktiver Gestaltungsprinzipien auf eine praktische Werbeaufgabe das Verständnis für diese Kunst selbst zu verbreiten, über den engen Kreis ihrer eigentlichen Bewunderer hinaus. Wie weit dieses kunsterzieherische Fernziel greifbare Resultate gezeitigt hat, lässt sich kaum ermessen. Sicher ist, dass die gestalterischen Konzepte solcher als elitär bezeichneter Kunst in der Öffentlichkeit, also ausserhalb von Galerie- und Museumsräumen, mindestens diskutiert wurden. Dies geschah in einem Mass, das sogar die konkrete Werbefunktion vergessen liess: Von diesen Plakaten fühlten sich viele Menschen angesprochen, für die ein Konzertbesuch gar nicht zur Diskussion stand.

Parallel zu seinen Konzertplakaten hat Müller-Brockmann für andere Auftraggeber ganz andere Plakataufgaben bearbeitet. Es zeugt für seine bildnerische Intelligenz, dass er dabei auf das Prinzip rein farbformaler geometrischer Kompositionen verzichtet. Diese Aufgaben aus dem sozialen Bereich von Verkehrssicherheit oder Lärmbekämpfung, aus der Welt des Theaters und des Ausstellungswesens, schliesslich der Warenwerbung haben gemein, dass die verbale Aufforderung oder Information durch die Schrift mit der rein visuellen Wirksamkeit des Bildes intensiviert werden kann.

Schon früh hat Müller-Brockmann radikal darauf verzichtet, Bildbotschaften mit zeichnerisch oder malerisch illustrativen Mitteln weiterzugeben. In all den Fällen, in denen der Mensch oder der reale Gegenstand als Motiv der Bilddarstellung sich aufdrängt, wählt Müller-Brockmann das Medium der Photographie, meist der Schwarzweiss-Photographie. Die Farbphotographie wird nur da eingesetzt, wo die Wirkung der Farbe im Rahmen der Werbeaufgabe tatsächlich von Bedeutung ist, wie bei der Werbung für Traubensaft etwa.

Mit der Nutzung der Photographie betrat Müller-Brockmann ein Gebiet, das ebenfalls im Bereich der konstruktiven Kunst, genauer: des russischen Konstruktivismus der zwanziger Jahre, entdeckt worden war. Ein führender russischer Konstruktivist, El Lissitzky, hat in der Schweiz das Photoplakat bekannt gemacht und zwar mit der bis heute als Meisterplakat geltenden Photomontage für eine russische Ausstellung von 1929 im Zürcher Kunstgewerbemuseum.

Das Photoplakat, das nicht nur die Realphotographie, sondern auch die Photomontage nutzt, hat in den dreissiger Jahren in der Schweizer Graphik eine grosse Rolle gespielt. Vor allem der Engelberger Herbert Matter hat damals mit seinen kühnen photographischen Verkehrsplakaten bedeutende Akzente gesetzt. Neben und nach Matter haben zahlreiche Graphiker – Cyliax, Stankowski, Herdeg, Lohse, Neuburg u.a. – die Möglichkeiten des photographischen Plakats erprobt. Unter den Gestaltern, die seit den fünfziger Jahren dessen Erneuerung konsequent betrieben haben, steht Müller-Brockmann in der ersten Reihe.

Entsprechend der Aufgabe hat Müller-Brockmann durch die Wahl eines photographischen Motivs und durch eine auf das anvisierte Ziel hin konzipierte Aufnahme dem photographischen Bild ein Maximum an Suggestionskraft und Ausdruck verliehen. Wo es ihm zur Steigerung der Wirkung geboten schien, hat er auch die Photomontage als Möglichkeit einer «inszenierten Wirklichkeit» genutzt, etwa beim Plakat «Schützt das Kind», wo die Macht des motorisierten Strassenbenutzers gegenüber der Ohnmacht des schutzlosen Kindes durch den bedrohlich mächtigen Ausschnitt eines Motorrades visualisiert wird. Wo das photographische Element solche Aussagekraft besitzt, muss das Wort zurücktreten und sich auf ein typographisch wirkungsvoll disponiertes Schlagwort beschränken.

Überblickt man das Plakatwerk von Müller-Brockmann als ganzes, so zeugt es von einer Logik in der Wahl, Kombination und Anordnung der Text- und Bildelemente, die der jeweiligen Aufgabe in optimaler Weise gerecht zu werden versucht. Darüberhinaus aber wird hinter jedem Plakatentwurf das Bemühen spürbar, einen konstruktiven Beitrag an die ästhetische Verbesserung unserer dinglichen Umwelt zu leisten. ● W.R.

# Siegfried Odermatt und Rosmarie Tissi

Es gehört zur Natur des Plakates, dass es im öffentlichen Aushang in Konkurrenz zu anderen Plakaten anderer Gestalter für andere Produkte, Dienstleistungen oder Veranstaltungen gesehen wird. Dies in nicht voraussehbarer, an jeder Anschlagfläche wieder andersartiger Mischung. Diese Gleichzeitigkeit des Verschiedenartigen fordert zum Vergleich heraus. In der Konfrontation ist eine Beurteilung der gestalterischen Qualitäten eines Plakates möglich; zugleich wird die Überzeugungskraft seines Konzepts spürbar. Der Vergleich erlaubt überdies ein Abwägen, was persönliche Leistung, was zeittypischer Trend ist.

Nie aber lässt sich in dieser «Wirklichkeit» des Aushangs eine Übersicht über das Schaffen des einzelnen Graphikers, oder über das Atelier, dem er zugehört, gewinnen. Der unverwechselbare Charakter einer persönlich geprägten Plakatsprache, eines spezifischen Stils lässt sich nur anhand einer Folge von Plakaten aus demselben Atelier bestimmen. Dabei spielt auch das Element der Zeit eine wichtige Rolle: Ein graphischer Stil ist mehr als die formale Verwandtschaft einiger Plakate gleicher Entstehungszeit; er wird erst sichtbar über einen längeren Zeitraum hin, und in diesem grösseren Zeitrahmen lassen sich markante Gemeinsamkeiten erkennen.

Odermatt & Tissi haben im Zeitraum von rund zwei Jahrzehnten über 60 Plakate geschaffen. Ihre Themen gehören vorzugsweise in den Bereich kultureller Aktivitäten: Ausstellungen, Konzerte und Theater dominieren; einzelne Plakate für ein Eidgenössisches Sängerfest, für ein graphisches Unternehmen stehen dem Kulturellen mindestens nahe; und die beiden Verkehrsplakate «verkaufen» höchstens die Atmosphäre einer Stadt und das Erlebnis einer Flugreise. Plakate für «harte» Warenwerbung liegen nicht im Themenbereich dieses Ateliers.

Bei aller Diversität der Aufgaben also ein eher selektiver Kreis der Angesprochenen. Mit deren Intelligenz und Freude an subtilen formalen Abenteuern wird sichtlich gerechnet, ob nun Photographie oder Photomontage eingesetzt sind, ob mit der Reproduktion historischer graphischer Motive gearbeitet wird oder ausschliesslich mit flächenhaften Formelementen, Schriften und Farben. Solche «abstrakten» graphischen Mittel werden bevorzugt, wobei der Schrift nicht nur eine informative Funktion zukommt, sondern immer wieder eine entscheidende Rolle in der eigentlichen Bildarchitektur. Die formgestalterische Rolle der Schrift ist ein Charakteristikum in aller Plakatgraphik von Odermatt & Tissi.

Wo zwei graphische Gestalter sich zur Arbeits- und Ateliergemeinschaft zusammenschliessen, wie dies bei Siegfried Odermatt und Rosmarie Tissi der Fall ist, stellt sich dem Betrachter die neugierige Frage: Welches sind die spezifischen Gestaltungsmittel des einen und des anderen Partners, und wo liegen die Gemeinsamkeiten? Generell ist zu sagen, dass die den einzelnen Plakaten zugrunde liegenden Konzepte in den Entwürfen beider Gestalter verwandt sind, so dass auch die Plakate, die sie gemeinsam verantworten, nicht aus der Reihe tanzen. Das Teamwork erscheint nicht als ein bloss zufälliges Zusammenstehen, sondern als ein überzeugtes Zusammengehen zweier Persönlichkeiten von verwandter gestalterischer Gesinnung. Es dürfte im konkreten Fall dem Aussenstehenden nicht leicht fallen, jeweils den verantwortlichen Urheber zu erkennen.

Allein schon der Kreis der Auftraggeber, für den das Atelier Odermatt & Tissi arbeitet, gibt einen Aufschluss über die Praxis. Es finden sich da: eine Zementfabrik, ein Blockflötenbauer, ein Buchverlag, eine Fotosetzerei, ein Industrie-Unternehmen, zwei Museen, die Präsidialabteilung der Stadt Zürich (Konzerte, Ausstellungen und Film), die Allgemeine Plakatgesellschaft, der Lehrmittelverlag des Kantons Zürich, die Landeshauptstadt Kiel für das Erscheinungsbild der Kieler Woche 1990. Nicht für alle genannten Auftraggeber sind bisher auch Plakate entstanden.

Bereits 1959 hat Siegfried Odermatt mit dem Plakat für eine Plakatausstellung im Zürcher Kunstgewerbemuseum die Aufmerksamkeit auf sich gezogen, als ein jüngerer Repräsentant der damals stilbildenden «konstruktiven Graphik». Er verzichtet in diesem strengen, von der Schriftarchitektur, einer kräftigen Rahmenform und zwei tonigen Farbflächen geprägten Plakat bewusst auf die – naheliegende – Buntfarbe. Etwas Spartanisches, Respekt Heischendes sollte die «Meister der Plakatkunst» vom alltäglichen Plakatlärm unterscheiden.

Etwas von dieser Strenge der Gestaltung ist im ganzen Plakatschaffen von Siegfried Odermatt erhalten geblieben. Er vertraut auf wenige starke, manchmal durch die Farbe in ihrer Wirksamkeit gesteigerte Flächenformen, wobei – entsprechend der Aufgabe – eine teils strenge, teils spielerisch-leichte Schriftgestaltung die Flächenkomposition unterstützt.

Ein schönes Beispiel ist das Plakat für eine Ausstellung von Design aus den Niederlanden, 1982. Die holländische Trikolore, kombiniert mit Schwarz, bildet die Flächenkomposition, der sich die Schriftanordnung einpasst. Verwandt ist auch das zweifarbige, blau-schwarze Plakat für eine Kunstausstellung im Zürcher Strauhof zum Thema «Serien, Variationen, Zyklen». Das wirkungsvolle Motiv der dunkelblauen Treppenstufen vor weissem Grund erlaubt es, eine beträchtliche Menge Textinformation und eine Vielzahl von Künstlernamen sinnvoll einzugliedern. In einem Plakat für Serenaden-Konzerte hat Odermatt das wirkungsstarke Motiv treppenartig verzahnter Flächenformen nochmals aufgenommen.

Für den gleichen Serenaden-Zyklus wurde in den folgenden Jahren weitgehend auf die Wirksamkeit einer markanten Schriftarchitektur vertraut. Reproduktionen alter Holzschnitte mit Musikinstrumenten visualisieren jedoch die Tatsache, dass es in diesen Konzerten um alte Musik geht. 1984 ersetzt Odermatt bei einem Plakat für denselben Konzert-Zyklus den typographischen Blickfang durch ein photographisches Motiv: Der verfremdete Ausschnitt eines Saiteninstruments wird zum dominanten Blickfang, der dem klein gesetzten Text eine sekundäre Rolle zugesteht.

Im Jahre 1985 geht Odermatt noch einen Schritt weiter: Die zum abstrakten Kürzel gewordene Photographie eines Instrumenten-Ausschnitts (Steg, Saiten und Bogen der Geige) füllt mit ihren dramatischen, gegenläufigen Diagonalen das ganz Plakatfeld. Dieser suggestiven Bildwirkung wird die Textinformation untergeordnet. Nicht mehr die Sache, vielmehr die Stimmung eines Konzerts steht in diesem Plakat im Vordergrund.

Aus dem gleichen Jahr 1985 stammt das ebenfalls mit photographischen und zeichnerischen Elementen gebaute Plakat für eine Ausstellung des Architekten O.R. Salvisberg. Auch hier verleihen dramatisch gegeneinander gesetzte Diagonalen der Flächengestaltung eine packende räumliche Wirkung.

Dass Theater-Veranstaltungen ihrer Natur gemäss etwas Dramatisch-Lebendiges sind, hat Rosmarie Tissi zum heimlichen Thema von Theaterplakaten gemacht, am wirkungsvollsten wohl im Plakat «Sommer-Theater» von 1981: Auf intensiv grünem Grund (Farbsymbol der Freilicht-Aufführungen) bilden ein senkrechter und ein waagrechter kräftiger schwarzer Balken (mit dem Haupttext) einen rechten Winkel, zwischen dessen Schenkeln ausschnittweise die rote Scheibe der untergehenden Abendsonne sichtbar wird. Die einzelnen Programm-Informationen sind ausgeschnittene Satzabzüge, als radiale Strahlen um das Scheibenrund gelegt. Damit kommt zur kraftvollen, signethaften Hauptform des Plakats ein attraktives improvisatorisches Element.

Eine formal verwandte Lösung hat Rosmarie Tissi für das Generalprogramm von Konzerten im Zürcher «Theater 11» gefunden: Auf rotem Grund als schwarzes Zeichen die Zahl «11», so gestaltet, dass die Ziffer zu einem räumlichen Zeichen wird, in dem man einen Bühnenraum mit Vorhängen zu sehen vermag. Die Fülle der Programm-Information erscheint teils auf einem weiss ausgesparten – wie ein aufgeklebter Zettel wirkenden – Feld, teils direkt auf dem roten Grund. Klug ist darauf Bedacht genommen, dass zuerst durch die intensive Farbe und grosse Formzeichen die Aufmerksamkeit erregt wird, bevor der Interessierte näher tritt, um die Programm-Details zu studieren. Wie immer wieder bei Odermatt & Tissi also auch hier eine klare Scheidung in ein als Blickfang wirkendes, starkes farbformales Bild-Text-Zeichen und eine deutlich unterdimensionierte, umfängliche Textinformation für den speziell Interessierten.

Wo immer es angeht, wird bei Siegfried Odermatt, vor allem aber bei Rosmarie Tissi, nicht nur eine optisch wirkungsvolle Bildform für die gestellte Werbeaufgabe gesucht, sondern es wird daraus eine überraschende «Zeichensprache» entwickelt. Ein gutes Beispiel dafür ist Rosmarie Tissis Plakat «Zurück zur Natur durch Grünkultur» von 1980, eine Werbung für eine auf Begrünungen spezialisierte Firma: Der Entwurf zeigt fünf übereinandergestellte, grün bekrönte braune Linien. Deren unterschiedlicher Verlauf macht deutlich sichtbar, dass grundsätzlich jede Geländeform begrünbar ist. Es handelt sich also um sachbezogene symbolische Formen, deren zu-

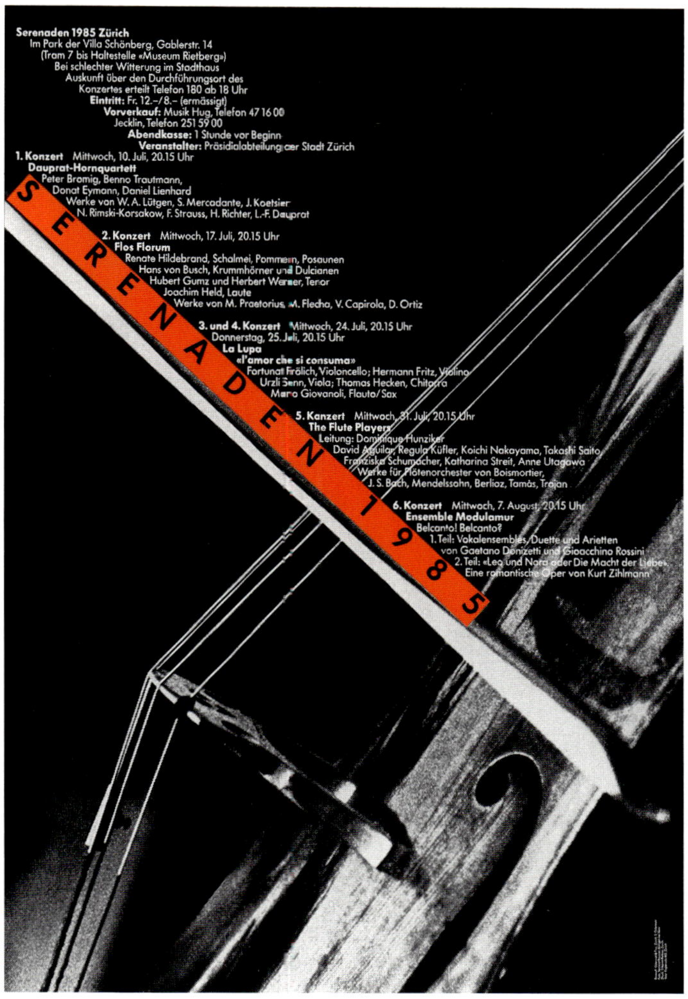


Siegfried Odermatt, 1985

Rosmarie Tissi, 1981

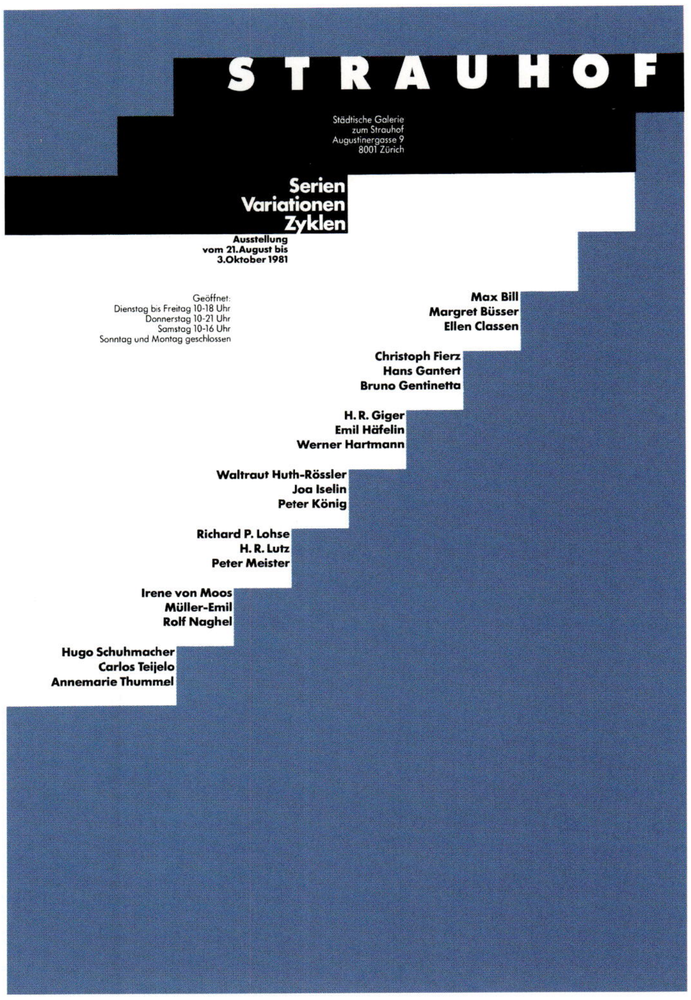


Siegfried Odermatt, 1981

Siegfried Odermatt, 1985

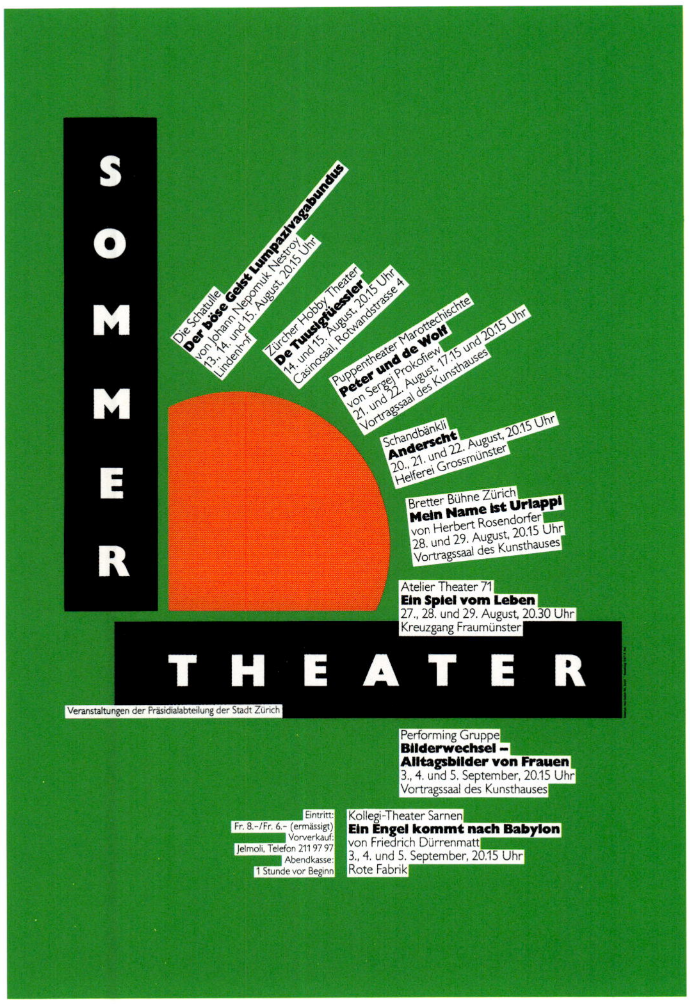


Rosmarie Tissi, 1981

Rosmarie Tissi, 1984

nächst fremd anmutender Zeichencharakter zu genauerem Studium der Bildbotschaft animiert.

Wie viel Wirkung aus einem kraftvoll gebauten Plakat, selbst bei Beschränkung auf zwei Farben, zu holen ist, zeigt Rosmarie Tissis Plakat für die Firma Englersatz. Im aktiven Weiss-Rot-Schwarz wird die Initiale E als Kombination einer Antiqua und einer fetten Grotesk-Type gezeigt. Durch ein feines Liniennetz wird der Prozess der Lettern-Konstruktion angedeutet. Die übrigen graphischen Akzente treten als leise und zugleich heitere Begleitung zu der dominanten Hauptform.

Wenn deutsche Kunsthochschulen daran interessiert sind, das Gesamtschaffen des seit 1968 bestehenden Ateliers Odermatt & Tissi in Sonderausstellungen zu zeigen, so spricht dies für den Respekt, der dem konsequenten Arbeiten der beiden Partner gezollt wird. Für solche Ausstellungen hat Rosmarie Tissi 1971 und 1984 ein Eigenplakat geschaffen. Beide Male ist aus den Initialen «O & T» ein signethaftes Zeichen entwickelt, das durch übertriebene, parallel-perspektivische Scheinkörperlichkeit zum dominierenden Formelement auf einer weitgehend leeren, im einen Fall blauen, im andern Fall weissen Plakatfläche entwickelt ist.

Vor allem im Einsatz der oft kleinteiligen Formelemente, im Zusammenhang mit der stets ebenfalls als Form- oder Bauelement eingesetzten Schrift, wird ein Stilwille erkennbar, der bei allen äusseren Unterschieden eine innere Zusammengehörigkeit der Entwürfe von Odermatt & Tissi bewirkt. Flächenformen, oft kombiniert mit Schriftbalken, werden zu «Formfiguren» komponiert, die – verbunden mit einer flächig-kraftvollen, jedoch oft verhaltenen Farbe – eine intensive Fernwirkung haben.

Diese teils architektonisch gebauten, teils spielerischen Formfiguren sind frei von allem Schematismus. Dasselbe gilt für die Wahl der Schriftarten und deren Einsatz. Bevorzugt wird das graphische Prinzip der «Montage» von ausgeschnittenen Satzabzügen. Die Plakate erhalten dadurch etwas Spontanes, Werkstatthaftes; der Betrachter sieht sich in einen Prozess verstrickt und nicht passiv einem ausgeklügelten Produkt konfrontiert. Der Zwang, oft kurzfristig und unter spartanischen Bedingungen (etwa der Beschränkung auf zwei Druckfarben) überzeugende Entwürfe zu liefern, wird in diesem Atelier nicht als Hemmnis empfunden, sondern als Stimulus, erst recht das Bessere zu liefern. ● W. R.

Siegfried Odermatt, 1959

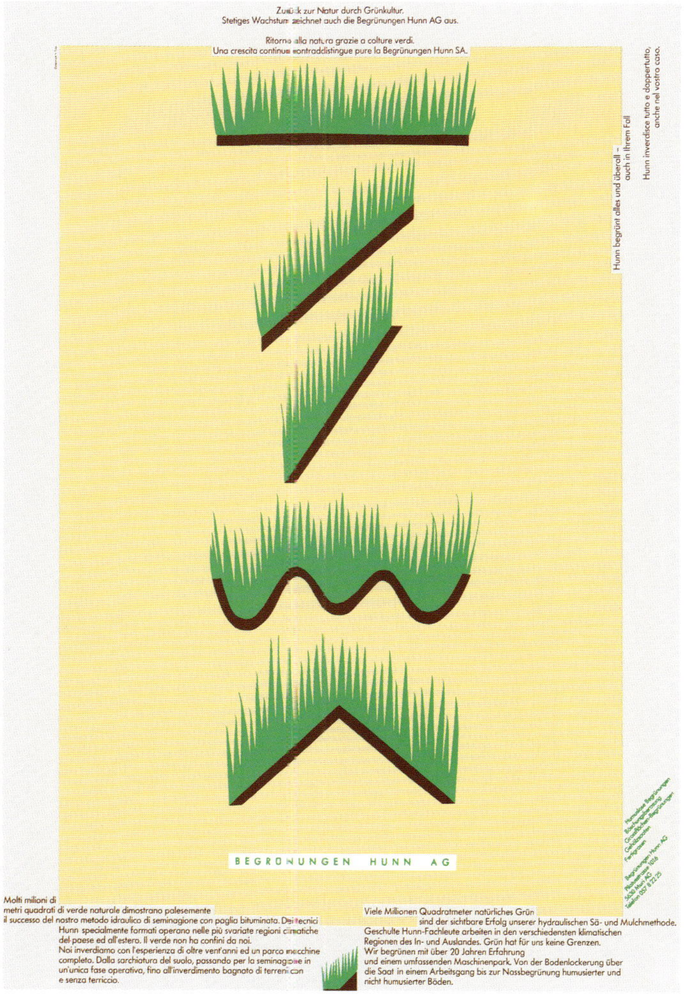

Rosmarie Tissi, 1980

Siegfried Odermatt, 1982

Rosmarie Tissi, 1983

# Kurt Wirth und Roger Pfund

Während Jahrhunderten gab es in der Kunst ein Meister-Schüler-Verhältnis. Sein Merkmal: künstlerische Auffassungen und Arbeitsmethoden des Meisters waren für den Schüler vorbildlich und verbindlich. Dieser wollte es dem Meister gleichtun; erst wenn er dieses Ziel erreicht hatte, begann er, seine eigene, weiterführende künstlerische Entwicklung einzuleiten.

Von diesem Meister-Schüler-Verhältnis kann im zeitgenössischen Kunstschaffen nicht mehr die Rede sein. Insbesondere im Bereich der angewandten Graphik, die konzeptionell und stilistisch seit Jahrzehnten in rascher Entwicklung und Wandlung begriffen ist, verwischen sich die Grenzen zwischen dem Älteren und dem Jüngeren. Beide sind vor stets wieder andersartige Aufgaben gestellt und haben schnell wechselnden Sehgewohnheiten zu genügen. Zu solchen Überlegungen regt die Konfrontation von Plakaten des älteren Kurt Wirth und des jüngeren Roger Pfund an.

**Kurt Wirth**

Mit Beginn der fünfziger Jahre tritt der vorwiegend als Zeichner und Illustrator tätige Berner Kurt Wirth als Plakatgraphiker in Erscheinung. Er gehört also zu jener Generation von graphischen Gestaltern, die seit 1950 das Gesicht des Schweizer Plakates prägen, ja, es in wenigen Jahren zu einer unvergleichlichen Blüte führen.

Drei Aufgabenbereiche stehen im Vordergrund von Kurt Wirths Plakatschaffen: einmal die Werbung für die Bahn und für den aufstrebenden Flugverkehr, dann die Werbung für das Buch und schliesslich die Werbung für Sportregionen und Sportveranstaltungen. Daneben entstehen im Lauf der Jahre Plakate für Ausstellungen und andere kulturelle Veranstaltungen sowie für Sozialwerke («Für das Alter» u.a.). Viele der von Kurt Wirth geschaffenen Plakate gehören zu den ausgezeichneten «besten Plakaten» eines Jahres.

Zwei Hauptmerkmale zeichnen die Arbeiten Wirths aus: Einerseits sucht er für die gegebene Aufgabe stets eine prägnante, oft weitgehend abstrahierte Bildform, die suggestiv den Betrachter gefangen nimmt, weil sie sich in ihrem eigenwilligen Formausdruck von ihrer Umgebung abhebt. Zum anderen legt Wirth grosses Gewicht auf eine knappe Wortbotschaft, für die er in der Schriftwahl wie der Schriftkomposition meist eine mit dem Bildmotiv zur untrennbaren Einheit verbundene Anordnung findet. Das verleiht den Plakaten einen optischen Reiz, ja eine Attraktivität, die bei jedem Erscheinen eines neuen Plakats Aufmerksamkeit und Interesse erregte. Unvergesslich etwa das Plakat «Für Güter die Bahn».

Das Swissair-Plakat «Metropolitan» von 1956 wurde – über den damals neuen Flugzeugtyp hinaus – zu einer kühnen Vision des Flugverkehrs überhaupt. Ähnliches gilt, nun in ganz anderer Darstellungsform, für das Plakat «DC-7C, Seven Seas» der Swissair von 1958. Die präzise Profildarstellung der im blitzblauen Himmel nach links fliegenden Maschine und die in vordergründiger Grossansicht als Heck-Ausschnitt gezeigte, nach rechts orientierte

Kurt Wirth, 1976

Roger Pfund, 1984

zweite Maschine haben eine starke räumliche und zugleich dynamische Wirkung. Das weltweite Streckennetz der Fluggesellschaft ist evoziert.

Beim Plakat für die «rollende Strasse» der Bern-Lötschberg-Simplon-Bahn von 1975 zeigt Wirth nur das photographisch präzise Detail einer Radachse, die ein einsam schwebendes Autorad trägt. Obwohl das Bildmotiv – in die ockergelbe Plakatfläche eingemittet – durchaus statisch gezeigt wird, also in sich ruhend, evoziert das doppelte Radmotiv rollende Bewegung. Nur Plakatkenner werden die leise Anspielung auf ein klassisches Bahnplakat des französischen Plakatmeisters A. M. Cassandre aus den dreissiger Jahren schmunzelnd zur Kenntnis nehmen.

Mit besonderer Liebe hat sich der vielfach als Buchkünstler hervorgetretene Kurt Wirth dem Buchplakat gewidmet, vor allem für Verlag und Buchhandlung Scherz in Bern. Wählt er das eine Mal – in einem raffiniert den weissen Papiergrund als zusätzliche Farbe nutzenden grünschwarzen Plakat – die auf ein signethaftes Zeichen reduzierte Buchform, so spielt er in einem zweiten Plakat für denselben Auftraggeber ausschliesslich mit den Buchstaben des Textes «Bücher Scherz» – eine reizvolle, nur für den aufmerksamen Betrachter lesbare Überlagerung und Durchdringung farbiger Zeichen. Die formale Vielgestaltigkeit mag zugleich die Vielfalt der Bücherwelt visualisieren.

Für ein Lauberhorn-Skirennen wählt Wirth 1980 die Mehrfach-Montage verfremdeter Photos eines Skirennfahrers. Formal und farbig wird die Diagonal-Komposition, die auch die Schrift mit einbezieht, zur zwingenden Veranschaulichung der Rasanz eines Weltklasse-Rennens.

Die hier ausdrücklich genannten Plakate stehen stellvertretend für ein an formalen Einfällen wie gestalterischer Sicherheit beeindruckendes Plakatwerk. Es ist, bei all seiner thematischen und gestalterischen Vielfalt, von grosser Einheitlichkeit, bei aller Vielfalt der Aufgaben bleibt sich der Gestalter treu, doch seinen Stil stets erneuernd.

**Roger Pfund**

Ähnlich wie sein ehemaliger Lehrer Kurt Wirth widmet sich auch Roger Pfund neben seiner Tätigkeit als graphischer Gestalter der freien Malerei. Erfahrungen, die er als Künstler in der Auseinandersetzung mit aktuellen Kunstentwicklungen gemacht hat, nutzt er für die Konzepte seiner Plakatschöpfungen. Dabei sind seine Plakate jedoch keineswegs Aufgaben-ferne, rein ästhetische «Kunststücke».

Seit 1966 arbeitet Roger Pfund sowohl als selbständiger graphischer Gestalter wie als Maler. Von etwa 1972 an tritt er deutlich als Plakatgestalter in Erscheinung. Entsprechend seinen Anlagen und Interessen stehen kulturelle Plakate sichtlich im Vordergrund: Plakate für Ausstellungen, für das Theater und das Konzert. Dass er aber auch im Bereich der «harten» Produktwerbung ungewöhnliche Leistungen zu vollbringen vermag, hat Roger Pfund mit den zu einer umfassenden Ausstellungs- und Werbekampagne gehörenden Plakaten für Teo Jakob in Bern und Genf unter Beweis gestellt.

Roger Pfund liebt es, das gestellte Thema auf eine starke Wirkung hin zu «verfremden». Er benutzt dazu die – oft manipulierte – Photographie, die Photomontage und die Collage. Gerade bei Theater- oder Ausstellungsplakaten «spielt» er zudem mit der Schrift: Er montiert sie, zerschneidet die geschlossene Wortfolge in ihre Buchstaben-Elemente, collagiert die Fragmente in freiem Rhythmus und verleiht, mit stets wieder anderen Mitteln, sowohl dem Text wie dem Bild den Charakter des Improvisierten, Vorläufigen, Unfertigen, daher Wandlungsfähigen. Diese raffiniert improvisatorische Methode hat insofern «System», als sie den Betrachter dazu verführt, «mitzuspielen».

Besonders charakteristisch sind in diesem Sinne die zahlreichen für das Nouveau Théâtre de Poche in Genf zwischen 1981 und 1984 geschaffenen Plakate. Ein vorzügliches Beispiel ist die 1984 entstandene Affiche für das Stück «Knock» von Jules Romain: Die Schriftelemente wirken wie das zusammengeschnittene, provisorisch ausgelegte und flüchtig fixierte Textmaterial, kombiniert mit ebenfalls zusammengeschnittenen Bildmotiven. Eine scheinbar zufällige, tatsächlich aber ausgeklügelte Text-Bild-Collage.

Anders das Plakat für Ibsens «Volksfeind» von 1983. Da scheint ein Scheinwerferstrahl in die dunkle Plakatfläche hineinzuleuchten und das – photographische – Porträt des Dichters herauszuholen. Erst wenn er sich von diesem Blickfang zum Nähertreten veranlasst fühlt, vermag der Betrachter die Textinformation zu entziffern. – All diesen individuell erarbeiteten Theaterplakaten gemeinsam ist die zwingende Evokation jener «anderen Welt» des Theaters, in die einzutreten der Zuschauer verlockt wird.

Bei den «Sachplakaten» für Teo Jakob, die im Zusammenhang mit einer umfassenden Werbe- und Ausstellungsaktion anlässlich des dreissigjährigen Jubiläums der Firma stehen, geht Roger Pfund anders vor. Unter Verwendung jeweils einer markanten Sachphotographie wird da gewissermassen «Dingmagie» betrieben. Das Werbethema – Büro, Lampen usf. – wird in einer übersteigerten schwarzweissen Eindringlichkeit vorgestellt, die dem progressiven Design-Konzept des Unternehmens entspricht. Das photographische Bildmotiv wird ins Monumentale oder in eine futuristische Vision überhöht. Der photographischen Bildgestaltung entspricht eine knappe, bewusst sachliche und unpersönliche Typographie. Zusammen mit Prospekten und Katalogen prägen diese Plakate das Firmengesicht, die «corporate identity» von Teo Jakob.

Mit Kurt Wirth und Roger Pfund stehen sich zwei Angehörige verschiedener Generationen gegenüber. Beide handhaben ihre gestalterischen Mittel souverän und auf persönliche Art. Unterschiedliche Auffassungen und Sehweisen lassen erkennen, dass Kurt Wirth eine Plakatwelt vertritt, die auf das Kraftvoll-Zeitlose tendiert, während bei Roger Pfund die Lust am unmittelbar Zeitgemässen, somit Wandlungsfähigen, spürbar wird. Dauer und Wechsel stehen sich als Konzepte gegenüber. ● W. R.

Kurt Wirth, 1973

Kurt Wirth, 1975

Roger Pfund, 1984

Roger Pfund, 1985

Kurt Wirth, 1980

Kurt Wirth, 1958

Roger Pfund, 1983

Roger Pfund, 1987

# Roland Aeschlimann und K. Domenic Geissbühler

Wer das Plakatgeschehen verfolgt, stellt mit Bedauern fest, dass der Spielraum kreativer Freiheit des Plakatgestalters immer stärker eingeengt wird. Was früher plakatgestalterische Selbständigkeit war, ist zum blossen Bestandteil komplexer Werbestrategien geworden. Diese können durchaus – vor allem im Grossformat – zu Aufsehen erregenden, formal überzeugenden Plakatlösungen führen. Doch fehlt die individuelle Handschrift, vielleicht auch das Querschlägerische, Querliegende eigentlicher «Plakatwürfe»

Noch immer gibt es jedoch Nischen und Freiräume, in denen sich Plakatkünstler uneingeschränkt entfalten können. Solche Freiräume bieten sich vor allem im Bereich des kulturellen Plakats, das seiner Natur nach weniger als ein Warenplakat den Zwängen des Marketing unterstellt ist, sich auch an die für künstlerische Freiheit offenen Segmente der Gesellschaft wendet. Neben Ausstellungsplakat, Filmplakat und Konzertplakat ist das Theaterplakat eine der Nischen graphischer Freiheit.

Roland Aeschlimann in Genf und K. Domenic Geissbühler in Zürich sind Gestalter, deren Spezialität das Theaterplakat ist. Mögen die ihnen gestellten Aufgaben auch ähnliche sein, so unterscheiden sich doch ihre Theaterplakate als Schöpfungen zweier verschiedener, profilierter Persönlichkeiten sehr stark. Ihre Gestaltungen wachsen aus unterschiedlichen soziokulturellen Voraussetzungen heraus: im einen Fall wird die Mentalität der Genfer, im andern Fall der Zürcher Theaterfreunde angesprochen.

**Roland Aeschlimann**
Der aus Biel stammende, seit 1976 in Genf tätige Roland Aeschlimann (1939) hat nach Ausbildungsjahren in Bern und Basel eine vielseitige Tätigkeit als graphischer Gestalter ausgeübt. Für die spätere Hinwendung zur Welt des Theaters dürfte ein zweijähriger Aufenthalt in Japan entscheidend gewesen sein: Der Schweizer lernte die dem Europäer fremde Welt des japanischen Theaters kennen. Er war von dessen ästhetischer Stilisierung so fasziniert, dass er sich zunehmend der Theaterarbeit zuwandte: dem Bühnenbild, dem Kostüm und vor allem dem Plakat. Neben dem Grand Théâtre in Genf galt seine Mitarbeit auch der Staatsoper Stuttgart, der Deutschen Oper Berlin, den Bayreuther Festspielen sowie anderen deutschen und schweizerischen Theatern. Seine Plakataufträge fielen Roland Aeschlimann also nicht als Aussenseiter zu, sondern als einem, dem die Welt der Bühne Lebensinhalt und Lebenselixier ist. Er versteht sich heute auch als «scénographe indépendant», als ein immer wieder von grossen Häusern zugezogener unabhängiger Bühnengestalter und Theater-Graphiker.

Die Frage nach dem plakatgraphischen Stil von Roland Aeschlimann ist nicht leicht zu beantworten. Wie jeder eigenständige Schöpfer von Theaterplakaten destilliert er seine Motive und Gestaltungselemente aus dem jeweiligen Bühnenwerk. Vermutlich fahndet er zunächst nach einem Bildmotiv, das für das Werk, seine Entstehungszeit und seine «Botschaft» charakteristisch ist. Er bezieht jedoch in seine Überlegungen auch ein, dass ein historisches Bühnenwerk in moderner, ja experimenteller Interpretation zur Aufführung kommt. Dadurch entsteht ein Spannungsfeld zwischen dem vom Bühnenwerk vorgegebenen historischen Rahmen (Zeit des Geschehens, Zeit der Entstehung) und einer konsequent modernen Interpretation. Im Aufzeigen dieses Spannungsverhältnisses liegt ein Teil der Suggestivwirkung praktisch aller Theaterplakate Aeschlimanns.

Oft bedient er sich für die Visualisierung seiner Ideen der gestalterischen Prinzipien der Collage und der Montage, das heisst: der Zusammenfügung nicht zusammengehörender Bildelemente. Jedes hat für sich einen eigenen Aussage- und Stimmungswert. Ihre Kombination stimuliert die Assoziation des Betrachters, stösst ihn mitunter vor den Kopf, beunruhigt ihn und macht ihn – das ist das Wichtigste – neugierig auf das Stück. Hat Aeschlimann die Motive gefunden zur Vergegenwärtigung des Werkes, sucht er nach den geeigneten Darstellungsformen und Darstellungsmitteln.

Meist wählt er vorgefundene, vorgeprägte Bildelemente. Das können historische Architektur-Stiche sein, Reproduktionen von Kunstwerken, alte Photos oder eigentliche Fundstücke wie zerknitterte und vergilbte Drucksachen. Oder es werden, entsprechend der Gestaltungsidee, schwarzweisse oder farbige Photos speziell angefertigt. Diese Verwendung photographischer Reproduktionen und neuer, inszenierter Photographien hat zu einer Zusammenarbeit mit dem Photographen Rudolf Lichtsteiner geführt. Dieser ist an vielen Theaterplakaten Aeschlimanns mitbeteiligt.

Für Puccinis Oper «Tosca» kombiniert Aeschlimann zwei Bildfunde: Die obere Bildhälfte zeigt in fensterartigem Rahmen in bräunlichem Druck die Engelsburg in Rom als den Ort der Handlung im dritten Akt. Dazu wird der Ausschnitt einer Radierung von Piranesi von 1756 benutzt. In der unteren Bildhälfte wird der zu tiefem Schwarz sich verdunkelnde Braunton zur Fläche, auf die ein altes, rotgrundiges Plakat für die Oper «Tosca» (wohl für die Uraufführung 1900 in Rom) aufgelegt ist – zerknittert, eingerissen, vergilbt. Das frühe Plakat wird also – mit deutlichen Spuren der Zeit – als etwas Gewesenes vorgezeigt, womit die Zeitdimension in das Plakat integriert ist: die Neuinszenierung einer alten, berühmten italienischen Oper im Stil des «Verismo».

Für Alban Bergs Oper «Wozzeck» nach dem Schauspiel von Georg Büchner wählt Aeschlimann die – inszenierte – Photographie einer abbröckelnden rötlich-grauen Mauer. Davor horizontal gewellt ein alter Strick (oder ein verrostetes Drahtseil?). Ein Stellmesser mit blinkender Klinge deutet den Versuch zur Befreiung, zum Aufbruch an, ist zugleich aber Mordwaffe. Die ganze Komposition, eingeschlossen die plastische Schrift, wird in scharfem Licht von oben beleuchtet, so dass lange Schlagschatten auf der Mauer liegen. Mit dieser Stimmung und den Motiven suggeriert Aeschlimann das Thema des Werkes: die Verzweiflung eines Menschen aus der Masse, der als Objekt der gesellschaftlichen Verhältnisse zugrunde gerichtet wird.

Roland Aeschlimann, 1979

K. Domenic Geissbühler, 1986

Eine ganz andere Lösung findet Aeschlimann für «Iphigenie auf Tauris» von Gluck. Die zarte, graublaue Plakatfläche erscheint als weite Meerlandschaft, in deren Mitte die Schwarzweiss-Photographie einer bergigen kleinen Insel im Gegenlicht erscheint. Die Thematik des antiken insularen Geschehens kurz nach dem Trojanischen Krieg, wie sie aus der Tragödie des Euripides bekannt ist, wird im Plakat nicht visualisiert. Dieses appelliert vielmehr an das Wissen des Musikfreundes, dem die glückliche Heimkehr der Priesterin Iphigenie mit ihrem Bruder Orest und einem Götterbild nach der Flucht von der Insel bekannt ist.

Die Schweizer Erstaufführung der Oper «Les Diables de Loudun» des polnischen Komponisten Penderecki gibt Anlass zu einer mystisch oder traumhaft anmutenden Montage von Photographien mit Gesichtern in Profil- und Frontalansicht. Diese sind durch streifige Schlagschatten beinahe zu Schicht-Reliefs verfremdet. Die liegend übereinander angeordneten Gesichter erinnern an flatternde Traumvögel und sind – dank dem Farbverlauf von Gelb über Rot zu Grün und Blau – in ihrer Phantastik oder Irrealität zusätzlich gesteigert. Der Kenner von Pendereckis schwer zugänglicher moderner Musik vermag den irritierenden Stimmungsgehalt des Plakates voll zu erfassen.

Für die nach Shakespeares Tragödie konzipierte Oper «Otello» von Verdi geht Aeschlimann abermals einen anderen Weg: Auf dem schwarzen Bildgrund bilden die roten Textgruppen in kleiner Type eine strenge Schriftarchitektur. In deren Mitte erscheint wie in einem Fensterausschnitt ein Augenpaar, die Gesichtsfarbe blau-grau, das Weiss der Augen signalhaft gelb. Starr, bedrohlich, bannend blicken die Augen dem Betrachter entgegen. Das leidenschaftliche Drama von Liebe, Eifersucht und Rache zwischen Othello und Desdemona, das mit dem Mord an der scheinbar Treulosen und dem Selbstmord Othellos endet, verdichtet sich auf dem Plakat im Blick eines Menschen in tragischer Verstrickung.

In jedem Theaterplakat nutzt Aeschlimann neue Bildmittel; auch ihr Einsatz ist immer wieder überraschend neu, ist Ausdruck engagierter persönlicher Interpretation des Bühnenwerkes, seiner Thematik, seines Gehalts. Die Plakate sind optisch äusserst wirkungsvoll, im einzelnen setzt ihre «Lektüre» ein Engagement am Theater, ja gar ein Wissen über das Werk voraus. Der Kenner jedoch vermag diesen Plakaten in ihrer Substanz und Qualität voll gerecht zu werden.

**K. Domenic Geissbühler**
Der an der Kunstgewerbeschule Zürich zum Graphiker ausgebildete K. Domenic Geissbühler (1932) war zunächst Art Director in einer grossen Werbeagentur, bevor er sich 1963 selbständig machte. Mit dem Amtsantritt von Direktor Claus-Helmut Drese übernahm Geissbühler seit 1976 die Gestaltung der Programmhefte, Hauszeitungen und Plakate des Zürcher Opernhauses. Durch seine gestalterische Mitarbeit versuchte er die Atmosphäre und den Geist der dank ihrem Inszenierungsstil ruhmreichen Oper in die Öffentlichkeit zu tragen.

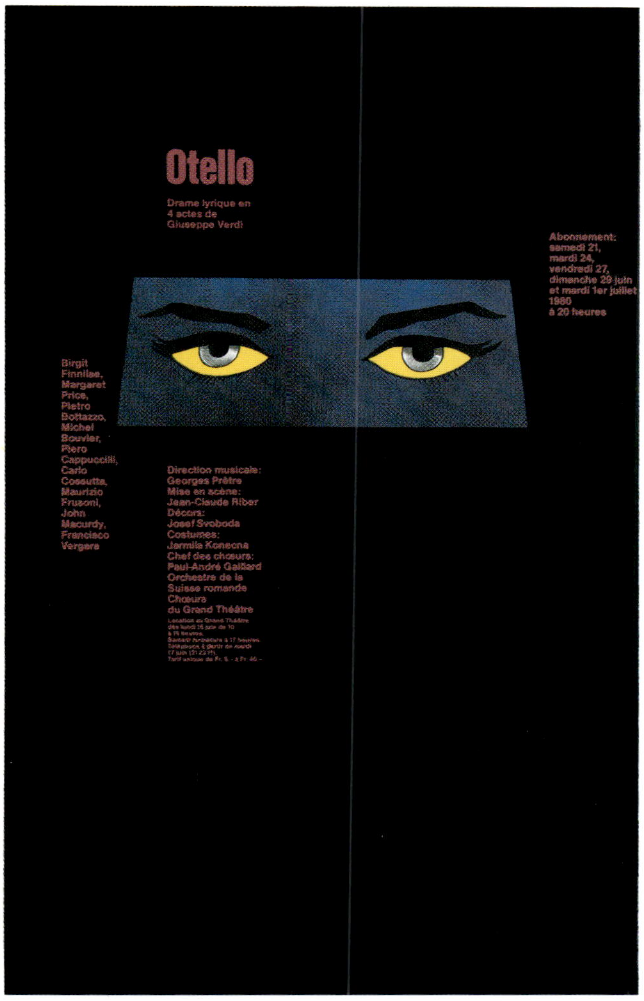


Roland Aeschlimann, 1980

Roland Aeschlimann, 1978

K. Domenic Geissbühler, 1987

K. Domenic Geissbühler, 1985

In den Jahren fruchtbarer Zusammenarbeit ist Geissbühlers visueller Beitrag zur Arbeit des Opernhauses gewissermassen zu dessen integrierendem Bestandteil geworden. Eine Voraussetzung dafür ist seine Liebe zum Theaterbetrieb, seine Lust am Bühnengeschehen, an der Hektik beim Erarbeiten einer Inszenierung. Sichtbares Zeichen dieser engen Verbundenheit: Geissbühlers Atelier liegt in Sichtweite des Opernhauses.

Geissbühler macht sich mit den Libretti der zur Aufführung kommenden Bühnenwerke vertraut, er nimmt an Orchester- und Bühnenproben teil, hält sich in der Theaterwerkstatt auf. Aufgrund dieser Basis-Information kommt auf zunächst spielerische Art der Gestaltungsdrang in Fluss. Dass die endgültige Lösung für eine bestimmte Aufgabe – ein Plakat, ein Programmheft, eine Ballett-Ausstattung – schliesslich ohne Zögern, oft unter Zeitdruck gefunden werden muss, hat Geissbühler in einer harten Berufspraxis gelernt. Die stattliche Folge von graphisch wie drucktechnisch hervorragenden Plakaten hat noch einen anderen, materiellen Hintergrund: Es gelang Geissbühler, einen Kreis opernbegeisterter Sponsoren für die Plakate zu finden.

Wie sein Genfer Kollege Roland Aeschlimann presst Geissbühler die Themenvielfalt seiner Plakate nicht in eine uniforme Stilhülse. Jede neue Aufgabe führt zu einer neuartigen Lösung. Damit hören die Gemeinsamkeiten bereits auf. Will man Aeschlimanns Entwürfe als introvertiert, gar als enigmatisch bezeichnen, so darf man diejenigen von Geissbühler extravertiert nennen, das heisst: offener, farbiger, auch frecher, vor allem ausgesprochen lustbetont und lusterweckend. Doch vergewaltigt Geissbühler das jeweilige Thema keineswegs.

Das farbig delikate Plakat für die Oper «Manon» von Jules Massenet deutet die Entstehungszeit der textlichen Vorlage (ein Roman des Abbé Prévost von 1730) an: das französische Rokoko, gleichzeitig aber auch die Entstehungszeit der Oper (1884), also das Zeitalter des Impressionismus. Auf dem wie ein zartes Aquarell anmutenden Bildgrund erscheinen weiss hingetupfte Rokoko-Motive, während das Gesicht der Abenteuerin Manon wie eine transparente, in weisse Partikel aufgelöste Vision sich über die Himmelsfläche breitet.

Die Händel-Oper «Julius Caesar» wird mit kräftiger Titelschrift vorgestellt; darunter auf schwarzem Grund ein zeltartiges Dreieck, in dem auf leuchtend rotem Grund die Figur des römischen Feldherrn steht. Doch ist die historische Person zur Kunst- und Theaterfigur verfremdet: Kopf und Brust erscheinen als Umzeichnung einer antiken Büste, der Körper als blaue Silhouette, die bei genauem Hinsehen sich als Himmel mit weissen Wölklein darstellt: blosses Erscheinungsbild, reine Imagination eines siegreichen Ägypten-Feldzugs.

Ankündigungen von Ballettabenden nehmen bei Geissbühler einen bevorzugten Platz ein, wohl weil choreographische Bewegungsabläufe sich besonders eindrücklich in eine graphische Zeichensprache übertragen lassen.

Das Plakat für einen Strawinsky-Abend als Beispiel: Die Bildfläche, von der umlaufenden weissen Schrift gerahmt, wird von einer stilisierten Porträt-Zeichnung des Komponisten dominiert. Das Lineament erscheint als (an Picassos Strawinsky-Porträt erinnernde) Komposition aus stark farbigen Linien, die als geschwungene oder zackige Pfeile ausgebildet sind – eine ingeniöse, improvisatorische Visualisierung von Tanzabläufen.

Dass ein Plakat für Puccinis «Madame Butterfly» japanisierende Motive aufgreift, liegt im Stoff der Oper, die in den Rahmen der Japan-Mode um 1900 gehört. Auch hier wählt Geissbühler einen schwarzen Grund, von dem sich effektvoll ein mächtiger Kreis abhebt, sowohl nationales Emblem wie glühend roter Mond in schwarzer Nacht. Um diesen zentralen Blickfang ordnen sich blaue japanische Schriftzeichen, ein gelbes Stück Bambus, vielleicht eine Flöte, sowie weisse Schriftfahnen. Entsprechend der japanischen Schreibweise sind auch die europäischen Lettern von oben nach unten zu lesen. Am Fuss des Plakats erscheint in holzschnittartiger Linienzeichnung die als Sopranistin sich dem Publikum zuwendende Hauptfigur. In seiner grosszügigen Komposition gehört dieser Entwurf zu den wirkungsvollsten Theaterplakaten Geissbühlers. ● W. R.

Roland Aeschlimann, 1978

Roland Aeschlimann, 1977

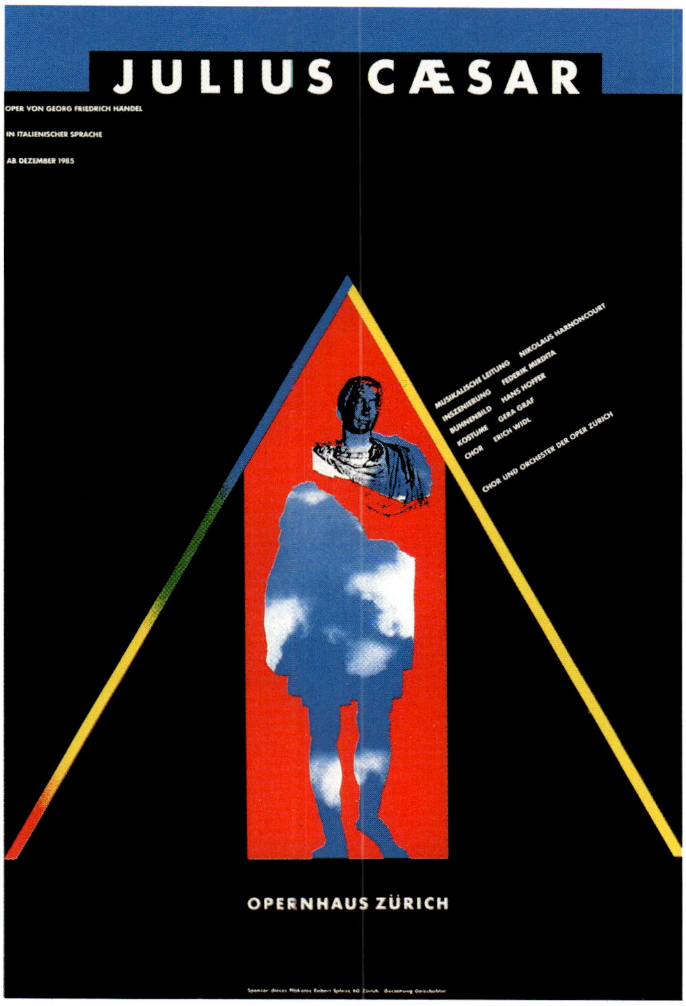


K. Domenic Geissbühler, 1985

K. Domenic Geissbühler, 1987

# Niklaus Troxler

Die Plakate, die für kulturelle Veranstaltungen im weitesten Sinne werben, lassen sich kaum auf einen gemeinsamen Nenner bringen. Das mag seinen Grund nicht nur in der Vielfalt der unterschiedlichen kulturellen Aktivitäten haben, sondern ebensosehr und vielleicht vor allem im jeweils besonderen «Klima». Ein gutes Beispiel dafür sind «Jazz-Plakate».

Wie andere Zweige der «Jazz-Graphik» (von Handzetteln, Programmheften, Zeitschriften bis zu Plattenhüllen) ist das Jazz-Plakat eng mit der Geschichte des Jazz verbunden. Es spiegelt seine Entstehung in den Gettos der amerikanischen Neger, seinen Aufstieg zur salonfähigen Tanzmusik, seine Vereinnahmung durch die Unterhaltungsindustrie der Weissen, seine wechselnden Stiltendenzen, seine Fluchtversuche aus der Kommerzialisierung in neue Insider-Welten, seine vielfältigen Verzweigungen bis zur heutigen Diversifikation und Spezialisierung.

Das Jazz-Plakat entstand als oft primitive und improvisierte Ankündigung für Jazz-Konzerte und Jazz-Lokale, aus groben Schrifttypen gesetzt und in kleiner Auflage für den lokalen Gebrauch gedruckt. Heute sehen wir in solchen raren «Inkunabeln des Jazz-Plakats» – abgesehen von ihrem Informationswert – reizvolle Drucke mit dem ganzen Charme des Primitiven und Spontanen. Die Informationsfunktion des Jazz-Plakats beschränkt sich in der Regel auf Ort und Datum der Veranstaltung, auf den Namen der Band, des Solisten oder Leaders und eventuell der beteiligten Musiker. In gewissen Fällen mag das Konzert oder der Zyklus unter einem bestimmten Gesichtspunkt, also Titel, stehen. Alles Weitere ist eine Frage der verfügbaren Mittel, des gewollten Aufwands, der Ansprechbarkeit des Zielpublikums und ist letztlich eine Frage der gestalterischen Ideen, mit denen der Plakatgraphiker die spezielle Aufgabe löst.

Zu den Voraussetzungen des Jazz-Plakats gehört, dass seine Schöpfer mit der Sache vertraut sind, also Freunde, gar leidenschaftliche Anhänger und Kenner des Jazz oder einer seiner Richtungen sind. Die originalsten Arbeiten im Bereich der Jazz-Graphik stammen tatsächlich von überzeugten Liebhabern des Jazz. Sie kennen ihre Aufgabe und deren Umfeld ebenso wie das Publikum, an das sie sich wenden. Sie haben Kenntnis der bereits von Anderen realisierten Jazz-Graphik, und ihre gestalterische Arbeit ist sichtlich «lustbetont», keine Brotarbeit. Vor diesem Hintergrund sind die zahlreichen Jazz-Plakate zu sehen, mit denen über viele Jahre der im luzernischen Willisau lebende Niklaus Troxler hervorgetreten ist.

Als Gestalter von Jazz-Plakaten ist Troxler ein Sonderfall. Seine Plakate sind nicht bloss Ausdruck leidenschaftlicher Anteilnahme am aktuellen Jazz-Geschehen und sind schon gar nicht Auftragsarbeiten im Dienst von Dritten. Als passionierter Beobachter heutiger Formen des Jazz ist Troxler Initiant und Organisator von Jazz-Konzerten, die seit 1966 regelmässig in Willisau stattfinden. Niveau und Klima der Konzerte machten aus lokalen Veranstaltungen bald landesweit beachtete Ereignisse. 1975 kam ein Jazz-Festival dazu, das durch seine internationale Besetzung zu einer wichtigen, weil nicht kommerziell dominierten Institution der Jazzfreunde geworden ist. Als Initiant dieser Jazz-Veranstaltungen ist Niklaus Troxler zugleich ihr Werbeleiter und graphischer Gestalter. Diese Personalunion mag ein Grund mehr dafür sein, dass Troxler in Freiheit seinen Stil finden konnte. Überblickt man die seit 1966 entstandenen weit über 100 Jazz-Plakate, so zeigt sich, dass Troxler seine gestalterischen Konzepte in erstaunlicher Flexibilität ständig zu erweitern und zu erneuern verstand.

Welche Mittel setzt dieser Grafiker für seine Siebdruck-Plakate ein, die in der Regel als Kleinplakate konzipiert sind, seit 1977 auch im grossen Standard-Format ediert werden? In der Schriftgestaltung wird auf eine nostalgische Wiederaufnahme von typographischen Merkmalen aus der Zeit des klassischen Jazz verzichtet. Troxler steht, auch in der Wahl und Anordnung der Schriften, ganz im Heute. Graphische Verfremdungen und Formspiele finden sich in der Schriftgestaltung nur selten. Allerdings hat Troxler 1980 für das McCoy Tyner Sextet eine gelb-violette Schriftkomposition geschaffen, deren Reiz in der engen Verschränkung von positiven und negativen Egyptienne-Typen besteht, eine Lösung, die im Aushang als «faszinierend anders» aufgefallen ist.

Fast immer ergänzt Troxler die Textinformation mit figürlichen oder symbolischen Bildelementen. Sie wirken als Blickfang und evozieren zugleich den speziellen Charakter der jeweiligen Veranstaltung. Diese Bildsprache übermittelt eine Art vertrauliche Botschaft an einen Kreis von Eingeweihten, betörend und beschwörend, manchmal auch augenzwinkernd. Nur selten greift Troxler auf die Tradition zurück, Photos der beteiligten Musiker graphisch verfremdet zu verwenden. Häufig geben Musikinstrumente den Anstoss zur Erarbeitung eines einprägsamen Bildkürzels: Piano, Saxophon, Trompete, Bass, Schlagzeug oder Mikro. Die Tastatur des Pianos kann zur bildbestimmenden graphischen Struktur werden, wobei – im Fall des Don Pullen Quartet – in witziger Weise daraus gleich noch eine Andeutung der amerikanischen Flagge wird.

Beim Saxophon, das als Bildmotiv zahlreiche Plakate bestimmt, interessiert den Graphiker die Formenvielfalt von Klappen und anderen mechanischen Teilen. Immer wieder stellt er das in den Vordergrund, was aus dem Instrument herauskommt: Töne also. Sie können als Blüte erscheinen oder als munter springender Goldfisch. Ein Blumenbeet in Form eines Saxophons unterstreicht das Festlich-Heitere eines Konzert. Für ein Festival kann der Schalltrichter eines Blasinstruments in surrealem Witz sich in einen emporschwebenden Mädchenakt verwandeln, während zu einem Jazz-Fest mit einer Trompete eingeladen wird, aus der ein Champagner-Korken knallt. Doch das Mundstück kann unter Umständen auch zur giftiggrünen Schlange werden.

Hände spielen als Motive eine wichtige Rolle. Sie verweisen nicht nur auf Pianisten, sondern auf die virtuose Handfertigkeit aller anderen Instrumentalisten. In einem Falle wird ein Musikertrio durch drei Händepaare in

1978

1987

Niklaus Troxler

1987

1980

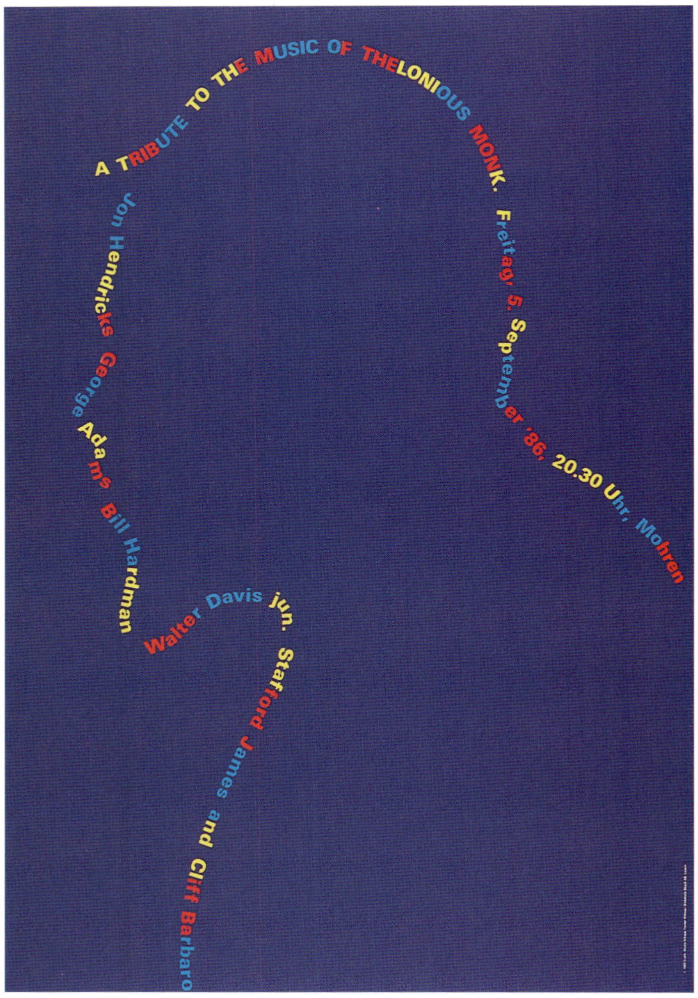


1986

1976

Bilderbogenmanier vorgestellt. Ein anderes Trio stellt sich als dreipoligen Elektrostecker dar, Hinweis auch auf den Kontakt, der zu den Zuhörern gesucht ist. Gesichter erscheinen vergleichsweise selten; wo sie als Bildmotive gewählt sind, tragen sie nicht Porträtzüge, sind vielmehr plakativ ins Typenhafte stilisiert. Für ein Doppel-Konzert wirbt ein eigenwilliges Plakat, bei dem zwei Konturzeichnungen von Saxophonisten sich durchdringen, eine Art Robot-Bild, das an Computer-Graphik erinnert.

Das sind ein paar wenige Beispiele aus einer vielfältigen Produktion, die jedesmal aus den konkreten Fakten die immer wieder andersartigen Motive und Gestaltungsansätze holt. Das kann der Name des Solisten oder der Gruppe sein, die Herkunft auch, die durch Formspiele mit der Flagge oder einem charakteristischen nationalen Emblem visualisiert wird, kann aber auch der Stimmungsgehalt der angebotenen Musik sein, auf den assoziativ eingestimmt wird, kann die Festlichkeit oder Fröhlichkeit des Anlasses sein, der zu spielerisch heiteren, manchmal auch anekdotischen Lösungen verlockt.

Die Vielfalt und Frische der Jazz-Plakate von Niklaus Troxler ist mindestens teilweise durch die Thematik des Werbegegenstandes bedingt, zum andern aber durch den Glücksfall, dass hier ein graphischer Gestalter für seine eigene Sache wirbt. Schliesslich strahlen die formal widersprüchlichen, farbig heiteren oder raffiniert abgestimmten Plakate eine Art «Spass an der Freude» aus, der auch den Un-Ernst nicht ausklammert, jedenfalls von spannungsreichem Optimismus getragen wird. ● W. R.

# Heinz Jost und Stephan Bundi

Die ältesten Plakate im eigentlichen Sinne sind Anschläge für Gaukler und Artisten, für fahrendes Volk also, das seine Schaustellungen mit lockenden Texten und anschaulich-primitiven Holzschnitt-Illustrationen anpreist. Man kann sich fragen, weshalb gerade diese «Gauklerplakate» des 16. und 17. Jahrhunderts die Geschichte des Plakats einleiten. Eine mögliche Antwort wäre diese: Die Warenproduktion war bis ins 17./18. Jahrhundert noch weitgehend reine Bedarfsproduktion und machte in den Städten keine Warenwerbung nötig. Dagegen mussten Schausteller für ihre kurzen Gastspiele mit möglichst vielen Wandanschlägen kurzfristig möglichst breite Aufmerksamkeit beim Publikum erregen.

Erst um die Mitte des 19. Jahrhunderts setzt mit der Industrialisierung der Güterproduktion die Nutzung des Plakats für die Warenwerbung ein. Sie erlebt ihre ersten Höhepunkte um die Jahrhundertwende. Auffallend ist aber, dass trotz Professionalisierung der kommerziellen Werbung durch das Plakat während der ganzen Pionierzeit des Plakatschaffens zwischen 1880 und 1910 das für Theater, Café-Concert, Variété und Zirkus werbende «Veranstaltungsplakat» neben dem Buch- und Zeitschriftenplakat deutlich die Oberhand behält. Im Schaffen des fruchtbarsten Plakatkünstlers jener Zeit, Jules Chéret, dominiert das Plakat für Theater- und Tanzveranstaltungen, und auch die Meisterplakate eines Toulouse-Lautrec gelten fast ausschliesslich Bühnenkünstlern.

Das Theaterplakat im weitesten Sinne hat in allen Entwicklungsphasen der Plakatkunst zahlenmässig, aber auch künstlerisch eine Vormachtstellung behalten. Das ist nur natürlich: Im Alltagsleben städtischer Gemeinschaften stellen Theaterveranstaltungen das Besondere, Aussergewöhnliche dar. Sie wenden sich nur an Teile der Gesellschaft, im Extremfall an literarische, musikalische, künstlerische Eliten. Sie bedürfen daher einer speziellen Werbung, die dem kulturellen Standort der angesprochenen potentiellen Interessenten entspricht. Neben der Prospekt- und Inseratenwerbung ist zu allen Zeiten dem Plakat als Werbemittel fürs Theater besondere Aufmerksamkeit geschenkt worden. Immer wieder waren es die künstlerisch besonders wachen graphischen Gestalter, die für den Entwurf von Theaterplakaten zugezogen wurden (oder die sich von dieser Spezialaufgabe angezogen fühlten). Von den Institutionen her und mindestens ebensosehr von den Stoffen und Motivwelten theatralischer oder musikalischer Veranstaltungen her bietet das Theaterplakat mehr Anreiz als nüchterne (und auch harte) Warenwerbung.

Auch in der Schweiz hat das Theaterplakat im weitesten Sinne eine an Höhepunkten reiche Geschichte. Kaum einer der grossen Plakatkünstler seit Jahrhundertbeginn, der nicht Plakate fürs Theater geschaffen hätte, wobei die Theaterplakate zu ihren künstlerisch besten Leistungen gehören, beispielsweise um 1918 die Opernplakate von Otto Baumberger für das Stadttheater Zürich.

Die Voraussetzungen für ein künstlerisch hochstehendes Plakat liegen zunächst in der Struktur und künstlerischen «Politik» des Theaters selbst, für dessen Veranstaltungen geworben werden soll. Grob vereinfachend könnte man sagen: Programmwahl, Inszenierungsstil, Rang des künstlerischen Personals sind eine erste Voraussetzung für eine charaktervolle Plakatgraphik. Stil und Rang eines Theaters sind – heute vielleicht mehr denn je – eine Frage seiner künstlerischen Leitung. Es wird daher nicht nur einen Konsens zwischen dem Auftraggeber und dem Plakatgestalter geben müssen, vielmehr wird sich der Auftraggeber den Plakatgraphiker auswählen, der dem Stil seines Hauses wie dem Charakter seiner Veranstaltungen am besten entspricht.

Da Theaterplakate sich vorzugsweise an die Theater-Interessierten der eigenen Stadt wenden, spiegelt sich in ihnen sowohl der Stil des jeweiligen Theaters und des betreffenden Graphikers, wie auch etwas vom Klima der Stadt, von der besonderen Sensibilität der am Theater interessierten (künstlerisch wachen) Bewohner dieser Stadt. Solche Übereinstimmung gab es – gerade in der Schweiz – immer wieder: Die zeichnerischen Plakate, die Heiri Steiner seinerzeit für das Schauspielhaus Zürich schuf, entsprachen dem Empfinden der Zürcher Theaterfreunde und spiegelten das geistige Klima der Aera Kurt Hirschfeld. Etwas Ähnliches gilt für die stark formalisierten Plakate, die ein Jahrzehnt später Armin Hofmann für die Basler Theater realisierte. Solche Blüten haben ihre Zeit, sie sind Ausdruck einer bestimmten Aera an einem bestimmten Theater.

Für den Nicht-Berner hatte die Berner Theaterszene stets etwas Besonderes und Andersartiges, nicht zuletzt, weil hier neben dem Stadttheater in vielen Klein- und Kellertheatern alternative Theaterluft weht. Gerade diese kleinen Bühnen gehörten und gehören für den Aussenstehenden zu den Marksteinen am «Tatort Bern». Wie viel von dieser Sonderart der Berner Theaterverhältnisse spiegelt sich in den Berner Theaterplakaten? Eine Konfrontation gibt eine deutliche und auch wieder verwirrende Antwort: Die für das Stadttheater Bern von Heinz Jost im letzten Jahrzehnt entworfenen und die vorwiegend für Kleintheater und Filmpodien in denselben Jahren von Stephan Bundi geschaffenen Plakate haben nur wenige gemeinsame Züge, vielleicht aber doch ein verbindendes Merkmal, das man einen Berner Theaterplakatstil nennen könnte: Etwas Anti-Bourgeoises? Etwas Exzentrisches? Etwas Skurriles und Makabres?

**Heinz Jost**

Heinz Jost hat seit 1969 ein dem Berner Stadttheater gewidmetes Plakatwerk von beträchtlichem Umfang wie vor allem von achtunggebietender innerer Konsequenz geschaffen. Aus diesem Plakatwerk gewinnt man den Eindruck, hier sei ein Theaterbesessener am Werk, einer, der nicht lediglich an ihn herangetragene Aufträge auf bestmögliche Art auszuführen versucht, sondern vielmehr von innen her und mit Leidenschaft an die Sache herangeht. Jost kam zu dieser Aufgabe aus seiner Beziehung zum Sängertum, also zum musikalischen Theater, und aus seiner ebenso engen Beziehung zur zeitgenössischen Literatur, also zum Sprechtheater.

Er sieht seine Aufgabe darin, die Komplexität und oft Doppelbödigkeit eines Bühnenwerkes auf ein charakteristisches, zentrales Motiv zu verdichten und in der Entwurfsarbeit dieses Motiv so zu vereinfachen, dass es plakative Strahlkraft erhält. Das geschieht in der Regel mit einer Pinselzeichnung, die aus dem starken Kontrast von Linie und Fläche lebt, dem Gegenspiel von positiver und negativer Form; geschieht auch durch den Versuch, immer wieder Bild und Schrift zur Einheit zu verschmelzen. Diese Plakatsprache erinnert ein wenig an den grossartigen Holzschnittstil von Felix Vallotton, der in ähnlicher Weise Unheimliches, Düsteres, Groteskes mit einfachsten formalen Mitteln zu sagen verstand. Allerdings ist Jost expressiver, zupackender, er zeigt uns sein Plakatmotiv nicht in bühnenferner Distanz, sondern in berückender, manchmal auch bedrückender Griffnähe. Dank seinen literarischen Beziehungen vermag er auch den Gehalt eines Stückes, fern alles Illustrativen, zeichenhaft zu synthetisieren. Es gibt vielleicht nur einen Bereich des jüngeren Theaterplakats, wo ähnlich dichte Lösungen entstanden sind: das polnische Theaterplakat der letzten Jahrzehnte.

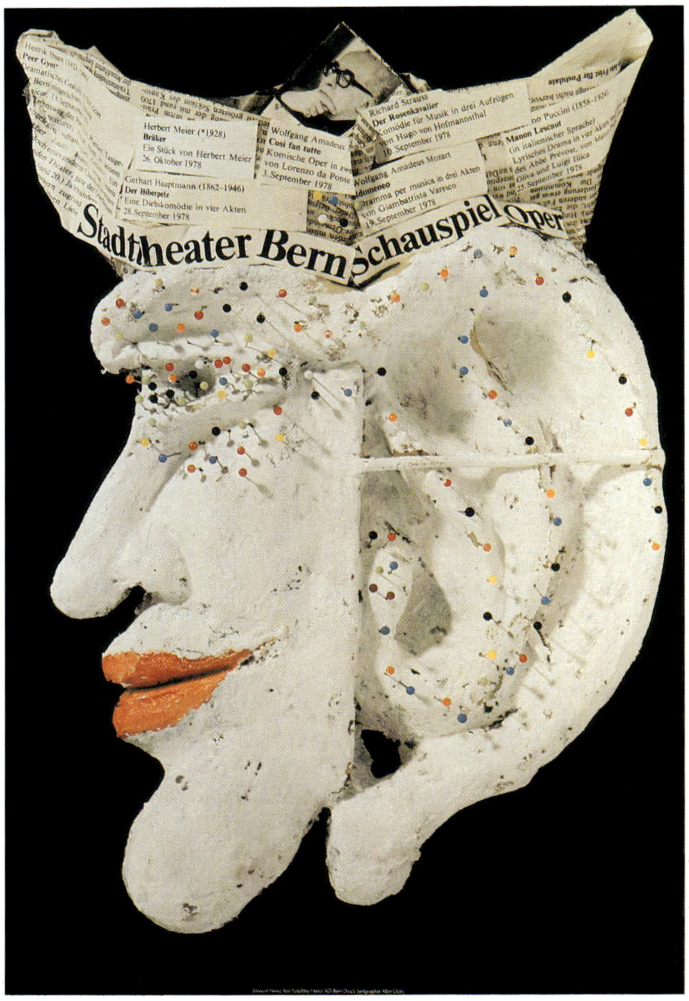


Heinz Jost, 1978

**Stephan Bundi**

Gewiss sind die Aufgaben, die sich Stephan Bundi für seine anfänglich kleinformatigen, später auch grossen Plakate stellen, ganz anderer Art. Sowohl für das Kleintheater wie für Film- und Konzertveranstaltungen haben in der Regel die Themen einen stärker experimentellen, insiderhaften Charakter als bei Jost. Das prägt die Motive, prägt die Visualisierung, wobei letztlich das andersartige Angehen der Aufgabe den persönlichen Stil Bundis ausmacht. Dabei ist nicht unwichtig, dass aus Kostengründen oft mit minimalem drucktechnischem Aufwand gearbeitet werden musste. Aus dieser Not der Beschränkung macht Bundi immer wieder die Tugend der Beschränkung, indem er die Kargheit der Mittel mit einer reich blühenden motivischen und formalen Phantasie überdeckt. Sind die Plakate von Jost meist von plakativer Wirkung, so umgekehrt diejenigen von Bundi leise, rätselvoll verschlossen und verschlüsselt und vielfach betont «illustrativ». Damit hängt zusammen, dass der Verbindung von Schrift und Bild eher beiläufige Bedeutung zugebilligt wird.

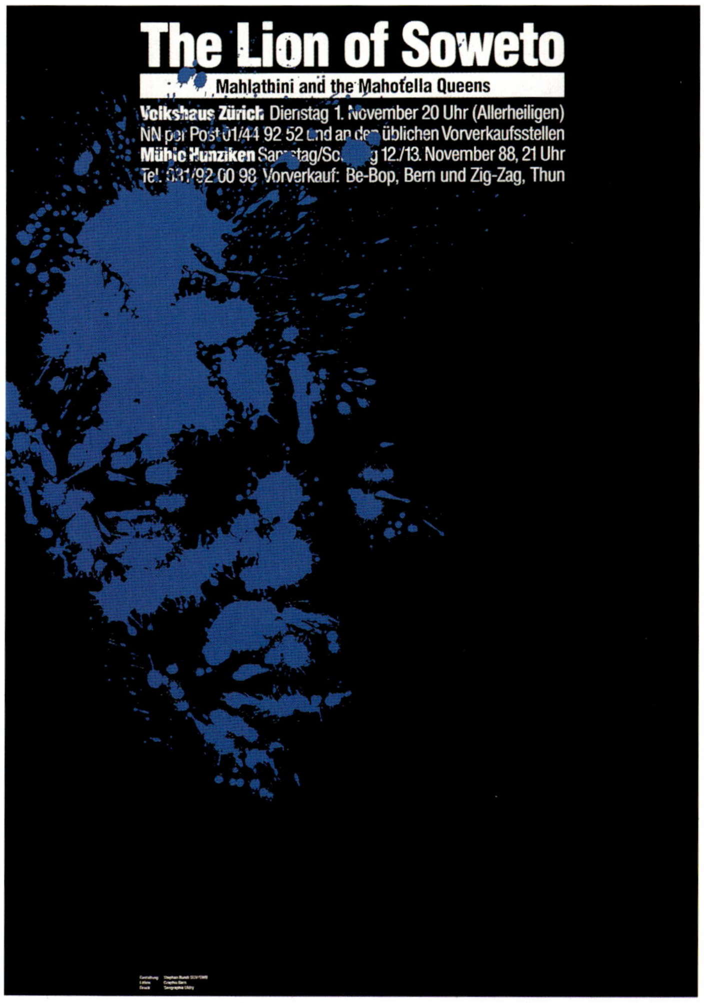


Stephan Bundi, 1988

Oft stellt sich bei Bundi der Eindruck ein, es sei – bewusst oder intuitiv – eine «Anti-Plakat-Atmosphäre» angestrebt. Dieses leise Element der Verweigerung mag schon mit dem Stil dieser Plakate zu tun haben. Sie benutzen häufig das Prinzip der Montage, der surrealen, grotesken Vereinigung vorgefundener Illustrationselemente zu einem neuen, oft phantastischen Ganzen. Bundi steht damit in der Tradition der surrealen Bildgestaltung, wie sie ein Max Ernst in seinen graphischen Arbeiten gepflegt hat: einer Vereinigung von Unvereinbarem auf einer nicht adäquaten Ebene. Dieses Gestaltungsprinzip geht auf die berühmte Metapher in den «Chants de Maldoror» des Comte de Lautréamont zurück, die davon handelt, eine Sache sei «so schön wie die Begegnung eines Regenschirms und einer Nähmaschine auf einem Seziertisch». Solche surreal-versponnene, manchmal auch kafkaesk-makabre Gestaltung wird bei Bundi ihrem Gegenstand in oft bestürzender Weise gerecht. ●

W. R.

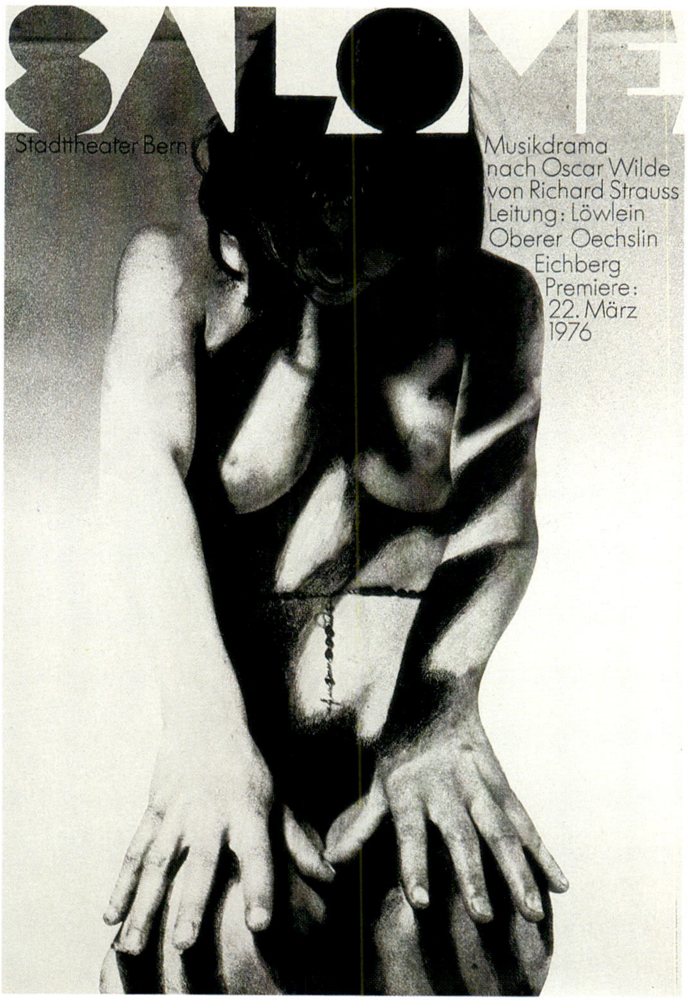


Heinz Jost, 1976

Heinz Jost, 1971

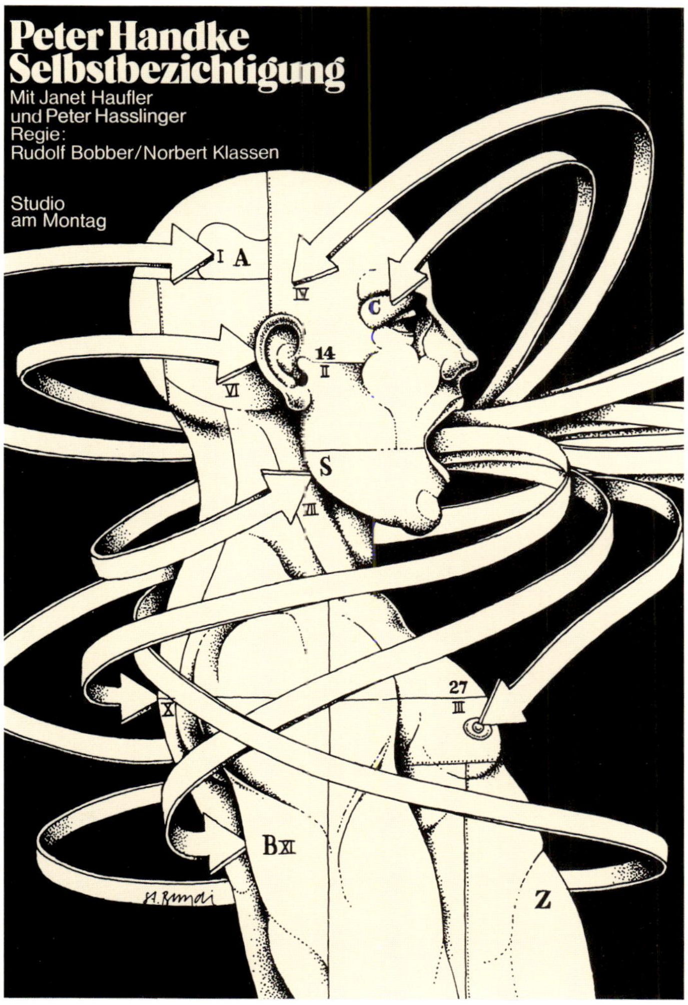


Stephan Bundi, 1976

Stephan Bundi, 1980

Heinz Jost, 1985

Heinz Jost, 1990

Stephan Bundi, 1984

# Atelier Steinemann/Clemenz

Im Vorurteil vieler Plakatbetrachter – und auch Gestalter – bieten Plakataufträge aus dem kulturellen Bereich wesentlich mehr Freiraum für den Graphiker als kommerzielle Werbeplakate. Diese Auffassung ist insofern zu relativieren, als bei einem Grossteil kommerzieller Plakataufträge das Potential kreativer Graphiker nur ungenügend genutzt wird. Bei Auftraggebern dagegen, die gerade das unkonventionelle, überraschende Moment kreativer Graphik für ihre kommerziellen Interessen nutzen, hat der Gestalter oft mehr Freiraum, da sein Auftrag eindeutiger und klarer ist als ein Auftrag aus kulturellem Bereich. Hier ist es schon für den Auftraggeber schwieriger, die Prioritäten in der Funktion des Auftrages festzulegen. Das gilt speziell bei der Werbung für ein Kunstmuseum und die Plakatwerbung für bildende Kunst ganz allgemein.

Denn hier geraten zwei Medien – ausgestellte Kunst und Ausstellungsplakat –, die sich auf verschiedene Weise im visuellen Bereich äussern, in eine Konkurrenzsituation. Im Idealfall mag zwar eine kreative Auseinandersetzung entstehen. Da praktisch jedoch alle kulturellen Institutionen mehr Probleme mit ihren Finanzen haben als Auftraggeber aus kommerziellem Bereich und der Effekt eines Plakates auf den Besuch einer Veranstaltung kaum messbar ist, muss auf der ganzen Linie, vom Plakatentwurf zur Produktion und zum Aushang, gespart werden. Das bedeutet eine ökonomische Einschränkung für jeden Gestalter im kulturellen Bereich. Diese positiv zu nutzen, ist eine der wesentlichen Anforderungen, aber auch eine Chance.

Das Luzerner Atelier Steinemann/Clemenz hat vor allem Plakate für kulturelle Veranstaltungen geschaffen. Seit 1979 vergab ihm das Kunstmuseum Luzern, mit wenigen Ausnahmen, regelmässig die Plakataufträge. Inzwischen haben Steinemann/Clemenz über zwei Dutzend Weltformat-Plakate und zahlreiche Kleinplakate für das Kunstmuseum entworfen. Zu dieser Zusammenarbeit stellt Martin Kunz, bis Ende 1989 verantwortlicher Konservator am Luzerner Kunstmuseum, fest:

Die normale Werbefunktion eines Ausstellungsplakates, das primär Besucher ins Museum bringen soll, trifft im Fall des Kunstmuseums Luzern praktisch nur für die Sommerausstellungen im Rahmen der Internationalen Musikfestwochen zu. Zur Finanzierung dieser Ausstellungen ist das Museum auf einen wesentlich grösseren Besucherstrom angewiesen als bei den übrigen Ausstellungen des Jahres. Das Atelier Steinemann/Clemenz hat seit dem Plakat «Zeichnungen italienischer Meister» von 1979 alle Sommer-Ausstellungsplakate gestaltet: «Ein seltsamer Garten» (Polnische Kunst), 1980, «3000 Jahre Glaskunst», 1981, «Chaim Soutine», 1982, «Fünfzig Jahre Kunstmuseum Luzern im Kunsthaus», 1983, und so fort.

Der Erfolg dieser Ausstellungen wie auch der speziell breite Aushang der Plakate bringt damit indirekt auch die Institution des Museums in ein öffentliches Bewusstsein, weit über den Kreis der Ausstellungsbesucher hinaus. Dies ist eine zweite Funktion, die auch von den übrigen Ausstellungsplakaten erfüllt werden sollte, die einen kaum messbaren Einfluss auf den Besuch der Ausstellungen

1980

1981

1983

1982

haben. Denn die zwölf bis fünfzehn jährlichen Ausstellungen widmen sich primär zeitgenössischer Kunst; sie spricht nur einen kleinen Besucherkreis an, der auch ohne Plakat ins Museum kommt. Für diese speziell interessierten Besucher ist der Aushang (z.B. von Kleinplakaten) in Museen und Galerien wichtiger als der Strassenaushang von Plakaten. Weshalb macht ein Museum für solche «Insider-Ausstellungen» überhaupt Plakate, liesse sich fragen.

Die Tatsache, dass solche aktuellen Ausstellungen nur einen kleinen Kreis von Kunstinteressierten zu einem Museumsbesuch verlocken, bedeutet nicht, dass die Museen nur diesen Kreis ansprechen möchten. Es soll ja nicht aktuelle Kunst nur im Stillen, unter Ausschluss einer weiteren Öffentlichkeit gezeigt werden. Rein werbemässig hilft allerdings die PR-Arbeit durch Zeitungen, Zeitschriften, Radio und Fernsehen mehr als Plakate, die speziell interessierten Besucher ins Museum zu locken.

Es ist unser Anliegen, mit dem Medium des Plakats, das sowohl Bild- wie Textinformation in starker Vereinfachung und Konzentration vermitteln kann, der Öffentlichkeit auf der Strasse ein Bild der Kunst, der Ausstellung, der Aktivitäten, die im Museum stattfinden, zu vermitteln. Manchmal sind solche Plakate weniger einladend als ein raffiniertes Textplakat, mit dem man ein grösseres Publikum ins Museum locken könnte. Sie sind jedoch authentischer Bezug zur Sache, und die wenigen, die durch ein solches Plakat zum Besuch motiviert werden, fühlen sich weniger auf den Arm genommen als mit irgendeiner Schlangenfänger-Methode.

Bei dieser Auffassung liegt auf der Hand, dass das Plakat nicht nur Text einsetzen soll, sondern auch Bildmittel; sofern dies realisierbar ist, möglichst authentisch auch die Bildsprache des Künstlers selbst. Das ist eine schwierige Aufgabe für den Graphiker, seine eigene bildnerische Sprache in den Dienst eines anderen bildnerisch Tätigen zu stellen. Solches Vorgehen ist in reiner Form nur bei Einzelausstellungen möglich. Bei thematischen Gruppenausstellungen ist die Interpretation, das Wählen eines authentischen Bildelements wesentlich schwieriger, so dass die aktive und sichtbare Arbeit des Gestalters wesentlich weiter gehen muss. Man kann sich auch vorstellen, dass die Künstler selbst ihr Plakat gestalten – als ein eigentliches Künstlerplakat. Im Kunstmuseum Luzern wurde dieser Weg nur gewählt, wenn die Künstler selbst in ihr Bildplakat auch die Schrift integrierten (Günter Brus oder Dieter Roth).

Als Beispiel für eine Einzelausstellung sei das Plakat «Terry Fox, Linkage» von 1982 genannt. Der Künstler schickte drei schummrige Photos mit Details aus Performances oder Ton-Installationen, wie er sie für die Luzerner Ausstellung plante. Die Photos, für einen Zeitungsredaktor unbrauchbar, wurden mit den Graphikern besprochen. Sie verwendeten schliesslich eines der Photos im Originalausschnitt, allerdings leicht abgedreht. Diese Drehung sowie der Einsatz der Schrift, die das Photo nicht überdeckt, sondern nur berührt, erzeugen jene ausserordentliche plakative Wirkung, die man dem Photo nie

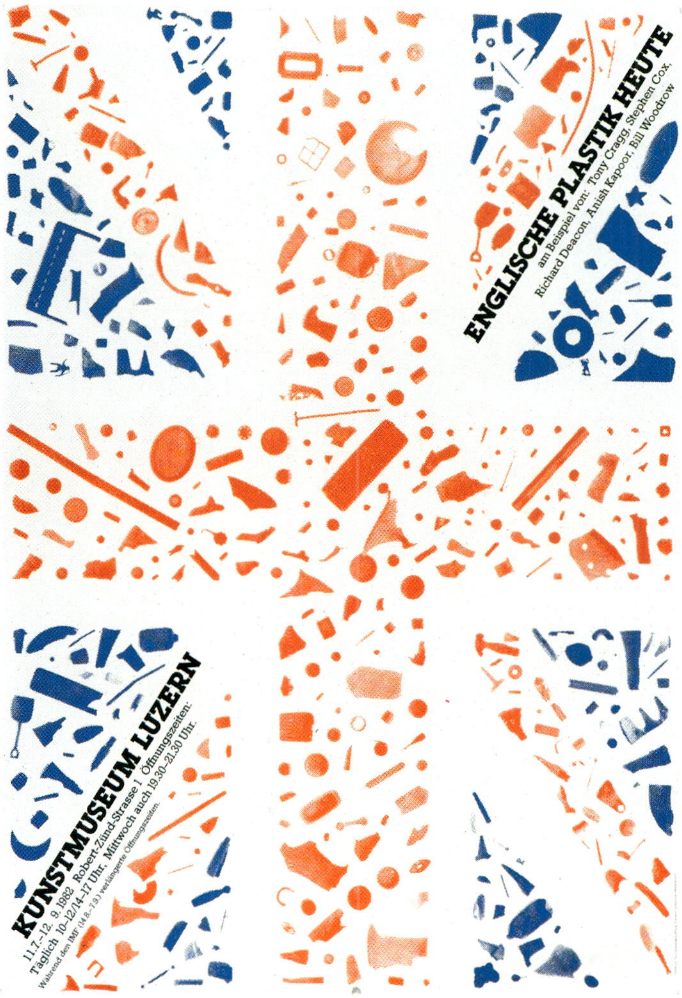


1982

1979

Atelier Steinemann/Clemenz

1980

1980

1981

1982



zugetraut hätte. Durch das Nichtantasten des Bildes bekommt eine fast dokumentarische Aufnahme – in der Steigerung des Kornes und Kontrasts – einen bildhaften Wert, der die Komplexität der Arbeiten von Terry Fox in einem einzigen einfachen Bild fassbar macht.

Ähnlich sind die Graphiker mit Photovorlagen von Künstlern wie Jürgen Klauke, Jochen Gerz, Joseph Beuys, John Stezaker vorgegangen, aber auch bei gezeichneten oder gemalten Vorlagen von Giulio Paolini, Nino Longobardi, Ernesto Tatafiore, die als Bildvorlagen von den Künstlern geliefert wurden. Ihre Ideen erhielten dank der graphischen Umsetzung eine plakative Wirkung, welche die Authentizität der Bildidee nicht negierte.

Anders stellen sich die Probleme bei Plakaten für thematische Ausstellungen. Als Beispiel sei genannt «Der behauste Mensch, Figuratives, Figürliches, ein Aspekt der Innerschweizer Kunst» von 1981. Hier ein einzelnes Bild von einem der neun beteiligten Künstler auszuwählen, wäre falsch gewesen, ausser es gäbe ein Werk, das charakteristisch für das Schaffen aller Künstler wäre. Dies war der Fall bei der Ausstellung «Englische Plastik heute», wo eine Arbeit von Tony Cragg, den «Union Jack» darstellend, verwendet werden konnte.

Bei der Ausstellung «Der behauste Mensch» konnte in der Sammlung des Kunstmuseums ein Objekt der verstorbenen Innerschweizer Künstlerin Annemarie von Matt mit dem Titel «Dieser ist ein Hexameter» gefunden werden, das einen bildhaften Begriff der Ausstellung zu geben versprach. Die Graphiker liessen das Objekt entsprechend ihren gestalterischen Vorstellungen photographieren. Konsequent wurde der umfangreiche Text dazu komponiert. So wurde das Miniaturobjekt inhaltlich wie in der graphischen Wirkung zum Kern einer lediglich mit zwei Farben realisierten, eindrücklichen Plakatidee, und das Plakat wiederum zum Bild einer Ausstellungsidee.

Soweit die Ausführungen von Konservator Martin Kunz. Neben den Plakaten für Ausstellungen im Kunstmuseum Luzern haben Steinemann/Clemenz unter anderem eine Reihe von Plakaten für das Natur-Museum Luzern geschaffen: strenge, nach einheitlichem Konzept gestaltete Plakate, die dank Konzentration der Schrift am oberen Bildrand das jeweilige Motiv – einheimische Raubtiere, Vögel usw. – auf weiter Fläche sich entfalten lassen. Seriencharakter haben auch die Plakate für das Stadttheater Luzern. In dominantes leuchtendes Rot getaucht, visualisieren sie den Ablauf des Bühnengeschehens mit dem dramatisch von Plakat zu Plakat mehr sich öffnenden Bühnenvorhang.

Das Team Tino Steinemann und Philipp Clemenz gehört zu einer jüngeren Generation von Schweizer Plakatschöpfern, die im Dienst eines phantasievollen, wirksamen Plakates und seiner vermittelnden Funktion jeglichen formalen Purismus über Bord geworfen haben, damit auch die Tradition des «guten Schweizer Plakates», das vom rein kommerziellen Werbeplakat längst an den Rand gedrängt worden ist. ●

Paul Brühwiler

1989

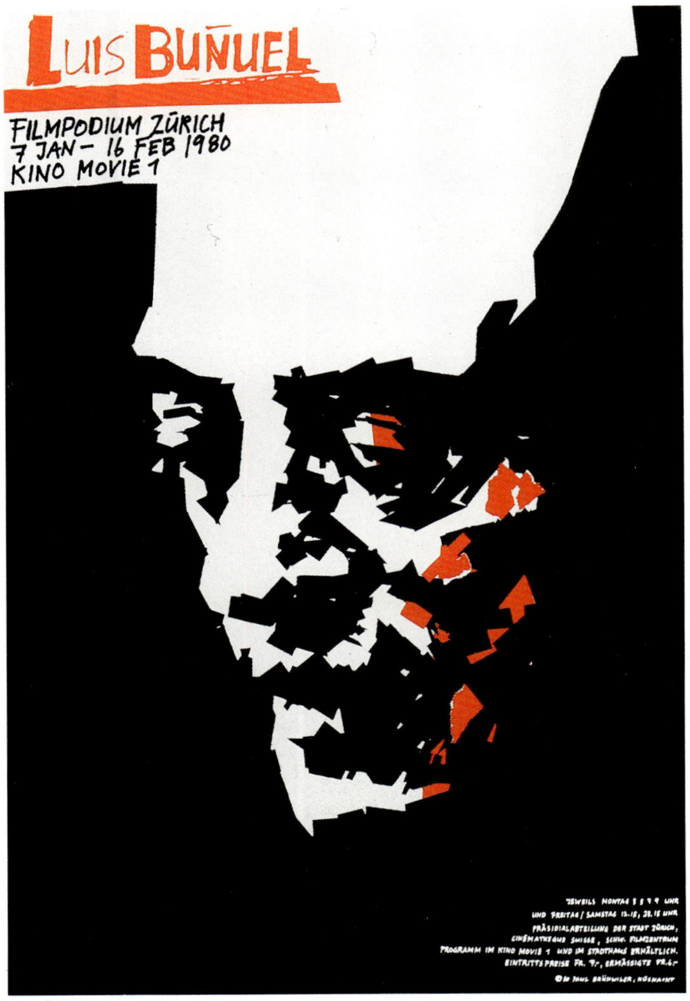


1980

1982

1975

1979

Wie in jedem Schaffensbereich gibt es auch in der graphischen Gestaltung «Spezialisten» und «Generalisten», Persönlichkeiten also, die sich entweder einem relativ eng begrenzten Arbeitsgebiet widmen oder aber als «Allrounder» in vielen, wenn nicht in sämtlichen Sparten der Graphik tätig sind.

Der Vorwurf der Oberflächlichkeit im Fall des Generalisten, der Engstirnigkeit im Fall des Spezialisten ist selbstverständlich ungerecht. Denn er verschleiert die Tatsache, dass die Entscheidung für eine Spezialität – z.B. Signet, Modezeichnung, Buchtypographie, Plattenhülle oder Filmplakat – in vielen Fällen eine Frage der temperamentmässigen Anlagen, der speziellen Begabungen und persönlichen Neigungen ist, manchmal auch eine Frage der äusseren Umstände. Das Bekenntnis zur Vielfalt der graphischen Aufgaben hingegen kann Ausdruck einer besonders breiten Begabung sein, der Neugier auf das immer wieder Andersartige, der natürlichen Freude am Wechsel oder aber wiederum eine Frage der äusseren Umstände, der Existenzgrundlagen.

Wenn Paul Brühwiler – nach einer vielseitigen Praxis in der Schweiz, in Frankreich und den Vereinigten Staaten – sich entschlossen hat, weder graphische Allround-Arbeit zu leisten noch als Leiter eines grösseren Ateliers zum reinen Design-Manager zu werden, so ist dies ein willentlicher Entscheid in der persönlichen Lebens- und Berufsgestaltung. Die Konzentration auf das Spezialgebiet des «kulturellen Plakats», heute in Verbindung mit der Lehrtätigkeit an der Schule für Gestaltung in Zürich, erlaubt Paul Brühwiler den Verzicht auf künstlerische Kompromisse; anderseits kann eine reiche praktische Erfahrung pädagogisch genutzt und einer jüngeren Generation – neben den formal-ästhetischen Grundlagen des Berufs auch der soziokulturelle, vielleicht gar ethische Hintergrund graphischer Gestaltung – vermittelt werden.

Seit seiner Rückkehr in die Schweiz, 1973, hat sich Paul Brühwiler im Auftrag öffentlicher Institutionen vor allem mit nicht-kommerziellen graphischen Aufgaben beschäftigt, unter denen kulturelle Plakate immer mehr die Oberhand gewannen. Im Vordergrund steht dabei die plakatgraphische Tätigkeit für die Präsidialabteilung der Stadt Zürich (Theater 11, Filmpodium) sowie für das Kunsthaus und das Museum Rietberg in Zürich. Im Lauf von bald zwei Jahrzehnten sind etwa siebzig Plakate für Ausstellungen, Theateraufführungen und Filmveranstaltungen entstanden. Paul Brühwiler erhielt damit reiche Möglichkeiten zur Lösung interessanter Einzelaufgaben. Er konnte zugleich auch – in einem Mass wie kaum ein zweiter Gestalter in diesem Zeitraum – das Gesicht der Werbung für kulturelle Aktivitäten in Zürich prägen.
Da für nicht-kommerzielle Plakate in Zürich bevorzugte Aushangmöglichkeiten bestehen, haben die Film-, Theater- und Ausstellungsplakate Brühwilers die urbane Umwelt in dieser Stadt optisch unverkennbar beeinflusst, anregend, manchmal aufregend.

Wo ein einzelner Gestalter regelmässig für die gleichen Auftraggeber thematisch verwandte Plakate realisieren

1980

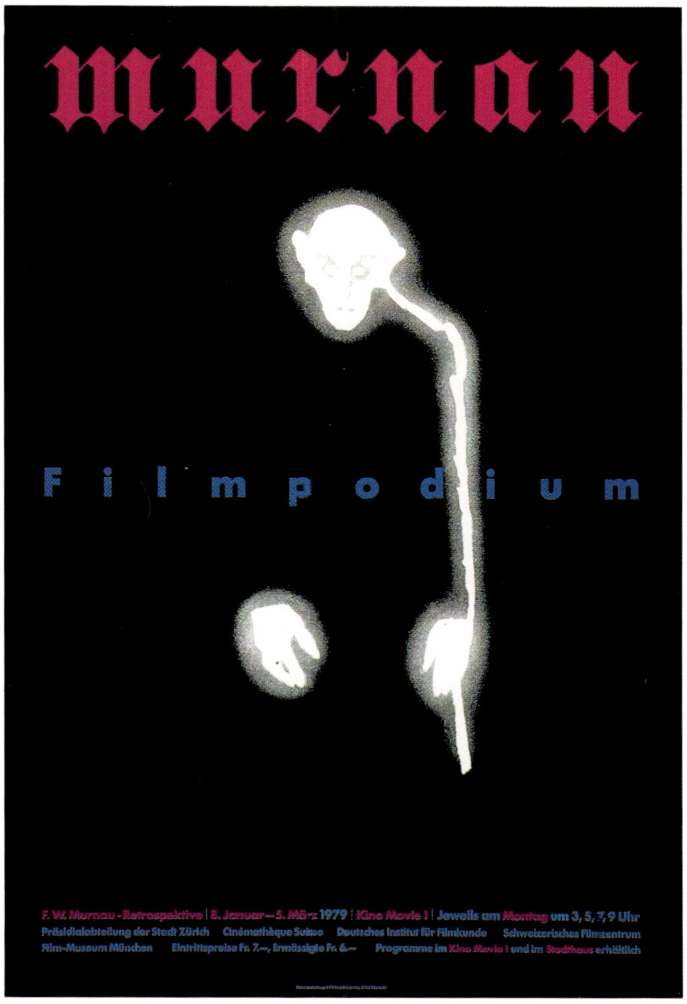


1978

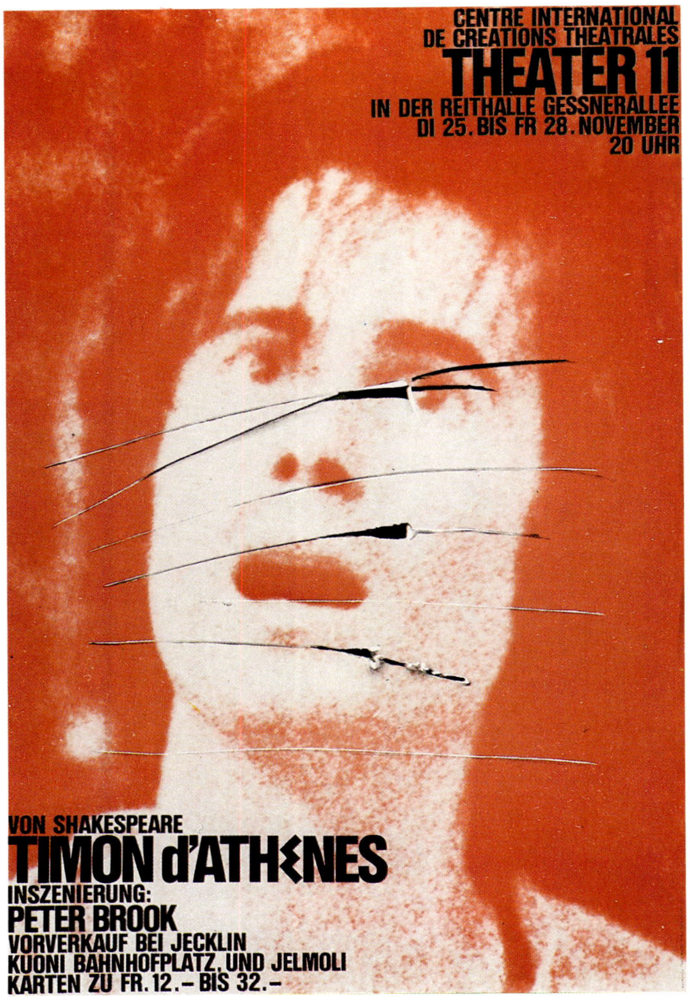


1975

1980

kann, stellt sich die Frage nach dem einheitlichen «Stil», der unverwechselbaren «Handschrift», der verwandten «Lösungsmethode» und heimlich natürlich die Frage nach der allfälligen Routine. Schon ein flüchtiger Blick auf das umfängliche Plakatwerk Brühwilers zeigt, dass die verschiedenen Entwürfe zwar durchaus Gemeinsamkeiten aufweisen, dass es sich aber in jedem Fall um die spezielle Lösung einer bestimmten Aufgabe handelt; abgesehen selbstverständlich von jenen Plakaten, die von vorneherein als Serien oder Variationen eines bestimmten Schemas angelegt waren (etwa die Programme des Filmpodiums oder der Zürcher Museen).

Gerade das von den Aufgabenstellungen her geschlossene, trotzdem abwechslungsreiche Plakatwerk von Paul Brühwiler zeigt mit grosser Deutlichkeit, dass «persönlicher Stil» alles andere als eine schablonenhafte Formhülse ist, in die sich jede Aufgabe pressen lässt. Es macht den Reiz – und die Qualität – von Brühwilers Plakaten aus, dass sie, fern aller Routine, immer direkt von der Aufgabe, vom speziellen Thema her entwickelt sind, also jedesmal das Moment des Neuartigen und Überraschenden aufweisen. Trotzdem verraten die Entwürfe ihre Zugehörigkeit zu einem klaren gestalterischen Konzept. Allerdings ist dieses Konzept nicht ein starres Korsett. Die Bildmotive, die darstellerischen und kompositorischen Mittel, die Farbwahlen, die Schriftarten und Schriftanordnungen, all das ist aus der jeweiligen Aufgabenstellung heraus entwickelt und weitgehend nachvollziehbar. Doch trotz diesem «Spiel mit offenen Karten» stehen die Wahl der Bild- und Textelemente wie deren graphische Präsentation immer im Dienst einer starken optischen Reizung oder gar Schockierung des Betrachters.

Zusammengehörigkeit und Diversität dieser Plakate treten deutlich in Erscheinung, wenn man Arbeiten gleichartiger Thematik, aber unterschiedlicher Gestaltung miteinander vergleicht, etwa die beiden Plakate für die «Kunstszene Zürich» von 1979 und 1981, die Affichen für die Film-Retrospektiven Buñuel und Murnau oder Godard und Thome, aber auch die Ausstellungsplakate «Relief» und «Monte Verità». Solche Konfrontationen zeigen die Spannweite von Brühwilers Gestaltungsmöglichkeiten. Die Konzentration auf ein begrenztes Schaffensgebiet, das kulturelle Plakat, bedeutet hier keineswegs Einengung oder gar Verlust an thematischer und formaler Phantasie.

Wenn immer wieder das menschliche Gesicht, oft als Ausschnitt, in den Vordergrund gerückt wird (keineswegs nur bei Film- und Theaterplakaten, sondern auch bei Kunstausstellungen wie Warhol, Alechinsky oder Lindner), so verrät sich darin eine Erfahrung des auch als Filmer ausgebildeten Gestalters: Nichts interessiert den Menschen so sehr wie das Gesicht anderer Menschen, und kein Plakatmotiv kann ein stärkerer «Blickfang» sein als der Blick eines Menschen. Im Plakat «Kunstszene 1981» blickt uns, in einer Rasterfilm-Montage, wie durch ein Fenster frontal ein Augenpaar an; Orson Welles prüft uns kritisch aus den Augenwinkeln, bei Raymond Chandler legt sich ein Fadenkreuz über die Pupille. Solchem «Plakatblick» vermag man sich kaum zu entziehen.

1981

1986

Dieses Blickmotiv ist ein Beispiel dafür, wie Brühwiler das Mittel der Andeutung, der Anspielung, der Assoziation, gelegentlich des «Augenzwinkerns» einsetzt, um der bedruckten Papierfläche eine zusätzliche stimmungsmässige, psychologische, kulturelle, gelegentlich auch politische Dimension zu geben. Dazu gehört auch das Raffinement, mit dem in einzelnen Plakaten Mehrschichtigkeit, somit eine besondere Art von Räumlichkeit vorgetäuscht wird: Beim Plakat für Filme aus Lateinamerika wird erst bei genauem Hinsehen hinter der «linkisch» gezeichneten Ziegelmauer mit der spontanen Aufschrift die Photographie eines Landarbeiters mit Sohn sichtbar; zwei verschiedene Bildrealitäten sind konfrontiert. Beim Plakat für Shakespeares «Timon von Athen» erscheint die körnig grob in Rot gedruckte Photographie des Schauspielergesichts als ein Papier, das von unbekannter Hand durch temperamentvolle, quer geführte Messerschnitte bereits verletzt ist; auch hier zwei Realitäten, die zugleich eine zeitliche Dimension vom Einst zum Jetzt markieren.

Manchmal erzeugt Brühwiler durch zwei oder mehrere miteinander in Beziehung gesetzte Farbflächen oder Bildfelder eine Mehrdimensionalität im Plakat, die stets widersprüchlich, somit irritierend und faszinierend ist. Das Andy Warhol-Plakat und die Plakate für Gastspiele des Roy-Hart-Theatre und des Open-Theatre sowie für den Dürrenmatt-Zyklus sind dafür gute Beispiele. Dieses Experimentieren mit Mehrschichtigkeiten, die für unterschiedliche Bildrealitäten stehen, führt in einzelnen Fällen bis zum «Plakat im Plakat». Dabei wird vor allem die Sogwirkung der farbig intensiven Leerfläche genutzt.

Werden für die Bildmotive teils photographische, teils zeichnerische Darstellungsmittel verwendet, so wird, in einer gewissen Parallele dazu, auch die Schrift teils gezeichnet, teils als typographisches Material eingesetzt. Mit der Wahl charakteristischer historischer Schriftformen ist häufig die ferne Epoche suggeriert, welcher das Plakatthema zugehört. All diese Mittel der Bild- wie der Schriftgestaltung und der meist sparsam, aber äusserst wirkungsvoll eingesetzten Farbe dienen dem Ziel, das jeweilige Plakat als ein kulturelles vom üblichen kommerziellen Plakat abzuheben.

Dieses plakatkünstlerische Bemühen ist in einer Zeit besonders wichtig, da auf den Anschlagflächen eine unverkennbare graphische Verödung sich ausbreitet. Den Massstäben, die mit dem reichen Kulturangebot öffentlicher Institutionen gesetzt werden, entspricht dank den Plakaten von Paul Brühwiler ein Massstab der graphischen Qualität. ●

W. R.

# Werner Jeker und Christian Coigny

Werner Jeker, 1978

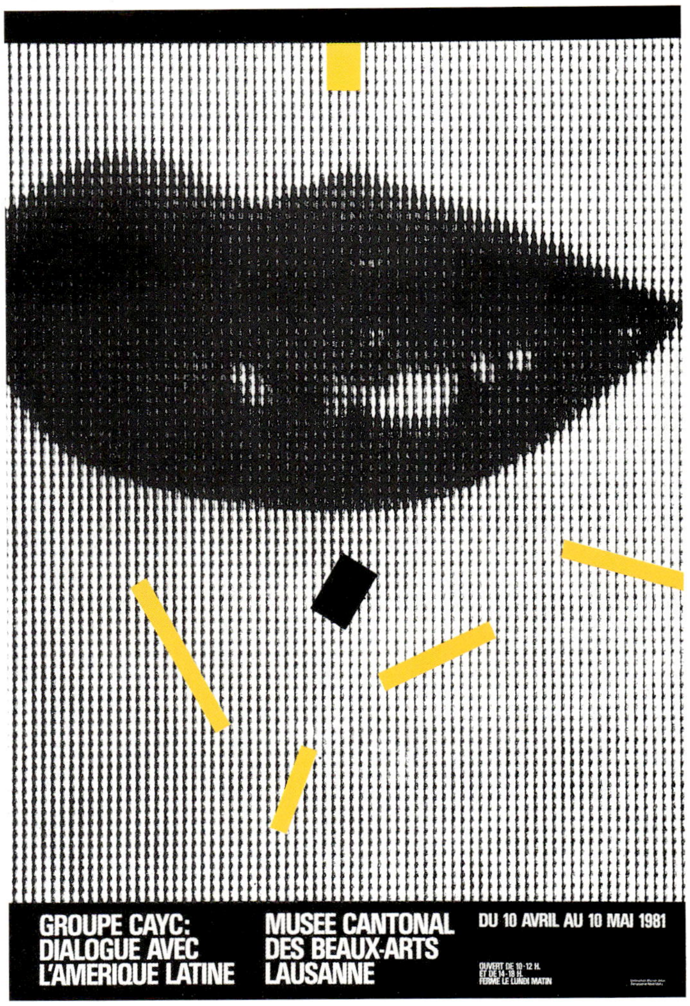


Werner Jeker, 1981

Christian Coigny, 1982

Christian Coigny, 1978

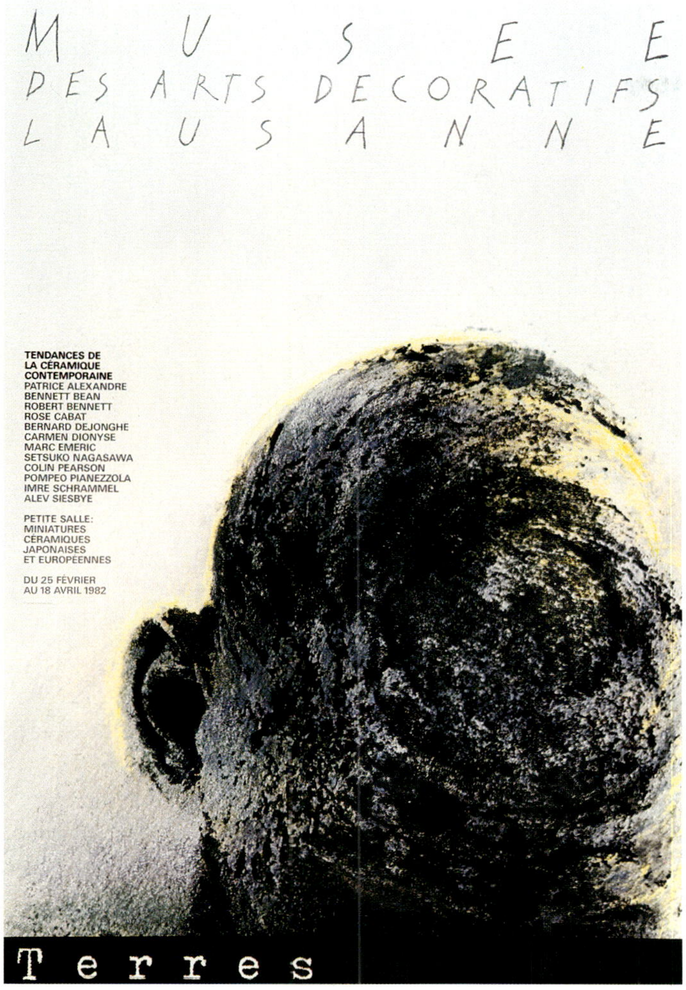


Werner Jeker, 1932

Werner Jeker, 1980

Werner Jeker und Christian Coigny

Christian Coigny, 1977

Christian Coigny, 1978

Werner Jeker, 1982

Christian Coigny, 1980

Unter Plakatfreunden ist oft darüber diskutiert worden, ob und wieweit die konkrete Aufgabe den Stil eines Plakates bestimme. Oder wieweit der Charakter, das «Klima» eines bestimmten Aufgabenkreises – z.B. Sport, Ausstellungen oder Mode – das Klima der Plakatgestaltung mitpräge, unabhängig vom persönlichen Stil des Gestalters, unabhängig vom jeweiligen «Zeitstil». Ernst Keller, der frühe grosse Lehrmeister professioneller Graphiker in der Schweiz, hat immer wieder betont, ein Plakat sei erst dann wirklich gut, wenn seine Thematik nicht nur in der Motivwahl, nicht nur in der Textbotschaft wirkungsvoll präsentiert sei, sondern auch im farb-formalen Stil des Plakates sich bekunde. Ja, im Idealfall müsse die Werbebotschaft, ohne gedanklichen Nachvollzug durch den Betrachter, spontan und intuitiv erfasst werden können.

Es gibt kaum einen Bereich des Plakatschaffens, bei dem das Klima des Werbethemas eine so grosse Rolle spielt, wie bei der Mode, beim Modischen im weitesten Sinn. Die Sache selbst, Kleider, Pelze, Schuhe, Strümpfe, Unterwäsche u.a., genügt nicht als Voraussetzung für die Attraktivität des Plakats, das für einen Gegenstand oder eine Firma aus diesem Bereich wirbt. Soll das Mode-Plakat auf die Zeitgenossen oder eine speziell angesprochene Alters- oder Gesellschaftsschicht seine Wirkung tun, bedarf es einer betont modischen Stimmung in der Präsentation.

Für einen solchen «Appeal» im Modischen bedienen sich Auftraggeber besonders solcher Grahiker, die ein ausgeprägtes Flair fürs Modische haben. Im Rückblick auf Höhepunkte der Schweizer Plakatgraphik zeigt sich jedoch, dass zu verschiedenen Zeiten profilierte Graphiker der Verlockung modischer Aufgaben gefolgt sind und bedeutende Modeplakate geschaffen haben, ohne eigentliche «Mode-Graphiker» zu sein. Die Geschichte etwa der PKZ-Plakate, der Bally-Plakate oder der Grieder-Plakate ist eine Kette einprägsamer, die Launen des Modischen überdauernder Meisterplakate verschiedener Entwerfer.

Da die Mode beim Plakatgestalter ein Sensorium für die spezifisch modische Atmosphäre und ihren raschen Wechsel voraussetzt, haben sich immer wieder «Spezialisten» etabliert, Graphiker mit einem Hang zum Modischen, mit einem Flair für die Subtilitäten modischer Trends und Themen. Dabei zeigt sich, dass es für das Modeplakat keinen bestimmten graphischen Stil gibt. Modisch können sowohl strenge wie freie Gestaltungen, zeichnerische wie malerische Lösungen, schwarzweisse oder farbige Photos sein. Ob sich die Modebotschaft dem Betrachter mitteilt, ist eine Frage der Fähigkeit des Graphikers, dem Plakat jenes ästhetische Klima mitzugeben, das zu diesem Zeitpunkt als modisch verführerisch empfunden wird.

**Christian Coigny**
Christian Coigny hat in den letzten Jahren für grosse Modehäuser und Boutiquen geworben. Er versteht seine Plakate als Bilder von suggestiver Kraft. Sie nehmen den Betrachter gefangen durch die Magie der räumlichen Situationen und die raffinierten, dramatischen oder poetischen, stets irrealen Lichtführungen. Fast immer hat das Plakat Coignys den Charakter einer Bühne, auf der

sich ein faszinierendes, weil unalltägliches Geschehen abspielt. Überraschende Requisiten, manchmal mit symbolischem Hintersinn, sind aufgebaut zu einem suggestiven Raumbild, mit Ausblicken in grenzenlose Landschafts- oder Himmelsräume. Die wie durch Scheinwerfer dramatisierte Lichtführung suggeriert Unalltäglichkeit, entführt in eine surreale Traumwelt. Bei einzelnen Plakaten wird man an die Bilder des Surrealisten René Magritte erinnert.

Das eigentliche Werbethema – Herrenkleider, elegante Abendkleider, legere Freizeitkleidung u.a. – wird präsentiert durch männliche und weibliche Modelle. Sie bewegen sich leichthin in diesen Traumräumen, manchmal in dramatischen, tänzerisch-akrobatischen Posen, in unalltäglichen, ja «unmöglichen» Haltungen. Die Atmosphäre wird durch die Firmenbezeichnungen «Bon Génie», «Grieder» usf. kaum gestört. Selbst wenn der Betrachter sich für die gestalterische und technische Machart interessiert, dürfte er Mühe haben zu erfassen, wie die komplexen Räumlichkeiten durch einen von der Sache Besessenen trickreich aufgebaut sind, wie mit raffinierten farbphotographischen Mitteln das Dingliche der Kostüme und das Poetische des Raumbildes eingefangen sind. Alles scheint daraufhin angelegt, eine dichte Atmosphäre des Ungewöhnlichen, Exquisiten, Verlockenden, ja Verführerischen zu erzeugen, einmal in stillen, poetischen, einmal in bewegten, bizarren Bildern. «Verkauft» werden nicht bestimmte Produkte, vielmehr modische Stimmungen, Lebensgefühle.

Coigny arbeitet nicht nach einem Rezept; er findet für jeden Auftraggeber im Konzept wie in der Realisation eine eigene Note. Das zeigen die schwarzweissen Photoplakate für eine Herren-Boutique. Nicht die Produkte stehen im Vordergrund, sondern die Situationen, in denen die männlichen Modelle mit ihren attraktiven Partnerinnen gezeigt sind. Auch da werden nicht Waren verkauft, sondern Männer-Wunschträume vorgegaukelt, elegant und augenzwinkernd witzig.

Der Deutschschweizer wird die Modeplakate Christian Coignys nicht nur als Äusserungen einer eigenwilligen Persönlichkeit sehen, sondern zugleich als Äusserungen «welscher» Mentalität.

**Werner Jeker**

Der in Lausanne als Buch- und Zeitschriften-Gestalter, Graphiklehrer und Plakatkünstler tätige Deutschschweizer Werner Jeker liefert zum Thema der Mentalitäts-Differenzen zwischen Deutsch und Welsch einen interessanten Diskussionsbeitrag. Vor allem in seinen Plakaten verbinden sich formale Konzepte deutschschweizerischer Graphik und unkonventionelle welsche Frische und Unmittelbarkeit in einer eigenartigen Synthese.

Die Plakate Jekers aus den letzten zwei Jahrzehnten gehören fast ausnahmslos in den Bereich des kulturellen Plakats. Sie müssen nicht Produkte oder Firmennamen verkaufen, sondern wollen einen kulturell Interessierten vor allem auf Ausstellungen aufmerksam machen. Diese Freiheit von kommerziellen Zwängen erlaubt es Jeker,

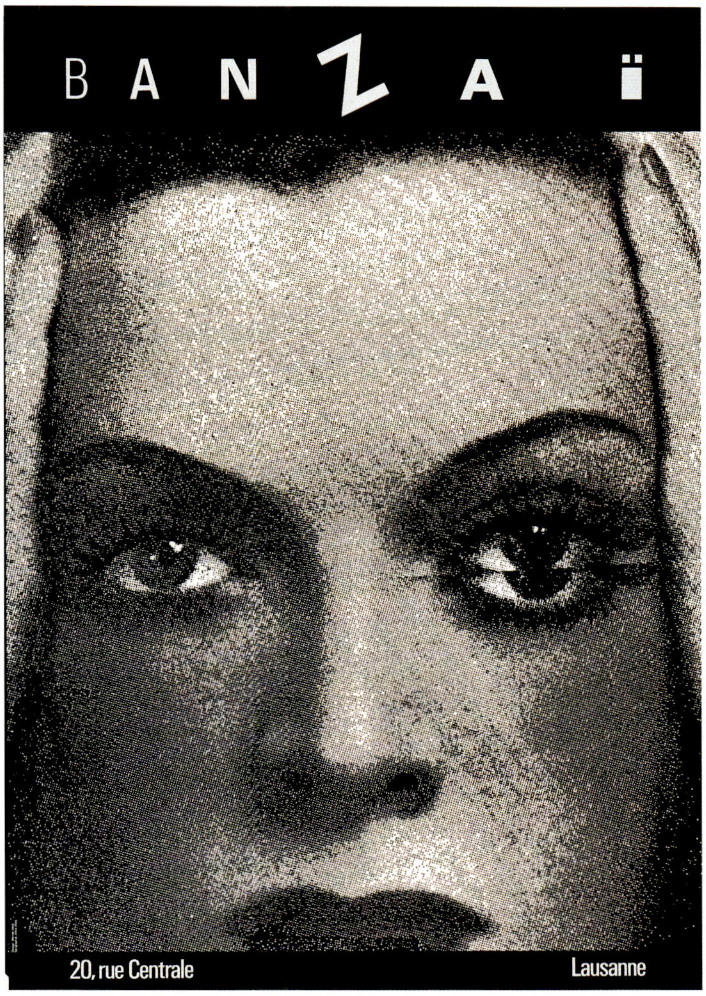


Werner Jeker, 1984

Werner Jeker und Christian Coigny, 1986

die Aufgaben auf ungewöhnliche Weise anzugehen. Es ist ihm dabei gelungen, nicht nur den Plakaten selbst seinen persönlichen Stempel aufzudrücken, sondern darüberhinaus eine graphische Sprache zu entwickeln, die das «Image» der Institute mitprägt, für deren Ausstellungen seine Plakate werben.

Jeker geht stets direkt vom jeweiligen Ausstellungsthema aus, wobei er nicht (wie so viele Ausstellungsgraphiker) einen eigenen interpretativen Beitrag zum Stoffgebiet zu liefern versucht. Er wählt in der Regel aus dem Ausstellungsgut die Photographie eines besonders aussagekräftigen Objekts, macht es zum Leitmotiv seiner Arbeit und zugleich zu einer Art Symbol für die Ausstellung. Von diesem Ausgangspunkt her wird die Komposition entwickelt: Die Photographie kann in suggestivem Ausschnitt eingesetzt werden oder in verfremdeter Form – negativ zum Beispiel; photographische Elemente können auch zu einer Montage benutzt werden; ungewöhnliche Details können auf der Plakatfläche isoliert im Leeren stehen oder in starker Massierung das Bildfeld geradezu sprengen.

Charakteristisch für Jekers Ausstellungsplakate ist die Art, wie die Schrift kompositorisch mit den photographischen Bildelementen ins Spiel gebracht wird. Entsprechend der Natur dieses Aufgabenbereichs muss meist ein umfänglicher informativer Text untergebracht werden. Daher versucht Jeker, das typographische Material zu strukturieren und als markante Formelemente einzusetzen. Dominierende horizontale Textbänder werden an den oberen oder unteren Rand geschoben, um Raumweite zu gewinnen. Textkomplexe sekundären Ranges werden als flächenbildende Schriftpakete mit den Bildmotiven in Beziehung gesetzt: sie nehmen eine Bildform auf oder stehen zu ihr in Kontrast. Benutzt werden meist Versalschriften im Grotesk-Charakter, teils halbfett kräftig, teils mager elegant. Eine diagonale Anordnung aller Schrift in einem Plakat oder die Schrägstellung einzelner Schriftgruppen bewirkt eine starke Dynamisierung der Plakatbotschaft. Manchmal sind, wohl aus ähnlichen Absichten, senkrechte Schriftbänder an die seitlichen Bildränder gestellt, oder es erfolgt ein Wechselspiel von positiver (schwarzer) Schrift auf weissem Grund und negativer (weisser) Schrift auf dunklem Grund.

Auch wenn jedes Plakat sich durch seine Motive wie durch seine Gestaltung deutlich von den andern unterscheidet, so sind die Entwürfe Jekers in ihrer Gesamtheit doch Produkte eines unverkennbar persönlichen Stilwillens. Ähnlich wie die thematisch und stilistisch so andersartigen Modeplakate seines Freundes Christian Coigny gehören die Ausstellungsplakate Werner Jekers zu den interessantesten und überzeugendsten Plakatschöpfungen einer jüngeren Gestaltergeneration in der Schweiz. ● W. R.

# Lehrer an der Schule für Gestaltung Basel

Unter Plakatfreunden und Plakatschaffenden in der Schweiz ist über viele Jahre hin von «Basler Schule» und «Zürcher Schule» gesprochen worden. Gemeint waren damit deutliche Unterschiede in der Konzeption und den eingesetzten gestalterischen Mitteln, also eine Verschiedenheit der lokalen Stile. Diese sind in hohem Masse von der unterschiedlichen Ausbildungsart der an den beiden Kunstgewerbeschulen tätigen Lehrerpersönlichkeiten bestimmt. Das Merkwürdige an dieser regionalen Unterscheidung ist, dass jede der Schulen von starkem Wandel geprägt war und von Jahrzehnt zu Jahrzehnt wieder ein völlig anderes Gesicht zeigte. Von einer «Berner Schule» wurde hingegen wenig gesprochen, obwohl es – unter stilistischen Gesichtspunkten – auch diese durchaus gegeben hätte.

Solche Unterscheidungen im Schweizer Plakatschaffen nach regionalen Stilmerkmalen und Charakteristiken sind kaum mehr möglich. Das hängt nicht allein damit zusammen, dass es die dominanten, eben schulbildenden Gestalterpersönlichkeiten, wie etwa Ernst Keller in Zürich oder Emil Ruder in Basel, nicht mehr gibt. Ähnlich wie in der freien Kunst ist die Szene «pluralistischer» geworden. Fundamentale Wandlungen der graphischen Stilmittel sowie der Funktionen des Plakats im Rahmen der verfügbaren Werbemittel haben die Plakatszene komplizierter, undurchschaubarer, aber auch vielfältiger und damit wohl spannender gemacht. Kommt dazu, dass gesamtschweizerisch der Ideenaustausch lebhafter geworden ist. Über lokale Grenzen hinweg stellen sich immer wieder Verwandtschaften und Affinitäten ein. Gleichartiges oder zumindest Ähnliches ist in Basel, Zürich, Bern oder Lausanne und Genf möglich. Schliesslich tragen selbst modische Trends, von denen auch das Plakatschaffen nicht frei ist, zur Komplexität des Gesamtbildes der neueren Schweizer Plakatgraphik bei.

Der Weg der Basler Plakatgraphik ist besonders vielfältig. Erinnert sei an den grossartigen Auftakt, den das Basler Plakat durch Burkhard Mangold, einen der Pioniere des Schweizer Plakats, erlebt hat. Erinnert sei auch daran, wie ein Niklaus Stoecklin mit seinem «magischen Realismus» in den zwanziger und dreissiger Jahren wichtige Impulse gab, wie später ein Herbert Leupin diesen Hyper-Realismus aufnahm und ihn mit teils liebenswürdigem, teils hintergründigem Spass anreicherte. Da lagen die Quellen für einen in die Motive verliebten, betont auf die Farbe setzenden, also malerischen «Basler Stil». Er gehört der Plakat-Vergangenheit an.

Dass im Lauf der fünfziger Jahre das Basler Plakatschaffen ein anderes Gesicht annahm, hat zunächst mit einer allgemeinen Wandlung im Plakatwesen zu tun: mit dem Rückgang der Warenwerbung mittels des künstlerisch hochstehenden Plakats, seinem Ersatz vor allem durch das Grossinserat. Die Folge war, in Basel so gut wie anderswo, dass dem kulturellen Plakat als Möglichkeit selbständiger, formal starker Gestaltung immer grössere Bedeutung zukam. Das ist bis heute der Fall: Im Vordergrund stehen Plakate für Sozialwerke wie die Winterhilfe, für Sprech-, Musik- und Tanztheater, für Ausstellungen in der Kunsthalle und vor allem im Gewerbemuseum. Das letzte liegt insofern nahe, als genau wie in Zürich in erster Linie die Graphik-Lehrer der Gewerbeschule (heute: Schule für Gestaltung) mit Plakaten für das Gewerbemuseum, bzw. die beiden Museen für Gestaltung beauftragt werden.

Die Persönlichkeit, die am Anfang des neuen «Basler Plakats» steht, war *Emil Ruder* (1914–1970). Seit 1942 als Lehrer an der Gewerbeschule, als Typograph und Graphiker, nicht zuletzt als Theoretiker hat er einen bedeutenden Einfluss auf eine jüngere Generation ausgeübt. Strenge, ja Kargheit des Entwurfs, Reduktion der Bildmotive auf das Elementar-Zeichenhafte hin, asketische Konsequenz der Schriftgestaltung und Schriftanordnung zeichnen seine Ausstellungsplakate aus. Ein vorzügliches Beispiel für die intelligente und zugleich wirkungsstarke Plakatgestaltung von Emil Ruder ist sein Ausstellungsplakat «Die Zeitung»: Der monumentale, signethafte Buchstabe «Z» steht für die Schriftinformation, das grob gerasterte Photo eines springenden Knaben für die Bildinformation durch die Zeitung. Zu diesem optischen Appell an den Betrachter gesellt sich der Plakattext in typographisch strenger Anordnung. Für das handwerkliche Können Ruders zeugt die Plakattechnik: der Linolschnitt.

1947 nahm *Armin Hofmann* seine Lehrtätigkeit an der Basler Gewerbeschule auf; er hat sie später durch Gastdozenturen an amerikanischen Universitäten wiederholt unterbrochen. Mit ihm erhielt die Basler Plakatgraphik – nach der puristischen Phase unter Emil Ruder – wieder ein grösseres Mass an gestalterischer Sinnlichkeit. Dies obwohl Armin Hofmann sich meist auf das kräftige Schwarzweiss beschränkte, die Farbe also ausschloss. Gute Beispiele für sein Schaffen sind die Plakate für die Freilichtspiele von 1959 und 1963. In beiden Fällen wird eine verfremdete Photographie als Bildbotschaft benutzt: die Pirouette einer Tänzerin für das Ballett «Gisèle», der Apfel für eine «Tell»-Inszenierung. Beide Plakate zeigen eine besondere Stärke von Hofmanns Stil: die kraftvolle Schriftgestaltung, die zum zentralen Element der Plakat-Botschaft gemacht ist.

Vor allem mit seinem strengen Schriftplakat «Winterhilfe 1954» gehört auch *Andreas His* zu den Plakatgestaltern, die allein mit einer markanten Schriftkomposition für ein Sozialwerk zu werben verstehen. Das 1960 ebenfalls für die «Winterhilfe» geschaffene zweifarbige Plakat von *Uli Schierle* hingegen suggeriert mit der abstrakten winterlichen Dächer-Komposition die für das Sozialwerk erwünschte Stimmung des Geborgenseins.

Die an Armin Hofmann anschliessende Aera des Basler Plakats trägt seit der zweiten Hälfte der sechziger Jahre bereits die für die folgenden Jahre charakteristischen pluralistischen Züge. Ausschliesslich auf die Kraft einfacher Formzeichen setzt ein Plakat von *Peter von Arx* aus dem Jahre 1965 für die Ausstellung «Signale» in der Basler Kunsthalle: dunkle Silhouetten in halb rektangulären, halb gerundeten Flächenformen drängen sich dicht auf einem intensiven Orange-Grund, von dem sich die in Rot gedruckte Textinformation nur geringfügig abhebt.

In andersartiger Weise vertraut *Kurt Hauert* auf die Ausdruckskraft der Silhouette. Wohl am schönsten ist ihm dies 1969 beim Ausstellungsplakat für die Bugholzmöbel von Michael Thonet geglückt: Die zu einer reinen Schwarzweiss-Silhouette verfremdete Photographie des typischen Thonet-Stuhls macht das Plakat zu einer wirkungsvollen und zugleich eleganten Bildbotschaft, die von einer strengen Schrift-Architektur diskret, aber doch sehr informativ ergänzt wird.

Unter den Ausstellungsplakaten für das Basler Gewerbemuseum, mit denen seit den späten sechziger Jahren *Peter Olpe* hervorgetreten ist, haftet vor allem eines in der Erinnerung: das Plakat für die Ausstellung «Englische Gärten». Ein effektvoller dunkler Bildgrund löst sich nach oben hin auf in eine wohl von einer Photographie ausgehende Baumkronen-Silhouette. In der unteren Plakathälfte löst sich das Schwarz ebenfalls auf: In Rot wird eine freie abstrakte Form pflanzlichen Charakters sichtbar, vielleicht eine Spiegelung in einem Teich. Dieser organischen roten Form sind, ebenfalls in Rot, Lineamente baulicher Formen zugesellt. Sie evozieren die klassizistische Formensprache englischer Landhäuser des 18./19. Jahrhunderts, die von jenen grandiosen Gartenanlagen umgeben sind, wie sie in der Ausstellung zur Darstellung kamen. Dass nicht mit dem – naheliegenden – Grün für Gartenkunst geworben wird, sondern mit dem völlig andersartigen Schwarz-Rot-Klang, dürfte wesentlich zur konzeptuellen Überzeugungskraft und zur optischen Wirksamkeit dieses Plakats beigetragen haben.

Auf plakative Fernwirkung angelegt ist das Ausstellungsplakat «Piemontesischer Barock» von *Andreas His* aus dem Jahre 1964. Gewählt wird als Bildmotiv ein markanter Ausschnitt aus einer barocken Kirchenarchitektur. Die schwungvollen Kurvenformen der Bauelemente sind als dramatisches Helldunkel von Licht und Schatten dargestellt, das Besonnte in warmem Ockerton, das Verschattete in tiefem Schwarz. Eigentliche Signalwirkung aber erhält das Plakat durch den roten Himmel des Hintergrundes, der überdies wie ein rotes Auge keck durch eine ovale Öffnung in der Architektur auf den Betrachter blickt. Durch solche formale Bildregie gewinnt das einem modernen Empfinden eher fernliegende Barockthema überraschende Anziehungskraft.

Eigentliche Bildkompositionen finden sich bei den Ausstellungsplakaten von *Moritz Zwimpfer*. Er bündelt aus dem jeweiligen Ausstellungsthema herausgegriffene Motive zu plakativ wirksamen Montagen, die farbig und formal fast schockierend die Atmosphäre der betreffenden Ausstellung suggerieren, beispielsweise die Denkmalpflege im alten Prag. – Als «atmosphärisch» kann man wohl auch die Plakate bezeichnen, mit denen 1965 *Manfred Maier* der Basler Polizei bei der Neu-Rekrutierung behilflich war: keine präzisen Bilder flotter Polizisten, vielmehr Visionen einer Organisation, von der man erwartet, dass sie stets hilfreich zur Stelle ist.

Haben die Graphiker aus dem Kreis der Lehrkräfte an der Basler Schule für Gestaltung im Geiste eines Emil Ruder

Peter von Arx, 1965

Armin Hofmann, 1957

Andreas His, 1964

Kurt Hauert, 1969

Peter Olpe, 1982

Reinhart Morscher, 1974

wie eines Armin Hofmann jeweils die Gestaltungsideen aus der stets wieder andersartigen konkreten Aufgabe heraus entwickelt, so geschah das oft um den Preis einer leicht erkennbaren Einheit des persönlichen graphischen Stils. Dem gegenüber zeigen die in den folgenden Jahren entstandenen Plakate von *Wolfgang Weingart* eine überzeugende stilistische Einheit. Mit anderen Worten: Das Plakat-Thema wird stets dem persönlichen Stilwillen untergeordnet. Gemeinsames Merkmal der sorgfältig komponierten Plakate von Wolfgang Weingart ist eine aus der Collage-Technik abgeleitete graphische Sprache. Der Gestalter steuert keineswegs auf ein markantes, gar monumentales, aus dem Thema heraus entwickeltes Bildmotiv hin. Er erzeugt vielmehr aus vielen Formelementen gleicher oder ähnlicher Wichtigkeit ein kompositorisches Gefüge von grosser Dichte.

Zu dominanten Horizontalen und Vertikalen treten bei Weingart – etwa in dem einfarbigen Plakat für den «Kunstkredit 1978/79» – markante Diagonalen. Neben den präzisen Geraden erscheinen unregelmässige, «gerissene» Linienverläufe. Quadrierungen, Schraffuren, Rasterungen der wie übereinander gelegten, aufeinander geklebten Teilflächen mit deutlichem Davor und Dahinter machen das Plakatfeld zu einer ebenso komplizierten wie raffinierten Flächenkomposition, in die und auf die Schriftzeilen oder Schriftblöcke gesetzt sind.

Wo andere auf Simplizität hinarbeiten, strebt Weingart Komplexität an. Er will den Betrachter nicht durch wuchtige Einzelformen vergewaltigen oder überrumpeln; sein Ziel ist vielmehr, mit reich befrachteteten graphischen Kompositionen einen intelligenten Dialog mit dem Gesprächspartner aufzunehmen. Man mag ein solches Vorgehen als elitär bezeichnen, aber Plakate des Museums für Gestaltung wie Plakate für Kunstausstellungen überhaupt wenden sich nicht an eine undifferenzierte Masse. Im Gegensatz zu fast allen Vertretern der jüngeren «Basler Schule», die zeitnahe graphische Gestaltungsmittel, wenn auch in individueller Ausprägung, verwenden, knüpft Wolfgang Weingart an die Montage-Technik des russischen Revolutionsplakates an. Das Resultat ist, merkwürdig genug, keineswegs epigonal-historisierend, sondern vielmehr auf eine besondere Art heutig, aktuell, ja vielleicht gar «alternativ».

Wie unverwechselbar diese formreichen Plakate von Wolfgang Weingart sind, wird etwa deutlich, wenn man sie mit gleichzeitigen Plakaten von *Georg Staehelin* vergleicht: Ausstellungs- und Warenplakate, bei denen das eigentliche Bildmotiv isoliert und zentriert auf dem neutralen Plakatgrund steht, somit seine Bildbotschaft, graphisch klar und zwingend formuliert, dem Betrachter unmissverständlich vor die Augen rückt.

Eigentliche Firmen- oder Warenwerbung, wie sie den Plakataushang in unseren Städten dominiert, findet sich unter den Basler Graphik-Lehrern vor allem im Plakatschaffen von *Reinhart Morscher*. Dass in einer Epoche der «süffigen» farbphotographischen Warenwerbung die Produkte auch anders vorgestellt werden können, belegt

Armin Hofmann, 1963

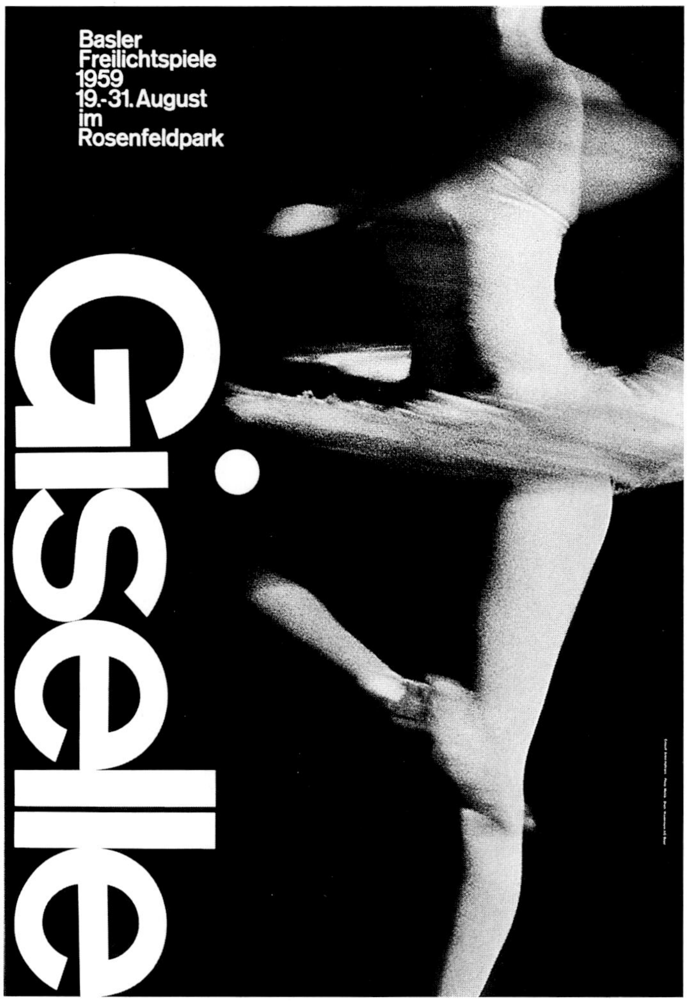


Armin Hofmann, 1959

Wolfgang Weingart, 1979

Emil Ruder, 1958

exemplarisch etwa das «Schweppes»-Plakat von 1974. Als reine Umrisszeichnung steht die charakteristische Flasche mit dem Kronenkorken auf weissem Grund. Skizzenhaft flüchtig sind darüber die für die Etikette charakteristischen Farbzonen schraffiert – darauf vertrauend, dass der Betrachter die optische Anspielung instinktiv erfasst. Lediglich als kleine Gedächtnisstütze erscheint der Getränke-Name, senkrecht gestellt, in der rechten untern Bildecke. Das offene, helle, leichte Farb-Form-Klima des Plakats vermag das erfrischende Aroma des farblosen Getränks in der farblosen Flasche zu suggerieren.

Ein vorzügliches Beispiel dafür, dass auf dem Plakat die Ware nicht photographisch genau abgebildet oder gar noch in eine Wunschtraum-Atmosphäre gebettet sein muss. Ein Beispiel aber auch dafür, dass auf mehr oder weniger originelle Werbeslogans getrost verzichtet werden kann, wenn man dem Graphiker die Freiheit zu einer wirkungsstarken Bildbotschaft einräumt. ● W. R.

Lehrer an der Schule für Gestaltung Basel

# Plakatgestalter in Bern

Die Berner Graphik wird von einigen profilierten Persönlichkeiten verschiedener Herkunft und Generationszugehörigkeit geprägt, die – mit gelegentlichen Berührungspunkten – keine eigentlichen Übereinstimmungen erkennen lassen. Es sind individuelle graphische Stile oder Sprachen, die jeden dieser Graphiker als unverwechselbaren Gestalter erscheinen lassen.

**Hans Hartmann**
Der gebürtige Aargauer Hans Hartmann (1913) hat nach einer Berufslehre und dem Besuch der Kunstgewerbeschule Zürich (unter Ernst Keller) sich 1938 in Bern etabliert. Zu einer seiner Spezialitäten wurde das Signet für Firmen oder Institutionen, darunter das Signet der SBB, in dem sich Kreuz und Pfeile nach beiden Seiten ausdrucksstark verbinden. Meisterliche Lösungen fand Hartmann wiederholt bei der Gestaltung von Briefmarken. Die Serien der Kunstdenkmäler, von höchster Präzision im Strich und monumentaler Wirkung, gehören zu den besten Schweizer Briefmarken. Hervorgetreten ist Hartmann auch mit Ausstellungsgestaltungen und Wandbildern. Immer wieder ist in der linienbetonten Gestaltung eine Liebe für die graphischen Reize der Volkskunst spürbar.

Dieser Graphismus findet sich auch in einzelnen Plakaten. Doch vergisst Hartmann die Hauptfunktion dieses Werbe- und Informationsmittels nicht: Blickfang und rasche Information durch verknappte Texte. Das kann im Extremfall zum Verzicht auf Texte überhaupt führen, also zur Weitergabe der Information einzig durch das Bild. So etwa beim Plakat für Sicherheit im Strassenverkehr, das zur Benutzung von Fussgängerstreifen auffordert: Im Vordergrund trippelt unsicher ein Huhn auf der Fahrbahn; darüber die Geometrie des Fussgängerstreifens mit den Schuhabdrücken als sichere Alternative für den Benutzer. Die klare Bildbotschaft bedarf nicht des Hinweises «Stapf nicht wie ein Huhn über die Strasse». Ebenso eindrücklich ist ein Plakat für den Gütertransport der SBB: Die stilisierte Teilansicht eines Güterwagens mit dem dynamischen Radmotiv verbindet sich mit dem Slogan «SBB – Hauptstrasse der Wirtschaft» zur klaren Werbebotschaft. Gerade dieses Plakat ist typisch für den graphischen Perfektionismus der Schweizer Graphik um 1960.

**Hugo Wetli**
Der Berner Hugo Wetli (1916–1972) hat den Lehrberuf eines Bauzeichners früh mit dem des Gebrauchsgraphikers vertauscht. Zeitlebens verlockten ihn auch immer wieder die freie Zeichnung und die Malerei. Für seine gebrauchsgraphischen Arbeiten hat er einen unverwechselbaren Stil gefunden, der im Formalen illustrativ-zeichnerisch wirkt, jedoch in der lebhaften Farbsetzung stets den Maler verrät. Dieser kam in Wandbildern – für Agenturen der Swissair oder den Chemie-Pavillon der Expo 1964 in Lausanne – voll zum Zuge.

In Kalendern und Plakatserien für die Schweizer Verkehrszentrale brachte Hugo Wetli immer wieder seine Liebe für Vielfalt und Schönheiten schweizerischer Landschaften zum Ausdruck. Mit malerisch-illustrativen Blättern hat er zur Werbung für das Reise- und Ferienland Schweiz Pionierleistungen vollbracht. Er huldigte dem Reichtum unserer Natur- und Siedlungslandschaften immer mit dem Bewusstsein, dass erst die individuelle künstlerische Interpretation dem Sichtbaren ästhetischen und emotionalen Reiz verleiht. Nur sporadisch hat sich Hugo Wetli der Warenwerbung gewidmet. Zwei Arbeiten stehen hier im Vordergrund: Die zeichnerisch muntere Silhouette eines Kaminfegers, der als üblicherweise verrusster Gesell, aber auch als Glücksbringer für das weissmachende Persil wirbt. Sodann ein dunkelhäutiger, sportlicher Plantagen-Arbeiter, der mit emporgerecktem Arm einen mächtigen rot-weissen Kaffee-Ballen auf dem Kopf balanciert.

**Adolf Flückiger**
Der gebürtige Zürcher Adolf Flückiger (1917) erhielt seine Ausbildung in einem graphischen Atelier und an der Kunstgewerbeschule Zürich bei Alfred Willimann. Seit 1944 ist er selbständig in Bern tätig. Er übernimmt Lehraufträge am Technikum Biel, von 1963–1983 als Fachlehrer für Graphik an der Kunstgewerbeschule Bern. Für zahlreiche Auftraggeber – wie SBB und SRG sowie humanitäre Institutionen – ist eine Vielzahl und Vielfalt an graphischen Arbeiten entstanden, darunter auch markante Signete.

In seinem Schaffen dominieren einerseits Plakate für humanitäre Institutionen (Winterhilfe, Schweizer Auslandhilfe u.a.), anderseits Ausstellungsplakate für die Berner Kunsthalle. Mit seinen Plakaten für soziale Hilfswerke will Flückiger den Betrachter aus seiner Passivität aufrütteln und zu Geldspenden animieren. Diese Aufgabe löst er mit einer lapidaren, auf Kontrasten beruhenden zeichenhaften Bildsprache. So wirbt für die Winterhilfe eine stilisierte verschneite Baumform. Dass auch mit Schwarzweiss-Plakaten stärkste Wirkungen zu erzielen sind, zeigt der Aufruf für die Schweizer Auslandhilfe: Zwei schwere querrechteckige schwarze Flächen verleihen als Schriftträger dem Plakat monumentale Wirkung. Zwischen sie eingeklemmt erscheint, wie durch einen Sehschlitz, das Augenpaar eines schwarzhäutigen Kindes – eine deutliche Aufforderung zur Hilfe in der Not.

Bei den Ausstellungsplakaten entwickelt Flückiger die Formelemente aus der jeweiligen Thematik heraus oder aber sucht – wie bei der Gruppenausstellung «Gorin – Dewasne – Constant» – eine farbformale Lösung, die das «Klima» der Ausstellung suggeriert: eine horizontale Streifenstruktur mit dem Trikolore-Farbklang Blau-Weiss-Rot, der für Frankreich wie für Holland als Heimat der Künstler zeugt. Die Streifenstruktur löst die schmalhohen Lettern so stark auf, dass es der Anstrengung des Betrachters bedarf, um die Botschaft zu lesen.

**Kurt Wirth**
Seit 1938, als er in Bern sein Atelier eröffnete, hat Kurt Wirth (1917) in seinem vielseitigen graphischen Schaffen einen weiten Weg zurückgelegt: von illustrativen Anfängen bis zu den reifen, formbetonten Abstraktionen. Wie an anderer Stelle gezeigt wird, spiegelt sich diese Entwicklung

besonders klar im Plakatschaffen, wo eine zunehmende Vereinfachung im Einsatz der farb-formalen Mittel zu beobachten ist. So visualisiert ein Plakat von 1981 für die Buchhandlung Scherz das Thema «Buch» in elementarer zeichenhafter Verdichtung; das Bildkürzel Buch verbindet sich wirkungsvoll mit dem knappen Schriftelement. Ganz anders ein Konzertplakat von 1988: Da erzeugt eine gestisch-freie Farbkomposition Konzertstimmung. Sind es Instrumenten-Fragmente, sind es Impressionen der musikalischen Werke selbst, die hier farbig delikat einen Hörgenuss visualisieren? Jedenfalls greift die Stimmung auch auf die Schrift über, die als freie Kalligraphie sich über die Farbkomposition legt. Das Plakat erinnert daran, dass Kurt Wirth sich zunehmend freien künstlerischen Arbeiten widmet.

**Herbert Auchli**

Der in Ruswil geborene Herbert Auchli (1921) hat sich nach dem Besuch der Kunstgewerbeschulen von Luzern und Zürich (Ernst Keller) in verschiedenen Ateliers graphische Erfahrungen angeeignet, bevor er sich 1947 in Bern niederliess. Zwischen 1971 und 1986 war er als Lehrer an der Graphikklasse der Schule für Gestaltung in Bern tätig. Zeigten frühe Arbeiten eine leicht anekdotische Neigung zum Illustrativen, so hat Herbert Auchli später die figurativen Motive stilisiert oder durch abstrakte Formkompositionen ersetzt.

Aufgefallen sind stets die von Herbert Auchli für den Publizitätsdienst der SBB geschaffenen Plakate. Bei diesen Aufgaben verwendet er photographische Mittel, oft in graphischer Verfremdung. Zu den eindrücklichsten SBB-Plakaten gehören jene, die die Bahn als Alternative zum Auto empfehlen. Wo das Land in tiefem Schnee versunken ist, wird die Bahn dem hilflos im Schnee stehenden Automobilisten mit dem Slogan «Darum ein Halbtax-Abonnement» empfohlen. Und wo die Autos kaum mehr aus dem Schnee zu buddeln sind, heisst es «Abwarten und Bahn fahren». Eines der stärksten winterlichen SBB-Plakate ist die Schwarzweiss-Komposition mit der Photographie einer verschneiten Baumsilhouette, hinter der im Schneetreiben wie eine Vision ein Zug quer durch das Plakat fährt. In einprägsamer roter Schrift wird die Empfehlung gegeben: «Eis und Schnee – SBB». Immer wieder hat Herbert Auchli treffsichere Bildformen für die SBB-Slogans von Werner Belmont gefunden.

**Heinz Jost**

Der Berner Heinz Jost (1934) hat im Anschluss an seine Ausbildungszeit an der Kunstgewerbeschule Biel bei einem Volontariat am Stadttheater Bern seine leidenschaftliche Liebe zum Theater vertieft. Mit der Eröffnung des eigenen Ateliers in Bern, 1967, tritt dann die Arbeit für das Stadttheater Bern und die Bernische Musikgesellschaft ganz in den Vordergrund.

Merkmal für Heinz Josts Theaterplakate ist, wie an anderer Stelle ausgeführt, nicht allein die Passion für die Welt des Theaters. Er geht immer vom Inhalt des Werkes, seinem zeitlichen, gesellschaftlichen und künstlerischen Klima aus. Mit ihm lässt sich Jost bis zur völligen Identifikation ein.

Claude Kuhn-Klein, 1986

Claude Kuhn-Klein, 1988

Herbert Auchli, 1965

Stephan Bundi, 1985

Das erlaubt ihm, stets von innen heraus zu gestalten. Er tut dies mit einem illustrativen Stil, der die Übersteigerung ins Groteske, oft ins Makabre, Unheimliche bevorzugt. Es entsteht ein packendes Theaterklima, wie es im Schweizer Plakat selten ist.

Das Plakat für die Oper «Wozzeck» von Alban Berg – mit dem in fahlem Grau ins Absurde gesteigerten Uniformträger – ist Beispiel für eine unvergleichliche Gabe von Heinz Jost, nämlich das Theater als etwas durchaus Künstlich-Unwirkliches, Phantastisches zu verstehen, in dem der Alltag, unser Leben, auf faszinierend-zwingende Weise dargestellt, interpretiert und kommentiert wird.

**Claude Kuhn-Klein**
Der Berner Claude Kuhn-Klein (1948) erhielt seine Ausbildung an der Kunstgewerbeschule Bern. Anschliessend besuchte er die Akademie der bildenden Künste Stuttgart, später die Kunstgewerbeschule Zürich. Seit 1972 widmet er sich freier künstlerischer Arbeit und ist zugleich Graphiker und Ausstellungsgestalter am Naturhistorischen Museum Bern. 1986 erhielt er einen Lehrauftrag an der Schule für Gestaltung.

In seinem Plakatschaffen dominieren zwei gegensätzliche Themenbereiche: der Boxsport und die Tierwelt. Während bei den Boxsport-Plakaten Claude Kuhn-Klein aussergewöhnliche Gesichtspunkte wählt – etwa die Verwandlung der beiden Boxer im Ring in zwei riesige Boxhandschuhe, die aufeinander losgehen –, steht bei den Tierplakaten eine exakte, stilisierte Darstellung der Tiergestalt im Vordergrund.

Zum Besuch des Vivariums im Tierpark Dählhölzli lädt uns vor grünem Grund ein blauer Papagei in bilderbuchhafter Stilisierung ein. Der exotische Vogel wird so monumentalisiert, dass nur Kopf, Hals und Brust im Ausschnitt gezeigt werden, wir uns also, die Tiergestalt ergänzend, einem Riesenvogel gegenüber wähnen. Anders die Tiergestalt auf einem Plakat des Naturhistorischen Museums: Auch da – vor zart gelbem Grund – in ornamental schwingender Form stilisiert, ein exotischer Vogel, ein Tukan mit riesigem gelbem Schnabel, nun aber in der Art einer Spielkarte kopfüber ein zweites Mal gezeigt, diesmal in zartem Grau. Die Darstellung gewinnt dadurch die formale Qualität einer persischen Miniatur oder eines japanischen Farbholzschnittes. Durch diese eigenwillige formale Gestaltung wie durch das Raffinement der Farbstellung erhält das Plakat alle Merkmale des Ungewöhnlichen, ästhetisch überaus Reizvollen.

**Stephan Bundi**
Aus Trun in Graubünden stammend, hat Stephan Bundi (1950) seine Lehre in einer Werbeagentur absolviert und sich an der Kunstgewerbeschule Bern weitergebildet. Nach einer Agentur-Praxis folgte ein Studium an der Akademie der Künste in Stuttgart. Zur Berufspraxis kamen wiederholt Lehraufträge an verschiedenen Schulen für Gestaltung. Seine Neigungen, sein künstlerisches Credo haben dazu geführt, dass Bundi seine gestalterischen Mittel «engagiert» einsetzt.

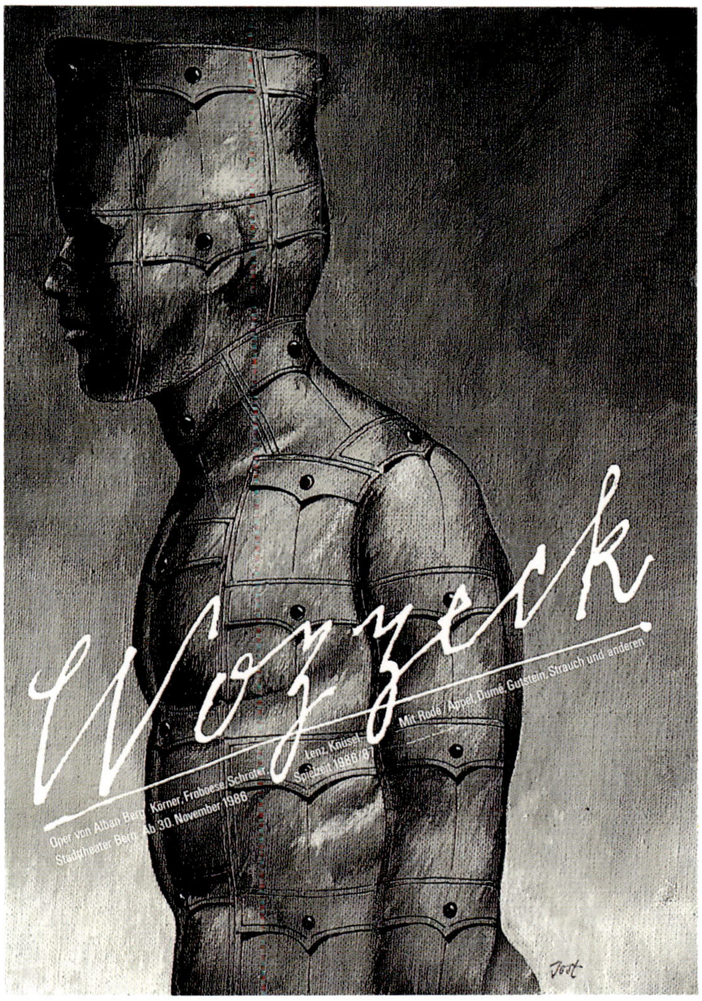


Heinz Jost, 1986

Hugo Wetli, 1960

Hans Hartmann, 1964

Hans Hartmann, 1962

Kurt Wirth, 1988

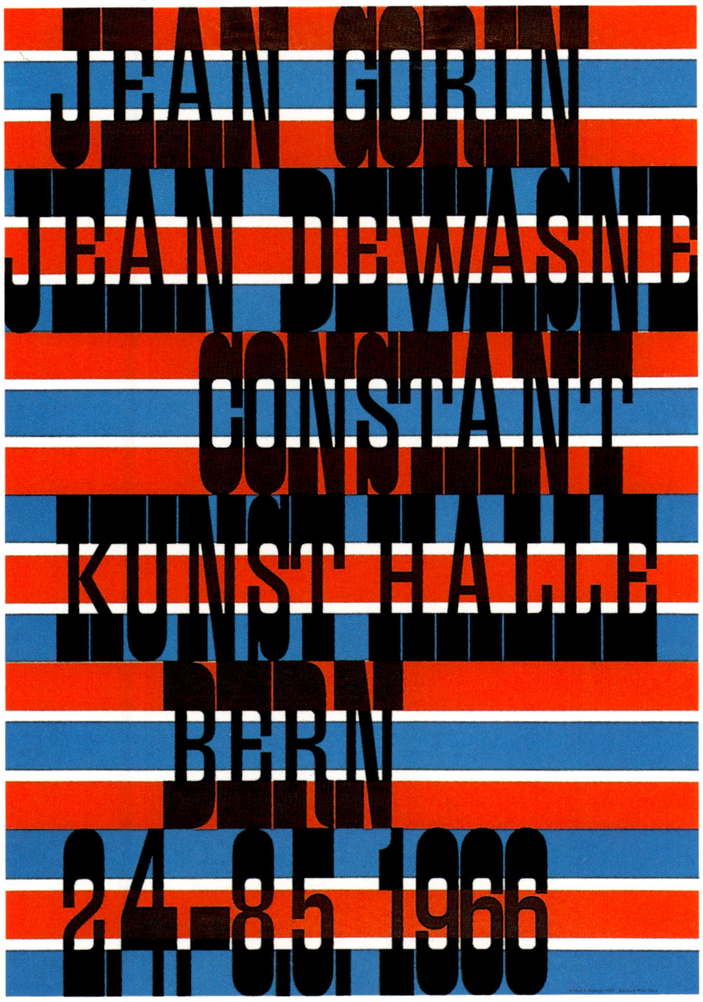


Adolf Flückiger, 1966

Angehöriger einer jungen, nach 1968 angetretenen Generation visualisiert Bundi seine Themen ohne jede graphische Schönfärberei. Seine Konzepte sind direkt, hart, unter die Haut gehend, vor allem dort, wo vom Thema her Schonungslosigkeit gefordert ist. Am weitesten in dieser Richtung geht wohl das Montage-Plakat «Stoppt die Folter» von 1985 für Amnesty International. Die scharfe Rasierklinge, die in eine Daumenkuppe eingeschnitten ist, verdichtet das Phänomen der Folter in ein exemplarisches Beispiel des verletzenden, schmerzhaft-quälenden Eingriffs in die Integrität und Würde eines Menschen. Deutlicher kann man kaum sein.

Die Plakate der hier vorgestellten Berner Gestalter stecken – wenigstens summarisch – den Rahmen ab, in dem sich das Berner Plakat der letzten drei Jahrzehnte entfaltet hat. Die Spannweite reicht von strenger, handwerklich perfekter und sachlicher, vielfach «Ding-naher» Gestaltung bis zur freien, teils illustrativen oder malerischen, teils phantastischen Evokation mehr von Stimmungen als von konkreten Gegenständen. Deutlich wird im Schaffen der meisten Berner Plakatkünstler die intensive Auseinandersetzung mit den vielfältigen, wohl auch widersprüchlichen Aspekten der aktuellen Kunst, wie sie in den exemplarischen Ausstellungen der Berner Kunsthalle gezeigt wurden. ● W. R.

# Das Plakat im Tessin

Dass die Schweiz an drei europäischen Kulturkreisen, dem deutschen, französischen und italienischen, Anteil hat, spiegelt sich im Plakatschaffen besonders deutlich. Die kulturellen Unterschiede zwischen den Sprachregionen und Landesteilen zeigen sich in den je eigenständigen Konzeptionen des Plakats. Dieses wird zum faszinierenden Spiegel der Vielgestaltigkeit unseres Landes und der unterschiedlichen Mentalitäten auf engem Raum. Andere Themen und Motive, andere Arten der Visualisierung von Werbebotschaften, vor allem auch Unterschiede im graphischen Stil – all dies kann für den Plakatbetrachter Anstoss sein, Denkweise und Wesensart der Menschen in den anderen Landesteilen besser zu verstehen.

Exemplarisch ist unter diesem Gesichtspunkt das Plakat der italienischen Schweiz, das sich vom Plakatschaffen in den andern Landesteilen deutlich unterscheidet. Da kennt man die Arbeit der Tessiner Gestalter deshalb wenig, weil ihre Plakate, auf spezifische Werbebedürfnisse der Südschweiz zugeschnitten, nur dort zum Aushang kommen. Einzig in der Touristik-Werbung begegnet der Deutschschweizer regelmässig dem Tessiner Plakat.

Dabei mag er dem Irrtum unterliegen, die Plakatbotschaft mit seiner eigenen Vorstellung (oder seinem Wunschbild) der Tessiner Landschaft und Wesensart zu identifizieren. Er freut sich an der einladenden Bildwerbung und vergisst, nach den kulturellen (oder künstlerischen) Voraussetzungen gerade jener Plakate zu fragen, die sein Tessinbild prägen. Doch das in Stil und Aussage einem traditionellen Tessinbild deckungsgleiche Tessiner Plakat ist längst Geschichte und entspricht keineswegs mehr der heutigen Plakatkunst im Tessin.

Es waren Künstler wie der Maler und stilbildende Graphiker *Daniele Buzzi* (1890–1974) oder der Maler und Architekt *Mario Chiattone* (1891–1957), wohl auch Luigi Rossi, die in den zwanziger Jahren mit ihren stilisierten, zum Teil bilderbuchartigen Tessiner Veduten oder ihren reizvollen folkloristischen Plakaten für das Kamelienfest in Locarno, das Winzerfest in Lugano der Sehnsucht nach dem Süden sichtbare Gestalt gaben. Buzzi ist zweifellos die stärkste Künstlerpersönlichkeit, kann daher als eigentlicher Begründer der Tessiner Plakatkunst angesprochen werden. Sein Plakat «Ticino» von 1947 bildet – mit dem Blick vom Wasser her auf eine malerisch gestaffelte Häusergruppe – so etwas wie den Schlussakkord eines Zeitalters.

Auch wenn Buzzi später noch weitere Plakate geschaffen hat, waren längst andere Generationen von Plakatkünstlern am Werk. Vergleichsweise noch wenig profiliert erscheint das graphische Schaffen in den dreissiger und vierziger Jahren. Neben Touristik-Plakaten von Pescini prägt sich nur ein einziges kraftvolles, farbig wirksames Plakat von 1931 für die «Festa delle camelie» in Locarno von *Bruno Nizzola* ein. Neue Töne hingegen werden in den fünfziger Jahren vernehmbar. Im Vordergrund stehen da die Plakate des vielseitigen Malers, Graphikers und Schriftstellers *Felice Filippini*. In seinen locker gezeichneten und koloristisch frischen Affichen für eine Plakatausstellung oder für Vanini werden Beziehungen zur Commedia dell'Arte und zum venezianischen Karneval sichtbar.

Um 1960 setzt das moderne Tessiner Plakat ein. Dieser Aufschwung entspricht dem damaligen Höhenflug des gesamten Schweizer Plakatschaffens. Doch haben die Tessiner Graphiker ihre Unabhängigkeit weitgehend zu wahren gewusst – teils in den thematischen Bevorzugungen, teils dank ihrer anderen schulischen Herkunft und Orientierung (etwa zum «Mailänder Stil» hin) und schliesslich dank ihrer ureigenen Wesensart.

*Udo Elzi* arbeitet vorzugsweise mit photographischen Motiven, die er mit der Sache gerecht werdenden Schriften kombiniert. Gute Beispiele dafür sind «Merlot del Ticino» (entstanden in Zusammenarbeit mit Francesco Milani) und das Ausstellungsplakat «Borromini», wo die «barocke» Schriftanordnung das Architekturmotiv paraphrasiert, oder die «Open Air»-Stimmung im Plakat «Festival del Film, Locarno» von 1978. Dieser Lösung mit einer verfremdeten Photographie lässt sich das für die gleiche Veranstaltung von *Carlo Berta* und *Fulvio Roth* 1980 geschaffene, rein graphische Plakat gegenüberstellen.

Dass überragende Warenplakate relativ selten sind, mag sich aus der wirtschaftlichen Situation des Tessins erklären. Das auch bei uns bekannt wordene «Campari»-Plakat von *Sergio Michels* mit seiner ins charakteristische Rot getauchten, monumentalisierten Photographie sei als hervorragendes Beispiel genannt. Dass kraftvolle Warenplakate auch heute mit rein graphischen Mitteln gestaltet werden können, beweist «Caffè Moretto» von *Orio Galli*, der aus dem Firmennamen eine Kaffeekanne formt und durch warme Farbgebung das spezifische Aroma suggeriert. Auch für kulturelle Veranstaltungen hat Orio Galli markante Plakate geschaffen, wobei meist photographische Motive mit strengen «Schrift-Architekturen» kombiniert sind. Im Tessin entstehen auffallend schöne und charaktervolle Plakate für kulturelle Veranstaltungen. So hat etwa *Emilio Rissone* in den sechziger Jahren eindrückliche Plakate für Orgelkonzerte geschaffen, schwarzgrundig, zeichenhaft, mit photographischen Elementen und strengen Typographien verbunden.

Zu weitgehend abstrakten Lösungen kam *Lulo Tognola* mit dem rhythmischen Bewegungsmotiv für ein Turnfest oder mit der dynamischen, geometrischen Visualisierung der 500-Jahr-Feier für das Castello in Mesocco. Kraftvolle Abstraktionen finden sich auch im Schaffen von *Romano Chicherio*. Ihm sind mit «Monte Brè» und vor allem mit der formal und farbig reizvoll stilisierten Lago Maggiore-Landschaft im Plakat «Ticino» wesentliche Erneuerungen des touristischen Plakats gelungen.

Tessiner Kultur liesse sich nicht eindrücklicher vorstellen als im Plakat «Ticino: Terra d'artisti» von *Orio Galli*: Vor dem farbigen Hintergrund mittelalterlicher Fresken erscheint als schwarze Silhouette ein Bauwerk von Mario Botta, dem führenden Schweizer Architekten. Tessin heute, das ist Avantgarde vor dem Hintergrund einer reichen Tradition. ●

W. R.

Mario Pescini, 1933

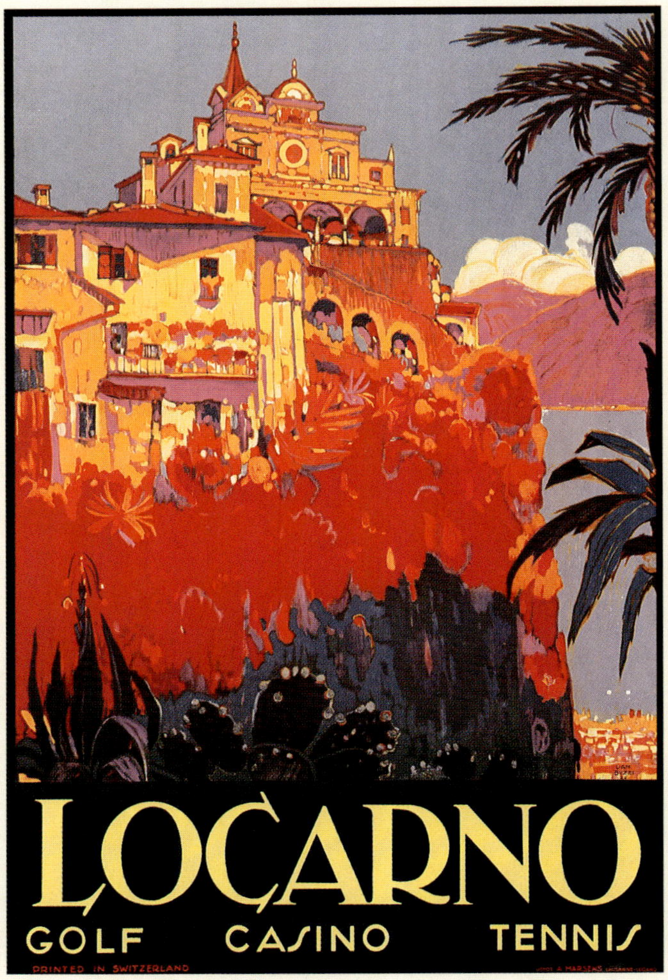


Daniele Buzzi, 1926

Romano Chicherio, 1968

Daniele Buzzi, 1926

Mario Chiattone, 1927

Orio Galli, 1971

Felice Filippini, 1959

Serge Michels, 1979

Orio Galli, 1984

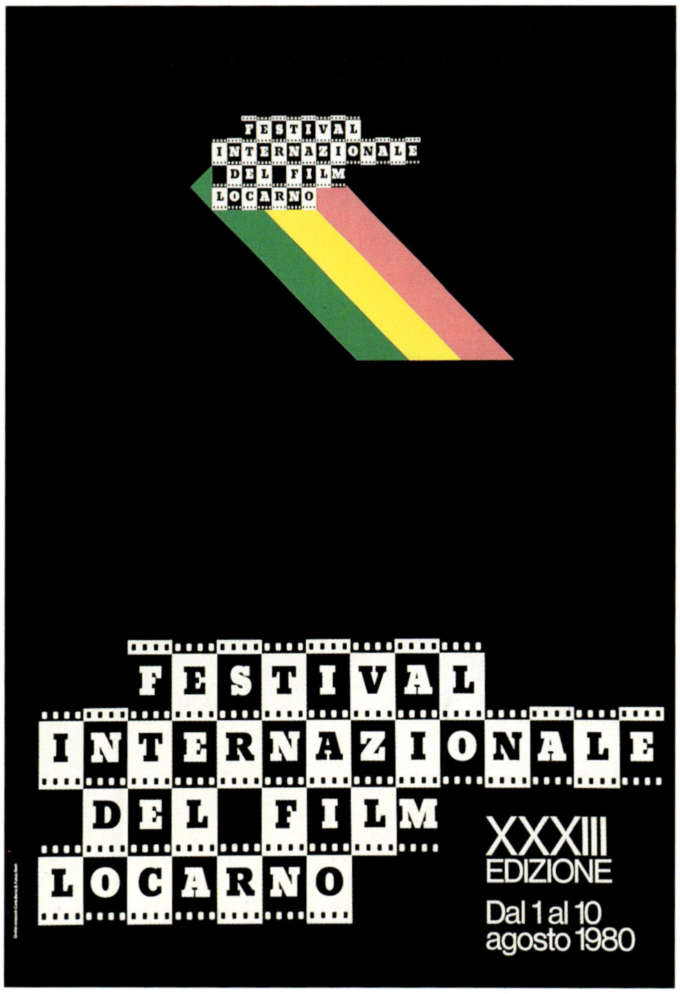


Carlo Berta/Fulvio Roth, 1980

# Das Touristikplakat

Das Touristikplakat ist ein Kind des Reisezeitalters und zugleich eine klar begrenzte Gattung des Werbemittels Plakat. Seine Geschichte ist verknüpft mit der Entwicklung des Tourismus, der aus dem Bildungsdrang einer gesellschaftlichen Elite zu einem integrierenden Bestandteil im Leben einer demokratischen Gesellschaft geworden ist. Andrerseits hat das Touristikplakat Anteil an der Geschichte des Plakats als eines Werbemittels für materielle und immaterielle Güter und Dienstleistungen. Als Werbemittel kommt ihm die Aufgabe zu, über Länder, Regionen, Kurorte, Städte, Bahn- und Schiffahrtsbetriebe und weitere Bereiche des Tourismus zu informieren; es soll die Reiselust wecken und auf das spezielle Werbethema gezielt hinlenken.

Das Touristikplakat ist ein reich facettierter Spiegel: Es gibt Auskunft über die Reise-Interessen und Reise-Möglichkeiten einer Zeit; es gibt Auskunft über die zu einer Zeit als wirksam erachteten Werbemethoden; schliesslich gibt es, als Produkt der angewandten Graphik, auch Aufschluss über die künstlerischen Tendenzen einer Zeit. In der Rückschau verrät es die kollektiven Wunschträume und die künstlerischen Auffassungen einer Epoche.

Mit der Entwicklung der Hotellerie, die seit dem Aufkommen der Eisenbahnen, Mitte des 19. Jahrhunderts, immer grössere Touristenströme anzuziehen suchte, wurde der Fremdenverkehr zur eigentlichen Industrie. Er ist bis heute ein bedeutender Faktor in der schweizerischen Wirtschaft. Im späten 19. Jahrhundert sah sich die Schweiz mehr und mehr von anderen Reiseländern konkurrenziert; andrerseits traten die verschiedenen Fremdenorte miteinander in Wettstreit. Daraus erwuchs die Notwendigkeit zielstrebiger Fremdenverkehrswerbung. Die Mundpropaganda zufriedener Gäste reichte nicht mehr aus. Im Wettstreit mit analogen Werbefeldzügen der Konkurrenz galt es, sich deutlich bemerkbar zu machen. Die zu Fremdenverkehrs- oder Kurvereinen sich zusammenschliessenden gastgewerblichen Betriebe, die Bahn- und Schiffahrtsgesellschaften griffen zu immer werbewirksameren Methoden. Die wichtigste wurde über Jahrzehnte hin das Plakat. Es konnte weltweit dort ausgehängt werden, wo besonders viele Reiselustige vermutet wurden, zum Beispiel in Bahnhöfen oder Empfangshallen.

Die frühen Touristikplakate geben – in der Schweiz seit etwa 1880 – deutlich ihre Herkunft sowohl aus der Vedutengraphik des 18. und 19. Jahrhunderts wie aus dem mit einer pittoresken Ortsansicht illustrierten Bahnfahrplan zu erkennen. Werden die zum Wandanschlag bestimmten Fahrpläne zunächst mit einem Blickfang versehen, der an Fernwirkung kaum eine Vedutengraphik übertrifft, so sind andere frühe Touristikplakate im Grunde nichts weiter als eine Montage mehrerer Vedutenbilder. Es hängt vom Geschick des Reklamezeichners ab, auf welche Art die einzelnen kleinformatigen Ansichten zu einem ansprechenden Ganzen komponiert sind. Zunächst herrscht die Vorstellung des «Bilderbogens» vor. Oft werden die Bildchen durch raffinierte Scheinmalerei so gezeigt, als wären sie aufgeklebt: Ecken lösen sich scheinbar vom Grund und rollen sich ein.

Erste Schritte zur Überwindung dieses additiven Bildprinzips bestehen darin, die Zwischenräume mit ornamentalem Schmuck, meist Blumengebinden der örtlichen Flora, zu füllen, um dadurch den Eindruck der Einheit zu erwecken; dann werden die einzelnen Bildfelder durch unterschiedliche Grösse gegliedert, die Motive also gewichtet. Allmählich schält sich ein zentrales Motiv heraus, breitet sich dominierend über einen grösseren Teil des Plakatfeldes. Statt des Blumenschmucks verbinden nun oft allegorische Figuren die einzelnen Veduten.

Aus dem Geist des Historismus mit seinen idealistischen Tendenzen geboren, gewinnen solche allegorischen Figuren in den neunziger Jahren die Oberhand über die touristischen Motive. Attraktive Mädchengestalten, hinter denen sich uralte Vorstellungen von Quellnymphen und anderen weiblichen Naturgottheiten verstecken, werben einladend für einen Ferienort. Auf den Bahnplakaten finden sich nun weibliche Allegorien der Eisenbahn, manchmal geflügelt wie griechische Siegesgöttinnen, manchmal einen Flügelhelm auf dem Haupt oder das Flügelrad in der Hand tragend. Solche allegorischen Mädchenfiguren sind die Vorläuferinnen der Pin-up-Girls.

Parallel zu diesen die Plakatflächen beherrschenden Mädchenfiguren gewinnt in illustrativen Touristikplakaten allmählich ein einzelnes spektakuläres Bildmotiv die Oberhand. Wo Bahnen, speziell Bergbahnen, oder Dampfschiffkurse ein Hauptargument der Werbung sind, erfährt das technisch Neuartige bevorzugte Behandlung. Die in Textfelder eingedruckten Fahrpläne beweisen, dass der Fahrplan-Aushang eine der Quellen des Touristikplakats ist. Auch Landkarten der angepriesenen Gegenden oder die schematische Lokalisierung eines Ortes im nationalen und internationalen Eisenbahnnetz sind anfänglich wichtige Bestandteile der Werbung. Mit der wachsenden Einsicht in die Funktionen und Wirkweisen des Werbemittels Plakat verschwinden um die Jahrhundertwende solche marginalen Informationen.

Erhaltene Beispiele aus der Frühzeit des Touristikplakats haben noch weitgehend den Charakter einer Folge von Prospektillustrationen, die zu einem Ganzen montiert und um oft ausführliche Textinformationen ergänzt sind. Eine Fernwirkung geht diesen Plakaten noch ab. Unmerklich erfolgt dann eine stärkere Gewichtung des Wesentlichen. In zähflüssigem Prozess vollzieht sich der Übergang zu einer mit einem flüchtigen Blick erfassbaren plakatgemässen Bildsprache. Sie ist nicht nur eine Folge der Motiv-Monumentalisierung und Motiv-Konzentration, sondern vor allem eine Frage des graphischen Stils. «Plakativ» im eigentlichen Sinn werden Touristikplakate erst von dem Zeitpunkt an, da ein detailreicher, naturalistischer Illustrationsstil durch einen grosszügig zusammenfassenden, stilisierenden, später abstrahierenden Bildstil abgelöst wird.

Diese Veränderung vollzieht sich um die Jahrhundertwende. Sie fusst auf den seit etwa 1880/90 zuerst in Frankreich und England in Gang gekommenen Entwicklungen vom illustrativen Plakat aus der Hand des Reklame-

Johannes Handschin, 1934

Charles Kuhn, 1935

zeichners zur Plakatkunst aus der Hand grosser Maler. Dieses «Künstlerplakat» beruht auf einer maximalen Ausnutzung des Bildfeldes für eine auf markante Elemente reduzierte, stark stilisierte Darstellung eines einzelnen Motivs, verbunden mit einer extremen Textreduktion – oft auf ein einziges Wort.

Dieser moderne Plakatstil erobert seit etwa 1895 alle Länder. Fast ausnahmslos sind es freie Künstler, Maler also, die dem neuen Stil zum Durchbruch verhelfen. In der Schweiz hat Ferdinand Hodler mit seiner kraftvollen, durch ausdrucksstarke Umrisslinien gegliederten, leuchtkräftigen Malerei der neuen Bildsprache den Weg bereitet. In den Händen eines von Hodler geprägten Kreises jüngerer Maler wird das Plakat zum Experimentierfeld für neue Tendenzen, gleichzeitig trägt es als Massenmedium dieses Neue in die Öffentlichkeit. Zwischen 1900 und 1910 vollzieht sich auch in der Schweiz die stilistische Erneuerung. Kühne «Künstlerplakate» beginnen sich unter die konventionellen Produkte routinierter Reklamezeichner zu mischen.

Das Touristikplakat folgt dieser Neuorientierung, die nicht nur eine graphisch-künstlerische, sondern ebensosehr eine werbepsychologische ist, eher zögernd. Wie gross und wie radikal im Touristikplakat der Schritt vom Alten zum Neuen ist, lässt sich an einem exemplarischen Fall ablesen: den Zermatt-Plakaten mit dem Matterhorn als Hauptmotiv. 1898 erscheint das detailreiche, naturalistisch-illustrative Plakat von Anton Reckziegel; 1904 löst der Gebirgsmaler François Gos die gleiche Aufgabe malerisch freier, aber nach wie vor naturgetreu und detailreich. Dann erscheint 1908 das kühne Plakat von Emil Cardinaux: unter Verzicht auf Detailmotive wird über einem grünlich-dunklen Vordergrund das gelborange strahlende Matterhorn als magisches Zeichen vor den Lila-Himmel gestellt. Herbe Grösse ersetzt Lieblichkeit.

Dieses Zermatt-Plakat steht am Beginn einer Aera kühner Touristikplakate, an denen neben dem genialen Cardinaux auch andere Künstler beteiligt sind, etwa der Basler Burkhard Mangold mit seinem Davoser Eislaufplakat oder Wilhelm Friedrich Burger mit der monumentalen Vedute von St. Moritz. Es sind grandiose Beispiele für die Aera des Jugendstils im Schweizer Plakat.

Eine neue Aera setzt in den zwanziger Jahren ein. Die formalen Errungenschaften des Kubismus und des Expressionismus werden nun mit Erfolg genutzt, und auch die sinnliche Farbenfreude des Fauvismus hält Einzug im Plakat. Wiederum sind es Maler, die dem Touristikplakat Werbewirksamkeit und künstlerischen Rang verleihen, allen voran der Solothurner Maler Otto Morach, dessen Plakat für die Bremgarten-Dietikon-Bahn diesen expressiven Plakatstil am kühnsten vertritt. Ein malerisch freier Stil bekundet sich in den Zürcher Plakaten von Otto Baumberger und den fast abstrakten Farbsymphonien, mit denen Augusto Giacometti für die Schweiz oder für Graubünden wirbt.

Abermals ein neuer Ton wird um 1930 mit dem magisch-sachlichen Stil der Basler Schule angeschlagen. Unerreich-

Herbert Matter, 1935

ter Meister ist hier Niklaus Stoecklin. Seine Plakate für Basel sind von einer Suggestivkraft, die der Verkehrswerbung eine neue Dimension verleiht. Die ins Phantastische übersteigerte Dingtreue findet in der surrealen Ferienlandschaft von Hans Erni aus dem Jahre 1940 ihren Höhepunkt. Inzwischen hatte Herbert Matter mit seinen Engelberger Plakaten eine ganz andere, aus der konstruktiven Kunst schöpfende Plakatsprache begründet: Er verbindet photographische, graphische und typographische Elemente in suggestiver Montagetechnik zu einer konsequent modernen Präsentation eines Ferienortes.

Alte Touristikplakate sind ebenso aufschlussreiche wie unterhaltsame Kulturdokumente. Sie erzählen von den Menschen ihrer Zeit, von wechselnden Verhaltensweisen, Wünschen und Sehnsüchten, deren Befriedigung sie versprechen. Ebenso interessant sind die Einblicke in Dinge oder Tätigkeiten, denen zu bestimmten Zeiten grösste Aufmerksamkeit gilt. Was jeweils im Mittelpunkt der Verkehrswerbung steht, das genoss – so ist zu vermuten – in jenem Zeitpunkt das lebhafteste Interesse. Die zwanziger Jahre etwa bringen nicht nur den Aufschwung des Wintersportes, sondern sind auch das Zeitalter der Strandbäder, des aufkommenden «Sonnenkults»: Plakate bezeugen es. Touristikplakate spiegeln die Verlagerung des Interesses von den landschaftlichen Schönheiten weg zu den möglichen sportlichen Betätigungen des Feriengastes.

Versuchte das frühe Touristikplakat genau dargestellte, attraktive Fakten zu verkaufen, so treten immer mehr emotionale Werte in den Vordergrund: Entspannung, Freude, Gesundheit, geniesserisches Nichtstun, Sonne werden angeboten. Ein monumentaler Schmetterling, ein aufgespannter Sonnenschirm, ein vergnüglich schaukelndes Kind können solche Stimmungswerte evozieren. Dem Plakatbetrachter wird nun zugemutet, das suggestive Plakatbild und den eingängigen Slogan selbst auszuformulieren. Um 1940 tauchen stimmungshafte, malerische Plakate auf: «Ferien in der Schweiz», «Frühling in der Schweiz», «Bäder in der Schweiz» raunen sie betörend.

Diese optischen und verbalen Appelle wollen im Betrachter bestimmte Vorstellungen auslösen, die er mit – vielleicht uneingestandenen – Wünschen in Einklang zu bringen vermag. Die Entwicklung zu dieser auf psychische Mechanismen hin angelegten Verkehrswerbung vollzieht sich deutlich erst im Plakat der Nachkriegszeit. Parallel dazu verläuft eine grossartige künstlerische Entwicklung der Plakatsprache. Auch später, auch in unserer Zeit, bleibt das Touristikplakat ein aufschlussreicher Indikator für die beiden grössten Wünsche von Millionen: Gesundsein und Glücklichsein. ● W. R.

Emil Cardinaux, 1908

Walther Koch, 1909

Otto Morach, 1928

Augusto Giacometti, 1918

# Das Theaterplakat

Armin Hoffmann, 1961

Rosmarie Tissi, 1980

Die Geschichte des Theaterplakats reicht genau so weit zurück wie die Geschichte des Plakats überhaupt. Tatsächlich sind die für fahrende Artisten werbenden Aushängebogen, die sogenannten «Gauklerplakate» des 16./17. Jahrhunderts, sowohl die ersten eigentlichen Plakate wie die Ahnen des Theaterplakats. Und auch das farbige Lithographie-Plakat, das als Kind der modernen Grossstadt um 1870/80 seinen Aufschwung nahm, warb vor allem für Theater- und Variété-Aufführungen oder für den Zirkus.

Man kann sich fragen, weshalb die seit der Mitte des 19. Jahrhunderts aufblühende industrielle Güterproduktion sich nicht gleich des modernen und spektakulären Werbemittels Plakat bedient hat. Das damals noch junge Plakat, das mit lebhaften Farben und einprägsamen Schrifttexten die anonymen Massen zu verführen suchte, wurde offenbar von seriösen Kaufleuten zunächst als etwas Unseriöses angesehen. Es spiegelt sich darin eine jahrhundertealte Vorstellung von allem Theaterhaften als etwas Unseriösem, ja Unanständigem, ausserhalb aller bürgerlichen Ordnung Stehendem: In vielen Zeitaltern waren die Schauspieler rechtlos und vogelfrei.

So überliess man die Anschlageflächen in den Städten zunächst den «weniger seriösen» Angeboten von Theater, Variété und Zirkus, allenfalls noch den Zeitungen, die mit reisserischen Plakaten für ihre Fortsetzungsromane Reklame machten. Erst als ganz am Ende des 19. Jahrhunderts in vielen Wirtschaftszweigen die Überproduktion dazu zwang, den Absatz zu forcieren, nahm auch die Wirtschaft das Plakat für ihre Zwecke in Anspruch.

Theaterplakate aber haben seit der Pionierzeit ihre führende Rolle auf den öffentlichen Anschlageflächen behalten. Dass von Anfang an freie Künstler, Maler vor allem, mit Lust Entwürfe gerade für Theaterplakate schufen und mit ihren graphischen Meisterwerken die Plakatkunst befruchteten, hat wohl noch einen besonderen Grund.

Das Theaterplakat stellt meist ein bestimmtes Theaterstück vor, das neu ist oder neu zur Aufführung gelangt. Genannt wird das Werk – Schauspiel, Operette, leichte Oper usw. –, nur selten werden Autor oder Komponist des Werkes bekanntgegeben. Viel häufiger wird der Name des grossen Darstellers, der grossen Darstellerin als Zugpferd genannt. Bereits die Jahrhundertwende hatte ein Sensorium für den Star. Die Plakate von Alphonse Mucha für die Tragödin Sarah Bernhardt oder von Théophile Steinlen für die Diseuse Yvette Guilbert sind dafür Glanzbeispiele.

In der Schweiz hat das Plakat erst etwa um 1900 künstlerische Eigenständigkeit erreicht, in einer Zeit also, da in Frankreich und England bereits eine über zwanzigjährige Tradition der «Plakatkunst» bestand. Die Anfänge des Theaterplakats in der Schweiz sind recht bescheiden. Im Vordergrund der Botschaft steht zunächst eindeutig die Text-Information in der Art eines Theaterzettels. Ort, Zeit und Titel des aufgeführten Werkes werden angezeigt und die Eintrittspreise bekanntgegeben. Diese Informationen stellte der meist noch anonyme Entwerfer in einen

Heiri Steiner, 1946

Celestino Piatti, 1980

ornamentalen Rahmen im Zeitgeschmack. Eventuell wurde am Kopf des Plakats als figürlicher Blickfang ein markantes Motiv aus dem angekündeten Werk wie ein Gemälde vorgezeigt. Das gilt insbesondere bei Plakaten für die zahlreichen patriotischen Festspiele.

Immerhin blickt schon aus einem zweifarbigen Genfer Plakat von 1900 für eine Aufführung des «Avare» von Molière ein dramatisch in die Bildfläche gestellter «Geiziger» auf den Plakatbetrachter herab. Von etwa 1905 an dominiert dann eine – zunehmend bildhafte – Darstellung als Blickfang das Plakat. Interessant ist, wie ein Schweizer Gastspiel von Yvette Guilbert, die in Paris grosse Künstler zu kühnen Plakaten inspiriert hatte, ins Bodenständige zurückgeholt wurde: Der Genfer Henri Claude Forestier zeigt die grosse Diseuse nicht in der charakteristischen ärmellosen Robe mit den langen schwarzen Handschuhen, sondern als hausbackene Rokokodame mit Schal und Blumenstrauss vor einer weiten heimischen Landschaft – als handle es sich um einen volkstümlichen Gesangsabend an einem Ferienort.

Mit der wachsenden Bedeutung des suggestiven Plakatbildes tritt die Textinformation an Wichtigkeit zurück. Es scheint, dass das «Théâtre du Jorat» in Mézières, das auch theatergeschichtlich eine grosse Rolle für die Entwicklung des modernen Theaters gespielt hat, dem künstlerischen Theaterplakat zum Durchbruch verholfen habe. Um dieses Theaterzentrum in der Nähe von Lausanne unter der Leitung von René Morax scharte sich ein Kreis fortschrittlicher Dichter, Komponisten und Künstler. Der Weg für das künstlerische Theaterplakat war gebahnt.

Ausschlaggebend dürfte auch die Theaterkunst-Ausstellung von 1914 im Zürcher Kunstgewerbemuseum gewesen sein. Sie gab eine internationale Übersicht über die jüngsten Tendenzen der Bühnenkunst. Carl Roesch schuf für die Ausstellung ein wirksames Plakat mit einem bunten Harlekin, der zwischen den Vorhängen hervortritt und sein «Hereinspaziert» verkündet. Schon während des Weltkrieges traten nun einige für die Plakat-Entwicklung in der Schweiz massgebende Künstler hervor: in Basel Burkhard Mangold, in Zürich Otto Baumberger, in Bern Emil Cardinaux.

Im einen Kriegsjahr 1917 schufen sie Plakate, die zu den Spitzenleistungen der Plakatkunst und zu den Höhepunkten des Schweizer Theaterplakats gehören. Der Berner Emil Cardinaux (1877–1936) entwickelt das Plakat für ein Münchner Gastspiel mit der Oper «Palestrina» von Hans Pfitzner zu einer expressiven Komposition, mit der meditierenden historischen Komponistenfigur vor einer in die Tiefe schiessenden Himmelskomposition.

Gleichzeitig macht in Zürich Otto Baumberger (1889–1961) mit einer Reihe von Plakaten für Operngastspiele und Festaufführungen Furore. Ähnlich wie Cardinaux setzt er ein geschlossenes Plakatbild ins Zentrum der Komposition und reduziert die Textbotschaft auf ein Minimum. Als Bild wählt er ein charakteristisches Motiv aus dem angekündeten Werk und verleiht der Darstellung suggestive Aus-

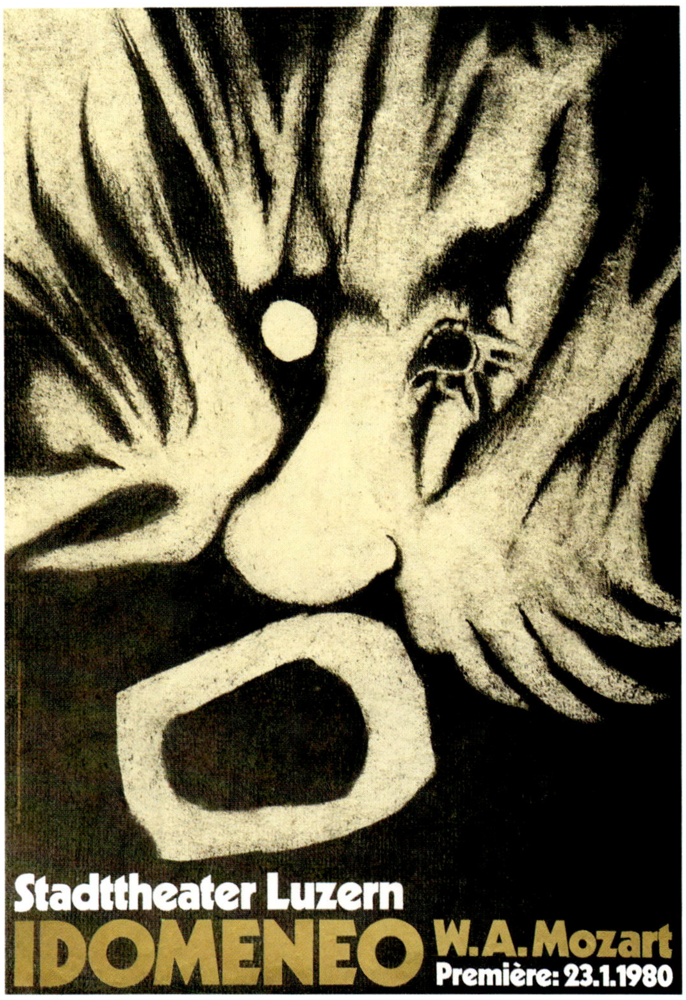


Eugen Bachmann, 1980

Emil Cardinaux, 1917

Otto Baumberger, 1917

Otto Baumberger, 1917

druckskraft. Die zeichnerisch-malerische Komposition ist auf warme Ockertöne, schweres Braun und Grau abgestimmt. Neben den Plakaten «Oresteia» und «Kain und Abel» ist wohl das Plakat «Medea» der kühnste Wurf – ein Plakat, das bis heute nichts von seiner Kraft eingebüsst hat und zu den stärksten Schweizer Plakaten überhaupt zählt.

Die an Neuerungen reiche Theaterkunst der zwanziger Jahre löst in der Plakatgraphik kaum grosse Würfe aus. Die eher spärlichen künstlerisch interessanten Plakate aus diesen Jahren der Entwicklung des eigentlichen Graphikerberufes zeigen den allmählichen Verzicht auf malerische und figürliche Bildlösungen, benutzen die Fläche als ein Feld reiner farbformaler Gestaltungen konstruktiven Charakters, verbunden mit einer neuartigen, betont sachlichen Typographie. Künstler aus dem Kreis der konstruktiven Kunst sind die Anreger.

In den dreissiger Jahren tritt der Einfluss des vom Bauhaus in Dessau geprägten rationalen Stils wieder zurück, wohl aus der Überlegung, dass alles Theaterhafte eine Welt der Imagination, der Phantasie darstellt ausserhalb der sachlichen Welt des Alltags. Der Einfluss des Surrealismus mit seinen Anspielungen auf die Welt des Traums und des Unbewussten wird nun im Theaterplakat spürbar. Dennoch entstehen weiterhin schlichte, zeichenhafte Plakate wie der «Parzifal» des von der Bauhaus-Bühne herkommenden Roman Clemens, der am Zürcher Stadttheater (heute Opernhaus) als Bühnenkünstler wirkte.

Zu neuen Glanzpunkten kommt es erst in den fünfziger Jahren. Während der Theaterfuchs Ludwig Kainer für die Gershwin-Oper «Porgy and Bess» ein expressives Tanzmotiv wählt, schafft der Zürcher Heiri Steiner das erste von zahlreichen zeichnerischen Plakaten für das Zürcher Schauspielhaus. Hans Falk huldigt in einem duftigen, farbig pikanten Plakat der Kabarettistin Elsi Attenhofer. Und der Maler und Plastiker Max Bill entwickelt 1949 für die Zürcher Juni-Festwochen eine geschlossene Serie wirkungsvoll stilisierter und farbig fein abgestufter Plakate. Ihm folgt im nächsten Jahr, 1950, Josef Müller-Brockmann mit einer zeichnerisch witzigen Serie für die Zürcher Theater- und Konzert-Institute.

Diese Plakate zeigen, dass die Thematik von Bühnenwerken vor allem kulturell interessierte Künstler anzieht, die kaum Entwürfe für Waren- oder Verkehrsplakate geliefert hätten. Das gilt vor allem für die fünfziger Jahre, in denen das Schweizer Theaterplakat von der starken Persönlichkeit Heiri Steiners (1906–1983) geprägt wird. Steiner schuf Jahr für Jahr ganze Serien von expressiv einprägsamen Plakaten für das Zürcher Schauspielhaus. Sie lassen einen Theater-Liebhaber erkennen, der die Probenarbeit verfolgt und aus einem beobachteten Stückablauf ein charakteristisches Moment herausgreift, um es in einer unrealistischen, spontan skizzierten, expressiven Bildsprache zum wirkungsstarken Zeichen zu verdichten.

Seit etwa 1960 tritt mit den Plakaten von Armin Hofmann für das Basler Stadttheater ein neuer, wiederum weit-

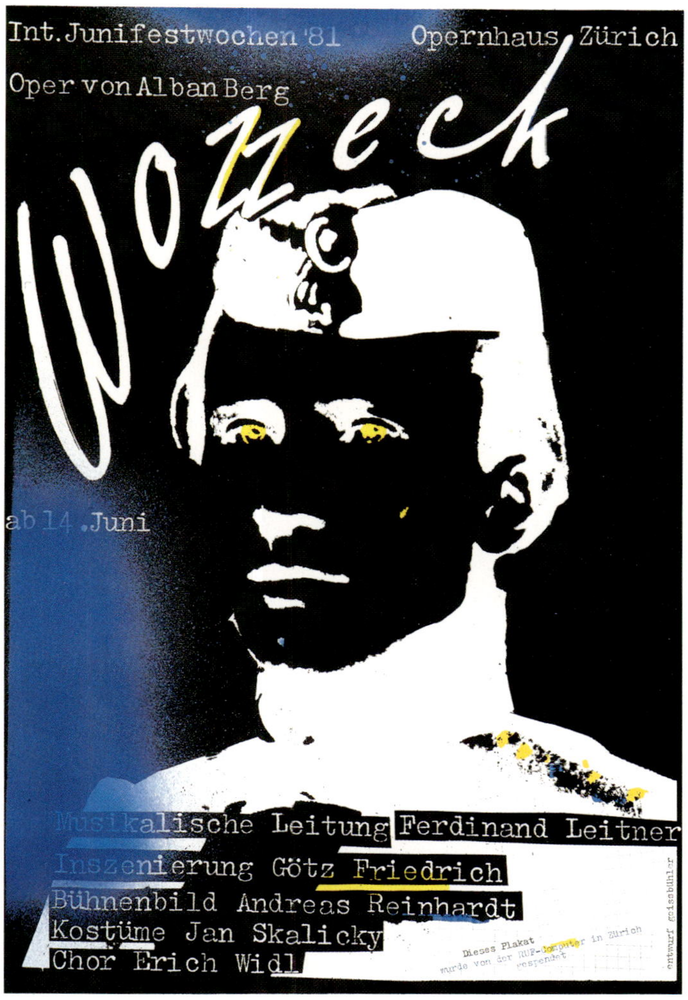

K. Domenic Geissbühler, 1981

Heinz Jost, 1984

gehend abstrakter Plakatstil in Erscheinung. Hofmann destilliert aus Theatermotiven – dem Vorhang, der Treppe, dem Instrumentarium des Orchesters – geometrisch-abstrakte Formmotive, die er mit Photofragmenten zu einem suggestiven Ganzen montiert. Charakteristisch ist in jedem Fall Hofmanns Beschränkung auf wirkungsvolles Schwarz-Weiss.

In ihren Plakaten für Zürcher Theater- und Konzert-Veranstaltungen haben seit den siebziger Jahren Siegfried Odermatt und Rosmarie Tissi diesen strengen, fast könnte man sagen: architektonischen Plakatstil weiterentwickelt. In ähnlichem Geist hat Aldo Poretti für das Théâtre Municipal in Lausanne gearbeitet.

Ganz anders sind die Plakate von Celestino Piatti für Basler und Zürcher Veranstaltungen. In einer gewissen Verwandtschaft zu Heiri Steiner sucht er ein figürliches Motiv in eine expressive, zeichenhafte Sprache umzusetzen, die den Betrachter zum Nähertreten und zum Lesen der – kleingedruckten – Information verlockt.

Seit den sechziger Jahren entfaltet sich in Bern eine Blüte des Theaterplakats, die in der übrigen Schweiz ihresgleichen sucht. Sie ist verknüpft mit den Namen von Heinz Jost und Stephan Bundi. Diese Berner Theaterplakate greifen auf den Wesensgrund alles Theatralischen zurück: die Menschen mit anderen Welten, grossartigen, tragischen, komischen, märchenhaften, unheimlichen und berückenden Welten zu konfrontieren, also aus dem Alltäglichen herauszulocken zu einem geistigen Abenteuer, einer existentiellen Einsicht.

Die beiden Berner Stephan Bundi und Heinz Jost entwickeln ihre Plakate aus Motiven der Stücke, sie nutzen zu ihrer Visualisierung alle gegebenen Möglichkeiten der meist zeichnerischen Verfremdung – manchmal bis zum Schock. Es macht den Anschein, als ob auch in Zürich K. Domenic Geissbühler und Paul Brühwiler sich in ähnlicher Richtung entwickeln. Auch ihnen geht es darum, den Betrachter aufzurütteln, zu irritieren, offen zu machen für die Sache des Theaters.

Den Betrachter schweizerischer Theaterplakate mag es locken, die Plakatproduktion der vergangenen 25 Jahre auch nach Städten geordnet zu studieren. Er wird dabei feststellen, dass es kaum einen verbindlichen «Zeitstil» gibt; die Theaterplakate aus Basel, Bern oder Zürich unterscheiden sich sowohl in ihrer Konzeption wie im graphischen Stil sehr deutlich. Selbst wo es um verwandte oder identische Aufgaben geht, zum Beispiel um die gleichen Stücke, sind die Unterschiede gross. Das ist tröstlich: In einer Zeit der allgemeinen Gleichmacherei werden die Theater-, Tanz- und Musikfreunde in den kaum eine Auto- oder Eisenbahnstunde voneinander entfernten Städten mit ganz verschiedenen graphischen Mitteln in die Theater- und Konzertsäle gelockt. Wie vor allem neuere Beispiele aus der französischen Schweiz zeigen, ist das Theaterplakat ein idealer Ort der Entfaltung spezifisch lokaler gestalterischer Qualitäten und unerschöpflicher Phantasie. ● W. R.

# Das politische Plakat

Das politische Plakat des 19. Jahrhunderts gelangt in gespannten gesellschaftlichen Situationen als Waffe der Opposition zum Einsatz. Auf den engen Zusammenhang zwischen Volksaufstand und Plakat deutet schon Heinrich Heine 1831 hin. Das Plakat tritt als verzweifelte Massnahme in Aktion gegen eine angegriffene Regierung oder Autorität, die ihre Absichten durch andere Kanäle zur Geltung zu bringen weiss. Im Revolutionsjahr 1848 in Deutschland verwandeln die zur Umwälzung aufrufenden Gruppen die Mauern der Städte zu Trägern ihres aufrührerischen Gedankengutes mit der Folge, dass auch die konservativen Kräfte das neu erprobte politische Medium zur Herstellung von Publizität einsetzen. Von seiner Wirksamkeit und Gefährlichkeit überrascht, beschliesst die Obrigkeit bereits 1849 ein Gesetz, das in jedem Anschlag über ein geschäftliches Angebot hinaus ein Vergehen erblickt. Erst nachdem sich um 1900 wirtschaftliche und touristische Plakate grosser Beliebtheit erfreuen und als bunte Lithographien an der Strasse Konsum und Reiserei ankurbeln helfen, tauchen in Deutschland und andern Ländern, so auch in der Schweiz, wieder politische Plakate auf. Doch die Vorbehalte ihnen gegenüber nisten sich noch in die seit 1941 alljährlich stattfindenden Plakatprämierung des Eidgenössischen Departements des Innern ein: Dieser nationale Wettbewerb schliesst kategorisch die politische Affiche aus.

Charakteristisch für das Plakat generell ist dessen formal-inhaltliche Zuspitzung. Lapidare Idee und stilistische Prägnanz paaren sich zur eingängigen Krassheit. Im politischen Plakat, das sich erst im 20. Jahrhundert von der Schrift- zur Bildmitteilung mausert, ist es auffällig häufig das Mittel der Karikatur, das die erwünschte Verblüffung erzielen soll. Mehr «brutal als delikat» (Otto Baumberger), geniert sich das politische Plakat nicht, andere Parteien zu verleumden. Eine derartige herabsetzende Gesinnung ist der Geschäftsanzeige fremd; ihr stehen auch bestimmte Wettbewerbsgesetze entgegen.

Die den Gegner attackierende Kundgebung, die das Verwerfliche noch schlechter, das Bejahende noch besser erscheinen lässt, erreicht den Gipfel wohl im Plakattyp, der die Antithese von Gut und Böse darstellt. So hat 1934 in einem Cardinaux-Anschlag der Slogan «Gegen Strassengewalt, für demokratische Ordnung» insofern eine Bildparallele, als in dramatisierend diagonaler Anlage ein undisziplinierter Pöbel und eine mustergültige Landsgemeinde zusammenstossen.

Das Gut-Böse-Schema ist überhaupt eine Konstante des politischen Bildes und reicht in die Reformationszeit zurück, wo es sich in Flugblättern satirisch-kritisch äussert. Mit einer solch belastenden Tradition im Gepäck ist das Plakat innovatorisch-zeitgenössischen Bilderneuerungen gegenüber zurückhaltend. Das auf Schnelldialog, Simplifizierung und Karikatur gründende Polit-Plakat dürfte die formal rückständigste Gattung im Spektrum der Bekanntmachungen am Strassenrand sein.

Das Mehr an inhaltlicher Eindeutigkeit ist oft mit einem Verlust an stilistischer Kühnheit erkauft. Die Entwerfer

Theo Ballmer, 1935

Bernard Schlup, 1984

Celestino Piatti, 1970

Stephan Bundi, 1984

der politischen Plakate scheuen sich, avantgardistisches Terrain zu erobern. Es ist üblich, dass in der Zwischenkriegszeit das Bürgertum zur Propagierung und Visualisierung seiner politischen Position Künstler einspannt, durch deren Herz allem Anschein nach entsprechend gefärbtes Blut fliesst. Unter ihnen befinden sich die meisten Pioniere des schweizerischen Plakatschaffens, so etwa Emil Cardinaux, Otto Baumberger, Burkhard Mangold und Jules Courvoisier. Man kann sich des Eindrucks nicht erwehren, dass diese Allianz zwischen Auftraggeber und Ausführendem ökonomisch bedingt ist, denn dasselbe Gespann harmoniert im gewichtigeren Sektor des Wirtschaftsplakats, was für den Künstler von existentieller Notwendigkeit ist.

Die Bereitschaft des politischen Plakats, futuristische, kubistische, expressionistische, konstruktivistische Erkenntnisse aufzunehmen, sie mediumgerecht umzugiessen, ist eher gering. Fliesst aber eine progressive Kunstströmung ungebrochen in die Polit-Affiche ein, ist es erst recht falsch! Dies lehrt ein Fall von 1919, der weit über die Plakatgeschichte Deutschlands hinaus grundsätzlich sich dazu eignet, die Seele des normalerweise ästhetisch recht altbackenen Plakats zur Politik zu ergründen. Im Zusammenhang mit der Wahl zur neuen deutschen Nationalversammlung nach dem Ersten Weltkrieg wurden moderne Künstler zur Plakatgestaltung herangezogen; es waren solche von der «Freien Sezession», als wohl bekanntester Max Pechstein. Von ihrem Mittun versprach man sich eine besonders intensive Wirkung auf die Arbeiterschicht und die heimkehrenden Soldaten. Das Gegenteil traf zu. Die im Stil expressionistischen Beiträge – mehr Graphiken als Plakate – überstiegen bei weitem den optischen Erfahrungshorizont der Angesprochenen. Der Versuch musste scheitern.

Alle Plakate streben eine Reduktion von Komplexität an. Aus diesem Verdichtungsbedürfnis entspringt eine signethafte Konzentrierung. Mit der Zeit kristallisiert sich im politischen Anschlag ein Symbolrepertoire heraus. So geben sich auf den Plakaten der Linken Fahnen und Fackeln, hammerschwingende Hände und zukunftsgläubige Köpfe, heroische Figuren und andere pathetische Bildkürzel zu erkennen. Diese Zeichen der Arbeiterklasse unterliegen einem Bedeutungswandel; aber sie sinken durch ihre unablässige Wiederverwertung schliesslich zum Klischee ab. Sie werden auch von der konservativ-bürgerlichen Polit-Reklame adaptiert und negativ ausgelegt, wobei nicht übersehen werden darf, dass auch die Linke Verunglimpfungen ihres Gegners inszeniert und ihn etwa zum feisten Kapitalisten in Geldsackgestalt oder zum ausbeuterischen, Zigarren rauchenden, zylindertragenden Industriellen degradiert. Das ändert jedoch nichts an der Tatsache, dass sich die Handlungsweise der Vermögenden und Besitzenden mittels Anschlag ungleich unzimperlicher ausnimmt. «Die Rechte setzt in ihrem propagandistischen Kampf auf eine manichäische, ja, in den zwanziger Jahren, auf eine geradezu apokalyptische Darstellung der Verhältnisse. Sie schöpft ihre Argumente aus den nationalen Mythen und ihre Sprache aus den Heimatsymbolen.» («Bürger zu den Urnen», 1979, S. 10).

Hugo Schuhmacher, 1979

Hans Falk, 1945

Martial Leiter, 1978

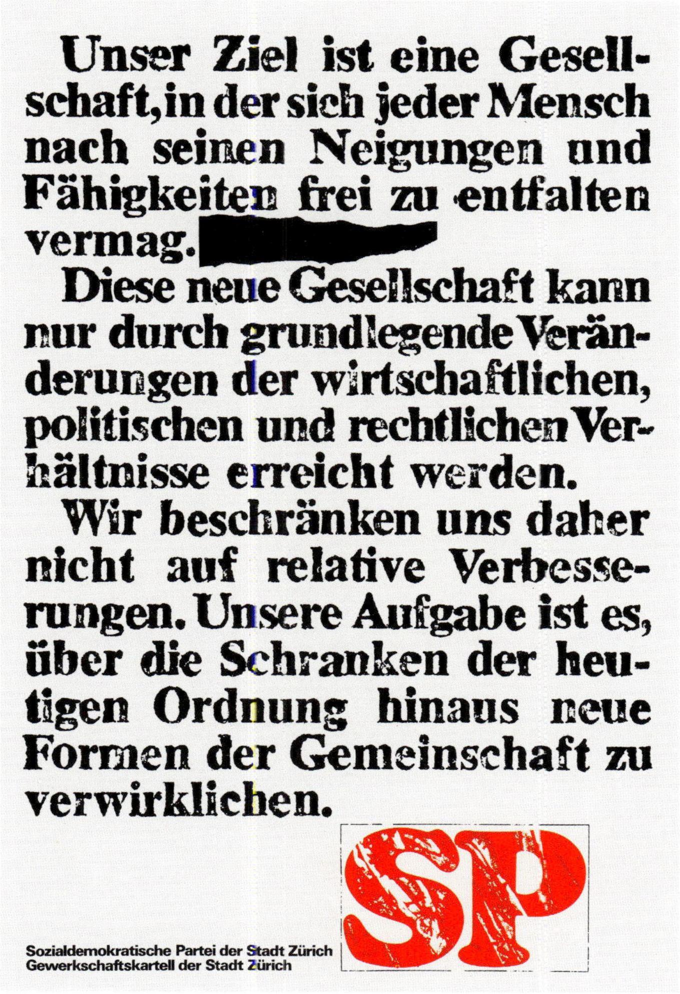


Bruno Kammerer, 1970

Die «rote Gefahr» erscheint als drohende Wolke, als geldvernichtende Walze, als kranker Ast, als mehrköpfiges Ungeheuer oder als Kehricht, den es zu beseitigen gilt. Doch auch diese Metaphern beginnen immer weniger zu verfangen. Anders ergeht es den bildnerischen Formeln eidgenössischen Bewusstseins wie Schweizerkreuz, Schwurhand, Sämann, Bergwelt, Helden der Gründungsgeschichte (Tell) usw.: Diese Nationalzeichen sind kollektive Güter und werden regelmässig von allen Grossparteien in Dienst gestellt in der Hoffnung, dass sich ihre positive Wertung auf die plakativ vorgetragene Ideologie überträgt.

Von der Fessel der tendenziell formalen Anspruchslosigkeit vermag sich das Polit-Plakat zum Teil zu lösen, indem sich die Linke eine neue Ausdrucksart zu eigen macht. Sie redet nun im Gegensatz zum Individualität und Handschriftlichkeit betonenden Künstlerplakat einer überpersönlichen Komponente das Wort, nämlich der Miteinbeziehung der Photographie. Die kapitalbekämpfenden Parteien, wiewohl sie stets auch auf Schriftplakate im billigeren Buchdruck angewiesen bleiben, sind aufgeschlossener als ihr Widerpart gegenüber dem neuartigen Prinzip der Photomontage, das der Deutsche John Heartfield in den zwanziger Jahren in ätzender Direktheit entfaltet. An dessen Stil knüpfen etliche Plakate der kurz nach Beginn des Zweiten Weltkriegs verbotenen Kommunistischen Partei der Schweiz an; einige ihrer Entwerfer ziehen es vor, unbekannt oder unter einem Pseudonym, beispielsweise «Pollux», zu arbeiten... Zum Verein der Lichtbild-Befürworter gesellen sich die 1944 gegründete Partei der Arbeit und bald einmal auch die Sozialdemokraten. Ende der fünfziger Jahre hebt die allgemeine Verbreitung des Photoplakats an.

In unserer Demokratie ist durch das Stimm- und Wahlrecht das lange Zeit nur aus Männern bestehende Volk ein Organ des Staates. Besonderheit und Häufigkeit der Urnengänge sind ohne Gebrauch öffentlichkeitsstiftender Werkzeuge undenkbar. Darunter ist das Plakat eminent wichtig, trägt es doch zur Bildung oder zumindest zur Verstärkung von Ansichten und Entscheidungen bei. Der politische Anschlag kommt aber nicht nur als Abbild der schweizerischen Demokratie daher. Ist er seinem Wesen nach unausgewogen, auf Sympathie oder Abscheu, auf ein Ja oder Nein, auf diesen und nicht jenen Kandidaten fixiert, kann er ebenso als Zerrspiegel der politischen Landschaft fungieren. Vielleicht das eindrücklichste Beispiel hierzu: 1922 versucht die sozialistische Partei, eine einmalige Vermögensabgabe der Besitzenden zu erreichen. Von der Besteuerung wären nur 0,6% der Bevölkerung betroffen. Bei einer seither nie mehr erzielten Stimmbeteiligung von 86,3% wird das Begehren verworfen. Der Abstimmung geht eine aufwendige Propaganda des Bürgertums voraus. Namhafte Künstler reihen sich in die übermächtige Abneigungsphalanx ein. Ihre Plakate ziehen alle Register der Verteufelung.

Auch die Linken haben ihre Erfolgserlebnisse. Auf breite Ablehnung stossen die Vorlagen zum Ausbau der Arbeitszeit (Lex Schulthess/1924) und zur Beschneidung der persönlichen Grundrechte (Lex Häberlin/1922, 1934), was mit dem Einfluss der Plakate auf den politischen Prozess zugunsten der Arbeiterschaft zu tun haben dürfte. 1919 wird der Nationalrat zum ersten Mal nach dem Proporzverfahren bestellt. Nie soll ein Wahlkampf mit einem derartigen Plakataufwand geführt worden sein. Dieser fulminante Auftakt, eine wahre Testveranstaltung politischer Diffamierungstaktiken und psychologischer Reklametätigkeit durch das Künstlerplakat, strahlt als Muster auf kommende Wahlen und Abstimmungen aus.

Nach dem Ersten Weltkrieg erheben sich langwierige und plakatbegleitete Konflikte um Beamten-, Steuer- und andere Gesetze. Diese Themen entwickeln sich zu politischen Leitmotiven. Ebenfalls zu Dauerbrennern werden die schon während des Generalstreiks 1918 erhobenen Postulate wie Altersversicherung, Arbeitszeitverkürzung und Frauenstimmrecht. Die Anläufe zur Gewährung der politischen Gleichberechtigung dauern fast drei Jahrhundertviertel. Daran lässt sich geradezu exemplarisch Funktion, Ästhetik, aber auch Bedeutungsverminderung des Polit-Plakats ablesen. Endlich, bei einem letzten eidgenössischen Urnengang, 1971, sind die Schweizer Männer dazu bereit, das Stimm- und Wahlrecht auch den helvetischen Frauen zuzugestehen. Die Gegnerschaft ist inzwischen soweit geschrumpft, dass kein Contra-Plakat angeschlagen wird.

Der Mangel an politischer Polarisierung fängt erst in den fünfziger Jahren an Fuss zu fassen, nicht zuletzt aufgrund des Arbeitsfriedens (ab 1937) und der vollen Einbeziehung der Sozialdemokraten in das schweizerische Staatsgefüge. Die Ursachen der rückläufigen Anteilnahme vieler an heutigen gesellschaftlichen Angelegenheiten sind vielfältig. Das Instrumentarium des politischen Zusammenlebens selbst ist sicherlich an der Staatsverdrossenheit nicht ganz unschuldig. Im Rahmen der halbdirekten Demokratie hat die Bevölkerung ja zwei verbriefte Möglichkeiten zum Einschreiten: durch Initiative und Referendum. Zwischen 1900 und 1976 sind insgesamt 218 Entwürfe zur Abstimmung gelangt. Die Initiative gilt als Blitzableiter unzufriedener Minoritäten. Diese jedoch verlieren meistens, bleiben frustriert zurück. In dieser Perspektive ist das politische Plakat ein Gradmesser der Unzulänglichkeit des Staates und ein Symbol der vielfach nutzlosen Versuche, ihn zu verbessern.

Diametral zu der in den letzten dreissig Jahren vorherrschenden Urnengang-Müdigkeit haben sich die politischen Probleme keineswegs reduziert. Abstimmungen über Zivildienst und Bundessicherheitspolizei, Atom- und Naturschutz, Banken- und Schwarzenbach-Initiative, Bodenrecht und Nationalstrassen: Diese Stichworte signalisieren die komplexe politische Befindlichkeit der letzten paar Jahrzehnte. Zwar engagieren sich wieder vermehrt Künstler und werben via Anschlag beherzt für Forderungen von Minderheiten. Aber sie demonstrieren dabei lediglich ihren persönlichen Stil. Eine neue allgemeine Plakatsprache will auch ihnen nicht mehr gelingen. Kann es überhaupt eine solche geben in einer Gegenwart, in der nach dem Philosophen Jürgen Habermas nur die Unübersichtlichkeit neu ist? ● S. P.

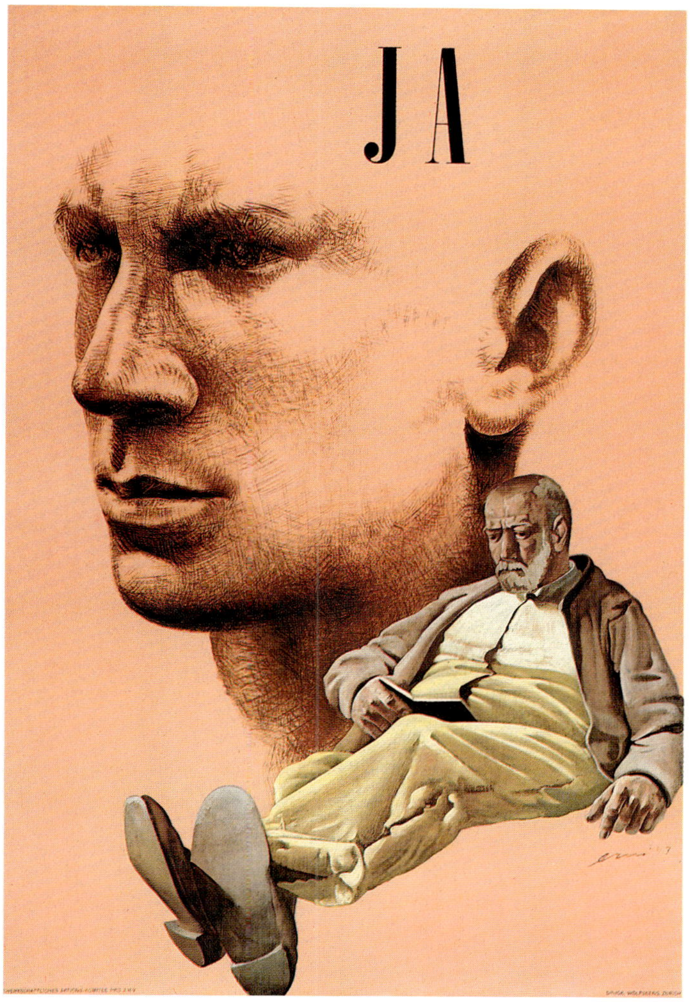

Hans Erni, 1947

Hans Erni, 1944

# Das PKZ-Plakat: Medium, Mode, Mythos

Am Anfang des Mythos steht eine Hymne. Schon am 24. Juni 1924 singt das «Volksrecht» ein kräftiges Lob auf die PKZ-Affiche: «Die Firma fährt fort, sich... wie bisher des Plakates zu bedienen. Im gleichen Masse hat wohl keine zweite in der Schweiz dieses Werbemittel angewendet, keine auch mit der selben Systematik und auf so ununterbrochen hohem Niveau mit dem künstlerisch gestalteten Werbemittel Propaganda betrieben.» Hat diese Aussage heute noch Gültigkeit? Fest steht: Neben Jelmoli und Bally dürfte PKZ diejenige Firma sein, die in der Schweiz am meisten Plakate drucken liess. Inzwischen kamen, verteilt auf einen Zeitraum von mehr als 80 Jahren, über 110 Stücke in den Aushang. Was steckt hinter der legendären Berühmtheit der PKZ-Plakate?

Erst die Markenartikel-Industrie der 80er Jahre im vorigen Jahrhundert ermöglicht es, gezielt zu werben. Eine Voraussetzung dazu ist der Name des Produktes. Mit einer allgemeinen Warenbezeichnung, z.B. Seife, ist kein Staat zu machen. Eine konkrete Benennung hat auch den Vorteil, dass sie einen Massenartikel quasi individualisiert. Der Name PKZ entsteht 1891, nachdem das Unternehmen vom ursprünglichen Sitz Winterthur nach Zürich umgezogen ist. Zu Beginn ist die Bedeutung des Kürzels PKZ bekannter. Stets aber bleibt die Assoziation PKZ/Herrenbekleidungsgeschäft lebendig. Ein Name muss nicht unbedingt einen Gehalt besitzen, der Verweis-Charakter ist ebenso entscheidend. Die drei Buchstaben sind selbstverständlich mit Bedacht gewählt, sie sind identisch mit den Initialen des Firmengründers Paul Kehl, Zürich, der 1881 das erste industrielle Konfektionsgeschäft der Schweiz für Herren- und Knabenbekleidung ins Leben ruft.

Kleider im saisonalen Wechsel sind das Brot der Firma. Die dazugehörige Reklame muss eine Antwort auf diesen Erscheinungsryhthmus formulieren. Besonders das flüchtige Plakat ist geeignet, sich der Wandlung der Kleider, der Mode, anzugleichen. Das PKZ-Werbekonzept beruht nicht auf einer «corporate identity», einem geschlossenen Aufmachungsbild. Vielmehr: PKZ wirkt innovativ durch Setzung immer neuer Signale, durch Abnabelung von der eigenen vorangegangenen Reklame.

Mit einer doppelten Hypothek belastet, behauptet sich PKZ in der Konfektionsbranche. Der Mann, der sich auf gesellschaftlichen Statuslinien wie Bildung, Beruf oder Einkommen bewegt, kann es sich leisten, modisch desorientiert zu sein. Die Frau jedoch – so der Soziologe Professor H.-J. Hoffmann-Nowotny am PKZ-Pressetag vom 20. Mai 1970 – «entwickelt Modebewusstsein, um hier zu einem Prestige zu kommen, das sich der Mann aus weit zahlreicheren Quellen holen kann.» Das Terrain der Herrenmode ist demzufolge weit schwieriger zu erobern als jenes der Frauenmode. Unter dieser Voraussetzung existiert PKZ. Das ist die erste Hypothek, die zweite betrifft ein anderes Feld: Die Werbung für Herrenmode befindet sich in einer Art Klemme, denn zu Bildwürde kommt notgedrungen primär der Mann – und nicht die seit je in der modernen Warenpropaganda als Reklameobjekt begehrte Frau, die um die Jahrhundertwende mythologisch verklärt ihren Liebreiz medial zur Schau stellt.

Gleich mit den ersten PKZ-Plakaten bricht sich eine neuartige Bilderwelt und Mentalität Bahn. Besonders Cardinaux schlägt Töne an, die den Werbezweck freilegen: Seine erzählerischen Darstellungen mit der schicken Herr-schaft im Mittelpunkt richten sich an ein elitäres Publikum. Die Ansicht, PKZ sei nur für die Oberschicht da, handelte sich die Firma mit derartigen Sujets ein, die zugleich die Aufgabe hatten, die Unterschicht zur Nachahmung des modischen Verhaltens der Begüterten anzuregen. Das Bild ist Abbild des Kaders des Unternehmens: das Plakat als Spiegel der Firma.

Die Funktion der Selbstdarstellung beginnt sich schon in den 20er Jahren zu verlieren. Der «Herr» tritt ab. So weiss das «St. Galler Tagblatt» vom 15. Mai 1937 zu berichten: «Da haben wir ihn, den Typ von heute. Elegant, mondain, modern, gelassen im ganzen Gehaben; eben der Typ.» Mit ihm steht nun eine Person auf der Plakatbühne, die sozial neutral ist, sich dem Müssiggang ergibt und deshalb als Massen-Identifikationsfigur gilt. Vom «Typ» zum heutigen «Mann» ist es nicht mehr weit. Letzterer ist dynamisch, lässig, sportlich, ein Allerwelts-Schönling, freilich ohne Herkunft und Ziel, doch ein Ideal, dem sowohl der Strassenwischer wie der Bankdirektor nacheifern.

1908 eröffnet PKZ ihre stolze Plakatreihe. Ein Deutscher, Ludwig Hohlwein, besorgt den Auftakt. Er gestaltet eine angeschnittene Kutsche mit drei Männern. Das Gefährt, an und für sich entbehrlich, ist herkömmlich perspektivisch aufgefasst. Die Gewandung der Personen hingegen, die Hauptsache, verspannt in kühn konsequenter Flächigkeit die Plakatebene. Dieser bildnerische Widerspruch wird bewusst zugunsten der Akzentuierung des Eigentlichen, der Reklame für Herrenbekleidung, in Kauf genommen. Emil Cardinaux ist mit Erfolg bestrebt, dieses Erbe weiter zu pflegen: Sein Berggänger (1908) schliesst sich Hohlweins Inkunabel an. Der sportlich gekleidete Tourist, über den Horizont gestellt, blickt mit Genugtuung in die Tiefe. Cardinaux liefert insgesamt fünf PKZ-Plakate. Aber bis etwa 1920 sind es vornehmlich deutsche Entwerfer, die die Szene beherrschen: Hohlwein steuert noch zwei weitere Plakate bei, Krotowski und das Atelier Fries produzieren je drei. Mit Burkhard Mangold (1909/1913) und vor allem Otto Baumberger, der von 1917 bis 1925 so vielen PKZ-Affichen das Gepräge gibt wie kein anderer, nämlich acht, stellen sich hauptsächlich Schweizer Künstler in den Dienst des Bekleidungsgeschäfts.

Hohlwein, Cardinaux, Krotowski, Fries und Mangold – sie verkörpern die erste Generation der PKZ-Plakatentwerfer. Sie empfinden Subjekt und Objekt noch als Einheit und geben geschmackvollen Herren in ebensolchen Kleidern den Vorzug. Die Gestalten nehmen die ganze Plakathöhe mit denkmalhaftem Pathos in Beschlag und erinnern an Hodler. Krotowskis Figuren wirken teils sogar hölzern. Weichere, geschmeidigere Lineatur und somit Jugendstil-Ähnlichkeit erscheint im Frühlingsplakat (1917) von Fries.

Die zweite Generation ist mit Namen wie Baumberger, Loupot, Stoecklin, Laubi, Bickel, Blaser, Morach und Matter verknüpft. Diese Gruppe der 20er Jahre wirkt stilistisch

Ludwig Hohlwein, 1908

Emil Cardinaux, 1911

und inhaltlich ausgesprochen gegensätzlich. Diese Uneinheitlichkeit kommt in erster Linie durch die Person Baumbergers zustande. Er ist der Tausendsassa unter den grossen Plakatentwerfern. Bei ihm steht Banales neben Geistreichem, Formal-Unbeholfenes neben Graphisch-Virtuosem. Beim Anblick seines schlichten Plakates mit dem dominanten Motiv der PKZ-Marke würde man kaum glauben, dass von seiner Hand wahrscheinlich der berühmteste PKZ-Anschlag stammt: Der ins Kolossale gesteigerte Mantelausschnitt, der in veristischer Manier wiedergegeben ist und oft mit einer Photoreproduktion verwechselt wurde. Baumberger realisiert damit zwei Tatsachen: Einerseits schafft er ein nüchternes, sachliches Plakat, anderseits löst sich der Gegenstand vom Träger, das Ding isoliert sich im Bild. Beides schlägt sich innerhalb der Schweizer Plakatszene erst ein Jahrzehnt später deutlich nieder. Die übersteigerte Gegenstandstreue ist der damaligen Malerei der «Neuen Sachlichkeit» verpflichtet und findet im Schweizer Plakatschaffen durch die «Basler Schule», deren Hauptvertreter Stoecklin ist, ihren stärksten Ausdruck. Ganz anders verfahren Laubi und Hemjic: Ihre PKZ-Beiträge strömen einen Hauch von Welt, Eleganz und Raffinement aus und sind insofern mit dem (Pariser) Art Déco verwandt. Die Plakatreihe der 20er Jahre beschliesst Matter: Er zerlegt die gegenständlichen Motive in der Art von Fernand Léger in zylindrische Formteile, die ihren Ursprung im Kubismus und Futurismus haben.

Um 1930 entstehen die ersten PKZ-Plakate mit photographischen Elementen, gespeist aus der Auseinandersetzung mit den Ideen am Bauhaus. Es handelt sich ausnahmslos um firmeneigene Schöpfungen aus dem «Atelier PKZ». Von den Künstlern erwartete man graphisch gestaltete Entwürfe. Um ihnen das neue Plakatmedium Photographie zu überlassen, war es noch zu früh.

Die dritte Generation deckt den Zeitraum 1930 bis 1945 ab. In der Vorkriegsphase triumphiert bei PKZ die oben angesprochene Magie des Plakatgegenstandes. Dafür bürgen die Basler Birkhäuser (monumentaler Knopf, 1934), Stoecklin (mächtige bemantelte Rückenfigur, 1934) und Leupin (grosser Kleiderbügel, 1939). Die wohl prägnanteste Affiche ist jene von Diggelmann (1935), der ein artfremdes Produkt prominent ins Werk setzt – eine Schachtel, deren Deckel soweit abgehoben ist, dass gerade nur die PKZ-Etikette eines Anzugs knapp sichtbar ist. Diese inszenierte Zufälligkeit, dieses Spiel um die Marke kann sich lediglich ein Unternehmen leisten, das überzeugt ist, dass sein Name öffentlich verankert ist. Dieselbe Gewissheit kann verantworten, dass Fuchs und Hahn zu Mannequins aufsteigen und parodistisch ein Kleid spazieren führen. Carigiet hat diese Gags erfunden und erntete damit grossen Publikumserfolg. Neukomm entwirft 1941 das einzige PKZ-Plakat, in dem ein politisches Echo der Zeit wiederhallt: Es zeigt, in Anspielung auf die damals üblichen Lebensmittelkarten, eine umgewandelte PKZ-Textilkarte. Stoecklin (Maiglöckchen wächst aus Anzug, 1924), Kuhn (sitzender Anzug auf Bank, 1937), Mahler (verfremdete Schaufensterbüste, 1939) – ihre Arbeiten weben das surrealistische Moment ins PKZ-Plakat ein. Mahlers Werk ist sozusagen symbolisch als Auszeichnung aller

Charles Loupot, 1921

Karl Bickel, 1926

PKZ-Plakate in die Buchreihe der Propyläen-Kunstgeschichte des 20. Jahrhunderts aufgenommen worden.

In der Nachkriegsepoche verschwindet der Entwerfertyp Künstler oder Künstlergraphiker, der ehedem dominiert und für hohe Qualität verantwortlich gezeichnet hatte. Werbeateliers und waschechte Graphiker bilden die vierte Generation von PKZ-Gestaltern. Hans Falks Lösung (1944), in der Tradition der ersten grossen Plakatentwerfer Frankreichs stehend, markiert einen Übergang. Nun stehen immer weniger Personen als vielmehr Institutionen hinter den Plakatentwürfen. Die Agenturen Wirz und Farner sagen uns mehr als Entwerfer-Namen wie Grimm, Looser, Bocola. Seit den 60er Jahren regiert eindeutig das reine Photo-Plakat, es löst das graphische Plakat ab.

Wie brachte es PKZ zuwege, so lange eine derartige Plakatkultur zu besitzen? Ein Hauptgrund dürfte in den Wettbewerben liegen. 1952 beteiligen sich 69 Entwerfer an einer offenen Konkurrenz, die unter den Mitgliedern des Verbandes Schweizer Graphiker durchgeführt wird. Zuvor, in den 30er Jahren, wurde jeweils ein kleiner Kreis, bestehend aus den jeweils besten Plakatkünstlern der Schweiz (etwa 25 Teilnehmer) durch PKZ persönlich eingeladen.
Um 1935 beläuft sich die Gewinnsumme des Wettbewerbs auf etwa Fr. 2000.– für 4 Preise und 4 Ankäufe. Die Aussicht, zu den Preisträgern zu gehören, ist relativ gross bei einer so kleinen Partizipation. Dies zu wissen, war ein Ansporn. Leer ausgehen konnte fast niemand, erfahren wir doch aus einem PKZ-Brief (9. Oktober 1941) an Laubi: «Leider war es ... uns nicht möglich, Ihren Entwurf ... auszuzeichnen ... Für Ihre Arbeit vergüten wir Ihnen Fr. 50.– aus der ... Summe für Ausrichtung von Teilnahme-Entschädigung an die freien Künstler.» Anfang der 50er Jahre setzt die Wettbewerbstätigkeit bei PKZ aus.

Die Konkurrenz-Bedingungen von 1934 enthalten einen Passus über die Plakatverwendung. Darin offenbart sich zum einen die starke Hand des Wettbewerbveranstalters, zum andern wird nicht ausgeschlossen, dass die Arbeit des Zweitrangierten als farbiges Inserat oder doch noch als Plakat reproduziert wird, wie etwa Stoecklins bekannte Rückenfigur.

Hinter dem Engagement von PKZ für ästhetische Anliegen steckt gleichzeitig ein Eintreten für die wirtschaftliche Inanspruchnahme des stilvoll Schönen. Massenproduktion hat Massenpropaganda zur Folge. Industrielle Ästhetik ist ein Instrument zur Verminderung der Umschlagszeit zwischen Produzent und Konsument, zwischen Ware und Geld. Das schöne Medium Plakat muss den raschen Absatz fördern helfen. Die Kosten für Reklame bedeuten letztlich Abzüge vom Gewinn. Die ästhetischen Mittel werden daher nach ihrer Werbewirksamkeit ausgewählt.

Nur achtmal ist ein PKZ-Plakat unter den seit 1941 vom Eidg. Departement des Innern prämiierten Plakaten zu finden. Es wurde schon behauptet, das PKZ-Plakat sei ein Gradmesser des helvetischen Plakats. Demnach geht es beiden seither nicht mehr so blendend. ● S. P.

Herbert Matter, 1928

Niklaus Stoecklin, 1934

Peter Birkhäuser, 1934

Alex W. Diggelmann, 1935

Hans Falk, 1944

Hans Looser, 1957

Eric de Coulon, 1927

Der Sport spricht den Einzelnen wie auch die Menge an, ist verknüpft mit Triumphen und Niederlagen, steht für Hochgefühle und Enttäuschungen. Für die Jugend ist Sport ein magisches Wort, für die Älteren meist mit angenehmen Erinnerungen verbunden. Das breite Spektrum sportlichen Tuns begeistert weite Kreise der Bevölkerung. Was Wunder, wenn sich der Sport in der Welt des Plakats widerspiegelt.

In rasender Fahrt braust das Rennauto um die Kurve. Das feuerrote Gefährt, in übertriebener Schieflage und frontal abgebildet, trägt auf dem Plakat von Noël Fontanet aus dem Jahr 1946 die Zahl 21. Die Startnummer auf dem Kühler ist mehr als ein Zeichen des geregelten Rennablaufs. Sie ist ein Symbol der Quantifizierbarkeit moderner Leistungen. Der Sport hat mit der bestmöglichen Überwindung von Weiten, Höhen und Zeiten zu tun. Es stehen Punkte, Tore und Ränge auf dem Spiel. Damit erweist sich der Sport als Kind des technisch-industriellen Zeitalters. Unsere Zivilisation gründet auf dem Sieg und der Vormachtstellung der Naturwissenschaften. Die praktisch-ökonomische Verwertbarkeit etwa von Physik oder Chemie basiert, ähnlich wie beim Sport, auf Kriterien wie Zählbarkeit, Messbarkeit, Eindeutigkeit und Konkurrenzfähigkeit.

Der Sport nimmt in unserer Gesellschaft eine zentrale Stellung ein. Dies vermag etwa das von Fritz Bühler entworfene Plakat «Gordon Bennett Wettfliegen 1932» eindrücklich zu illustrieren: Der Ballon steht der im Hintergrund auftauchenden Kugelform der Erde gleichwertig gegenüber. Der Sport ist heute ein nicht mehr wegzudenkender Bereich des Ausgleichs, der Erholung und des Vergnügens. Er schafft Anlässe schöpferischer Entfaltung. Anderseits droht dem Sport immer häufiger die Gefahr, allmählich zum Tummelfeld profitträchtigen Spektakels, professionell-verbissenen Ehrgeizes und kompensatorischen Agierens zu werden.

Schwingen stellt neben Nationalturnen und Hornussen ein typisch schweizerisches Kulturgut dar. Es nahm seinen Aufschwung mit dem Alphirtenfest in Unspunnen 1805 und bezweckte die Förderung des nationalen Selbstgefühls. Dies geschah bezeichnenderweise in einer Epoche, in der die Eidgenossenschaft unter französischer Schirmherrschaft stand. Während der Restauration, die 1815 einsetzte und den alten vorrevolutionären Staatenbund weitgehend wiederherstellte, vollzog sich einerseits die einheitliche Neustrukturierung des Wehrwesens, anderseits erstarkte die Opposition gegen das reaktionäre System. In wissenschaftlichen Gesellschaften, Studentenverbindungen, Turn- und Schützenbewegungen scharten sich die Anhänger des fortschrittlichen Liberalismus. Nicht zuletzt wegen seiner paramilitärischen Vorzüge zählte der 1824 aus der Taufe gehobene Schweizerische Schützenverein zu den obrigkeitlich begünstigten Organisationen. Gut ins gesamtstaatliche Gefüge passte auch der 1832 ins Leben gerufene Eidgenössische Turnverein. Die Beziehung zum Militär stand überhaupt bei vielen Vereinsgründungen Pate. So auch bei der Vereinigung Schweizerischer Kavallerieverbände und beim Schweizerischen Pontonierfahrverein. Der erste Präsident des 1901 gegründeten Aero-Club der

Martin Peikert, 1926

Otto Baumberger, 1932

Noël Fontanet, 1946

Ernst Keller, 1947

Schweiz, Oberst Schaeck, kommandierte gleichzeitig auch die Ballonpiloten im Militärdienst.

In einem Milieu nationaler Behauptung und wehrpolitischer Festigung fasste das Sportplakat Fuss. Die älteste Schweizer Affiche in der Plakatsammlung des Zürcher Museums für Gestaltung trägt die Jahreszahl 1859 und wurde im Hinblick auf das «Eidgenössische Schützenfest in Zürich» gedruckt. Gewissermassen die Aufgabe von Festführern erfüllend, sahen die Plakate für das Nationalschiessen einander bis zur Jahrhundertwende äusserlich recht ähnlich. Sie besassen einen Kopf in Form eines allegorisch-heraldischen Bildes. Der Text überquoll den Hauptteil der Fläche. Die expansive Natur der verbalen Fülle trieb zuweilen unglaubliche Blüten und dürfte mit dem eidgenössischen Schützenplakat der Glarner (1892) den Rekordumfang von 96 cm mal 302 cm erreicht haben: Das Format machte den Aushang zu einer säulenartigen Wandzeitung.

Nach 1900 schlug die Situation radikal um. Das Schriftvolumen schmolz zusehends. Dafür gewannen Farbigkeit und Graphik die Oberhand. Die Dominanz des Bildanteils brachte die Reduktion des Textes auf das Notwendigste mit sich. Diese Gewichtung besteht bis heute und lässt sich sozusagen an jedem Beispiel nachprüfen, so auch am Plakat zum «67. Eidgenössischen Turnfest Bern» (1967), wo im oberen Drittel eine angeschnittene Schweizerfahne und in der unteren Hälfte das Brustbild eines Füllhorn tragenden Turners wiedergegeben ist. Dazwischen befindet sich ein Schriftminimum rein informativen Zuschnitts.

Alle Sportarten sind in je einer übergeordneten Föderation zusammengeschlossen. Die meisten Grossverbände entstanden vor 1900. Sie besiegelten die Popularisierung der Sportdisziplinen oder leiteten sie zielstrebig ein. Ehedem waren Sportler Repräsentanten bestimmter, oft elitärer Gruppen. Turnen galt anfänglich als Domäne von Studenten. Schwingen war Sache von Hirten und Sennen. Fliegen und Fussball wurden von Vertretern der Oberschicht ausgeübt. Diesem Stand gehörten selbst die «Velocipedisten» (Schnellfüssler/Velofahrer) an. Manche Sportarten, darunter Rudern und Golf, kamen von England und waren Merkmal bürgerlicher Lebensführung. Unschwer sich vorzustellen, dass ein internationales Pferderennen, das sogar in der Schweiz unter dem Protektorat einer königlichen Hoheit stehen konnte, primär einer auserlesenen Teilnehmerschaft zugänglich war. Ein Lüftchen von Vornehmheit und Distinktion weht noch in Martin Peikerts Plakat «Schweizerische Meisterschafts-Regatta Zug 1926».

Mit der Ausbreitung von Konsum und Wohlstand sowie der Erringung sozialer Sicherheit verlor der Sport den Nimbus des Besonderen und für Besondere. Alle Sparten stehen heute grundsätzlich allen offen: Der Sport ist zum vollintegrierten Element der Demokratie geworden. Dieser Umstand rührt auch daher, dass das inzwischen riesige Angebot der Freizeitgestaltung ausgeprägter denn je vereinsunabhängig und persönlich in Anspruch genommen wird. Bis zu dieser Marke führte allerdings eine weite Wegstrecke. Der Schweizerische Skiverband beabsichtigte

Hans Falk, 1960-1964

Fritz Bühler, 1932



etwa, wie aus seinen Statuten der Gründungszeit (1904) hervorgeht, «die Erschliessung des Gebirges im Winter». Auf vielen Sektoren ging der Sport als Schrittmacher voran. War einst pionierhaftes Engagement in der Gemeinschaft gefragt, genügt heute auf individueller Ebene schon Freude an Entspannung. Ob des allgemeinen Bedürfnisses nach Fitness können sich viele Orte oder Zentren der Invasion Sportbegeisterter kaum mehr erwehren.

Die sportlichen Unternehmungen kamen in den ersten Bildplakaten häufig durch erzählerische Schilderungen zum Ausdruck. Da bestimmten an die Malerei anknüpfende Genreszenen mit sportlich Tätigen und Gekleideten in entsprechender Umgebung den Ton. Es dauerte indes nicht lange, bis sich eine gestalterische Sprache äusserte, die sich nach plakatgerechten Erfordernissen orientierte. Inhaltliche und formale Prägnanz, wie sie Otto Baumberger 1932 mittels eines schräg ins Affichebild einfallenden Flugzeuges vorzeigte, etablierte sich als erstrebenswertes Plakatkonzept.

Nun gerieten Menschen, Geräte, Tiere einzeln gebannt in den Fokus. Der starke Speerwerfer, der Turner an den Ringen, der Reiter mit Pferd, der bebrillte Fahrer im Rennauto, der kopfvoran ins Wasser eintauchende Schwimmer, der sich konzentrierende Schütze, der Boxer in Lauerstellung, der pfeilschnelle Radfahrer, der Schläger beim Hornussen-Wettkampf, der stolze Fahnenträger: Sie und viele andere posierten selbstbewusst als neue Hauptdarsteller an den Plakatwänden. Sie kamen meist als Allerweltstypen ohne viel Klassendünkel daher und waren somit geeignete Identifikationsfiguren der Allgemeinheit. Sie taten sich als urchige Recken, stramme Mannsbilder oder agile Kämpfer hervor. Sie pflanzten sich mit forschem Blick über dem Horizont auf, führten entschlossen eine sportliche Aktion vor oder hatten ihren Auftritt in einem raumlosen Umfeld, ist doch das Plakat darauf bedacht, ausgefeilte perspektivische Wirkung auszuschalten. Jedenfalls zeigten sich alle Sportler von der besten Seite und entpuppten sich insofern als wahre und würdige Abkömmlinge jener idealschönen, athletischen Gestalten, die uns aus Renaissance-Bildern bekannt sind.

Beim Gedanken, dass der Sport wie kaum eine andere Beschäftigung in sich eine soziale Komponente birgt, mutet die personale Einzelvertretung im Werbebild eigenartig an. Das eidgenössische Turnfest etwa ist geradezu der Inbegriff des kollektiven Erlebens. Doch diese gemeinschaftliche Komponente ist selten thematisiert. Das Plakat tendiert dahin, seinen ikonographischen Blick vom charakteristischen Massengepräge vieler Sportveranstaltungen konsequent abzuwenden. Auch ist die Affiche in gewisser Hinsicht hoffnungslos überfordert. Auf den vielleicht attraktivsten Sportzweig hierzulande, den Fussball, reagiert das Plakat wohl zweckmässig, aber ästhetisch völlig unbefriedigend: die Spiele werden meistens durch belanglos stereotype Vordrucke angekündigt, worauf jeweils nur noch Paarung und Datum neu anzuführen sind.

Die Neigung, eine Figur abzusondern und bildlich zu verherrlichen, existiert nicht nur in der Sportwerbung. Die spezielle Aufmachung des vereinzelt Dargestellten entspricht einer Gepflogenheit des Plakats schlechthin. Am besten offenbart sich dies im Warenanschlag: Die emporstilisierten Konsumgüter verleugnen zwar in einsamer Grösse ihre industrielle und serielle Herkunft, was sie jedoch keineswegs daran hindert, sich um so effektvoller im Schein der Einmaligkeit und Unverwechselbarkeit zu brüsten.

Das ehrfürchtige, zuweilen heroische Gebaren des Sportlers auf dem Plakat ist identisch mit dessen körperlicher Integrität. Der Ausbund an Gesundheit erfreut sich eines tadellosen Muskelbaues. Statisch wie ein Denkmal richtet er sich vor dem Betrachter auf. Die Sportpraxis indes ist vielfach mit Handlung und Elan gekoppelt. Die Bewegung ist um so schneller und aufsehenerregender, je grösser der dazu verwendete Apparat ist. Dieser Faszination konnte sich auch das Plakat nicht entziehen. Das kinetische Moment hielt vor allem bei Werbungen für Flugzeug-, Auto-, Motorrad- und Velo-Konkurrenzen Einzug. In der Kunst erkor der italienische Futurismus erstmals die Geschwindigkeit zum bildnerischen Thema. Im Anschluss daran machte Eric de Coulon mit dem Gestaltungsprinzip der Formauflösung das Vorbeisausen der Boliden anlässlich des internationalen Klausenrennens 1927 zum Plakatmotiv. Die Hauptleistung des Entwerfers bestand jedoch darin, dass er das Beharrende von Strasse und Landschaft und das Dynamische der rasenden Maschine einer raffinierten Diagonalkomposition unter Einbeziehung der Schrift einzuschreiben wusste.

Auf Verschränkung beruht auch das Plakat «Boxen» von Claude Kuhn-Klein Als öffentliches Medium bedient es sich einer andern Sprache der Strasse: jener der Verkehrszeichen. Statt etwa «Achtung Baustelle» heisst es nun «Achtung Faustkampf». Die dahinter steckende Idee will dem Unbekannten (Profikämpfe) über das Vertraute (Dreieck-Signal) Aktualität verleihen.

Mit der Frau im Sportplakat hat es bis heute seine Schwierigkeiten, obwohl etwa das Frauenturnen in der Schweiz eine grosse Tradition hat. In den zehner und zwanziger Jahren machte die Frau vornehmlich auf Schützenfest-Plakaten als Begleitfigur des Mannes ihre Aufwartung. Oder sie war in allegorischer Funktion, beispielsweise als Verkörperung des Sieges, mit dabei. Im 1983 publizierten Buch «Schweizer Sport-Plakate», das die schönsten historischen Plakate versammelt, kommt praktisch keine Frau als vollwertige, aktive Sportlerin zu Ehren. Erst in den formal meist hervorragenden Gymnastik-Affichen aus unserer Zeit bekam sie den ihr zustehenden Platz – auch als Spitzensportlerin.

Ein in den dreissiger Jahren geschaffener Anschlag zu einem Autorennen verdeutlicht exemplarisch die Verankerung des Sports in unserem Land: Der monumental in steiler Untersicht festgehaltene Vorderteil des Sportwagens und die Bergspitzen im Hintergrund bilden zusammen gleichsam eine urwüchsige Front. Der Sport erscheint nicht immer in solch ungetrübtem Licht. Er ist und bleibt aber eine wichtige Institution der Schweiz. ● S. P.

# Das Künstlerplakat

Unter «Künstlerplakat» versteht man ein Plakat, das nicht von einem professionellen «Reklamezeichner» entworfen wurde, wie dies beim Aufkommen des neuen Werbemittels um 1850/70 der Fall war. Man versteht darunter auch nicht das Plakat aus der Hand des «Gebrauchsgraphikers», der sich in den ersten Jahrzehnten unseres Jahrhunderts vollberuflich etabliert und heute, meist im Teamwork, als «visueller Gestalter» arbeitet.

Das Künstlerplakat ist ein Werk des Malers, der seine bildnerischen Mittel, seinen persönlichen zeichnerisch-malerischen Stil in eine Plakatbotschaft investiert. Die «Geschichte des Künstlerplakats» setzt um 1880 in Frankreich ein, parallel zur Entfaltung des Plakats als grossstädtisches Werbemittel. Die neuen technischen Möglichkeiten der grossformatigen Farblithographie fördern diese Entwicklung. Maler von Rang – Pierre Bonnard, Henri de Toulouse-Lautrec, Théophile Steinlen u.a. – werfen sich mit Lust auf das neue graphische Medium Plakat. Die Aufgabe lockt sie, in künstlerischer Freiheit den konventionellen Reklamezeichnern den Meister zu zeigen. Die meist grossformatige Plakatlithographie erlaubt ihnen auch, den geschlossenen Zirkel der Kunstelite zu durchbrechen, sich der anonymen Öffentlichkeit zu stellen und damit den öffentlichen Plakataushang zur «Galerie der Strasse» zu machen.

Die französische «Affiche artistique» hat sofort in anderen Ländern verwandte Tendenzen ausgelöst. Auch die Schweiz ist von dieser Bewegung erfasst worden. Seit der Jahrhundertwende widmen sich, unterstützt von führenden graphischen Anstalten, einige bedeutende Schweizer Künstler diesem Schaffensbereich im Schnittpunkt von freier und angewandter Gestaltung.

Es wäre unrichtig, Ferdinand Hodler, den Erneuerer der Schweizer Malerei an der Jahrhundertwende und Repräsentanten der symbolistisch-expressiven Kunst, zum Initiator des Schweizer Künstlerplakates zu stempeln. Zweifellos hat seine linienbetonte, farbig strahlende Malerei eine ganze Generation von Schweizer Malern und deren gelegentliches oder regelmässiges Plakatschaffen beeinflusst. Hodler selbst hat nur wenige Plakate geschaffen, meist für Ausstellungen. Das 1904 in Wien für die «Secession» gedruckte Plakat ist vielleicht sein plakatkünstlerisch originellstes. Horizontale blaue Schriftbänder, durch weisse Wolkenstreifen getrennt, bestimmen die Wirkung. Am Fuss der Komposition auf grüner Blumenwiese vor weitem Horizont ein schlafender Jüngling – Hodlers persönliche Interpretation der Wiener Kunstzeitschrift «Ver Sacrum» (heiliger Frühling).

Neben Hodler hat sich der Berner Emil Cardinaux mit der markanten Stilisierung der Plakatmotive beschäftigt. Der Durchbruch gelang ihm mit dem monumentalen Matterhorn seines farbig ungewöhnlichen Zermatt-Plakats von 1906/1908. Ihm schliessen sich andere generations- und gesinnungsmässig verwandte Maler an: Burkhard Mangold, dessen «Winter in Davos» (1914) zu den formal und farbig schönsten frühen Künstlerplakaten der Schweiz gehört. Oder Carl Moos, dessen Herrenmode-Plakat «Klemm» (1916) das wirksame Motiv der Silhouetten-Figuren von Skifahrer und Herr zum Einsatz bringt.

Diesen umriss-betonten Figuralstil vertritt noch 1920 der volksnahe Walliser Maler Edouard Vallet mit der obstpflückenden Bäuerin für eine Ausstellung seiner Bilder. Ähnliches gilt für Cuno Amiet, dessen Plakate von der linienbetonten Bildsprache des Jugendstils allmählich in einen gemässigt expressiven, malerischen Stil münden. Amiets Plakat für seine Zürcher Ausstellung von 1922 verrät eine Rückkehr zu früheren Ausdrucksformen: eine an Paul Gauguin gemahnende, kräftig konturierte Figur eines knienden Mädchens beim Blumenpflücken.

Geradezu weltmännische Töne werden während des Ersten Weltkriegs angeschlagen. So in dem trotz düsterem Zeithintergrund für das damalige mondäne Leben Zürichs zeugenden Konzertplakat «Grand Café de la Paix» von 1915, dem Gründungsjahr der Zürcher Dada-Bewegung. In der bewegten Figuren-Auflösung in schwarze und rote Partikel zeigt es den Plakatkünstler Otto Baumberger in einer Schaffensphase, die vom grossstädtischen Illustrationsstil der Zeit beeinflusst ist. Mondäne Züge kennzeichnen auch ein Ausstellungsplakat (1916) von Maurice Barraud, dem Genfer Maler schöner junger Frauen. Da wird ein Einfluss des französischen Fauvismus und zugleich französischer Eleganz sichtbar. Kühner noch, aus demselben Jahr, ist ein Plakat des Belgiers Jules de Praetere, damals Direktor der Zürcher Kunstgewerbeschule: eine farbenstrahlende Komposition für die Farbenfabrik Labitzke, die mit ihren rotierenden Kreismotiven an Robert Delaunays Orphismus erinnert. Trotz dem noch erkennbaren Blumenmotiv dürfte es das erste «abstrakte» Warenplakat der Schweiz sein.

In den zwanziger Jahren wandelt sich das Aussehen des Künstlerplakats. Während die wachsende Plakatproduktion von beruflichen «Gebrauchsgraphikern» beherrscht wird, setzen die Maler immer wieder Akzente mit Entwürfen im Geist ihrer Malerei. Da ist vor allem der Solothurner Otto Morach: Mit futuro-kubistischen Gestaltungsmitteln schafft er malerisch und formal ungewöhnliche, ja visionäre Verkehrsplakate, so 1928 für die Bremgarten-Dietikon-Bahn. Eine wichtige Rolle spielt auch Augusto Giacometti, dessen Malerei von der sinnlichen und zugleich symbolischen Wirkung der Farbe bestimmt ist. Mit unkonventionellen Lösungen gibt er der bis dahin eher traditionellen Touristikwerbung neue Impulse. «Die schöne Schweiz» (1930) mit dem bunten – dank raffiniertem Bildausschnitt monumentalen – Schmetterling ist gültiges Beispiel für eine Werbung, die nicht bestimmte Ferienlandschaften, sondern sommerliche Ferienstimmung verkauft.

Typische Malerplakate, oft ohne spezifisch «plakative» Wirkung, stammen von Künstlern wie Viktor Surbek («Schweizerkunst in Bern», 1936), Ernst Morgenthaler («Mit der Bahn hinaus ins Freie», 1944) oder Max Gubler («Mit der Bahn abseits der Strasse», 1955). Die beiden letztgenannten Plakate gehören zu einer vom Publizitätsdienst der SBB herausgegebenen Folge von Malerplakaten, die viel zur Popularisierung einer gemässigt modernen Malerei beigetragen haben.

Schon in den dreissiger Jahren erschienen jedoch eigenwilligere Künstlerplakate. Der Basler Niklaus Stoecklin, Hauptvertreter des «Magischen Realismus» in der Schweiz, wirbt 1937 mit einem rein zeichnerischen Plakat für die Schweizer Kunstausstellung in Wien. Scheinbar leicht lesbar, zeigt es eine hintergründige Montage von Künstler-Utensilien und Darstellungsmotiven. Ebenso surreal ist der illusionistisch gemalte Ausblick zwischen Felspartien auf eine menschenleere See- und Alpenlandschaft, mit dem der Luzerner Hans Erni 1945 «Macht Ferien. Sammelt Kräfte für die neue Zeit» empfiehlt, also den nahen Weltfrieden ankündet und zugleich eine neue Aera des Touristikplakats einleitet. Allerdings hatte schon 1938 der eigenwillige Bündner Alois Carigiet mit dem in zeichnerisch-koloristischer Manier über das Plakat hinunterrinnenden Bergbach unorthodox für den Kurort Arosa geworben. Jeder dieser Künstler schuf ein eigentliches Plakatwerk.

Wo Künstler für sich selbst werben, entfallen Rücksichten auf die Auftraggeber. In ihrer dem eigenen Schaffen adäquaten Plakatsprache stellen sie sich oft quer zum Stil der gleichzeitigen «Graphiker-Plakate». Den Anfang macht Le Corbusier, der 1938 für seine Ausstellung in Zürich eine blaurot akzentuierte Bildmontage aus seinem künstlerischen Werk zeigt. Für ein Goodwill-Plakat der SIA Frauenfeld lässt Max Hunziker in seinem expressiven Bilderbogenstil über dem Erdenrund einen Engel schweben: die erste Friedensweihnacht 1945. Wenig später zeigt Hans Falk souverän nochmals die reichen Möglichkeiten der zeichnerisch-malerischen Lithographie, die ihre Quelle in der französischen Plakatkunst vor der Jahrhundertwende hat. Das Plakat wirbt eindringlich und delikat zugleich für die Ausstellung der Plakatsammlung Schneckenburger. Der eigenwillige Varlin dagegen empfiehlt mit der frechen Pinselzeichnung eines «Piccolo» auf dunkelrotem Grund 1960 eine Ausstellung seines Werkes.

Im Künstlerplakat seit etwa 1960 zeichnet sich nur eine einzige Gruppe gemeinsamer Stiltendenz ab: die Plakate der geometrisch arbeitenden, zumeist in Zürich domizilierten Künstler. Sie übertragen ihre auf rationalen Gestaltungsprinzipien aufgebauten Bildkompositionen konsequent aufs Plakat. Dabei ergeben sich oft enge Zusammenhänge mit den Plakaten gesinnungsverwandter Gebrauchsgraphiker, die aus denselben Quellen schöpfen.

Der Maler, Plastiker und Architekt Max Bill setzt, wie etwa bei seinem Berner Ausstellungsplakat von 1968, seine strenge farbformale Bildkomposition ins Zentrum des weissen Blattes, was der Komposition maximale Strahlkraft gibt. Die Textinformation ist – scheinbar zufällig, in Wahrheit sorgfältig disponiert – handschriftlich zugefügt. In einem Plakat für die Weihnachtsausstellung der Zürcher Künstler von 1950 versucht Richard Paul Lohse eine Synthese der farb-formalen Elemente mit der «Schrift-Architektur». Bei Camille Graeser (1974) und dem Basler Karl Gerstner (1982) findet sich eine strikte Trennung von in sich geschlossenem, geometrisch-konstruktivem Bild und dazu komponierter Typographie. Verena Loewensberg versucht 1981 durch Schräglage der Textzeilen die Diagonal-Elemente der Bildkomposition aufzunehmen.

Ferdinand Hodler, 1904

Cuno Amiet, 1922

Augusto Giacometti, 1930

Rolf Iseli, 1978

Le Corbusier, 1938

Markus Raetz, 1977

Hans Erni, 1945

Varlin, 1960

Der «Stil-Pluralismus» der Gegenwart findet auch im Schweizer Künstlerplakat seit den sechziger Jahren seinen Niederschlag. Das Bemühen, individuelle Ausdrucksmittel und Ausdrucksformen ins Ausstellungsplakat zu übertragen, bewirkt gelegentlich eine Schmälerung plakativer Wirkung, bringt jedoch eine Annäherung der Plakatgestaltung an das eigene graphische oder malerische Schaffen. Das wird schon in der surrealen Komposition des Berners Otto Tschumi von 1961 sichtbar oder in der raffinierten und intensiven Farbkomposition eines Kleinplakates des Baslers Samuel Buri (1965).

Für sein zweifarbiges Ausstellungsplakat von 1977/78 «montiert» Markus Raetz eine Art Inventar seiner zeichnerischen Motive. Es entsteht ein filmischer Ablauf von Bildzeichen, vergleichbar etwa einer Hieroglyphen-Inschrift. 1980 liefert der Berner Objektkünstler Franz Eggenschwiler zur Eröffnung des Basler Museums für Gegenwartskunst eine Collage aus photographischen und graphischen Elementen, die auf den Ort am Rheinufer Bezug nehmen und an seine Blätter mit montierten Papierfunden erinnern.

Mit der eigenen Graphik eng verbunden ist das lithographische Plakat des Bildhauers Bernhard Luginbühl für seine Ausstellung «Stubenatlas» (1973). Er durchmischt eine Zeichnung seines «Atlas» mit einem raffinierten Buchstabenspiel der Textinformation. Einen improvisatorischen Umgang mit der Schrift zeigt das Plakat für die 5. Biennale der Schweizer Kunst in Olten (1985), dessen kalligraphischer Charakter die eigenen «Text-Bilder» des Berner Schriftkünstlers Rudolf Mumprecht spiegelt. Auch der «Federmann» des Berners Rolf Iseli für seine Zürcher Ausstellung von 1978 steht in unmittelbarem Zusammenhang mit seinen gleichzeitigen Bildern und Zeichnungen.

Direkte Bildübernahme findet sich 1976 bei einem Ausstellungsplakat des phantastischen Realisten H. R. Giger, dessen bedrohliche Thematik das Eingespanntsein des Menschen in unmenschliche Apparaturen ist. Auch der Zürcher Urs Lüthi wählt 1981 für sein Plakat ein Motiv seiner damaligen, mit photographischen Mitteln hergestellten Bildwerke. Dass die effektvolle Hell-Dunkel-Komposition «Bild» und nicht Werbephotographie ist, erfassen nur Kenner von Lüthis introvertierter Kunst.

Ein verwandtes Vorgehen findet sich beim Plakat des Graphikers Walter Diethelm für eine Ausstellung von Daniel Spoerri (1972): eine farbphotographische Aufsicht auf ein «Fallenbild» des an Fixierungen von Zufallssituationen interessierten Objektkünstlers. Spoerris Freund Dieter Roth, ein Meister im spontanen Umgang mit Materialien und Medien, kombiniert 1985 auf einem Ausstellungsplakat verfremdete Photoelemente mit spontanen Schriftzügen. – Für ein Basler Fest liefert der Maschinenplastiker Jean Tinguely 1984 einen quicklebendigen Entwurf in seiner typischen Mischtechnik: collagierte Papierfunde kombiniert mit malerischen Elementen und flüchtiger Pinselschrift.

Der photorealistische Zürcher Maler Hugo Schuhmacher setzt 1976 beim Plakat für eine Doppelausstellung seiner

Jean Tinguely, 1984

Max Bill, 1968

Bilder und der Steinplastiken von Roland Hotz seine zeichnerischen Mittel für die farbige Wiedergabe einer typischen Skulptur seines Freundes ein. – Eine künstlerisch bemerkenswerte Lösung, fernab aller graphischen Routine, hat der stupende Zeichner Alfred Hofkunst 1981 mit einem poetischen Theaterplakat für die Genfer Comédie gefunden. Eines der heute leider seltenen Beispiele für das Betrauen eines freien Künstlers mit nicht auf Ausstellungen hinweisenden werblichen Plakataufgaben.

Auch wenn in jüngerer Zeit die Künstler Plakate vorzugsweise für eigene Ausstellungen schaffen, so ist doch der Einfluss ihrer eigenwilligen, meist sehr persönlichen Entwürfe auf das «professionelle», oft von ausserkünstlerischen Erwägungen konditionierte Plakat der Warenwelt hoch einzuschätzen. Noch mehr ins Gewicht fällt aber eine andere Auswirkung: Mit ihren Plakaten tragen die Künstler das vielfältige, für den Grossteil der Zeitgenossen verwirrende Ideen- und Formengut der weitherum als elitär geltenden aktuellen Kunst aus dem engen Bereich der «Insider» hinaus in die breite Öffentlichkeit, auf die Strasse, wo sie den überraschten Passanten erreichen. Damit wird der Plakataushang – so ist zu hoffen – wieder zu dem, was er in seinen Anfängen einmal war: eine «Galerie der Strasse». ●

W. R.

# Das Schriftplakat

Am Anfang war das Wort und sein bildlicher Niederschlag, die Schrift. Doch die Ware machte den Text zum Mauerblümchen. In den 60er Jahren des vorigen Jahrhunderts traten die ersten Bildplakate grosser Verkaufshäuser in London und Paris auf. Vor diesem Zeitpunkt spielte die Schriftanzeige eine wichtige, wenn nicht gar die Hauptrolle im Werden des Plakats. Im Mittelalter war Reklame durch Zunftgesetz untersagt. Es erstaunt deshalb nicht, dass das Plakat bei Gewerben aufkam, für die anfänglich kein Zunftzwang bestand. Der Buchdruck als Neuheit war den andern Handwerken nicht vergleichbar. Einen grossen Teil der frühen Plakate nahmen Ankündigungen des Jahrmarktbetriebes ein. Die Angehörigen dieser Berufe konnten, da sie im Ansehen weit unten standen, unbeschadet ihres Rufes zur Werbung greifen – und fanden in den Druckern ihre Gesinnungsgenossen.

Vor diesem Hintergrund entfaltete sich die Entwicklung der Wirtschaftsreklame. Was lag für den Buchhändler näher, als sich des Buchdrucks zu bedienen, um den Bücherverkauf zu propagieren? Ein Wandervertrieb etablierte sich. Einzel- und Sammelanzeigen in Plakatform waren die zwingenden Folgen.

Eine Sonderstellung besassen die behördlichen Bekanntmachungen, die, abgesehen von den militärischen Plakaten zum Anheuern von Soldaten, informierten, z.B. über einen Erlass. Der obrigkeitliche Anschlag, oft als Wortschwall daherkommend, liess nur eine trockene typographische Darstellungsweise zu. Ein interpretatives Bild hätte die Eindeutigkeit des Inhalts verwässert – dem ist heute noch so. Eine grosse Wichtigkeit für die Entwicklung des Plakates kam der Ausbildung des Titelblatts von Büchern zu. Es konnte, weil im 15. Jahrhundert die Bücher noch ungebunden waren, einzeln für den Aushang verwendet werden. In gezügelter Gestalt war es eine verbale Verdichtung, quasi der Stempel des Buchs. Die treffende Verknappung eines Sachverhalts dürfen wir noch heute von einem guten Schriftplakat erwarten.

Breite Bevölkerungsschichten waren durch ausschliessliche Schriftmitteilungen kaum ansprechbar. Zum Text gesellte sich von Anbeginn das Bild. In wortgewaltigen Flugblättern äusserte sich der politische Wille und peilte die Führungsschicht an. Engels wandte sich 1849 gegen ein Gesetz, das dem überbordenden Plakatieren einen Riegel schob. Sein Argument, die Arbeiter brauchten ihre «Strassenliteratur», war wohl zu hoch gegriffen, waren diese doch kaum des Lesens kundig. Die neue Technik der Lithographie (ab 1798) führte deshalb die Illustration zum Sieg über die Schrift. Textplakate wurden nach wie vor im Buchdruck erzeugt. Die Druckereien versuchten, konkurrenzfähig zu bleiben. Das Resultat war eine billige Nachäffung lithographischer Wirkung durch Mittel der Typographie.

Der Steindruck begünstigte die Verwendung heraldischer und allegorischer Motive. Die Abkehr davon und das Zurückgehen auf Naturformen bewirkten, dass die Wiener Secession dem Letternplakat vorarbeitete. Die Schrift rückte hier nun, im schroffen Kontrast zum ausdrucks-

Ernst Keller, 1933

Emil Ruder, 1956

lodernden französischen Gegenstück, in die Kunstsphäre vor. Es entstanden, in Wien wie in Deutschland, funktional-begründete Schriftschöpfungen.

Den ersten Schweizer Beitrag an das neue Textplakat lieferte die Kunstgewerbeschule Zürich, die für hauseigene Ausstellungen schon um 1910 klare Lösungen realisierte (Gimmi, Welti, Imhof). Nicht zufällig: Immer dann, wenn es um eine Pluralität geht (viele Personen, Themen, Gegenstände), der bildnerisch kaum angemessen entsprochen werden könnte, ist ein Schriftplakat zu gewärtigen. Ernst Keller, ab 1918 Graphik-Lehrer in Zürich, wies dem Anschlag neue Wege. Vermöge des spröden Linolschnitts gab er den Buchstaben das Gepräge lapidarer Grossartigkeit, formte sie zur Plakatschrift um. Hier zeigt sich die typische Steigerung vom Wort zum Widerwort: Das Wort weigert sich, ein gewöhnliches zu bleiben, es will in Szene gesetzt werden. Zusammen mit Käch und Morach produzierte Keller auch Schrift-Affichen für den Schweizerischen Werkbund, was für die Behauptung einer graphisch-sachlichen Gestaltung von grosser Bedeutung war.

Als die Wirtschaft die Möglichkeiten des fortschrittlichen Plakats entdeckte, eroberte bald das heroische Ding die Wandfläche. Dem Warenporträt ging das Personenporträt eines Toulouse-Lautrec voran, beiden folgte das Wortporträt, die prägnante Hervorhebung eines minimalen Plakattextes. Dieser Prozess verlief diametral zur Kunst der Avantgarde. Sie riss sich um 1910 von Gewohnheit und Zwang los, die Natur irgendwie abzubilden. Die Ungegenständlichkeit (etwa bei Kandinsky) warf das Bild auf sich selbst zurück. Diesen blanken Widerspruch zwischen der hohen Kunst und dem gemeinen Plakat könnte man die Versinnbildlichung der ewigen Fehde von Geist und Materie nennen.

Dada brach mit allen Konventionen. Zürich als Geburtsort war noch zögernd. Erst der Ableger Genf verdonnerte das Schriftplakat zum Symbol des Unsinns. Mitunter wurde der waagrechte Verlauf einer Zeile, eine jahrhundertealte Festung der Typographie, zertrümmert. Alles geriet chaotisch in Fluss und stand jenseits der herkömmlichen Schönheitsbegriffe.

Die Fortsetzung der Schriftplakat-Geschichte lässt sich als Sühnebewegung für die begangenen Dada- sowie Futurismus-«Verbrechen» verstehen. Die Instandstellung erfolgte auf dem Pfad der reinen technischen Buchdruck-Typographie. Den Puristen war die aus dem Handgelenk geschüttelte Typographie ein Greuel; sie hätten die Angriffe kaum verwunden, die Jahrzehnte später ein Tinguely oder Mumprecht mit rotzigen Kritzeleien gegen alle Plakatsitten reiten sollten. Die Gegenposition segelte in den Gewässern des deutschen Funktionalismus.

Unter seinen Fittichen wurde die «Neue Typographie» geboren. Jan Tschichold sah darin den Widerschein insbesondere des Konstruktivismus. Seine Devise lautete: Die neue Typographie ist zweckbetont, wobei eine Beschränkung auf elementare Mittel zu beachten ist. Er vermeinte: Nur Dummköpfe können persönliche Typographie verlangen.

Jean Tinguely, 1982

Max Bill, 1931

Ruedi Külling, 1961/66

Pierre Monnerat, 1961



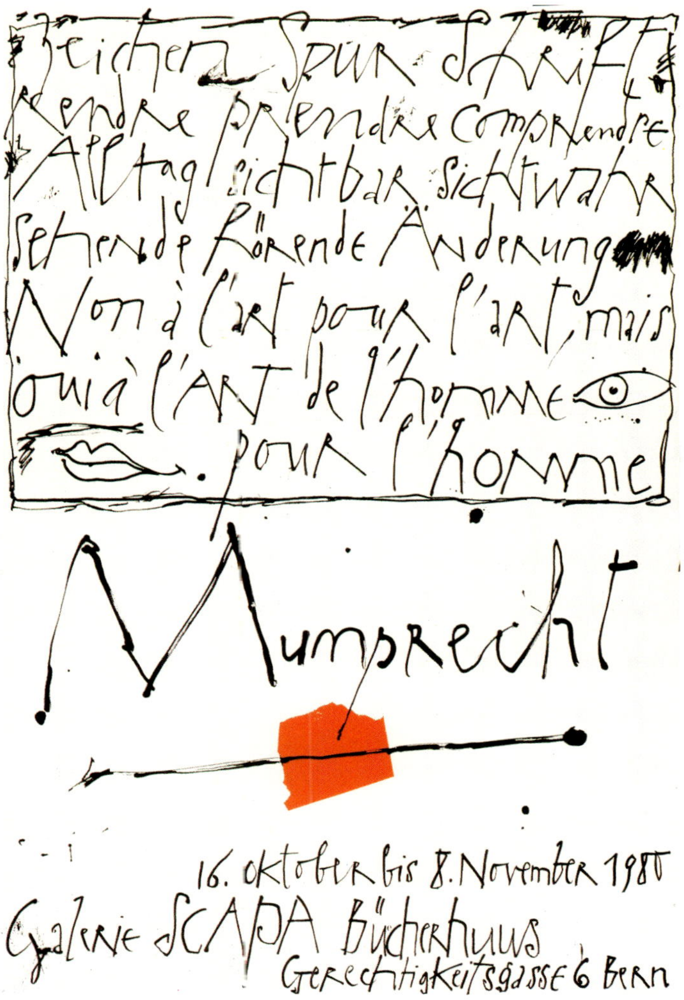


Rudolf Mumprecht, 1980

Robert Büchler, 1960

Wolfgang Weingart, 1981

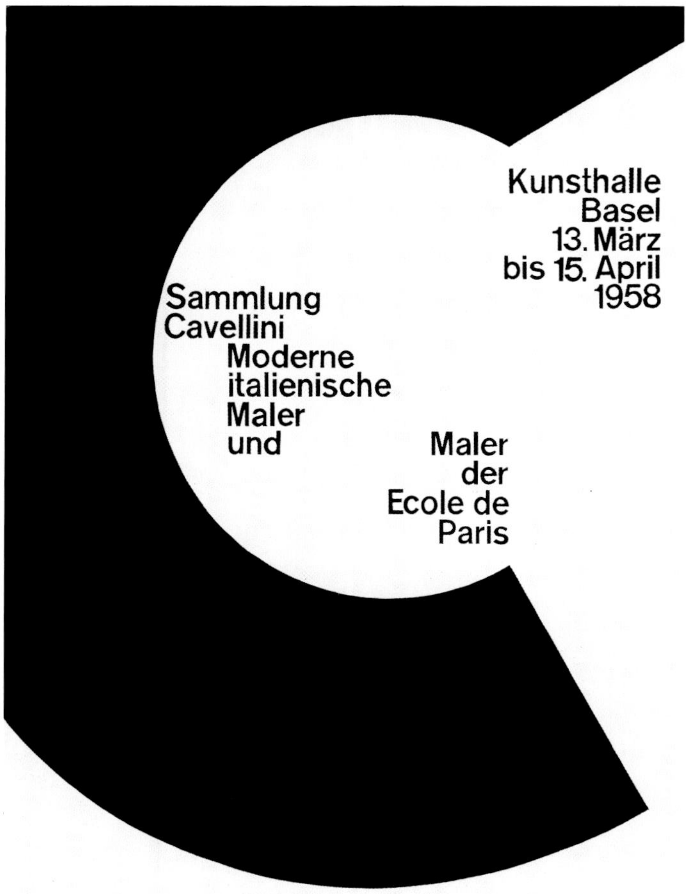


Armin Hoffmann, 1958

Folgenreich war sein Plädoyer für den Miteinbezug der Photographie. Zuvor schon gab Moholy-Nagy der Typographie am Bauhaus einen publizistischen Stellenwert, ranggleich zu den Medien Radio und Film. Er forderte eine visuelle Information, eine Partnerschaft von Text und Photo, die durch John Heartfield eine gesellschaftskritische Umwandlung erfuhr. Die engagierte Photomontage ihrerseits verliert sich bei Bruno Kammerer im Säuberlich-Schweizerischen seiner Politplakate. Überhaupt ist die Gepflegtheit geradezu ein Stilmerkmal eidgenössischer Plakate geworden.

Von 1927 bis 1929 am Bauhaus ausgebildet, gab Bill seinen dort gesammelten Erfahrungen eine helvetische Prägung. In Anlehnung an seine Konkrete Kunst entschlackte er die Typographie und verzichtete auf jede Ornamentik – aber erst, nachdem er das dekorative «Tanzstudie-Wulff»-Plakat geschaffen hatte.

Reine Verkörperungen von Bills theoretischen Vorstellungen sind seine «Allianz»-Plakate. Ihrer asketischen Natur liegt ein Gestaltungseinfall zugrunde, den schon Tschichold in den Flächen unbedruckten Raums erkannte. Die Leerstelle als ästhetischer Reiz ist die umgekehrte Entsprechung der Monumentalisierung von Buchstaben im graphischen Schriftplakat – etwa eines Ernst Keller oder des jüngeren Armin Hofmann.

Präzision, Ausgewogenheit, Nüchternheit: Diese Kategorien waren bezeichnend für Bill und sind symptomatisch für das rational ausgerichtete Textplakat der Schweiz, das dem alles überragenden Bildplakat keck die Stirne bot und bietet, wie es vielleicht nirgends in Europa so deutlich der Fall ist.

Die technisch-gesetzmässige Arbeitsweise ist mit den Plakatgestaltern Cyliax, Lohse, Neuburg, Vivarelli, Ruder, Büchler, Gerstner und Odermatt identisch. Ein weiteres Glied in dieser Kette bildet Josef Müller-Brockmann. Er ist mit seinen Kultur-Schriftplakaten der 50er Jahre der eigentliche Vollstrecker des Leitbildes der Konkreten Kunst und Typographie.

Wirb oder stirb! Das ist das radikale Schicksal des Plakats. Darum muss es sich gefallsüchtig aufführen. Schrift nicht als Phonetik, sondern als Optik, das verlangte schon El Lissitzky. Hätte der Textanschlag nicht diesen Anspruch, so verharrte er auf der Stufe des Buches, das sich ja dem Text gegenüber völlig gleichgültig gibt. Das Schriftplakat oder die Plakatschrift steht unter dem Druck, sich zum Signet aufzuschwingen.

Diese Zusammenballung zu einem Signal, diese Reduktion von Komplexität ist eine unserer Zeit innewohnende Erscheinung. In der Demokratie, beim Urnengang, spitzt sich ein Problem zu einem simplen Ja oder Nein zu. In der Musik verkürzt sich ein Vortrag auf einen konsumleichten Schlager. Den modernen elektronischen und Druckmedien obliegt die Pflicht, Dinge so zu entflechten, dass jeder und jede hindurchblickt. Im Verbund solcher Zivilisationstatsachen steht auch das Plakat: Es ist ihm um Prägnanz und Verblüffung, um die Erreichung einer optimalen Fernwirkung, um die Beseitigung unnötigen formalen und inhaltlichen Ballasts zu tun. All das erlaubt eine rasche Rezeption, ergibt einen Schnelldialog. Unsere Sehgewohnheit ist in den Strudel sich jagender Actions auf der Leinwand, sich überbietender Werbespots im Flimmerkasten geraten. Daher ist der hastende, gestresste Mensch darauf vorbereitet, auch im Plakat eine Wegwerf-Optik serviert zu bekommen, die er fast gleichzeitig aufnimmt und wieder fallen lässt, die sich aber, jenseits der Selbstkontrolle, vielleicht in seinem Unterbewusstsein festhakt.

Die Buchstaben als sichtbare Symbole von Lauten sind Ergebnisse der Übereinstimmung, sind konventionelle, allgemein verständliche Zeichen. Ihre logische Verknüpfung stiftet einen Zusammenhang und vollzieht Sprache. Gebundenheit und Zweckhaftigkeit hemmen die Gestalt des Zeichens, führen sie formal an eine Grenze heran, die nie überschritten werden darf, soll die Schrift ihren sozialen Mitteilungscharakter nicht verlieren.

Die Zeichen sind durchlässig. Sie vertreten etwas, das ausserhalb von ihnen liegt. Immer sind sie auf ein Bezeichnetes ausgerichtet, mit dem sie aber keine Ähnlichkeit besitzen. Das Wort «Baum» beispielsweise hat mit dem bezeichneten Objekt keine äussere Verwandtschaft. Erst die Verquickung von Zeichen und Bezeichnetem ist sinnvoll, setzt überhaupt Kommunikation in Gang.

Die im Schriftplakat praktizierte Sprache ist selten ein Ergebnis spontaner Redeäusserung, sondern meist ein aus der Überlegung hervorgegangenes Produkt. Der Text wird aus der Gesamtheit der Sprache als Teilmenge ausgegliedert. Trotzdem sind unzählige verbale Spielarten im Plakat möglich. Doch die Erfordernisse der Strasse mit ihren gehetzten Menschen bewirkten eine Verlagerung vom Argument zum Schlagwort, von der Redseligkeit zur kondensierten Botschaft, vom emotionalen Inhalt zur informativen Notwendigkeit (Zeit-, Datum-, Ortsangabe).

Träger des Schriftplakats sind oft kleine Gruppen, vor allem der politischen Szene. Sie greifen zu diesem Medium aus traditioneller Verpflichtung, denn der Textanschlag war seit je ihr Ausdrucksmittel. Anderseits sind es wirtschaftliche Engpässe, die den Minderheiten eine (billigere) Mitteilung ausschliesslich in Schrift auferlegen. Behörden und kulturelle Instanzen sind weitere Kreise, die die typographische Anordnung favorisieren, vielfach aus inhaltlich-sachlichen Gründen. Je ökonomisch stärker die Trägerschaft, desto grösser die Wahrscheinlichkeit, dass ein (teureres) Bildplakat das Rennen macht. Das Wirtschaftsplakat weist die tiefste Kluft zwischen Bild und Wort auf. Das liegt auch am materiellen Gut, dem das Hauptinteresse gilt. Eine Ware zieht magnetisch das Bild, das Selbstporträt oder ein anderes sinnfälliges Abbild an. Der Gegenstand rückt visuell und inhaltlich ins Zentrum der Aussage, die Schrift wird zum unumgänglichen Beiwerk.

Das Schriftplakat als soziologischer Spiegel ist vornehmlich im subkulturellen Bereich der alternativen Bewegungen beheimatet. Die im Abseits Agierenden sind von den klassischen Massenmedien ausgeschlossen, leiden am Mangel geeigneter Publikationsgelegenheiten, werden mit Spott übergossen. Der verbale Stau bricht sich Bahn, der Plakatraum wird mit Worten überschwemmt. Die Machart ist häufig naiv. Qualitätseinbusse wird bewusst in Kauf genommen und eingestanden, da Ästhetik von vorneherein bourgeois-verdächtig ist. Doch Isolation und Artikulationsnot entschuldigen die formalen Ungereimtheiten, zumal aus dem Amateurismus ein Prinzip, die gestalterische Unbedarftheit, herausgewachsen ist, welche man bereits wieder als Stil zu bezeichnen geneigt ist.

Für den Griff zum Textplakat können auch zeitliche Umstände ausschlaggebend sein. Wenn sich etwa vor einer Wahl oder Abstimmung eine Ad-hoc-Vereinigung überstürzt zusammenrauft, bleibt für ein ausgeklügeltes, planmässiges Vorgehen kaum noch Zeit. Flexibilität ist dann am Platz. Diese Voraussetzung bildet den Nährboden für eine Schriftlösung, die es erlaubt, unmittelbarer zu reagieren. Insofern überflügelt sie das zeitraubende Bildplakat. So ergibt sich zwischen den beiden Gattungen – Schrift- und Bildplakat – eine ähnliche Konstellation wie zwischen dem Wortmedium Radio, das spontaner antwortet, und dem Bildmedium Fernsehen, das eine Nachricht erst später verbreitet (und dennoch der Presse zuvorkommt).

Schriftplakate sind auch Kinder von Kriegszeiten: Amtliche und soziale Plakate beherrschten während der beiden Weltkriege das Feld. Die Schweiz verzeichnete im Gegensatz zu den kriegsgebeutelten Ländern keinen so grossen zahlenmässigen Rückgang ihrer Bildplakate. Die Lage änderte sich nach Beendigung der Feindseligkeiten nicht schlagartig. Aufbauarbeit ist Trauerarbeit: das Wort ist tröstlicher und verlässlicher. Erst als die Wunden allmählich zu verheilen begannen, war das Bild wieder stärker gefragt. Trösten vermag uns heute kein Schriftplakat mehr. Und als Wall gegen die Bilderflut taugt es auch wenig. Bleibt: Das Schriftplakat, das die Erschütterungen der Welt als Echo wiedergibt – das wäre schon viel. ● S. P.

# Das Photoplakat

Gotthard Schuh, 1933

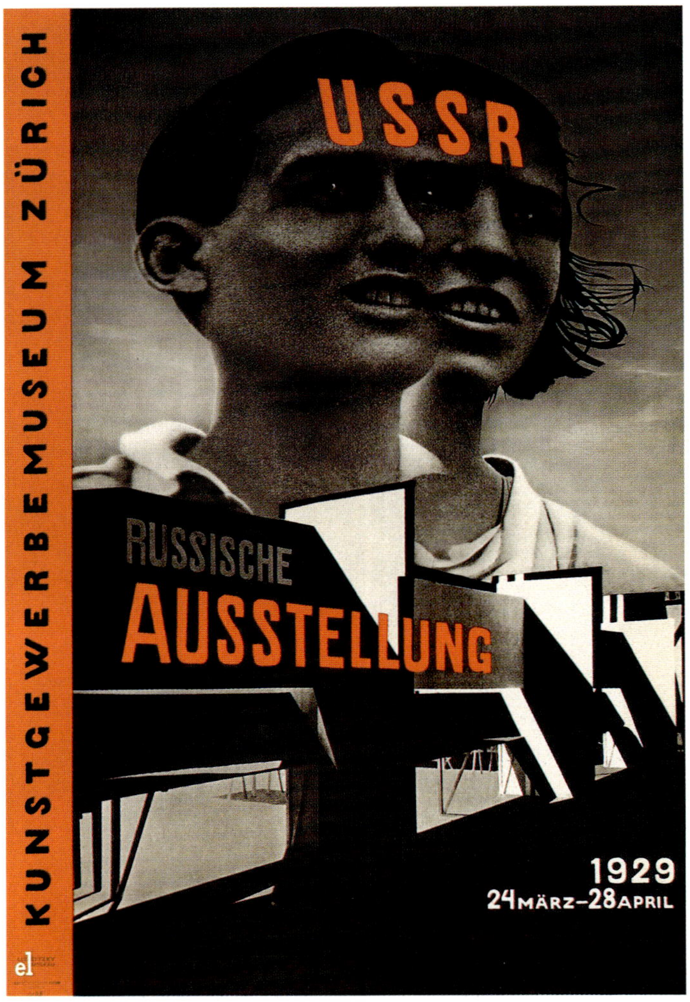


El Lissitzky, 1929

Bereits in der frühen Nachkriegszeit scheint das Niveau des graphischen Anschlags nicht mehr zu befriedigen, man erwartet das Heil im Photoplakat, das Zeuge, Symbol und Animator des unaufhaltsamen Aufstiegs von Komfort und Konsum werden sollte.

Die ersten Photographien getraute man sich nicht lange anzuschauen. Man glaubte, dass die abgebildeten Personen einen selbst sehen könnten. Spuren dieser Scheu haben sich bis heute bewahrt: Dem täglichen Bilderhagel begegnen wir mit dem legitimen Mittel beiläufiger Registrierung. Auf diesen psychologisch notwendigen Abwehrmechanismus antwortet die Werbung ihrerseits mit ausgefallenen Bildsignalen, die fortgesetzt einen Zipfel unserer Aufmerksamkeit zu packen suchen. Die Bally-Plakate zeigen ironisch-unlogische Situationen; Christian Coignys Photoanschläge bannen ein imaginäres Raum-Zeit-Gefüge. Solchermassen verfremdete Inhalte – René Magritte lässt grüssen – erschüttern vielleicht für einen Moment unsere Bildgewissheit. Kann einer heutigen Reklame denn etwas Besseres geschehen?

Das sichtbare Dasein erfuhr bis heute nicht nur eine Verdoppelung in den Kamerabildern. Die Massenmedien erzeugen eigene, von der Realität abgehobene Welten. Dies gilt auch für die Werbung. Sie weist ja immer insofern voraus, als sie die zukünftige Überwindung eines angeblich von Mangel erfüllten Istzustandes durch Kauf propagiert. Diese Bewältigungsideologie bleibt nicht folgenlos, denn die Verheissungen holen uns tatsächlich ein: Das Leben ist schon fast paradiesisch. Nur: Unsere geistigen und materiellen Grundlagen schwinden zusehends, was sich symptomatisch in unseren Abwehrmechanismen gegenüber der bedrohten Natur ausdrückt.

Die Zürcher Station der herausragenden «Film-und-Foto»-Ausstellung, die 1929 erstmals in Stuttgart präsentiert wird, übt auf die Verbreitung des Photoplakats in der Schweiz erheblichen Einfluss aus. In der Folge verbreiten Fachbücher, einschlägige Zeitschriften und eigene Wanderschauen – etwa die 1932/33 von Stadt zu Stadt ziehende «neue fotografie in der schweiz» des Schweizerischen Werkbundes – die neuen Entwurfsmöglichkeiten der Lichtbildnerei. 1929 veranstaltet das Kunstgewerbemuseum Zürich eine «Russische Ausstellung» mit Photoabteilung: Das den Anlass ankündigende Plakat von El Lissitzky montiert Mensch und Architektur zu pathetischer Synthese zusammen. Treibende Geister des Aufbruchs um 1930 sind auch drei aus Deutschland kommende Botschafter des Photo-Avantgardismus: Anton Stankowski arbeitet im Schweizer Atelier Max Dalang, Hans Finsler wird an die Zürcher Kunstgewerbeschule berufen und Jan Tschichold wirkt in einer Basler Druckerei. Zudem findet das Photoplakat in dem «Ring neuer Werbegestalter», einem internationalen Zusammenschluss moderner Graphiker mit den Schweizern Otto Baumberger, Max Bill und Walter Cyliax, seine Bewunderer.

Ernst A. Heiniger ist einer der ersten Schweizer, die sich professionell mit der neuen Abbildungstechnik auseinandersetzen. Helmuth Kurtz entwirft schon Ende der zwanziger Jahre einige ausgezeichnete Photoaffichen, verschreibt sich aber später wieder graphischen Ausführungen. Walter Herdeg ist in den dreissiger Jahren sozusagen der ästhetische Betreuer des St. Moritzer Verkehrsvereins. In der Plakatserie für diesen Fremdenort finden sich auch Beispiele, die nach dem Prinzip der Photomontage gefertigt sind. In den vierziger und fünfziger Jahren fallen Hans Neuburg, Richard P. Lohse, Hermann Eidenbenz, Werner Bischof und Josef Müller-Brockmann mit Photoplakaten auf. Unbestrittener Meister auf diesem Gebiet ist Herbert Matter. Von 1929 bis 1932 steht er in Paris in Fühlung mit Fernand Léger, Amédée Ozenfant, Cassandre (A. J.-M. Moreau) und Le Corbusier. Zurück in der Schweiz und wohl inspiriert von ihrer Technikfreundlichkeit, wendet er sich der Plakatherstellung mittels Kamera-Techniken zu. Seine farbigen Tourismus-Affichen für Engelberg, Pontresina, Swissair usw. fussen auf einer virtuosen Verknüpfung photographischer und zeichnerischer, nah- und fernsichtiger, An- und Ausblicke gestattender Elemente.

Herbert Matters Reiseplakate markieren einen Höhepunkt. Der Weg des Mediums Photographie zu ihnen ist lang, beschwerlich, voller Konsequenzen und beginnt mit dem Kampf gegen die Kunstphotographie, die sich in der Imitation stimmungsvoller Malerei gefällt. Die impressionistische Manipulation trachtet dem Vorwurf des bloss mechanischen Abbildungsprozesses zu entgehen und stellt sich damit auf den Standpunkt einer antitechnischen Kunsttheorie. Die Zeit der Desillusion und wirtschaftlichen Veränderungen nach dem Ersten Weltkrieg ist der Entwicklung einer neuen Sichtweise und ihrer theoretischen Begründung günstig. Mit der Sachaufnahme, die in Deutschland, insbesondere am Bauhaus, ihren Ausgang nimmt, fängt für die Photographie die Integration in Gesellschaft und Wirtschaft an. Es folgt die Abkehr von der traditionellen horizontalen Perspektive, indem eine volle Auswertung des technischen Potentials der Kamera stattfindet. Ein neues Repertoire des Sehens wird einstudiert: Zum hochgerissenen Blick nach oben, der den Kanten eines Wolkenkratzers oder den fliehenden Linien eines Hochspannungsmastes nachjagt, gesellt sich der steile Blick vom Kran, Turm, Lift oder Flugzeug nach unten. Und mit der variantenreichen Schaurichtung vermählt sich eine ebensolche Schaudistanz, die beliebig zwischen Totale und Detail oszilliert, den porentiefen Einblick jedoch bevorzugt. Die aufsässige Optik kann eine nüchterne Zweckform zum ornamentalen, abstrakten Gebilde umfunktionieren: «Schönheit der Technik» – so ein Buchtitel aus dem Jahr 1928.

Ein Indiz der Annäherung der Photographie an den ökonomisch beherrschten Alltag ist die Entdeckung des visuellen Reizes gestaffelter Warenanordnungen. Einen Grundzug der industriellen Fertigung stellt die serielle Fabrikation dar. Das Fliessband ist die sinnfälligste Verkörperung dieses Axioms. Um 1910 sind in den Schaufenstern die Massen der maschinell hervorgebrachten Erwerbsobjekte zu klassischen Formen wie Pyramide oder Zylinder gestapelt. Die ästhetisch berechnete Sortiments-Wiedergabe empfängt an der Landesausstellung von 1914 in Bern quasi ihre offizielle Weihe: Im Arrangement der Gegenstände, in ihrer Reihung und Häufung klingen noch Eigenschaften ihres Produziertseins und ihrer Wirtschaftszugehörigkeit an. Die Photographie im Dienste der Reklame und speziell des Plakats dreht sich kaum um die Aufklärung solcher Zusammenhänge. Es geht ihr mehr um Verkäuflichkeit und weniger um Erkenntnis, wie Walter Benjamin gesagt hätte.

Die grösste Tat der Photographie der zwanziger Jahre besteht im Aufnehmen isolierter Dinge. Ungewöhnliche Blickpunkte auf die Objekte laden belanglose Waren mit Bedeutung auf, entfremden sie zugleich ihrer maschinellen Herkunft sowie ihrer nachträglichen Gebrauchsfunktion. Eine Art Referenzmodell dieser Absonderungsmethode ist der menschliche Werbekörper: Die den Beginn eines Starkults spiegelnden Plakate eines Jules Chéret, Alfonse Mucha oder Toulouse-Lautrec sind Muster des Warenprotrāts; mit dem Aufblühen der Markenartikel-Industrie werden allmählich Verkaufsgegenstände so prominent wie die ersten Pin-up-Girls in Szene gesetzt, in wachsendem Mass auch mit der Kamera.

Die streng auf Dinge und Dinglichkeit ausgerichtete Wahrnehmung erfährt in der Werbephotographie und im Photojournalismus ihre grösste Nachfrage. Die in diesen Anwendungssektoren Aktiven sind Spezialisten. Hans Staub, Gotthard Schuh, Paul Senn und Ernst Mettler wirken unter Chefredaktor Arnold Kübler für die «Zürcher Illustrierte». Von ihnen existieren nur wenige Plakate. Anderseits arbeiten nur selten Graphiker oder Künstler auch für Bildzeitschriften.

Das Vorhandensein der Sachaufnahme lässt die Meinung entstehen, sie sei wertfrei und entlaste so das Plakat von seiner Aufgabe als Kunsterzieher, als Geschmacksbildner. Diese Funktion wird jahrzehntelang gerne als Legitimation der Künstler-Affiche herangezogen. Man glaubt nun, die photographische Abbildung des in seiner schieren Materialität empfundenen Objekts bürge für eine neutrale Aussage und verwirkliche das Postulat der «Wahrheit in der Werbung». Das «Gebrauchsgraphik»-Sonderheft Schweiz von 1929 triumphiert: Die neue optische Reklame, die Photographie, bewerkstellige die gründliche Abstreifung aller ästhetisch-pädagogischen Momente. Diese idealistische Auffassung verkennt indes, dass grundsätzlich jede Werbung erzieherisch wirkt, sonst würde sie zu sich selber in Widerspruch treten.

Mit der Vernachlässigung der Ferne, des Gesamten, zugunsten der Betonung der Nähe, der Einzelheit, vollstreckt sich ein der modernen Zivilisation adäquater Zerstückelungsakt. Die einst lokal geschlossenen Kreisläufe der Selbstversorgung, des Handwerks usw. sind unterwandert, zerstört. Wie sich die Einheit der Arbeit und schlechthin des Lebens im industriellen und demokratischen Zeitalter nur noch in Teilstücken darbietet, ist analog dazu die Geschlossenheit, die Integrität des Bildes etwa durch Montage aufgelöst, deren Fragmente zu einer neuen Konstellation gefügt sind. Was Wunder, dass in den Diskussionen der Praktiker, besonders auffällig im Buch «Gefesselter

Anton Stankowski, 1933

Hans Neuburg, 1944

Blick» von 1930, sich der theoretische Begriff «Organisation» in den Vordergrund schiebt. Da ist die Rede vom Gestalter, der das Material sammeln, auswählen, ausschneiden und dann zusammensetzen müsse; er dürfe keine Kräfte vergeuden in der Darstellung von Details, die die Kamera besser zu erfassen vermöge. Der Künstler ist zum Macher, zum Techniker geworden, er hat Vorhandenes (Schriften, Linien, Fotos usw.) zu organisieren. Seine subjektive Eingriffsmöglichkeit ist geschmälert, seine unmittelbare Handschrift nicht mehr gefragt, was nur heissen kann: Seine selbständig-kreative Position im Solde der Reklame ist gefährdet.

Laszlo Moholy-Nagy behauptet 1927 zu Recht, dass der Maler als Vorreiter einer neuen visuellen Gestaltung einzustufen sei, die sich bald nur noch technischer Instrumente, u.a. der Photographie, bediene. Otto Baumbergers PKZ-Affiche von 1923 mit dem berühmten monumentalisierten Mantelausschnitt ist eine mit photographischen Allüren einherschreitende Lithographie, also ein gezeichnetes Plakat. Derartige Beispiele animierten wohl die Photographie, auf der Basis ihrer Eigengesetzlichkeit ein ähnliches haptisches Gegenstandsgefühl aufzubauen. Die graphisch perfekte Darstellungsweise, die ihre stärksten Impulse von der von Niklaus Stoecklin ausgehenden «Basler Schule» empfangen haben dürfte, hat aber ihre Tücken. Diese spürt Georgine Oeri in ihrem 1946 veröffentlichten Aufsatz im «Werk» mit dem Titel ‹Tendenzen im Schweizer Plakatstil› auf. Darin geisselt sie die bereits allgemein gewordene Ausdrucksform eines zwar tadellosen und werbewirksamen, aber überspitzten und fragwürdigen Naturalismus und hält weiter fest: Die Wirklichkeit sei der Technik erlegen; die Verlockung, einen Wassertropfen täuschend genau, eine Insektenbehaarung minutiös wiedergeben zu können, verurteile den Gegenstand zur Seelenlosigkeit; der artistische Selbstzweck, der die Phantasie des Betrachters immobilisiere, gehe auf Kosten der lebendigen Substanz. Überdies meint die Autorin, die gesteigerte Realitätsnachahmung in den Plakaten nähere sich oft bedenklich der Photographie. So kommt ihr die Überzeugung des damaligen Direktors des Basler Gewerbemuseums, Berchtold von Grüningen, sehr zupass, der einen Ausweg in der brachliegenden Leistungsfähigkeit des Photoplakats zu erkennen glaubt. Die Hoffnung sollte sich mehr als nur erfüllen. Nach dem Zweiten Weltkrieg setzt der imponierende Siegeszug des photographischen Anschlags ein – und offenbart ebenso schnell seine Schwachstellen, denn schon 1949 konstatiert der wie immer scharfsinnig am Puls der Zeit lauschende Georg Schmidt in einem «Photo»-Band über «Werbung und graphische Gestaltung»: Das Exzentrische der «Neuen Photographie» sei bereits selber ins Zentrum gerückt, sei ein wenig zahm und lahm und penetrant schweizerisch geworden; im Mittelpunkt befinde sich das Verstehen mehr des Reinlichen und Nutzbringenden als des Menschlichen.

Hinter diesem Utilitarismus, hinter dieser Vereinnahmung und Verflachung der Photographie verbirgt sich eine Tragödie des Künstlers. In den zwanziger und dreissiger Jahren beschleunigt sein «magischer Realismus» die Entfaltung der Photographie. Als das technische Lichtbild die gra-

Herbert Matter, 1936

Werner Jeker/René Burri, 1984

Carlo Vivarelli/Werner Bischof, 1949

Balthasar Burkhard, 1979

phische Abbildungstreue erreicht, wird die Entbehrlichkeit des Künstlers in der Werbebranche absehbar. Welche Ironie: Das neue Medium schickt sich an, seinen Förderer kaltzustellen. Das nun immer stärker apparativ strukturierte Herstellungsverfahren des Plakats und überhaupt aller Werbedrucksachen macht ihn überflüssig. Das gilt vor allem seit dem Einzug der technisch perfekten, äusserst modulationsfähigen Farbphotographie. Neue Entwurfsinstanzen (anonyme Ateliers statt Künstlerpersönlichkeiten), neue Vervielfältigungsgelegenheiten (Offset und Tiefdruck statt Lithographie), neue Reklamekonzepte (Plakat nur noch als bestimmter Teil eines Propagandafeldzuges) – solche Faktoren gleichen das Anschlagswesen schicksalshaft den Erfordernissen der Industrie und des Dienstleistungssektors an, um den Preis freilich, dass kaum jemand mehr spontan das Plakat mit der Kunst in Beziehung setzt.

Die Abnabelung von der Werbung befreit zwar die Künstler von einem Zwiespalt. Für viele ist die Plakat-Gestaltung ein notwendiges Übel, während ihre innerste Sehnsucht der freien Kunst gilt. Otto Baumberger: «Die Plakat-, überhaupt die Reklamekunst ist vorläufig Broterwerb, eigentlich bin ich Maler...» Nun stehen sie da, entlassen aus Zweifeln, aber auch entlassen aus wenigstens teilweise durch Werbearbeit gesicherter Existenz. ● S. P.

Christian Coigny, 1985

# Die Magie des Gegenstandes

Die Fülle und Vielfalt der Plakatproduktion aus über hundert Jahren weckt den Wunsch nach klaren Ordnungsprinzipien, die es erlauben, das Plakat «in den Griff» zu bekommen. Solche Ordnungsprinzipien können grob- oder feinmaschig sein, können sich gegenseitig ausschliessen oder aber sinnvoll ergänzen.

Eine Ordnung nach Entwerfern liegt nahe, da das Plakat in der Regel der gestalterische Entwurf eines einzelnen ist – abgesehen von der heute häufigen Teamarbeit. Dies führt, wie im Bereich der freien Kunst, zu einer «Plakatgeschichte nach Namen». Gestalterische Eigenständigkeit, konzeptionelle Originalität und formale Qualität spielen ebenso eine Rolle wie Umfang und Werbewirksamkeit eines individuellen Plakatwerks.

Jeder Künstler ist Angehöriger einer Epoche, einer Generation, einer Stilrichtung, eines Landes mit seinen soziokulturellen und ökonomischen Verhältnissen, mit den charakteristischen Eigenheiten und Sensibilitäten seiner Bevölkerung. Im monographischen Ordnungsprinzip sind also auch die Prinzipien der zeitlichen, geographischen und stilistischen Ordnung mit eingeschlossen.

Es sind – neben einer Ordnung nach Plakat-Gattungen, also nach Aufgaben – vor allem die über-personalen stilistischen Gesichtspunkte, die für ein vertieftes Studium des Plakatschaffens ergiebig sind. Solche stilistischen Gesichtspunkte gibt es in grosser Zahl; sie können als eigentliche «Plakatsprachen» bezeichnet werden.

Das Plakat war und ist noch immer – trotz allen Wandlungen im «Marketing» – ein wichtiges Element der Wirtschaftswerbung. Zu einem entscheidenden Teil haben die Werbebedürfnisse der Wirtschaft dem Plakat überhaupt zu seiner Bedeutung im Rahmen der angewandten Graphik verholfen.

Im weiten Bereich der kommerziellen Plakatwerbung steht das Warenplakat im Vordergrund. Seine Funktion ist der bildliche Ersatz für die im Original zum Kauf angebotenen Güter, und seine Entwicklungsgeschichte hängt eng mit der Entwicklung der Werbung aus der primitiven Marktschreierei zur differenzierten Werbetechnik und marktwirtschaftlichen Werbewissenschaft zusammen. Mit der für die Industriegesellschaft charakteristischen Rationalisierung der Güterproduktion bis zur extrem arbeitsteiligen Serien- und Massenproduktion wird für die Erschliessung von Absatzmöglichkeiten und für die Behauptung im Konkurrenzkampf das Warenplakat zu einem wichtigen Instrument. Dieser Prozess vollzieht sich um die Jahrhundertwende.

Nur selten wirbt das Warenplakat generell für eine Warengattung, zum Beispiel wenn es die Aufforderung zu visualisieren gilt: «Kauf Kohle» oder «Schenk Schmuck», oder wenn sloganartige Feststellungen wie «Bier, Weltmeister im Durstlöschen» oder «Milch ist gesünder» verbreitet werden. Solche «Branchenwerbung», meist getragen von einer Dachorganisation der Produzenten oder Verteiler, ist beim Warenplakat eher die Ausnahme.

Häufiger dient das Warenplakat der Werbung für die Produkte-Palette einer bestimmten Firma. Der Bekanntheitsgrad des Herstellers einer Warengattung ist oft die entscheidende Voraussetzung für eine Firmenwerbung. Umgekehrt kann der Werbung – und damit dem Plakat – die Aufgabe übertragen werden, diesen Bekanntheitsgrad zu begründen, zu steigern oder zu vertiefen, so dass Kaufentscheide geweckt und in die vom werbenden Hersteller gewünschte Richtung kanalisiert werden. Zu dieser firmen-orientierten Warenwerbung tritt – seit der Entwicklung des «Markenartikels» um die Jahrhundertwende – die auf einen einzigen Artikel konzentrierte Werbung. Die «Marke» als verbal und oft auch graphisch einprägsame Produkte-Bezeichnung entstand als Garant gleichbleibender Warengüte und einheitlicher Preise im Einzelhandel. Sie spielt auch heute als Orientierungshilfe für den Konsumenten eine wichtige Rolle, obwohl neue Distributionsformen und gewandeltes Konsumentenverhalten Bedeutung und Funktion der Marke verändern.

Im Bereich des Warenplakats gibt es also – neben der Branchenwerbung (wie Bier) – die Werbung für die ganze Produktion einer bestimmten Firma (wie Kleiderfirma PKZ oder Schuhfabrik Bally) einerseits und die Werbung für Markenprodukte (wie Binaca oder Vim) anderseits. Wichtiges Element sowohl der Firmen- wie der Artikelwerbung ist die einprägsame graphische Gestaltung der Firmen- oder Artikelbezeichnung. Diese durch Markenschutzgesetze auch rechtlich schützbaren «Logos» (Logotypen) sind im Warenplakat oft die einzige verbale Mitteilung neben der bildlichen Darstellung der Ware. Klangbild und graphisches Erscheinungsbild der Marke ergeben im Idealfall ein über Jahrzehnte hin wirksames Erkennungs- und Qualitätszeichen.

Für das Warenplakat gibt es viele Möglichkeiten der Visualisierung der Werbeaufgabe. Der gewählte Weg ist erst in zweiter Linie eine Frage des graphischen Stils; in erster Linie ist er Ausdruck eines bestimmten Werbekonzepts. Dieses kann zeit- oder ortsbedingt sein: Es versteht sich, dass man heute anders wirbt als vor fünfzig Jahren und dass ein mediterranes Volk anders auf Werbung anspricht als ein skandinavisches. Die einem Warenplakat zugrundeliegende Werbeidee, die der Entwerfer bildnerisch zu realisieren sucht, ist Ausdruck einer wohlbedachten Werbestrategie. Ein Werbestil ist stets auch mitbestimmt vom Werbestil der Konkurrenz. Wenn alle mit buntfarbiger Fröhlichkeit oder durch die Verlockung hübscher Mädchen ihre Ware anpreisen, unterscheidet sich jener auffällig (und wohl erfolgreich), der gegen den Strom schwimmt. Es bedurfte einer langen – plakat- und werbegeschichtlichen – Entwicklung, bis man auf dem Umweg vieler Verführungen des Plakatbetrachters zur Sache selbst kam: zur Ware und ihrer dominierenden oder ausschliesslichen Darstellung im Plakat.

So eng das Warenplakat als Anreiz zum Kauf bestimmter Gebrauchs- und Konsumgüter mit dem Gegenstand verknüpft ist, so wenig hat man in der frühen Blütezeit des Plakats auf die Wirksamkeit einer blossen Abbildung der Ware vertraut: Es charakterisiert die Warenplakate bis etwa zur Jahrhundertwende, dass der Werbegegenstand nicht isoliert gezeigt, sondern in die ihm adäquate Umgebung eingebettet ist, meist in der Hand von Menschen, die ihn benutzen oder verzehren. Frühe Warenplakate sind überwiegend illustrativ und auf eine oft amüsante oder sentimentale Bildanekdote hin konzipiert. Die «wirklichkeitstreue» Bildsprache der damaligen Trivial- und Salonmalerei wird benutzt.

Die Pioniere einer eigentlichen «Plakatkunst» haben um 1880/90 den zeichnerisch-malerischen Stil des Plakats qualitativ gehoben, das heisst: in die Nähe der fortschrittlichen Zeitkunst gebracht und durch Stilisierung und Grossflächigkeit die optische Wirksamkeit zu steigern vermocht. Am Prinzip, den Werbegegenstand in seinem Umfeld und im Gebrauch zu zeigen, haben diese frühen Plakatkünstler noch wenig geändert. Bei Jules Chéret posiert eine attraktive junge Frau in dekolletierter Abendrobe unter einer erleuchteten Ständerlampe, die für das geruchfreie Sicherheitspetrol «Saxoléine» wirbt. Alphonse Mucha lässt eine junge Frau, eingehüllt in eine ornamentale Kaskade von üppigem Haar, den Zigarettenrauch zu lustigen Kringeln blasen und macht damit für das Zigarettenpapier «Job» Reklame. Bei Théophile Steinlen schlürft ein kleines Mädchen im Korbstuhl genüsslich eine Schale sterilisierte Milch der Frères Guillot, um die es drei durstige, an sein rotes Kleidchen gekrallte Katzen beneiden. Von solchen Genreszenen hat sich das Warenplakat erst nach der Jahrhundertwende freigemacht.

Ein wirklich sachbezogenes Warenplakat verbreitet sich seit den zwanziger Jahren. Es setzt – abgesehen von den Errungenschaften einer modernen Wirtschaftswerbung – die revolutionären Entwicklungen der zeitgenössischen Kunst voraus: die Demontage der sichtbaren Wirklichkeit in Expressionismus, Kubismus und Futurismus, bis zur vollständigen Abstraktion und Ungegenständlichkeit, dann den konstruktiven Umgang mit den gestalterischen Elementen auf der Fläche und im Raum. Es setzt aber auch die – im Bauhaus in Weimar und Dessau postulierte – «Ehrlichkeit» in der Werbegraphik voraus. Diese beschränkte sich darauf, den Werbegegenstand, nur von knapper Sachinformation begleitet, so wahrheitsgetreu als möglich zu zeigen: vor allem durch das Mittel der damals neuen «Sachphotographie». Der Schweizer Hans Finsler war einer ihrer Pioniere.

Diese Tendenz zur «Versachlichung» konnte sich in der Werbegraphik noch auf andere Quellen stützen. Als Gegenströmung zum Expressionismus, zur abstrakten Kunst, zum Konstruktivismus entwickelte sich seit den frühen zwanziger Jahren in der deutschen Malerei eine Richtung, die sich 1923 den Namen «Neue Sachlichkeit» gab. Ziel war eine betonte, oft übersteigerte Gegenstandstreue.

Wo der Gegenstand mit zeichnerisch-malerischen Mitteln in seinen plastischen Qualitäten scheinkörperlich und scheinräumlich übersteigert wird, wo dieser «Illusionismus» noch durch effektvolle Lichtführung (Schlagschatten, Glanzlichter u.a.) intensiviert wird, erhält das Dargestellte eine «dingliche Präsenz», die über die «natürliche Wirklichkeit» hinausgeht. Es entsteht eine «Magie des Gegenstandes», eine Zauberkraft, eine betörende Wirkung, die über alle stoffliche Qualität – eines Glases, einer Frucht, einer Zahnbürste – hinausgeht.

Man hat um 1925 derartige Tendenzen innerhalb der «neuen Sachlichkeit» als «magischen Realismus» bezeichnet. Solche Übersteigerung des Dinglichen führte in die Nähe der surrealistischen Malerei. Dieser ging es um die Herstellung einer Über-Realität. Vertraut-Alltägliches wurde durch minutiös genaue Darstellung ins Unheimlich-Phantastische gesteigert und das Phantastisch-Absurde durch dieselbe Darstellungsweise als – scheinbar – Alltäglich-Wirkliches vorgezeigt. Das Werk von Salvador Dalì ist dafür charakteristisch. Dass solche Verklammerung von Realem und Irrealem auf den Betrachter eine starke Faszination ausübt, erkannten auch die Werbegraphiker.

Gemeinsam ist den hier vorgestellten Plakaten, dass sie das Produkt eindeutig in den Vordergrund stellen, dieses weitgehend isoliert zeigen, ohne zugehöriges Ambiente. Die motivische Reduktion ist wettgemacht durch eine Intensivierung der Dingdarstellung. Der Gegenstand ist so präzis, so minutiös wiedergegeben, dass er «wie photographiert» erscheint. Ein «Hyper-Realismus» herrscht vor, wie er mit der Kamera nie erzielt werden könnte. Diese mit raffinierten Darstellungstechniken bewirkte Übersteigerung der Dingtreue, die extrem naturalistische Stofflichkeit, die geschickt eingesetzte Lichtführung, verbunden mit einer «unnatürlichen» Isolation des Gegenstandes, all dies verleiht dem Dargestellten eine magische Strahlkraft.

Ein Grossteil dieser Plakate stammt von Basler Graphikern. Tatsächlich hat der Maler und Graphiker Niklaus Stoecklin – als bedeutender Vertreter einer «neuen Sachlichkeit» oder eines «magischen Realismus» in der Malerei – um 1920 einen Plakatstil begründet, der in seiner Dingtreue, neugierigen Nahsicht und zugleich Hintergründigkeit baslerischem Wesen entspricht. Hauptvertreter dieser «Basler Schule» sind, neben Stoecklin, Peter Birkhäuser, Donald Brun, Fritz Bühler, in ihren Anfängen auch Ruodi Barth und Herbert Leupin. Arbeiten der Zürcher Otto Baumberger, Pierre Gauchat u.a. zeigen, dass diese magische Sicht der Dinge auch in der übrigen Schweiz ihre überzeugenden Vertreter hatte.

Nicht immer kann die Ware selbst, völlig isoliert, Aufmerksamkeit beanspruchen. Manchmal zeigt sie sich in ihrer charakteristischen Packung. Oft wird auf ihre Funktion hingewiesen: bei Zahnpasta durch Glas und Bürste, bei Waschseife durch die Wäscheklammer, beim Einmachglas durch eine Frucht, bei Tinte durch die Schreibfeder usw. Warenplakate, die auf die magische Wirkung des Gegenstandes vertrauen, beschränken sich fast immer auf die Nennung von Firmen- oder Produktenamen und verzichten auf weitere Textinformation. Reine Bildplakate, ohne Schrift, sind nur bei der Branchenwerbung möglich; die Bierplakate von Hermann Eidenbenz und Peter Birkhäuser etwa sind überzeugende Beispiele. Da kehrt das Plakat sozusagen zu seinen Ursprüngen zurück: zur lapidaren, reinen Bildsprache. ●

W.R.

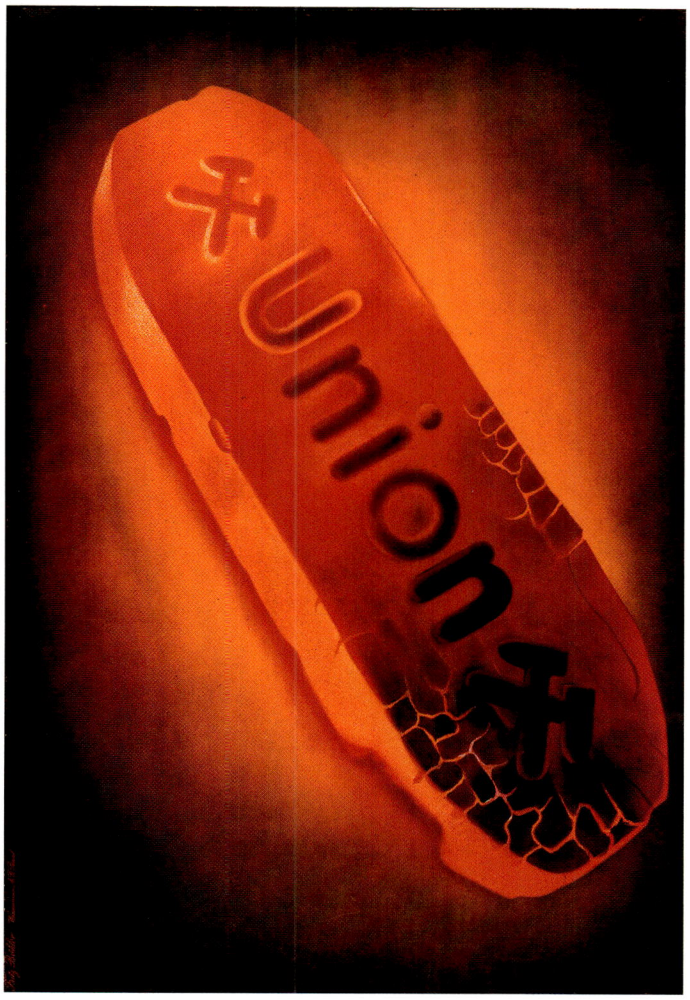


Fritz Bühler, 1943

Niklaus Stoecklin, 1941

Gestalter unbekannt, 1932

Hermann Eidenbenz, 1958

Herbert Leupin, 1943

Peter Birkhäuser, 1934

Herbert Leupin, 1945

Otto Baumberger, 1923

Niklaus Stoecklin, 1941

Peter Birkhäuser, 1941

# Das Plakat zwischen Kunst und Kommerz

Frühe Künstlerplakate und Plakate, die für kulturelle Veranstaltungen werben, sind in diesem Buch in reicher Auswahl vertreten. Die Wirklichkeit des Plakataushangs sieht allerdings anders aus: Im Strassenbild dominieren heute Plakate aus der Agentur, zunehmend in grossen Formaten. Das Werbemittel Plakat steht im Verbund mit anderen Medien und ist das Resultat einer im Team ausgeführten Arbeit.

An einem Gespräch zu diesem Themenkreis haben sich beteiligt:
**Christian Jaquet**, Werbeberater, Atelier Jaquet AG, Bern;
**Werner Jeker**, Graphiker/Designer, Les Ateliers du Nord, Lausanne;
**Ruedi Külling**, Gestalter/Mitinhaber Advico Young & Rubicam, Zürich.

### Künstler und Werbung

**WJ** Ich verstehe mich nicht als Künstler, auch nicht als Plakatkünstler. Aber ich kann natürlich, anders als eine Agentur, nur ein bestimmtes Segment abdecken. Ich muss mich beschränken auf bestimmte Aufträge und Auftraggeber. Ich realisiere einfachere, für mich überblickbare Arbeiten.

**RK** Wie steht der Künstler zur Werbung? Das muss man differenziert sehen. Künstler sind durchaus bereit, Auftragsarbeit auszuführen, allerdings möchten sie ihre künstlerische Integrität wahren. Es gibt Beispiele, und es hat sie eigentlich immer gegeben, wo Künstler zielgerichtet im Auftrag, bis zu einem gewissen Grad auch kommerziell, tätig werden. Für Ausstellungen beispielsweise, ganz besonders natürlich für eigene Ausstellungen, gestalten sie auch heute Plakate. Ebenso für Möbel, Mode und Theater.

**ChJ** Wir bemühen uns immer wieder, Künstler für bestimmte Arbeiten zu gewinnen. Schwierig wird es allerdings bei Konsumgütern. Der Künstler fühlt sich deplaziert und möchte nicht für ein kommerzielles Projekt einstehen.

**WJ** Leider besteht oft die Vorstellung von einer sauberen Kunst auf der einen und einer schmutzigen Werbung auf der anderen Seite. Diese Haltung kann ich nicht teilen! Der Künstler hat die Fähigkeit, in einem gegebenen und geeigneten Rahmen tätig zu werden; Werbung kann er im Grunde nicht machen, dazu fehlen ihm die Voraussetzungen. Er kann und will sich nicht in eine Strategie eindenken und einfühlen.

**ChJ** Der Künstler mag sich nicht mit einem Briefing auseinandersetzen, wie wir das gewohnt sind. Er kann eigentlich nur für die Werbung tätig sein, wenn die nötige und gewohnte Freiheit vorhanden ist: Für ein Theaterfestival oder andere Kunstereignisse – überhaupt für Botschaften, die sich ungezwungener transportieren lassen –, also eher, wenn etwas Imaginäres oder Suggestives vermittelt werden kann. Beispielsweise haben wir Mode-Werbung gemacht in der Zeit von Swingin' London mit all den aufkommenden Boutiquen. Markus Raetz hat Plakate entworfen und das Design von Lieferwagen gestaltet. Damals, in der Zeit der Pop Art und des Aufkommens der Comics, da stand seine eigene Kunst unseren Bedürfnissen recht nahe. Heute wäre das nicht mehr möglich.

**WJ** Leider ist die Werbung heute eine Angelegenheit, die deutlicher als bisher von der Kunst abgekoppelt ist. Ich denke, dass in Zukunft diese Vermischung wieder stärker werden muss, sowohl im Interesse der Werbung wie im Interesse der Künstler.

**RK** Es gibt wohl eine Vermischung, aber nicht personell: Man schaut sich gegenseitig über die Hecke in den Garten. Die Werbung profitiert allerdings mehr davon als der Künstler.

**ChJ** Unbewusst oder bewusst bedienen wir uns doch öfters bei den Künstlern. Viele Trends in der Werbegraphik gehen auf Vorbilder in der aktuellen Kunst zurück. Und Lichtenstein oder Warhol? Sie, nicht die Werber haben die Trivialität des Alltags entdeckt. Ich muss nochmals sagen: Wir versuchen im richtigen Fall, Künstler zur Mitarbeit aufzufordern. Agenturen sind aber oftmals Apparate, die mit Künstlern schlecht reden können.

**RK** Ich glaube nicht, dass der Wille fehlt. Es fehlen die Möglichkeiten. Ich muss dem Künstler einen grossen Spielraum geben können. Ich darf ihn nicht mit einem Briefing bedrängen. Ich muss ihn mit seinen spezifischen Ausdrucksmitteln akzeptieren, sonst kann ich ja gleich zum Illustrator gehen. Es ist mir übrigens aufgefallen, dass viele Künstler, etwa Cardinaux oder Cassandre, uns hauptsächlich als Plakatgestalter bekannt sind; ihre eindrücklichsten und bekanntesten Werke sind doch die Plakate und nicht ihre Bilder.

**ChJ** Dasselbe gilt auch für Alphonse Mucha, der von Job, dem Zigarettenpapier-Hersteller, gefördert wurde. Er wurde als Plakatkünstler berühmter denn als Maler. Er hat übrigens um 1900 bereits suggestive Werbung gemacht, hat das Produkt inszeniert. Heute ist das ja unumgänglich, da es kaum mehr wirklich etwas zu sagen gibt über Zigaretten, über Bier oder Versicherungen. Die Produkte und Dienstleistungen gleichen einander immer mehr. Also muss die Werbung Image aufbauen. Oder siehst Du das anders? Was gibt es zum Beispiel über Sinalco zu sagen?

**RK** Sinalco ist so ein Produkt, das sein «Gefühl» nur über die Werbung erhalten hat. Insofern hast Du recht. Gerade das ist eine hochinteressante Aufgabe: aus einem Produkt eine Produktpersönlichkeit zu machen. Allerdings, hier braucht es den kühlen, überlegten Profi, denn hier sind Planung und Beharrlichkeit gefragt.

**WJ** In einem anderen Medium als dem Plakat hat der Künstler heute eine Chance: Der neue, moderne Künstler ist vielleicht der Filmer. Hier ist die Grenze zwischen Kunst und Werbung fliessend.

**RK** Tatsächlich haben grosse Filmemacher wie etwa Fellini begonnen, Werbefilme zu machen. Vorausgegangen sind aber grossartige Werbefilm-Produktionen, die bereits bewiesen haben, dass Werbung in diesem Medium höchsten künstlerischen Ansprüchen genügen kann.

**WJ** Der Künstler, der Maler, war ja lange Zeit, während Jahrhunderten, Auftragskünstler, er hat – anders als es heute die Regel ist – seine Themen nicht selbst bestimmt. Er musste beweglich sein, sich dem Auftraggeber öffnen, konnte nicht über Jahre sein eigenes Thema spielen. Inzwischen ist alles moralisiert worden. Mich interessiert das wirklich nicht!

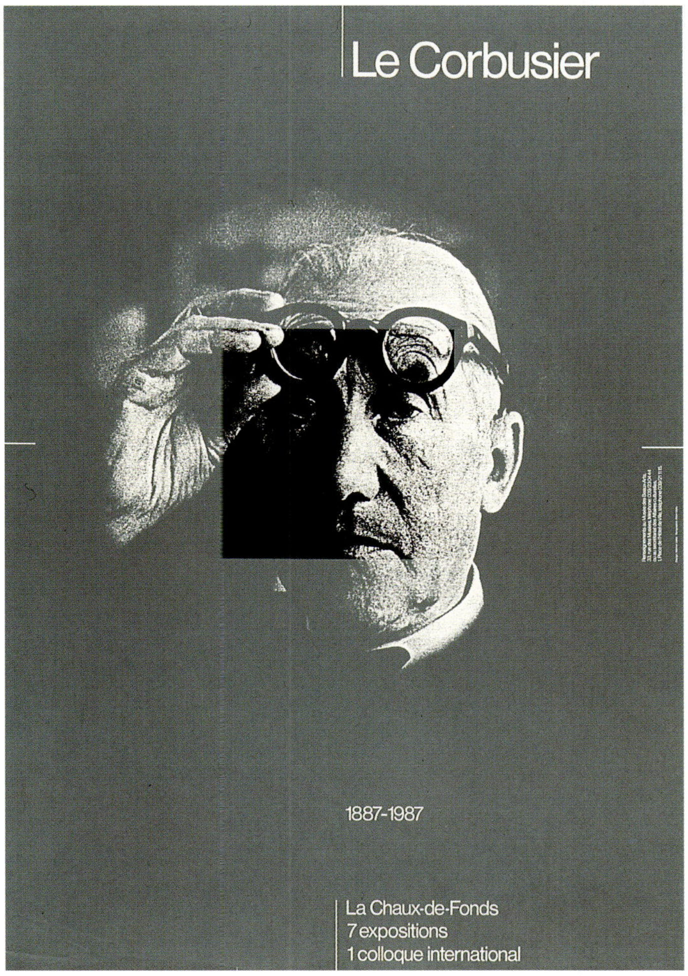

Werner Jeker, 1987

Werner Jeker, 1988

**Anleihen bei der Kunst**

**ChJ** Es gibt natürlich auch Gestalter, die sowohl freischaffende Künstler wie auch Auftragskünstler oder eben Gebrauchsgraphiker sind. Hans Falk oder Roger Pfund gehören zum Beispiel dazu. Und was es vor allem gibt, davon haben wir ja gesprochen: Immer wieder Anleihe oder auch «Diebstahl» bei der freien Kunst. Unsere Schweppes-Kampagne etwa, in den frühen 80er Jahren, basierte auf den kontrastreichen Holzschnitten von Félix Vallotton. Leider mussten wir die Kampagne nach sechs Jahren beenden. Sie hätte ohne weiteres fortgesetzt werden können. Aber das Marketing verlangte nach einer anderen Lösung. Manchmal ist das Marketing-Denken der grösste Feind kreativer Arbeit!

**RK** Du hast mit der Vallotton-Kampagne eine bestimmte Richtung der Visualisierung gewählt. Etwas Entsprechendes aus unserer Agentur ist die Sinalco-Werbung zu Beginn der 60er Jahre. Sie hat sich an der Pop-Malerei von Roy Lichtenstein orientiert. Später stand Niki de Saint-Phalle Pate. Pop Art war der Zeitgeist, wir haben das Produkt in diesen Kontext gestellt.

**ChJ** Ja, wir müssen die Sprache sprechen, die gehört werden will. Zwar gibt es nach wie vor so etwas wie graphische Schulen mit ganz bestimmten Vorstellungen von Layout und Typographie. Das bleibt weiterhin sehr wichtig für mich als Massstab. Wir wollen aber auch Zeitgeist vertreten, jedenfalls nicht trendwidrig sein.

**WJ** Das ist richtig: Vom Werber wie vom Künstler muss man Sensibilität erwarten können, sie müssen diesen Zeitgeist spüren, verstehen und für ihre Anliegen umsetzen. Das ist die eine Seite. Künstler und Werber gestalten aber diesen Zeitgeist aktiv mit. Das ist die andere Seite.

**ChJ** In diesem Zusammenhang haben wir eigentlich eine enorme Verantwortung. Die Präsenz unserer Produkte ist unheimlich gross: mit Plakaten in den Strassen, mit Inseraten in Zeitungen und Zeitschriften, mit Werbefilmen in Kinos und am Fernsehen. Wir gestalten oder verunstalten unsere Umwelt. Wir beeinflussen in hohem Masse Erwachsene und Jugendliche. Es gibt hier eine erzieherische Verantwortung, und die muss wahrgenommen werden. Nicht unbedingt das machen, was allen gefällt, wie so oft am Schweizer Fernsehen, das eben diese Verantwortung zu wenig wahrnimmt. Wir dürfen die Leute nicht für dumm nehmen!

**Plakate für kulturelle Veranstaltungen**

**WJ** Ein schönes Kulturplakat darf man nicht mit einem harten Warenplakat vergleichen. Es ist selbstverständlich, dass ein Plakat für die Kunsthalle oder das Kunstmuseum schöner, oft ästhetischer ist; der Ausgangspunkt ist ja auch ein ganz anderer.

**ChJ** Bei einer Ausstellung über plastische Werke von Baselitz etwa, da enthält die auf dem Plakat abgebildete Skulptur bereits eine derart starke Botschaft; das ist ja wirklich etwas anderes als ein Suppenbeutel.

**RK** Im Rahmen des Wettbewerbs «Beste Schweizer Plakate des Jahres» werden beide Bereiche des Plakatschaffens, der kulturelle und der kommerzielle, gleichzeitig beurteilt. Ich finde es richtig, dass an Plakate, die für Dienstleistungen oder Produkte werben, die gleichen Anforderungen gestellt werden wie an sogenannt kulturelle Plakate.

Advico AG, Ruedi Külling, 1985

Advico AG, Ruedi Külling, 1984

Atelier Jaquet, 1987

GGK, 1989

Werbeagentur Wirz, 1989

Atelier Jaquet, 1980

Ein Plakat übrigens, das kann ich als Mitglied der Jury sagen, das lediglich oder hauptsächlich Abbildung eines Werkes des Künstlers ist, wird sicher nicht ausgezeichnet. Selbst dann nicht, wenn die typographische Gestaltung von besonderer Qualität ist. Das genügt eindeutig nicht.

**WJ** Es ist eben nicht generell so, dass im kulturellen Bereich bessere Plakate entstehen als im Wirtschaftsbereich. Ein Kulturplakat zu gestalten, das ist zwar eine Chance; leider wird sie nur selten wahrgenommen.

**ChJ** Zum Beispiel Niklaus Troxler in Willisau: Seine Voraussetzungen sind ideal. Er steht für seine eigene Sache ein, ist sein eigener Auftraggeber, muss keine Rücksicht nehmen. Die Materie ist erfolgsträchtig: gute Musik, Exotik vielleicht, Top-Interpreten. Das sind alles Inhalte, die den Gestalter beflügeln.

**RK** Was braucht es denn, damit eine Sache, ein Inhalt, wirklich angemessen, überzeugend dargestellt wird? Otto Baumbergers Baumann-Zylinder etwa, der ist lapidar, ganz selbstverständlich. Da lässt sich nichts verbessern.

**ChJ** Richtig: lapidar, nichts ist konstruiert, an den Haaren herbeigezogen. Dein Plakat für den Bic-Kugelschreiber hat übrigens dieselben Qualitäten. Das ist sogar noch stärker, indem das Plakat mit dem Mittel des Produktes selbst dargestellt ist.

### Auftraggeber und Gestalter

**RK** Zurück zum Beispiel Troxler, also zur idealen Situation, in der sich ein begabter Gestalter realisieren kann. Entscheidend ist hier doch, dass er sein eigener Auftraggeber ist. Wir aber haben es immer mit anderen Auftraggebern zu tun. Oft spüren und erkennen diese Auftraggeber die Qualität unserer Ideen nicht, das Neuartige, die besondere Ästhetik. Oft ist die einzige Frage die: Wie läuft die Sache? Oder vielleicht: Ist das denn auch richtig, was Sie uns hier vorlegen? Ich habe das von Ihnen eigentlich eher so und so erwartet! Sicher ist: Das investierte Geld muss gut angelegt sein, diese Forderung ist natürlich legitim. Das Rendement muss da sein. Leider steht dieser legitimen Forderung nur selten das entsprechende Verständnis in gestalterischen Fragen gegenüber, dieses bestimmte Gefühl, die Nähe zum Zeitgeist. Das Verständnis eben für all das, was uns Werber zentral interessieren muss, das fehlt beim Auftraggeber oft.

**ChJ** In früheren Zeiten brauchte der Unternehmer kein Marketing; er hat mit gesundem Menschenverstand gehandelt, hat an sein Produkt geglaubt; er wusste, wie verkaufen. Er war eben ein Unternehmer. Heute sind die Aufgaben geteilt in unserer arbeitsteiligen Gesellschaft. Wer übernimmt denn heute schon das Risiko für einen allfälligen Misserfolg? Wir teilen heute eher die Sicherheiten. Und das ist das Schwierige in gestalterischen Berufen. Es gibt kaum mehr einzelne Verantwortliche.

**RK** Dazu ein Beispiel aus den 40er Jahren: Sibir. Ein Ingenieur macht eine Erfindung, entwickelt den Sibir-Kühlschrank. Er wird zum Allein-Chef eines kleinen Unternehmens. Was er gemacht hat, das war seine Leidenschaft, sein Werk. Er war also auch ein idealer Auftraggeber für den Werber, den Graphiker. Und er hat sich schliesslich auch ganz persönlich mit den Werbeprodukten, z.B. dem Plakat an der Wand, identifiziert. Er hat sich damit emotional verbunden gefühlt.

**ChJ** Apropos Sibir, aber das nur als Anekdote: Der Eisenplastiker Luginbühl hat seinerzeit in Mooseedorf, wenn er auf den grossen Kühlschrank zuging in seinem Haus – und er tat dies zuweilen ohne bestimmten Plan – gefragt: Sibir, Sibir, was gibst Du mir?

**WJ** Mit meinen grossen Kunden spreche ich übrigens nie über Farben, über Gelb und Rot, ich spreche über Geld. Ich kann es mir auch erlauben, Kunden auszuwählen. Beispielsweise haben wir mit kleinen Kunden begonnen, mit drei Studenten, die ein bestimmtes Produkt auf den Markt gebracht haben. Heute haben sie mit diesem Produkt 70% des Weltmarktes und 800 Angestellte. Jetzt wird es zunehmend schwierig; das Marketing hat begonnen, niemand will mehr entscheiden. Der Kuchen ist zu gross geworden, die Mentalität hat geändert. Wir müssen aussteigen, weil uns diese Arbeit nicht mehr interessiert.

**RK** Alles, was wir als Werber machen, das müssen wir so machen, dass wir uns am Morgen im Spiegel noch anschauen können. Wir müssen ehrlich gegen uns selbst sein, und moralisch. Natürlich müssen wir auch erfolgreich sein, das ist klar.

**ChJ** Es ist das bereits besprochene Thema der Verantwortung. Natürlich muss ich als Werber zum Produkt oder zur Dienstleistung stehen können, für die ich Werbung mache. Dann kann ich grundsätzlich alles zur Zufriedenheit des Kunden, aber auch in Übereinstimmung mit meinen eigenen Ansprüchen, realisieren.

### Plakate im Medienverbund

**ChJ** Heute werden Plakate meist im Medienverbund hergestellt; das Plakat steht nicht mehr für sich alleine da. Oft ist das Primärmedium das Fernsehen. Und dann kommt der sogenannte Link zu weiteren Medien, zum Plakat, zur Zeitung und Zeitschrift. Optisch, verbal und atmosphärisch muss das stimmen, erkennbar bleiben.

**RK** Wir fahren selten auf einer einzigen Medienschiene. Film, Plakat und Inserat müssen den zentralen Gedanken transportieren. Immer versuchen wir, einem Produkt eine Persönlichkeit zu geben. Und diese Persönlichkeit soll wiedererkennbar sein, im Fernsehspot, im Inserat, im Plakat. Wir müssen also ein Bild finden, das sich auf diesen verschiedenen Bühnen gleich interessant zeigen kann. Jedes Medium hat natürlich seine eigenen Gesetze. Aber nicht nur die Anwendbarkeit auf verschiedene Medien ist entscheidend, sondern auch die Anwendbarkeit von Idee und Bild während mehreren Jahren, angemessen variiert natürlich.

**ChJ** Ich bin froh, das von Dir zu hören: Zu dieser Art von Professionalität gehört nicht nur die multimediale, interdisziplinäre Anwendung eines tragenden Gedankens, sondern es gehört dazu auch ein Atem von mindestens drei Jahren.

**RK** Es ist nicht möglich, einem Produkt innerhalb eines Jahres eine Persönlichkeit zu verpassen. Die Penetration braucht Zeit. Dabei ist es gelegentlich schwierig, bei einer Präsentation dem Auftraggeber eine gewissermassen «alte» Idee zu verkaufen oder Variationen dieser «alten» Idee. Da besteht ein Misstrauen: Kann das sein, dass diese Idee von gestern immer noch richtig ist? Aber Kontinuität ist wichtig. Und darum muss die Grundidee über einige Jahre tragen, sonst ist sie nicht brauchbar. ● F.S.

# Plakatwettbewerb Klub-schulen Migros 1988/89

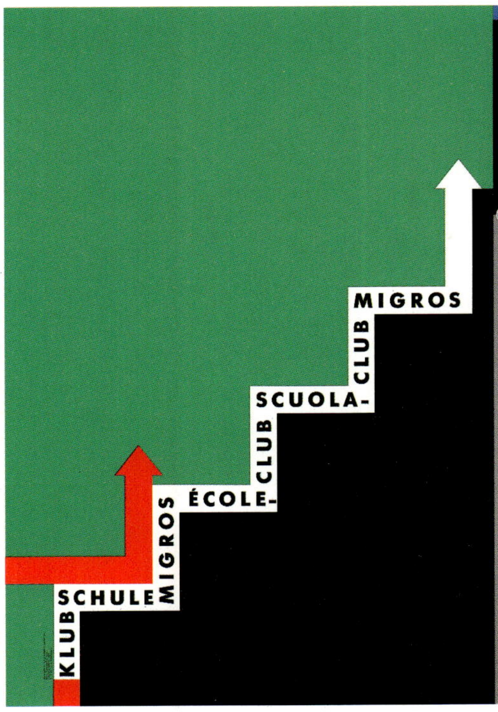


Rosmarie Tissi

Claude Kuhn-Klein

Stephan Bundi

Roger Pfund

Roland Aeschlimann
Rudolf Lichtsteiner

Paul Brühwiler

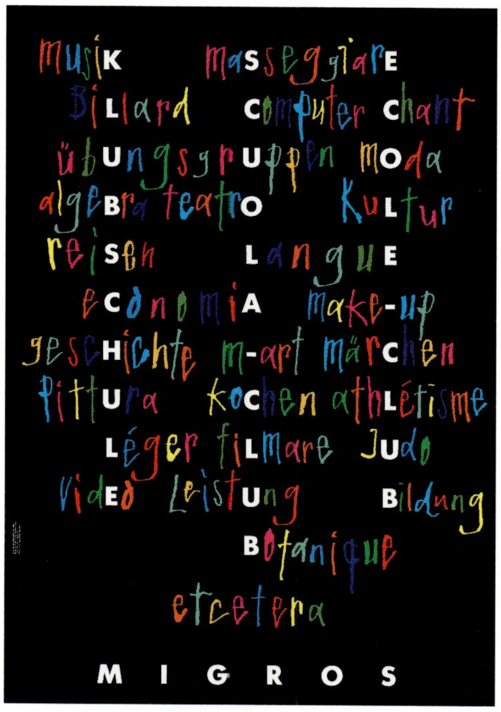


K. Domenic Geissbühler

**Voraussetzungen**
Die Plakatgalerie Klubschule Bern dokumentierte in den Jahren 1977–1989 das Schweizer Plakatschaffen mit Ausstellungen und entsprechenden Publikationen. Die Ausstellungen entstanden in enger Zusammenarbeit mit den Gestaltern, der Plakatsammlung des Museums für Gestaltung in Zürich und deren Leiter Karl Wobmann sowie dem Hauptautor der Galerie-Texte, Willy Rotzler. In diesen zwölf Jahren sind mit Einzel- und Gruppenausstellungen, mehrfach auch mit thematischem Schwergewicht, insgesamt weit über tausend Plakate in den Räumen der Klubschule Bern gezeigt worden. Auf dem Hintergrund der durch diese Ausstellungstätigkeit entstandenen Kontakte konnten 17 Gestalter und Ateliers direkt zur Teilnahme an einem Wettbewerb eingeladen werden. Aus dem Kreis der Eingeladenen wurden schliesslich im Oktober 1988 von 14 Teilnehmern 22 Entwürfe eingereicht.

**Wettbewerbsteilnehmer**
Die folgenden Plakatgestalter beteiligten sich mit je einem oder mit zwei Entwürfen am Wettbewerb:

Roland Aeschlimann, Genf
Atelier Bertram/Volkart, Zürich
Atelier Steinemann/Clemenz, Neuenkirch/Luzern
Paul Brühwiler, Küsnacht/ZH
Stephan Bundi, Bern
Orio Galli, Caslano/TI
K. Domenic Geissbühler, Zürich
Heinz Jost, Bern
Claude Kuhn-Klein, Bern
Reinhart Morscher, Basel/Bern
Siegfried Odermatt, Zürich
Roger Pfund, Carouge/Genf
Rosmarie Tissi, Zürich
Niklaus Troxler, Willisau

**Zielsetzung**
Im Ausschreibungstext des Wettbewerbs wurde eine dreifache Zielsetzung formuliert:
Die Klubschule soll sich mit dem Aushang qualitätvoller Plakate profilieren.
Innerhalb der Plakatszene ist mit dem Wettbewerb selbst eine «animation culturelle» beabsichtigt.
Schliesslich sind Rahmenveranstaltungen vorgesehen: Entwürfe, ausgeführte Plakate sowie eine Publikation sollen den einzelnen Klubschulen und weiteren interessierten Institutionen als Ausstellung angeboten werden.

**Aufgabenstellung**
Es sollen je Gestalter und Atelier höchstens zwei Entwürfe für ein Klubschul-Plakat (Format B4) eingereicht werden. Die starke, persönliche Arbeit der eingeladenen Gestalter ist ebenso wichtig wie der direkt ablesbare Bezug zur Klubschule. Auf einengende Vorgaben wird deshalb verzichtet. Im Gegenteil: Im Rahmen der Zielsetzung und der Aufgabenstellung soll das Briefing dem Gestalter einen möglichst grossen Spielraum offenhalten. Lediglich der Text, ohne Sprachwechsel, wird verbindlich festgelegt:

Klubschule Migros
Ecole-club
Scuola-club.

Neben der charakteristischen Arbeit des Gestalters steht somit die Eignung des Entwurfs für ein Klubschul-Plakat im Sinne einer Image-Werbung im Vordergrund. Thema ist die Klubschule als Ganzes: die bedeutendste Schule für Erwachsenenbildung in der Schweiz mit einem vielfältigen Angebot, das allen Bevölkerungsschichten offensteht.

**Juryarbeit**

Im November 1988 tagte die Jury in der folgenden Zusammensetzung:

Walter Ballmer, unidesign, Milano
Holger Matthies, Hamburg
Ruedi Külling, Advico AG, Gockhausen/Zürich
Dr. Willy Rotzler, Hausen a. Albis
Karl Wobmann, Plakatsammlung Museum für Gestaltung Zürich
Hans Alfred Weber, Klubschule Migros Bern
Fritz Schärer, Plakatgalerie Klubschule Bern

Die Jurierung führte in Rundgängen zu einer eindeutigen und einstimmigen Auswahl von sechs Entwürfen. Da von vornherein ein B12-Aushang geplant war (also eine Gruppierung von je drei verschiedenen Plakaten), musste eine verbindliche Reihenfolge festgelegt werden. Der B12-Aushang wurde als Voraussetzung von der Jury bei ihren Entscheiden mitberücksichtigt. Die beiden von der Jury festgelegten Dreiergruppen umfassen Arbeiten der folgenden Gestalter:

Gruppe A:
Rosmarie Tissi, Zürich
Claude Kuhn-Klein, Bern
Stephan Bundi, Bern
Gruppe B:
Roger Pfund, Carouge/Genf
Roland Aeschlimann/Rudolf Lichtsteiner (Photo), Genf
Paul Brühwiler, Küsnacht

**Preis der Klubschulleiter**

Die Klubschulleiter der ganzen Schweiz haben anlässlich einer Konferenz in Biel Einblick genommen in die Resultate des Wettbewerbs. Sie haben ihrerseits der Jury-Auswahl einen weiteren Entwurf zugefügt und für die Ausführung als B4-Plakat bestimmt. Der Preis der Klubschulleiter wurde an K. Domenic Geissbühler für seinen buntfarbigen Schriftentwurf vergeben. ● F. S.

Roland Aeschlimann

Atelier Bertram/Volkart

Orio Galli

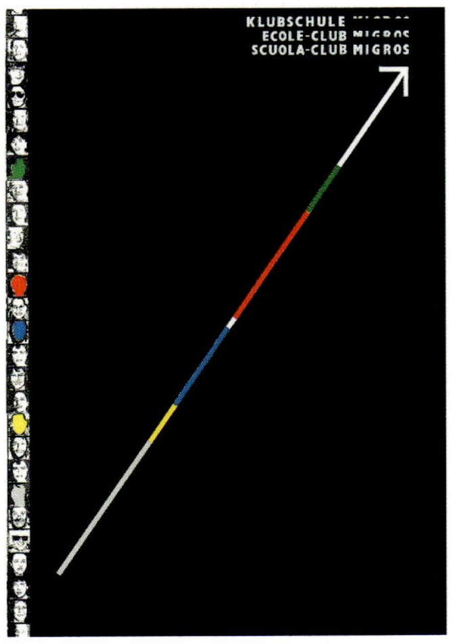

K. Domenic Geissbühler

Reinhart Morscher

Siegfried Odermatt

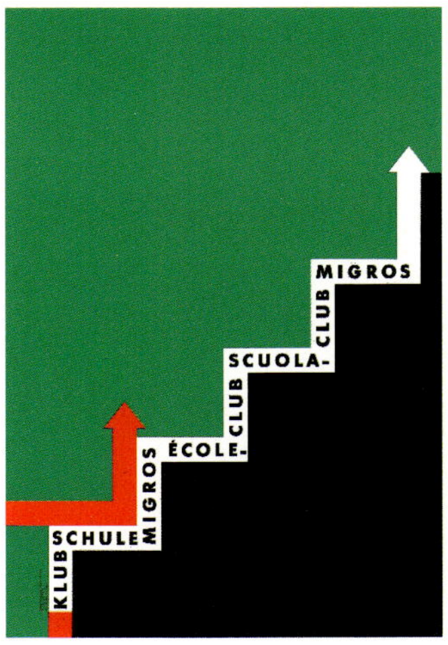

Rosmarie Tissi

Rosmarie Tissi

Paul Brühwiler

Paul Brühwiler

Stephan Bundi

Orio Galli

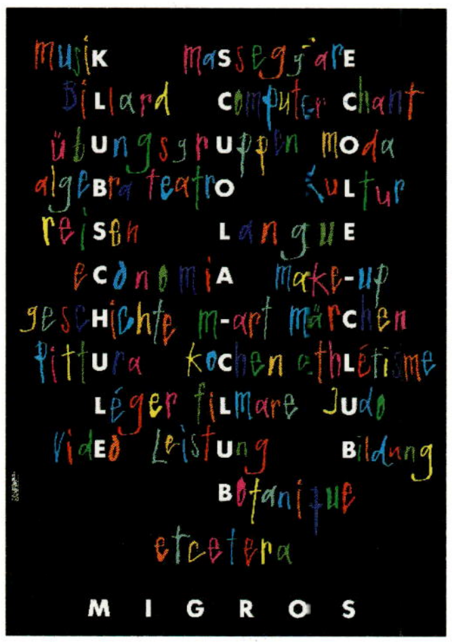


K. Domenic Geissbühler

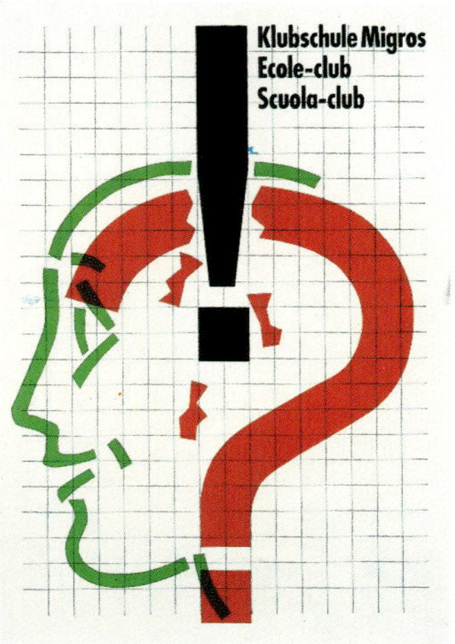


Heinz Jost

Claude Kuhn-Klein

Reinhart Morscher

Roger Pfund

Roger Pfund

Atelier Steinemann/Clemenz

Atelier Steinemann/Clemenz

Niklaus Troxler

Niklaus Troxler

# Bildlexikon
# Schweizer Plakatgestalter
# 1890–1990

# A

1972

1952

1987

1941

**Abegglen, Anne**
17.3.1941 Iseltwald BE, lebt in Rom und Embrach ZH
1956–1960 Kunstgewerbeschule Luzern, Fachklasse Graphik. 1960–1963 arbeitete sie am Schauspielhaus Zürich, zunächst als Assistentin, ab 1961 als Bühnenbildnerin. Ab 1964 freischaffend im Bereich Filmarchitektur, Bühnenbild, Plakat und Zeichnung. Seit 1973 befasst sie sich mit Kunst im öffentlichen Raum und Kunst am Bau. 1980–1982 Dozentin für Künstlerisches Gestalten an der ETH Zürich. 1986 Aufenthalt in Paris (Atelier des Kantons Zürich), 1987 in Genua (Atelier der Stadt Zürich) und 1988 in Rom als Gast des Schweizer Instituts. Zahlreiche Stipendien und Werkaufträge. Seit 1979 beteiligt sie sich an Gruppenausstellungen und unternimmt wiederholt Aktionen; besondere Aufmerksamkeit erhielt 1985 ihre Bild/Text/Musik-Aktion auf dem Heimplatz vor dem Kunsthaus Zürich (Bild/Text-Plakate und Livekonzerte).

**Aeschbach, Hans**
11.8.1911 Burg AG, lebt in Zumikon ZH
1927–1931 Graphikerlehre an der Kunstgewerbeschule Zürich. 1931–1933 Aufenthalt in Paris. Zurück in Zürich, arbeitete er als selbständiger Gebrauchsgraphiker, ab 1942 zudem als Lehrer für Zeichnen und Malerei an der Kunstgewerbeschule. Zahlreiche Entwürfe für kommerzielle (Bally, Hero, Riri-Reissverschlüsse u.a.) wie auch kulturelle Plakate (1948 für die Juni-Festwochen Zürich); wichtig sind v.a. seine Arbeiten im Bereich der Tabakwerbung. Ferner trat er als Buchillustrator (1949 «Das Liebesgärtlein» von Adolf Guggenbühl), als Ausstellungsgestalter sowie als Entwerfer von Glasmalereien in der Gehörlosenkirche Oerlikon hervor.

**Aeschlimann, Roland**
23.1.1939 Biel BE, lebt in Genf
Nach einer Graphikerausbildung an den Kunstgewerbeschulen von Biel und Basel bewegte er sich zunächst auf dem ganzen Feld der visuellen Kommunikation. Ein zweijähriger Aufenthalt in Japan veranlasste die Hinwendung zur Welt des Theaters. Seit 1972 Tätigkeit als Bühnen- und Kostümbildner sowie als Entwerfer von Theaterplakaten. Praktikum bei den Bayreuther Festspielen. 1976–1980 Ausstattungsleiter am Grand Théâtre de Genève. Für seine Plakate, bei denen er häufig auf das Collage- und Montageprinzip vorgeprägter Bildelemente zurückgreift, wurde er mehrfach preisgekrönt. Mitarbeit bei zahlreichen weiteren Theater- und Opernbühnen Europas.

**Afflerbach-Hefti, Ferdi**
29.5.1922 Basel, lebt in Binningen BL
1938–1942 Ausbildung an der Kunstgewerbeschule Basel. 1942 gründete er mit Beatrice Hefti, seiner künftigen Frau, ein graphisches Atelier. In den folgenden Jahren übernimmt er die verschiedensten Aufgaben im Bereich der Werbung und der Information: Ausstellungen, Plakate, Signete, Inserate, Schallplattenhüllen sowie Illustrationen. Zu seinen Auftraggebern gehört u.a. die Schweiz. Verkehrszentrale.

1921

1985

1984

1905

**Amiet, Cuno**
28.3.1868 Solothurn –
6.7.1961 Seeberg/Oschwand SO
Aufgewachsen in Solothurn, seit 1884 Malstunden bei Frank Buchser in Feldbrunnen. Nach der Maturität besuchte er die Akademie in München, wo er sich mit Giovanni Giacometti anfreundete. 1888 Übersiedlung nach Paris. 1892/93 entscheidender Wandel zur reinen Farbigkeit. Berührung mit dem Künstler-Kreis um Paul Gauguin. Kurzer Kontakt mit den Brücke-Malern. Weitere wichtige Impulse von Van Gogh und durch die Bekanntschaft mit dem 15 Jahre älteren Ferdinand Hodler. Ab 1898 auf der Oschwand wohnhaft, wo er, abseits des grossen Kunstgeschehens, bis zu seinem Tod 1961 sein umfangreiches malerisches Œuvre schuf. 1931 Verlust von fünfzig seiner Frühwerke beim Brand im Münchner Glaspalast. Für jede seiner zahlreichen Ausstellungen, die allmählich seinen schweizerischen und europäischen Ruhm als Maler festigten, entwarf er die Plakate. 1938 (Ausst. Kunsthaus Zürich) kolorierte er die gesamte Auflage gar von Hand; daneben lithographierte er zuweilen auch Werbeplakate und Kleinplakate für den Aushang in Eisenbahnwagen.

**Ammann, Judith**
16.10.1954 Luzern, lebt in Frankfurt a.M.
Ausbildung zur Graphikerin an der Schule für Gestaltung Luzern 1970–1976. Seither freischaffend. Zahlreiche Plakate schuf sie für die Kunsthalle Basel sowie das Kunstmuseum Luzern, wobei sie das typographische Plakat, kombiniert mit Photographie, bevorzugt. Neben ihrer gestalterischen Tätigkeit befasst sie sich mit der sog. Post-Punk-Musik, zu der sie zwei Bücher verfasst hat (Erecta Prompt/Contemporary Lyrics, Selbstverlag 1981; Who's been sleeping in my brain?, Interviews Post Punk, Frankfurt a.M. 1987). Nach einem Studiensemester an der Video-Fachklasse der Schule für Gestaltung Basel ist sie seit 1988 Aufbaustudentin im Fachbereich Visuelle Kommunikation an der Hochschule für Gestaltung Offenbach a.M., BRD.

**Amrein-Pieren, Nelly**
13.3.1936 Adelboden BE,
lebt in Herrenschwanden BE
Graphikerlehre bei Paul Sollberger und an der Kunstgewerbeschule Bern. Tätigkeit in den Werbeagenturen von Victor Cohen und Erwin Halpern in Zürich sowie bei Ciba-Geigy in Basel. 1959–1961 in Paris an der Académie des Beaux-Arts und Mitarbeit in der Agence SIP. 1961 Gründung der Werbeagentur Amrein-Pieren mit ihrem Mann Walter Amrein in Herrenschwanden.

**Amrhein, Wilhelm**
13.12.1873 Engelberg OW –
1.10.1926 Engelberg
Zuerst in Solothurn tätig, verbrachte dann mehrere Winter an der Akademie in München. Als Dekorationsmaler schmückte er das Vestibül der Kuranstalt Engelberg aus.

1959

1908

1925

1935

**Andermatt, Peter**
18.11.1938 Zürich, lebt in Grüningen ZH
Kunstgewerbeschule Zürich. Atelierleiter des graphischen Ateliers Müller-Brockmann, 7 Jahre Mitarbeiter und später Partner der Werbeagentur MB+Co. Ab 1975 eigenes Atelier in Zürich. Fachlehrer für Graphik an der Schule für Gestaltung in Bern, Redaktor der Zeitschrift «Idée... à jour». Visueller Gestalter, Maler und Illustrator. Mitglied der AGI. Seit 1989 Professur und Leitung des Instituts für Kommunikations-Design, FH Konstanz.

**Annen, Melchior**
21.11.1868 Schwyz – 16.1.1954 Schwyz
Lehre als Lithograph in Einsiedeln. Ausbildung als Zeichner in Donauwörth und Nürnberg. Während zehn Jahren als Zeichner und Maler in der Graphischen Anstalt Orell Füssli in Zürich tätig. 1901/02 Aufenthalt in Paris (Académie Julian). 1902–1919 führte er ein eigenes Atelier für Plakate und Illustrationen in Zürich. Studienreisen nach Italien und Österreich. Seit 1919 wohnte er in Schwyz und zeichnete u.a. Spielkarten und Bildnisse sowie Buchillustrationen.

**Arlen, Philipp**
27.2.1876 St. Gallen –
8.3.1944 Muralto TI
Nach einer Lehre als Lithograph in St. Gallen Studienaufenthalt in Leipzig und 1897–1900 in München, wo er eine private Kunstschule besuchte. Weitere Aufenthalte in Paris, England und Italien. 1917–1935 als Gebrauchsgraphiker, Reklamezeichner und Illustrator (u.a. Werke von Felix Salten, Schulbuch für den Kt. Graubünden) in St. Gallen und Zürich tätig. Ab 1936 war er in der Umgebung von Locarno ansässig und malte v.a. Landschaften und Bildnisse in Öl, 1941 entwarf er die Schweiz. Jubiläums-Bundesfeierkarte.

**Arnhold, Johann**
1891 Hirtenberg (A), 1955 von Wien nach New York abgemeldet
Arbeitete während der frühen zwanziger Jahre in Basel und Umgebung und beeinflusste das Schweizer Plakatschaffen. Vor seiner Abreise nach Wien 1935 war er als Lithographienzeichner bei der Firma Wolfensberger in Zürich beschäftigt und schuf dort wichtige Plakate für Suchard, Hürlimann und PKZ.

# B

1971

1971

1962

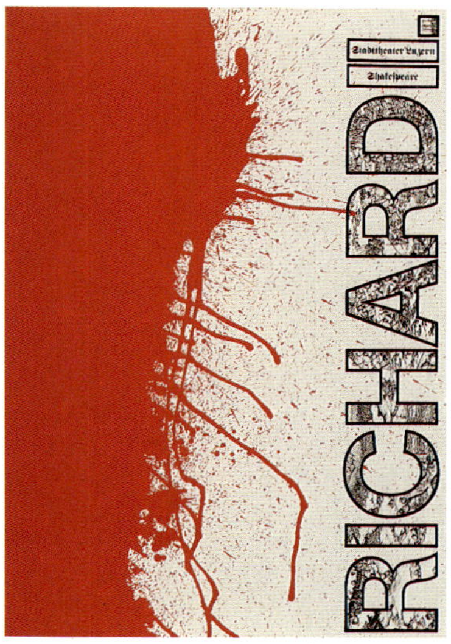


1980

**von Arx, Peter**
11.6.1937 Olten SO, lebt in Basel
Ausbildung als Graphiker-Lithograph in Zürich und als Graphiker an der Fachklasse für Graphik Basel. Autodidaktische Weiterbildung in Film. Eigenes Graphik-Entwurfsatelier (Arbeitsgebiete: Schriftgraphik, Plakat, angewandter Animationsfilm, experimenteller Kurzfilm). Daneben Lehrtätigkeit in Lithographie und Offset, Schrift und Farbe. 1968 gründete er an der Schule für Gestaltung Basel Kurse für Filmgrundlagen und Filmgraphik. Seit 1985 Leiter des Fachbereichs Visuelle Kommunikation an der Höheren Schule für Gestaltung Basel. 1967–1973 Präsident der eidg. «Paritätischen Kommission für die Neustrukturierung der Ausbildung zum Gestalter». Er drehte zahlreiche Filme und Videos sowie Informationsfilme über die Filmausbildung, ferner wirkt er als Publizist zum Thema Film und Design.

**Auchli, Herbert**
14.6.1921 Luzern,
lebt in Herrenschwanden BE
1936/37 Besuch der Kunstgewerbeschule Luzern, 1937–1942 Ausbildung an der Kunstgewerbeschule Zürich, Fachklasse Graphik. 1942–1947 in Ateliers in Bern, Zürich und Genf tätig. Seit 1947 freischaffender Graphiker in Bern (Aufträge u.a. von PTT, Swissair und SBB). 1971–1986 Fachlehrer an der Fachklasse Graphik der Schule für Gestaltung in Bern.

**Augsburger, Pierre**
28.7.1933 Basel,
lebt in Territet-Veytaux VD
Nach Realschulabschluss besuchte er 1950–1955 die Fachklasse für Graphik an der Gewerbeschule Basel. 1955–1962 als Graphiker in der Werbeabteilung von Bally Schönenwerd; mehrere Prämierungen seiner Bally-Kreationen durch das EDI. 1959 künstlerische Weiterbildung für Bally AG in Paris. 1963–1968 Graphiker in der Werbeabteilung der Firma Ringier AG, Zofingen. 1968–1978 eigenes Graphik-Atelier in Basel, ab 1978 tätig für die Allgemeine Plakatgesellschaft. 1979 Auszeichnung in Toronto für das Plakat «Swiss Flor».

**Bachmann, Eugen**
11.4.1942 Hergiswil LU, lebt in Bern
1959–1963 Malerlehre in Ebikon LU. 1963–1968 Graphikerlehre an der Kunstgewerbeschule Luzern. Volontär bei Hans Küchler an der Schweiz. Verkehrszentrale, Zürich. 1970 Eidg. Stipendium für angewandte Kunst. 1975–1980 verantwortlich für die graphische Gestaltung am Stadttheater Luzern. Ab 1972 teilzeitbeschäftigt bei der Schweiz. Verkehrszentrale Zürich, daneben freier Maler und Zeichner. Zahlreiche Ausstellungen im In- und Ausland. 1968–1985 wurden neun seiner Plakate mit in- und ausländischen Auszeichnungen prämiert (u.a. 1985 1. Preis am Internationalen Tourismusplakat-Wettbewerb in Tarbes, F). In den achtziger Jahren porträtierte er, anlässlich mehrerer Forschungsaufenthalte gemeinsam mit der Musikethnologin Brigitte Bachmann-Geiser, dokumentarisch die Lebensweise der Amischen in Nordamerika (Publikation erschienen Bern 1988). Seit Mai 1990 ist er Chefgraphiker des Schauspielhauses Zürich.

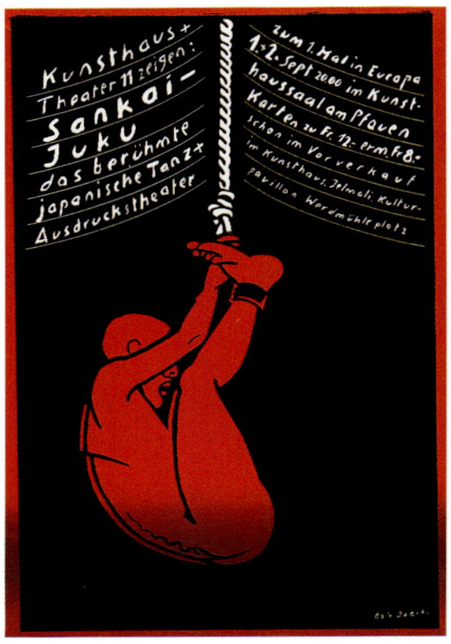


1980

1928

1961

1946

**Baechi, Balz**
7.11.1937 Zürich, lebt in Zollikon ZH
Nach Maturitätsabschluss Lehre als Graphiker in Zürich. 1961–1966 Aufenthalte in Paris (als Zeichner) und in New York (als Art Director). Seit 1966 in Zürich, tätig als Zeichner in verschiedenen Bereichen: u.a. Comics, Feuilleton, Film- und Theaterzeichnungen für den «Tages-Anzeiger» (Cartoons, Plakate für kulturelle Veranstaltungen). 1972–1978 Teilnahme mit Cartoons an Gruppenausstellungen im In- und Ausland. 1972 Beteiligung an der Ausstellung Karikaturen, Kunsthaus Zürich. 1975 vertrat er die Schweiz am «Festival d'humour» in Avignon. Ab 1979 Zuwendung zu freier Gestaltung, u.a. 1987/88 Wandrelief im Gemeindesaal Zollikon. Ausstellungen im In- und Ausland.

**Ballmer, Theo (Auguste Théophile)**
29.9.1902 Basel – 10.12.1965 Basel
Nach Maturitätsabschluss 1920 Lehre als Lithograph in Basel. 1926–1929 war er als Graphik-Designer verantwortlich für die Werbung der Firma Hoffmann-La Roche. 1928 übersiedelte er ans Bauhaus in Dessau, nach dessen Schliessung 1930 Rückkehr in die Schweiz. Er übernahm die Leitung der Fachklasse Schrift und Graphik an der Allg. Gewerbeschule in Basel, war gleichzeitig selbständig im eigenen Werkatelier tätig. Zahlreiche Plakate schnitt er in Linol für die Kommunistische Partei. Mit seiner einfachen aber eindringlichen Formensprache wurde er bald zu einem der wichtigsten Politgraphiker der dreissiger Jahre.

**Ballmer, Walter**
22.7.1923 Liestal BL, lebt in Mailand
Ausbildung an der Gewerbeschule Basel. Seit 1947 in Mailand tätig, zuerst im Studio Boggeri, dann freiberuflich für Konzerne wie Pirelli, Hoffmann-La Roche, Geigy, Montecatini und Olivetti. Seit 1956 ausschliesslich Öffentlichkeitsarbeit und Produktgestaltung für Olivetti, an dessen visuellem Erscheinungsbild er entscheidend mitbeteiligt ist: Ausstellungen, Verkaufsgeschäfte, Zeitschriften, Prospekte und Plakate für Prestige- und Produktewerbung. Seit 1970 auch freies künstlerisches Schaffen geometrisch-konstruktiver Richtung; mit seinen systematischen Formuntersuchungen und rationalen Gestaltungen gehört Ballmer zu den Vertretern der konstruktiven Kunst. Beteiligung an zahlreichen Einzel- und Gruppenausstellungen in Italien und im Ausland. Verschiedentlich Lehraufträge für Graphic-Design. Begründer und Leiter des Studio Unidesign, visuelle Kommunikation.

**Bangerter, Rolf**
20.3.1922 Aarau, lebt in Zürich
Berufsausbildung zum Lithograph und Graphiker. Texter bei der Schweiz. Propagandazentrale. Werbeleiter in einem chemischen Unternehmen. Seit 1966 Inhaber einer Werbeagentur in Zürich. Aufträge von vielen Grossfirmen in der Schweiz und im Ausland (u.a. Philips AG Zürich, British Petroleum BP Zürich, Sharp Corporation Osaka, Elbeo Augsburg). Zahlreiche Auszeichnungen für Plakate, Inserate und Verpackungen im In- und Ausland (u.a. «Premio Europeo Rizzoli»).

1967

**Bangerter, Walter**
18.3.1907 Steckborn TG – 23.4.1986 Meggen LU
Nach einer vierjährigen Schriftsetzerlehre wurde er zum Setzereileiter und danach zum künstlerischen Leiter ernannt. Seit 1949 führte er in Zürich ein eigenes Atelier. Mitautor des Buches «Typografie» 1948. Mitverfasser und Gestalter von «Grafik einer Schweizer Stadt» 1963 und «Offizielle Schweizer Grafik» 1964. Zahlreiche Auszeichnungen als Buch- und Plakatgestalter.

1940

**Barberis, Franco**
2.8.1905 Lugano, lebt in Zürich
Nach Schulabschluss arbeitete er, ohne eine Berufsschule besucht zu haben, 1922–1926 bei Bally Schönenwerd und anschliessend bei Bally Arola in Zürich. Nachdem er sich selbständig gemacht hatte, war er Modecréateur bei seiner Schwester Elsa Barberis. Seine langjährige Mitarbeit bei der Zeitung «Sport» brachte ihm 1960 die Goldmedaille für «Kunst in Verbindung mit Sport» ein. Über 40 Jahre war er auch Mitarbeiter beim «Nebelspalter». Mehrere internationale Auszeichnungen (u.a. 1961 Palma d'Oro Bordighera; 1963 Salon Int. de Caricature, Montreal; 1967 Int. Kinderbuch-Preis).

1943

**Barraud, Maurice**
20.2.1889 Genf – 11.11.1954 Genf
Aufgewachsen in Genf. Liess sich zum Gebrauchsgraphiker ausbilden, um dann zusammen mit dem Bruder François ein eigenes Atelier für Werbegraphik zu eröffnen. Zugleich besuchte er die Ecole des Beaux-Arts. 1914 gründete er zusammen mit dem Bruder, H. Berger und G. L. Buchet u.a. die Gruppe «Falot», beeinflusst von den französischen «Fauves». Aufenthalte in der Bretagne und in Südfrankreich. Ab 1918 war er abwechslungsweise im Tessin und in Genf wohnhaft und widmete sich der Freilichtmalerei; längere Aufenthalte in Paris. Nach literarisch beeinflussten Anfängen werden weibliche Figuren und Akte zu seinem Hauptthema. Es entstanden auch Radierungen, Lithographien, Handzeichnungen und Plakatentwürfe.

1945

**Barth, Ruodi**
19.6.1921 Basel, lebt in Basel
Nach der Gewerbeschule Basel für Graphik unternahm er zahlreiche Reisen durch Europa und Marokko. Seit 1943 trat er mit Plakaten hervor – insbesondere für kulturelle Veranstaltungen sowie für den Basler Zoo –, seit 1944 auch mit zahlreichen Buchillustrationen; ferner besorgte er Ausstellungsdekorationen. Internationale Anerkennung erfuhr er jedoch als Bühnenbildner: seit den fünfziger Jahren wirkte er v.a. für die Basler Theater, in Wiesbaden, Darmstadt und Düsseldorf. Gastspiele in Berlin, Hamburg, Mannheim, Nürnberg, Stuttgart, München, Zürich und Wien. Seinen Entwürfen für Komödien und komische Opern eignet eine graphische Verspieltheit mit viel Witz und Satire sowie eine grosse Farbenfreudigkeit. Nach einem 37 Jahre dauernden Aufenthalt in Deutschland kehrte er 1990 nach Basel zurück.

1963

**Bärtsch, Roland**
15.9.1934 Biel, lebt in Zürich
Kunstgewerbeschule Zürich, ab 1956 Anstellung bei der Agentur Advico. Seit 1965 selbständig tätig (BDR Graphic Design AG). Aufträge u.a. von Bally, Juvena, Omega, Knorr, Jelmoli sowie der Zeitschrift Vinum.

1947

**Bataillard, Pierre**
18.5.1927 Lausanne, lebt in Lausanne
1943–1948 Studien am Technikum Biel, der Ecole d'Art Appliqué in Lausanne und der Ecole du Louvre in Paris. Er leitet z.Zt. das Atelier Pierre Bataillard Graphic Design SA in Lausanne und führt allgemeine graphische Aufträge aus, insbesondere jedoch hat er sich auf die Ausstellungsgestaltung spezialisiert, im Inland wie im Ausland. Er entwarf und gestaltete u.a. das Musée International de l'Horlogerie in La Chaux-de-Fonds, das Musée du Cheval im Schloss de la Sarraz, das Glasmuseum in St-Prex, das Musée Olympique in Lausanne, das Musée de la Vigne et du Vin im Schloss Aigle sowie das Maison du Blé et du Pain in Echallens. Ferner tätig als Maler, Illustrator und Mosaikkünstler, zudem als Gestalter mehrerer Wandgemälde. Zahlreiche Ausstellungen in der ganzen Schweiz.

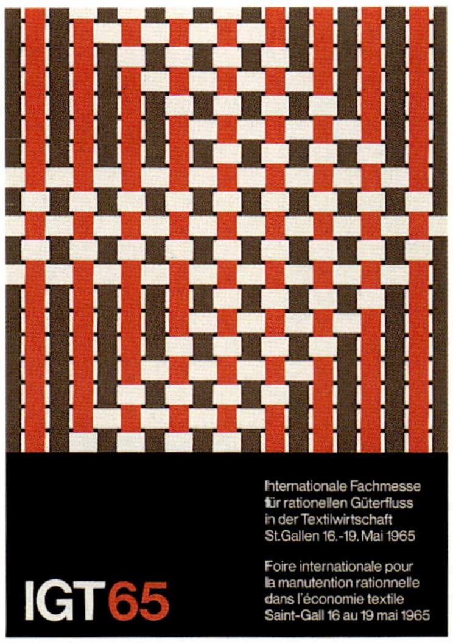


1965

**Bauer, Fred**
29.6.1928 Herisau AR,
lebt in Küsnacht ZH
Schulen in Herisau, 1944–1948 Graphikerlehre und Kunstgewerbeschule St. Gallen. Bis 1952 arbeitete er als Graphiker in St. Gallen. 1952–1956 Graphiker im Atelier von Hugo Wetli in Olten, anschliessend in einem Zürcher Atelier. Seit 1965 selbständig als Maler, Graphiker und Illustrator tätig. Aufenthalte in Spanien und Italien. Zahlreiche Einzel- und Gruppenausstellungen im In- und Ausland. Mitglied SGV und Xylon.

1958

**Bauer, Heiner**
15.5.1922 Herisau AR – 18.1.1981 Bern
Nach zwei Jahren Kunstgewerbeschule St. Gallen absolvierte er eine Berufslehre als Lithograph. Ab 1944 arbeitete er als selbständiger Gebrauchsgraphiker, entwarf Plakate und illustrierte Bücher. Daneben pflegte er die freie Graphik und malte Landschaften und figürliche Kompositionen in Öl und Pastell. 1946/47 Aufenthalt in Paris. Unterricht an der Académie de la Grande Chaumière. Ab 1950 bei Bern ansässig, 1953–1960 auch als Dekorationsmaler und Graphiker am Stadttheater tätig. Ab 1961 selbständig. 1973/74 Studienaufenthalt in New York. Mehrere Einzel- und Gruppenausstellungen.

1919

**Baumberger, Otto**
21.5.1889 Altstetten/Zürich – 26.12.1961 Weiningen ZH
Dreijährige Lehrzeit als Lithograph in Zürich. Abendkurse an der Kunstgewerbeschule. 1908–1910 weilte er als städtischer Stipendiat in München, 1911–1914 Aufenthalte in Paris und London. Gehörte mit Fritz Pauli, Ignaz Epper, Otto Morach u.a. zu den wichtigsten Vertretern des Expressionismus in der Schweiz. 1914 kehrte er definitiv nach Zürich zurück und wurde zum bahnbrechenden Graphiker bei Wolfensberger, verantwortlich für Druck und Entwurf. 1920 bereiste er Deutschland und schuf am Deutschen Theater in Berlin seine ersten Bühnenbilder. 1922 Rückkehr nach Zürich, als Hilfslehrer an der Kunstgewerbeschule tätig. Beginn einer intensiven Plakatproduktion, daneben andere Aufträge für Gebrauchsgraphik wie Briefmarkenentwürfe und Buchillustrationen sowie für Wandmalereien. 1929 Reise nach Paris. 1932–1959 Lehrauftrag für farbige Gestaltung und Zeichnen vor der Natur an der ETH Zürich, ab 1947 als Extraordinarius.

1981

**Baur, Ruedi**
5.3.1956 Paris, lebt in Paris
1975–1979 Kunstgewerbeschule Zürich, Atelier Baviera, Zürich. 1979/80 Art Director im Atelier Balmer in Basel. 1980 gründete er das Atelier Plus Design. 1981 Mitbegründer des Ateliers BBV Lyon, Zürich, Mailand mit M. Baviera und P. Vetter. 1988 Übersiedlung nach Paris, wo französische Kultur-Institutionen zu seinen wichtigsten Auftraggebern gehören. Konzept-Erarbeitung für das Erscheinungsbild von Art Contemporain Lyon. Mehrmals wurden seine Plakate mit ersten Preisen ausgezeichnet (u.a. für das Erscheinungsbild der Kieler Woche 1987).

1968

**Baviera, Michael**
24.12.1946 Zürich (ital. Staatsbürger), lebt in Zürich
Schulen in Zürich. 1963–1968 Kunstgewerbeschule Zürich und Lehre beim Maler Hannes Gruber, über den er 1978 auch eine Monographie publizierte. 1967 gründete er (mit ältestem Bruder Silvio Baviera) den «Verlag um die Ecke». Seit 1968 eigenes Atelier in Zürich. 1975 Mitbegründer der Wohnflex Inneneinrichtungen. 1975–1979 Präsident der ASG. Jurymitglied verschiedener nationaler und internationaler Wettbewerbe. 1981 Mitbegründer des Ateliers BBV Zürich, Lyon und Milano. 1986 Berufung als Professor für Design ans Institut für visuelle Kommunikation, Konstanz BRD. Pflegt v.a. das Schriftplakat und beschäftigt sich mit Kunst am Bau und im öffentlichen Raum. Mehrere Stipendien und Einzelausstellungen sowie Beteiligung an zahlreichen Gruppenausstellungen im In- und Ausland.

1965

**Belmont, Werner**
12.3.1915 Basel, lebt in Bern
Schulen in Basel und Promotion zum Dr. jur. an der dortigen Universität. Studium der Werbepsychologie an der Michigan State University. Während fünf Jahren arbeitete er als Untersuchungsbeamter der Staatsanwaltschaft. Anschliessend nahm er Schauspielunterricht in Basel und Zürich und gehörte dem Cabaret Cornichon an, ferner Tätigkeit als Texter, Conférencier und Pantomime. Als Autor und Regisseur wirkte er für eine Werbefilm-Agentur. 1953 trat er in den Publizitätsdienst der SBB ein, ab 1974 stand er ihm als Werbechef bzw. als Beauftragter für Unternehmenswerbung vor. Viele heute dem Volksmund zugehörige Slogans gehen auf seine Ideen zurück (u.a. «Der Kluge reist im Zuge»), mehrmals wurden seine SBB-Werbespots durch den Art Directors Club New York preisgekrönt. Ausgezeichnet wurden auch zahlreiche unter seiner Regie und nach seinen Konzepten enstandene Plakate. Seit seiner Pensionierung widmet er sich intensiv der Malerei («Cabaretisme en peinture»).

1984

**Bertram und Volkart**
**Bertram, Polly**
15.3.1953 Luzern, lebt in Zürich
Aufgewachsen in Luzern. Nach der Matura Unterricht während eines Jahres als Primarlehrerin in Dietikon. Vorkurs und Graphik-Fachklasse an der Kunstgewerbeschule Zürich. Freie Mitarbeit im Atelier Hiestand, ab 1981 eigenes Atelier gemeinsam mit Daniel Volkart.

**Volkart, Daniel**
10.11.1959 Winterthur, lebt in Zürich
Aufgewachsen und Schulen in Winterthur und Pfungen. Vorkurs und Graphik-Fachklasse an der Schule für Gestaltung Zürich. Ein Jahr freie Mitarbeit im Atelier Hiestand. Ab 1981 eigenes Atelier gemeinsam mit Polly Bertram.

Von 1983–1989 arbeiteten sie am Erscheinungsbild des Theater am Neumarkt Zürich. Ferner ab 1982: Mitgliederzeitung der Schweiz. Energiestiftung «Energie und Umwelt»; 1982–1984 Informationskampagne Atom- und Energieinitiativen; Mikrozensus 1988 Bundesamt für Statistik «freie zeit – meine Zeit?».

1898

**Beurmann, Emil**
14.3.1862 Basel – 5.2.1951 Basel
Nach Absolvierung des humanistischen Gymnasiums Basel Lehre als Dekorationsmaler, gleichzeitig Besuch der Zeichenschule am Sternenberg. 1881/82 Studium an der Ecole des Arts Décoratifs in Paris, 1883 an der Akademie Karlsruhe. Ab 1884 Schüler von W. Bouguereau und Tony Robert-Fleury an der Académie Julian, Paris. Nach einigen Jahren Rückkehr in die Schweiz. 1894 Reisen nach Ägypten (längerer Aufenthalt in Kairo) und der Türkei, Spanien, Holland. Als Maler pflegte er das genrehafte Figurenbild, das Bildnis und die Landschaft und verfügte über eine effektvolle Tonigkeit. Ferner schuf er dekorative Wandmalereien, aber auch Lithographien und Radierungen sowie zahlreiche Illustrationen in Basler Fasnachtsblättern und anderen Publikationen. Mit Gedichten und feuilletonistischen Arbeiten trat er ebenfalls an die Öffentlichkeit.

1920

**Bickel, Karl**
13.2.1886 Zürich –
6.2.1982 Walenstadtberg SG
1900–1904 Ausbildung zum Lithograph und Reklamezeichner. 1904–1908 technischer Leiter in einem Zürcher Reklameatelier. Besuch von Abendkursen an der Kunstgewerbeschule Zürich. 1909 erste Ausstellung im Kunsthaus Zürich. 1912 mehrmonatige Studienreise nach Italien, krankheitsbedingte Rückkehr, längerer Sanatoriumsaufenthalt. Erste Pläne für ein «nationales Monument für Freiheit und Kunst». 1914–1917 erfolgreiche Tätigkeit als Reklamegraphiker. 1923 Luftpostmarkenentwurf für die PTT. 1924 Niederlassung auf Walenstadtberg, 1927 begann er hier sein Lebenswerk – den Friedenstempel «Pax-Mal» (beendet 1949). 1927–1932 Beteiligung an mehreren Ausstellungen. 1932 ermöglichte die Einführung des Stahlstich-Rotations-Tiefdrucks Bickels Begabung als Stahlstecher zu entfalten, er trat v.a. als Briefmarkenentwerfer hervor. Zahlreiche Anerkennungen und Auszeichnungen. Künstlerisch in Hodlers Nachfolge stehend, bekunden Bickels Plakate nicht kommerzielle Anliegen, sondern das Lebensgefühl der Jahrhundertwende.

1925

**Bieber, Armin**
5.6.1892 Schinznach-Dorf AG –
27.2.1970 Bern
Nach der Maturität begann er ein Universitätsstudium und besuchte in Bern die Kunstschule von Ernst Linck. Künstlerische Weiterbildung in Paris und Studienreisen in Frankreich, Österreich, Deutschland und Italien. Seit 1917 betrieb er ein eigenes Atelier in Bern. Er aquarellierte Landschaften und figürliche Motive, daneben war er zeichnerischer Berichterstatter und Karikaturist im In- und Ausland. Er entwarf nicht nur Plakate, sondern auch Fahnen, Wappenscheiben, Briefmarken, Medaillen und Grabmäler. Seit 1927 war er regelmässig für den Alpenkalender Langnau und seit 1940 für den Schweiz. Bauernkalender Bern tätig.

1931

1903

1951

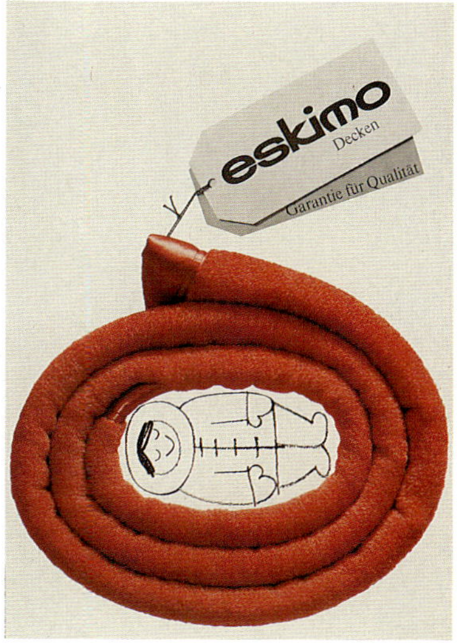


1962

**Bill, Max**
22.12.1908 Winterthur,
lebt in Zumikon ZH
1924–1927 Kunstgewerbeschule Zürich, Lehre als Silberschmied. 1927–1929 Studium am Bauhaus in Dessau. Danach tätig als Architekt und Maler, als Plastiker (ab 1932) und als Publizist (ab 1936). Auf allen Gebieten hat er auch theoretische Arbeiten verfasst. Organisierte 1944 in der Kunsthalle Basel die erste internationale Ausstellung «Konkrete Kunst». 1932 Mitglied der Gruppe «Abstraction – Création», 1937 Mitglied der «Allianz». 1950 Mitbegründer und erster Rektor der Hochschule für Gestaltung Ulm. 1967–1974 Professor an der Staatlichen Hochschule für bildende Künste in Hamburg. 1967–1971 Mitglied des Nationalrats. Bill gehört zu den wichtigsten Exponenten der Kunst dieses Jahrhunderts und wurde mit zahlreichen Preisen und Anerkennungen ausgezeichnet. Plakate zu seinen Ausstellungen entwirft er stets selbst, wobei er und andere Zürcher Konkrete dafür erstmals den farbigen Linolschnitt entdeckten; das Schriftplakat verdankt Bill wesentliche Impulse.

**Bille, Edmond**
24.1.1878 Valangin NE –
8.3.1959 Sierre VS
Studien 1894/95 an der Ecole des Beaux-Arts in Genf, 1895–1897 Académie Julian in Paris, 1902 an der Akademie in Florenz. Seit 1904 in Sierre ansässig. Reisen führten ihn nach Holland, Island, Norwegen und wiederholt nach Portugal. Nach Anfängen, die einen Zug ins Pathetische und den Einfluss Hodlers und Segantinis sowie die Berührung mit dem Schaffen Edouard Vallets erkennen lassen, schuf er in den zwanziger und dreissiger Jahren vorwiegend religiöse Wandmalereien und Glasgemälde. Immer mehr neigte er zu dekorativer Stilisierung, die auch auf die Tafelbilder übergriff. Neben der Malerei spielt auch die Handzeichnung und die Druckgraphik (farbige Lithographien, Radierungen und Holzschnitte) eine Rolle in seinem Schaffen, er hat somit Anteil an der Entwicklung der Plakatkunst. Ferner war er publizistisch tätig, er begründete und leitete 1916/17 die satirische Zeitschrift «L'Arbalète».

**Billeter, Alex**
29.4.1914 Neuchâtel –
13.2.1983 Neuchâtel
1932–1938 Kunstgewerbeschule Zürich, Fachklasse Graphik. Während eines Aufenthalts in Paris 1938/39 besuchte er die Ecole Paul Colin, frequentierte jedoch auch das Modezeichner-Atelier Bazot sowie Trickfilm-Kurse. Anschliessend freischaffender Zeichner und Graphiker: Kalender und Prospekte, Ausstellungen (u.a. beteiligte er sich an der Ausstattung des Schweizer Pavillons für die Leipziger Messe 1941; ferner Comptoir de Neuchâtel 1941 und 1942), Buchgestaltungen sowie Plakatentwürfe. Ab 1942 betätigte er sich regelmässig als Illustrator bei der Wochenzeitschrift «Curieux», gelegentlich auch bei «L'Illustré». 1962 wurde er zum Direktor des «Office du tourisme de Neuchâtel et environ» ernannt, ein Amt, das er bis 1981 innehatte und in dem er als Werbefachmann die Interessen seines Heimatkantons während vieler Jahre vertreten konnte.

**Bingesser, Augustinus**
14.1.1936 Einsiedeln SZ, lebt in Egg ZH
Aufgewachsen in Einsiedeln. 1952–1956 Graphikerausbildung an der Kunstgewerbeschule Zürich. Anschliessend in verschiedenen Firmen als Graphiker tätig, u.a. als Atelierchef in der Werbeagentur Dr. Farner in Zürich. Seit 1963 führt er ein eigenes graphisches Atelier mit Werbeaufträgen von Agenturen wie auch von Direktkunden, insbesondere entwirft er Plakate, Signete, Verpackungen sowie Erscheinungsbilder für Firmen. Mehrere Plakate wurden ausgezeichnet. Zunächst als beruflicher Ausgleich, nunmehr als 50% Beschäftigung, befasst er sich auch mit Malerei und Lithographie.

1961

1948

1939

1944

**Bingler, Manfred**
12.11.1928 Konstanz (D) –
3.6.1987 Herrliberg ZH
Nach Abschluss der Oberrealschule in Konstanz Besuch der Photoklasse an der Kunstgewerbeschule Zürich 1948–1953. Anschliessend arbeitete er bis 1959 als Photograph in der Firma Conzett + Huber, Zürich (Mitarbeiter der Monatsschrift «Du»), danach auf der Presseabteilung der Swissair AG, für die er weltweit Bildberichte verfasste, zudem verantwortlich für die Dokumentation der Ground-Operations/Maintenance in Kloten. 1964 machte er sich selbständig und führte bis 1976 ein eigenes Photostudio in Zürich. Freier Mitarbeiter der Zeitschrift «Annabelle», Sektor Wohnen. Spezifische Aufträge namhafter Werbeagenturen in Zürich und Frankfurt (Inserate, Broschüren, Plakate u.a.). Viele seiner Arbeiten wurden im In- und Ausland ausgestellt und prämiert.

**Bircher, Rudolf**
20.12.1911 Winterthur, lebt in Zürich
Begann zuerst eine Malerlehre, besuchte anschliessend den Vorkurs der Kunstgewerbeschule Zürich. Berufsausbildung an der Fachklasse für Graphik, Kunstgewerbeschule Zürich (Diplom 1933). Weiterbildung in Kunstgeschichte am Technikum Winterthur und der ETH Zürich. Praxisstart in einer Druckerei, anschliessend in Anstellung als Firmengraphiker. Ab 1937 als selbständiger Graphiker tätig. Ab 1939 Fachlehrer für Graphik und verwandte Berufe an der Kunstgewerbeschule Zürich und weiterhin selbständige Tätigkeit. Studienreisen in Europa, den USA und Kanada. 1960–1977 Leiter der Ausbildungsklasse für Graphik an der Schule für Gestaltung in Zürich.

**Birkhäuser, Peter**
7.6.1911 Basel –
22.11.1976 Binningen BS
1928–1934 Besuch der Gewerbeschule Basel und 1931–1934 Ausbildung im Atelier von Niklaus Stoecklin. Studienreisen nach Italien und Frankreich. Als Reklamezeichner tätig, daneben auch als freier Maler. In seinen Tafelbildern mischt sich eine illusionistische Gegenständlichkeit mit Visionärem und Psychologisierendem; ferner hat er Reliefdekorationen ausgeführt (z.B. am Forschungsinstitut für Chemie und Physik in Brüssel 1958).

**Bischof, Werner**
26.4.1916 Zürich –
16.5.1954 (in den Anden abgestürzt)
Ab 1932 besuchte er als erster Schüler Hans Finslers die Photoklasse an der Kunstgewerbeschule Zürich. Anschliessend in der Werbung tätig. Ursprünglich wollte er Maler werden und gehörte der Künstlergruppe «Allianz» an. Als Photograph machte er sich durch künstlerisch ungewöhnlich hochwertige Bilder, in denen Schönheit und Wahrheit sich zu einer humanen Botschaft verbinden, einen internationalen Namen; seine ersten Aufnahmen erschienen 1942 in der Zeitschrift «Du», mit der er bis zu seinem Tod verbunden blieb. 1949 Beitritt zur Photographengruppe «Magnum». Bildberichte in «Life», u.a. über die Kriegsschauplätze Korea und Indochina. 1951/52 Aufenthalt in Japan, woraus der 1954 erschienene Bildband «Japan» hervorging. 1957 erschien zudem die erste Zusammenfassung seiner Reisen: «Unterwegs».

1965

**Blaser, Werner**
29.8.1924 Basel, lebt in Basel
1940–1945 handwerkliche Grundschulung als Möbelbauer. Anschliessend am Institute of Design des Illinois Institute of Technology Chicago. 1949 Reise durch Skandinavien. 1949/50 in Finnland bei der Firma Artek tätig, unter Leitung von Alvar Aalto half er beim Ausbau eines Frachtschiffes. Entwicklung neuer Lampen nach Aaltos Skizzen. 1953 Studienreise nach Japan mit Eidg. Stipendium, Aufmessungen altjapanischer Architektur in Kyoto. 1956 Gastdozent an der Hochschule für Gestaltung Ulm (Abt. Produktform). Zahlreiche Auszeichnungen und Preise für Möbeldesign. Auch als Gestalter mehrerer Ausstellungen tätig sowie als Publizist (Themen: Japan, Möbel und Wohnen).

1981

**Blumenstein, Beno**
13.9.1924 Zürich, lebt in Zürich
1939–1943 Kunstgewerbeschule Zürich (Fachklasse Graphik bei Ernst Keller), anschliessend arbeitete er als Graphiker in Beinwil und Biel. 1950/51 Aufenthalt als Maler in Paris. Ab 1952 als selbständiger Graphiker vorwiegend im kulturellen Bereich tätig. 1960–1964 Arbeitsgemeinschaft mit J. Plancherel für die Gestaltung von zwei Abteilungen des Sektors «Menschliche Gemeinschaft» an der Expo Lausanne. 1968 Gründung des Ateliers B+P mit J. Plancherel und dem Photostudio Visual in Zürich.

1922

**Böckli, Carl**
23.9.1889 St. Gallen –
4.12.1970 Heiden AR
Nach einer künstlerischen Ausbildung an der Kunstgewerbeschule Zürich und in der Kunstabteilung am Technikum Winterthur (Schüler von Louis Calame) war er während zehn Jahren in Mailand, Lissabon und Karlsruhe als Gebrauchsgraphiker tätig. 1920 liess er sich als freier Graphiker in St. Gallen nieder. 1922 Einladung durch den Verleger Ernst Löpfe-Benz, der soeben den «Nebelspalter» übernommen hatte, zur regelmässigen Mitarbeit; 1927–1962 war Carl Böckli (Bö) Bildredaktor des «Nebelspalter». Er hat den Charakter dieser politisch-satirischen Zeitschrift wesentlich geprägt und sie zu einem «Kampfblatt gegen Gewalt und Grausamkeit», v.a. während der Naziherrschaft in Deutschland, gemacht. Seine oft von bitterbösen Dialektversen begleiteten Karikaturen gelten als wichtige zeitgeschichtliche Dokumente, sie prangern die Biederkeit des spiessigen Schweizers an, vermochten aber ein breites Publikum anzusprechen.

1940

**Bodmer, Paul**
18.8.1886 Wiedikon/Zürich –
19.12.1983 Zürich
Besuch während je einem Jahr der Gewerbeschule und der Kunstgewerbeschule Zürich, Abteilung Textilzeichnen. 1903–1906 Lehre als Theatermaler in Zürich, Abendkurse in Aktmalerei bei Prof. Freytag. Als Theatermaler arbeitete er anschliessend in Deutschland, zunächst in Berlin, dann in Düsseldorf. 1910 Rückkehr in die Schweiz. Wandte sich der freien Malerei zu und gehörte dem Kreis um Otto Meyer-Amden an. Nach kleinformatigen Anfängen in der Tafelmalerei führte er bald zahlreiche Aufträge für monumentale Wanddekorationen aus (u.a. Fraumünster Kreuzgang 1924–1941, Aula Universität, Walche-Gebäude, Schulhaus Milchbuck). Zum Studium des Wandbildstils und der Freskotechnik ausgedehnte Reisen in Italien. Daneben entstanden auch Radierungen und Lithographien. Stets sind seine Werke vom Figürlichen und von einer idyllischen Grundhaltung bestimmt. 1947 erhielt er den Kunstpreis der Stadt Zürich.

1908

1949

1911

1979

**Boitel, Edmond**
21.5.1876 Cormondrèche NE – 9.3.1936 Colombier NE
Nach einem Architekturstudium an der ETH Zürich weilte er 1901 an der Ecole des Beaux-Arts in Paris. Reisen nach England, Holland, Belgien und Italien. Ausgedehnte Bautätigkeit in der Gegend um den Neuenburgersee. Er ist aber auch als Maler von Landschaftsaquarellen an die Öffentlichkeit getreten.

**Borer, Albert (Al)**
21.12.1910 Olten, lebt in Olten
1932–1935 Besuch der Allg. Gewerbeschule in Basel, Fachklasse für Graphik. Anschliessend absolvierte er die Ecole Paul Colin in Paris und nahm an einer Plakatausstellung dieser Schule in London teil. 1936 eröffnete er in Olten ein eigenes Atelier. In der Folge für zahlreiche grosse Firmen im In- und Ausland tätig, insbesondere im Bereich der Modegraphik. Seit seinem Ruhestand widmet er sich nunmehr der Malerei.

**Boscovits, Fritz (Bosco)**
13.11.1871 Zürich – 23.6.1965 Zollikon ZH
1889–1895 Ausbildung an der Münchner Akademie, 1895–1897 in Florenz. 1897–1904 in Zürich, nachher in Zollikon ansässig. In der Frühzeit entstanden einige allegorische Fresken an öffentlichen Bauten (1891 Postgebäude Schaffhausen, 1915 Naturwissensch. Institut ETH Zürich) sowie Plakate wie dasjenige zur Eröffnung des Kunsthauses Zürich (1910), ferner Entwürfe für Briefmarken, Festprogramme und Buchillustrationen. Er war jedoch vorwiegend als Landschaftsmaler tätig (Ölmalerei, Lithographien und Zeichnungen). Bekanntschaft mit Hodler. Seit den dreissiger Jahren neben Landschaftsdarstellungen und Blumenstilleben zahlreiche Genrebilder mit karikaturistischer Note. Gleichzeitig karikaturistische Tätigkeit beim «Nebelspalter», für den er schon seit 1896 – gemeinsam mit dem Vater, Friedrich Joh. Boscovits – zuweilen gearbeitet hatte.

**Brauchli, Pierre**
26.12.1942 Bern, lebt in Zürich
Aufgewachsen in Kloten ZH. Lehre als Dekorationsgestalter. Anschliessend in verschiedenen Graphikateliers tätig. Arbeitet seit 1971 im Zoologischen Museum der Universität Zürich als Graphiker und Ausstellungsgestalter. Mehrere Stipendien der Stadt und des Kantons Zürich sowie Eidg. Kunststipendium. Einzel- und Gruppenausstellungen im In- und Ausland.

1933

1978

1987

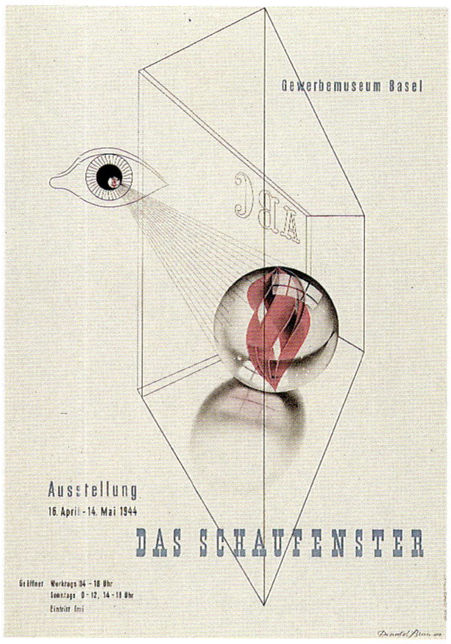


1944

**Brügger, Arnold**
19.10.1888 Meiringen BE – 2.4.1975 Meiringen
Nach einer vierjährigen Lithographenlehre in der elterlichen Kunstanstalt in Meiringen besuchte er ab 1908 während zwei Semestern die Kunstgewerbeschule Bern. Im Winter 1909 ging er als Zeichner-Lithograph nach Köln. Abendkurse an der dortigen Kunstgewerbeschule. 1910–1912 in Berlin als Plakatmaler, nebenbei Besuch der Kunstgewerbeschule. Erste Malversuche. Sommer 1912 mit Otto Morach und Carlos Fischer in München. 1912/13 in Paris, mit O. Morach u.a. im Atelierhaus «La Ruche», verdiente sich den Lebensunterhalt als Graphiker und Photograph. 1914–1917 weilte er vorwiegend in Meiringen, 1917/18 in Genf, danach erneut immer wieder längere Aufenthalte in Paris. 1918–1920 Mitglied der Künstlergruppe «Das Neue Leben». 1922/23 in Norddeutschland. Ab 1939 in Meiringen ansässig. Nach den frühen Einflüssen aus Expressionismus und Kubismus fand er später zu seiner unverwechselbaren Eigenart und zog sich ganz auf die heimatliche Themenwelt zurück.

**Bruggisser, Markus**
11.9.1951 Aarau, lebt in Zürich
Berufslehre als Beleuchtungszeichner. Weiterbildung zum Industrial-Designer an der Kunstgewerbeschule Zürich (Willy Guhl). Anschliessend holte er sich praktische Erfahrung in Design-Studios und in der Kunststoffindustrie. Langjähriges Engagement als Ausstellungsgestalter am Kunstgewerbemuseum Zürich. Seit 1980 betreibt er ein eigenes Atelier, entwirft gelegentlich Plakate (insbesondere im kulturellen Bereich) und arbeitet hauptsächlich in den Bereichen Ausstellungsgestaltung, Corporate Design und Signaletik.

**Brühwiler, Paul**
1.6.1939 Luzern, lebt in Küsnacht ZH
Nach Absolvierung einer Graphikerlehre in Luzern während fünf Jahren zur beruflichen Weiterbildung in Paris, u.a. bei Création Hollenstein und der Edition Condé Nast. 1965–1973 in Los Angeles, die ersten vier Jahre in den Studios von Saul Bass und Assoc. Ray und Charles Eames sowie in der Werbeagentur Carson/Roberts arbeitend. 1969 gründete er ein eigenes Designstudio (Aufträge u.a. von der Musikindustrie). 1973 Rückkehr in die Schweiz und für verschiedene Projekte tätig (SVZ, Swissair, Sandoz, Technorama, TV DRS sowie für kulturelle Institutionen der Stadt Zürich). 1976–1978 erneut in Kalifornien. Filmkurs an der UCLA. 1981/82 Graphiker für die Sendung DRS-aktuell. 1983–1985 Fachlehrer an der Kunstgewerbeschule Zürich, seit 1985 Dozent an der Höheren Schule für Gestaltung Luzern und Fachlehrer an der Graphikabteilung. Zahlreiche Preise und Auszeichnungen in Amerika und der Schweiz. Mit mehreren Plakaten ist er auch in der Design Collection des MOMA New York vertreten. Teilnahme an Ausstellungen in Frankreich, in der DDR und in der Schweiz.

**Brun, Donald**
30.10.1909 Basel, lebt in Clarens VD
1927–1930 Graphikerlehre bei Ernst Kaiser, Basel. Anschliessend Besuch der Fachklasse für Graphik an der Gewerbeschule Basel. Einjähriger Aufenthalt in Berlin, Akademie für Freie und Angewandte Kunst. Seit 1933 eigenes Graphikatelier in Basel. Sein Wirkungsfeld umfasst alle Gebiete der Werbegraphik. Als Ausstellungsgestalter für verschiedene in- und ausländische Messen tätig, v.a. für die Basler Mustermesse sowie am Kultur- und Chemie-Pavillon an der Weltausstellung Brüssel 1958. Seit 1946 Fachlehrer für Graphik an der Gewerbeschule Basel. Erfolgreich und mehrfach ausgezeichnet ist er auch als Plakatgestalter. Gründer und Ehrenmitglied der AGI. Initiant der Graphothek im Gewerbemuseum Basel.

1928

1965

1978

1946

**Bucherer, Max**
8.7.1883 Basel – 3.1.1974 Locarno
Ausbildung 1901–1903 an der Akademie und bei Heinr. Knirr in München, 1903–1907 in Paris an der Académie Julian. 1905/06 Aufenthalt gemeinsam mit Hermann Hesse am Untersee. 1907–1909 malte er Landschaftsmotive in Graubünden und im Wallis. Ab 1909, als er als Lehrer für Graphik an die Kunstgewerbeschule München berufen wurde, nahm die Graphik in seinem Schaffen den Hauptstellenwert ein. 1914 Rückkehr in die Schweiz, er liess sich in Rüschlikon nieder und gab das Buch «Der Originalholzschnitt» heraus. 1915/16 weilte er als Mitglied des österreichischen Kriegspressequartiers in Osteuropa und beschäftigte sich mit Kriegsdarstellungen. 1916/17 Lehrer an der Kunstgewerbeschule Zürich, danach am Kantonalen Gymnasium. 1931 publizierte er ein Buch über neue Wege des Zeichenunterrichts. Neben seiner Lehrtätigkeit befasste er sich weiterhin mit Graphik und Buchillustrationen. 1946 übersiedelte er nach Ronco, betätigte sich in dieser Gemeinde als Architekt und schuf phantasievolle Objekte aus einfachen Materialien wie Stoffresten und Wurzelknollen.

**Büchler, Robert**
23.4.1914 Basel,
lebt in Münchenstein BL
Schulen in Münchenstein BL und Essertines VD. 1929-1933 Schriftsetzerlehre bei der Frobenius AG in Basel, danach bis 1947 tätig als Typograph, Maschinensetzer und Kalkulator. Kurse in Typographie, Schrift, Kunstgeschichte, Zeichnen, Photographie und Buchbinderei. Nach einem Ausbildungskurs für Gewerbelehrer und dem Besuch der Fachschule für Buchdruck an der Allg. Gewerbeschule Basel wurde er 1947 zum Fachlehrer für Schriftsatz ernannt. Er leitete ferner die Tageskurse für typographische Gestalter und die Polygraphische Fachschule; Mitbegründer der Technikerschule TS Graphische Branche Basel. Ab 1965 stand er bis zu seiner Pensionierung 1979 der Lehrlingsabteilung für kunstgewerbliche Berufe vor. Während des Werkstattunterrichts mit Schülern realisierte er zahlreiche typographische Ausstellungsplakate für das Gewerbemuseum Basel.

**Buchwalder, Ernst**
5.6.1941 Luzern, lebt in Luzern
Aufgewachsen in Luzern. 1958–1963 Besuch der dortigen Kunstgewerbeschule, 1964–1966 der Hochschule für Gestaltung in Ulm. 1966/67 weilte er in London, 1967–1969 in Osaka, Japan. Er ist als Maler, Plastiker und Objektemacher tätig, beschäftigt sich auch mit Baugestaltung und Environment. Mehrere Preise sowie Stipendien der Stadt Luzern und der Eidgenossenschaft. Zahlreiche Ausstellungen im In- und Ausland.

**Bühler, Fritz**
24.6.1909 Basel –
12.4.1963 Colmar (F)
1925–1927 Allg. Gewerbeschule Basel. 1929/30 Studien an den Vereinigten Staatsschulen Berlin, danach Aufenthalt in Paris. Anschliessend als Graphiker in einer Basler Agentur. 1933 eröffnete er ein eigenes graphisches Atelier in Basel, aus dem mehrere bekannte Graphiker hervorgingen (Ruodi Barth, Celestino Piatti). Vorübergehend leitete er Abendkurse an der Gewerbeschule. Er widmete sich v.a. der allgemeinen Graphik, dem Plakat, dem Prospekt usw. Gestalter von Zeitschriften, Ausstellungen, Werbefilmen und Verpackungen. Während vieler Jahre Berater einer Reihe von Grossindustrien in Gestaltungsfragen. Stets war er auch als Maler und Illustrator tätig. In seiner graphischen Gestaltung wandte er sich dem surrealistischen Illusionismus zu, pflegte daneben auch einen dekorativen Illustrationsstil, gelegentlich verbunden mit abstrakten Elementen.

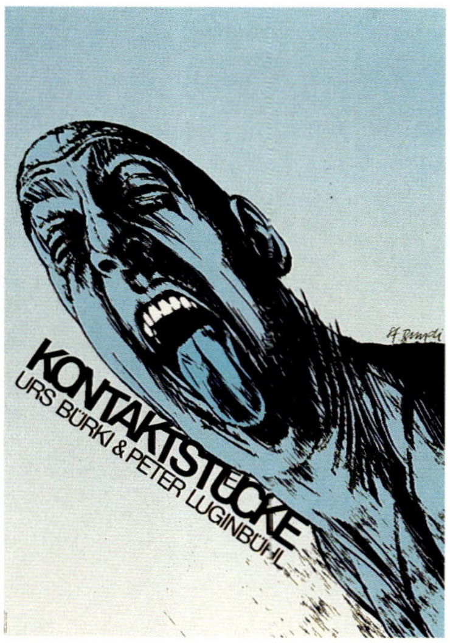


1986

1911

1913

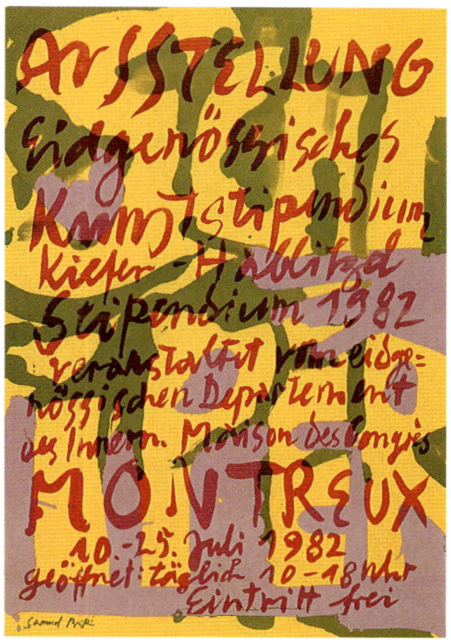


1982

**Bundi, Stephan**
1.1.1950 Trun GR,
lebt in Niederwangen-Bern
Graphikerlehre bei Young & Rubicam AG und an der Kunstgewerbeschule in Bern. Nach zwei Jahren Agenturtätigkeit Studium an der Staatlichen Akademie der bildenden Künste, Stuttgart. Seit 1975 eigenes Graphikatelier in Bern. Ab 1980 Lehraufträge an verschiedenen Schulen für Gestaltung, Graphiker-Fachklassen. Zahlreiche Auszeichnungen und Ausstellungen im In- und Ausland. Eidg. Stipendium für angewandte Kunst. Erster Preis an der Triennale des politischen Plakats, Mons (Belgien). Plakate in zahlreichen öffentlichen Sammlungen, u.a. in der Design Collection des MOMA New York. Mitglied SGV.

**Burger, Wilhelm (Willy) Friedrich**
1.9.1882 Zürich –
16.3.1964 Rüschlikon ZH
Nach einer Lehre als Lithograph studierte er 1901–1903 an der Akademie in Karlsruhe. 1903–1905 Aufenthalt in London, tätig als Maler und Graphiker, zugleich Hörer an der Royal Academy. 1906–1908 in den USA, wo er in New York, Philadelphia und Boston als Graphiker arbeitete. 1909 Aufenthalt in Rom. 1910 liess er sich in Rüschlikon nieder und beschäftigte sich in der Folgezeit hauptsächlich als Landschaftsmaler (Reisen nach Marokko, Algerien, Palästina und Südfrankreich), daneben Buchillustrationen und gelegentlich Bildnisse.

**Buri, Max**
24.7.1868 Burgdorf BE –
21.5.1915 Interlaken BE
Während der Schulzeit nahm er privaten Zeichenunterricht bei Paul Volmar in Bern. Während eines Aufenthalts im Welschland fasste er den Entschluss, Maler zu werden. 1885 Gewerbeschule Basel. 1886 in München an der Akademie, wurde jedoch bald wieder entlassen. 1887–1889 Besuch der Privatschule von Simon Holosy. Beeindruckt vom französischen Impressionismus ging er nach Paris an die Académie Julian, Schüler von Bouguereau und Jules Lefebvre. Reisen nach Spanien und Nordafrika sowie nach London, Holland und Belgien. Sommeraufenthalte jeweils in Iseltwald am Brienzersee. Ab 1893 erneut in München. 1898 Rückkehr in die Schweiz. Niederlassung in Langnau, später in Luzern, ab 1903 in Brienz. Nach genrehaften Anfängen festigten sich bei Buri zunehmend die Einflüsse von Hodler und Anker, im Streben nach Monumentalisierung malte er vorwiegend Figurenbilder mit Themen aus dem Brienzer Bauernleben, zuweilen auch Landschaften und Stilleben. Breite Flächen sowie starke Umrisse und Farbkontraste kennzeichnen sein Werk.

**Buri, Samuel**
27.9.1935 Täuffelen BE, lebt in Basel
Besuch des humanistischen Gymnasiums (Matur 1955) und 1953–1956 der Kunstgewerbeschule (Martin A. Christ) in Basel. 1955 trat er ins Atelier von H. Stocker ein. 1960–1971 in Paris ansässig, 1971–1979 im Burgund und seit 1979 wieder in Paris. Mehrere Stipendien und Preise, zahlreiche Ausstellungen im In- und Ausland, u.a. 1978 Biennale Venedig. Nach realistischen Anfängen kam er allmählich zu einer tachistischen Abstraktion. Er schloss sich in den sechziger Jahren der Pop-Art-Bewegung an. Seine Werke zeichnen sich durch besonders leuchtende Farbverschmelzungen aus. Neben Tafelbildern entstehen auch Wandgemälde, Teppichentwürfe, Glasgemälde und Mosaike. Oft bildet der Ausgangspunkt eine Photographie oder ein Zeitungsbild, häufig folkloristischer Natur; später wandte er sich denn auch dem photographischen Realismus zu.

1981

1945

1924

1990

**Burkhard, Balthasar**
24.12.1944 Bern, lebt in Bern
Nach seiner Ausbildung war er zunächst als Photograph tätig. Ab 1966 photographische Auseinandersetzung mit Kunst und Künstlern unter Anregung von Harald Szeemann. Grossformatige Photographien auf Leinwand mit Markus Raetz, ausgestellt 1970 im Kunstmuseum Luzern (Visualisierte Denkprozesse) und 1971 an der Biennale de Paris. 1976–1978 «Visiting Lecturer of Photography» an der University of Illinois, Chicago. 1979–1981 Aufenthalte in New York. Zahlreiche Ausstellungen im In- und Ausland (u.a. 1980 «Filmportraits» im Art Institute Chicago; 1981 «Starportraits» Centre d'Art Contemporain, Genf), Publikationen über und mit Künstlern, u.a. in Zusammenarbeit mit Johannes Gachnang.

**Butz, Fritz**
5.5.1909 Wasseralfingen (BRD) – 8.11.1989 Schwerzenbach ZH
1914 kam er in die Schweiz, zuerst nach Olten, später nach St. Gallen. 1929–1931 Besuch der Graphik-Fachklasse an der Kunstgewerbeschule in Stuttgart. 1932 eigenes Graphik-Atelier in Zürich. Ab 1934 wirkte er als Bühnenbildner für das Cabaret Cornichon, das Corso-Theater und das Cabaret Fédéral in Zürich, während des Krieges auch für mehrere Schweizer Filme. Ab 1948 Bühnenbildner für das Schauspielhaus und das Opernhaus Zürich sowie für mehrere Theater im Ausland. Ferner hat er wiederholt Wandschmuck und Raumgestaltung entworfen für öffentliche Bauten, Hotels und Industriebauten. Zahlreiche Einzelausstellungen und Mitwirkung an verschiedenen Gruppenausstellungen. Ab 1961 lebte er in Schwerzenbach und konnte sich schliesslich ganz der Malerei widmen.

**Buzzi, Daniele**
25.6.1890 Locarno – 23.5.1974 Lausanne VD
Nach Ausbildung am Technikum Winterthur und einer Anstellung bei Bührle-Oerlikon trat er 1927 in den Dienst der Elektrizitätsgesellschaft Westschweiz mit Sitz in Lausanne, wo er bis 1963 als Ingenieur, Techniker und Architekt tätig war. Von 1931–1936 beteiligte er sich am ersten Dixence-Staudamm-Projekt. Als Künstler Autodidakt. Infolge einer Operation war er von 1942–1948 invalid; er betreute die graphische Gestaltung einer Jubiläumsfestschrift für die 1919 gegründete Elektrizitätsgesellschaft und widmete sich der Malerei, Lithographie und dem Zeichnen – Figürliches wie auch Landschaftsmotive, insbesondere aus dem Tessin. Auch seine über Jahrzehnte hin lithographierten Plakate stehen vorwiegend im Zeichen der Tessiner Tourismuswerbung; er gilt als eigentlicher Begründer der Tessiner Plakatkunst.

**Calame, Georges**
16.10.1930 Genf, lebt in Genf
Nach einem Aufenthalt in Paris gründete er 1953 in Genf sein eigenes Graphikatelier. Sein Spezialgebiet war zunächst die Ausstellungsgestaltung, als ersten wichtigen Auftrag entwarf er den Pavillon Italiens an der «Graphic 57», Pavillons an der Landesausstellung «Expo 64» in Lausanne und an der Weltausstellung 1967 in Montreal sowie 1968 die Schweizer Pavillons in Brno (CSFR) und der Triennale von Mailand. 1969–1975 amtierte er als künstlerischer Leiter des Pakistan-Design-Zentrums in Karachi, gestaltete zugleich die Design-Biennale «Dybs 69» und die Wanderausstellung «Swiss graphic design». In den nachfolgenden Jahren befasste er sich vorwiegend mit allgemeiner visueller Kommunikation und der Entwicklung von Signeten und Corporate Design (u.a. Arbed, Luxemburg; BCG, Genf; Epul Lausanne; Gatoil, Genf; Kitayama, Tokyo; Palexpo, Genf; Raika, Osaka); ferner Programme für Innenraumgestaltung. Beteiligung an internationalen Graphikausstellungen und wiederholte Auszeichnungen. Mitglied AGI seit 1968.

1954

1933

1905

1936

**Campell, Marcus**
26.2.1915 London, lebt in Pully VD
Studien in London und Paris (Académie Colorassi). 1937–1940 Art Director bei Lord & Thomas Advertising, Paris. 1941–1946 Art Director bei J. Walter Thomson Advertising, London. 1947 liess er sich in der Schweiz nieder. In den fünfziger Jahren entstanden verschiedene kommerzielle Plakate (u.a. für die Nähmaschinenfabrik Elna, für Getränkefirmen, für Lahco und Hamol). Diverse Auszeichnungen.

**Cardinaux, Alfred**
12.11.1905 Bern,
lebt in Charlottesville VA, (USA)
1922–1924 Kunstgewerbeschule Zürich und Lithographie- und Steindruckerlehre bei E. Wolfensberger, beteiligte sich u.a. an den Lithographien der Plakate seines Onkels Emil Cardinaux. 1924–1928 in Wien, Unterricht in Graphik, Kalligraphie und dekorativer Kunst an der dortigen Kunstgewerbeschule sowie Privatunterricht bei einem Maler der Sezession. 1929–1932 als Graphiker bei «Editions d'art», zahlreiche Plakataufträge für die Automobilindustrie. Anschliessend machte er sich selbständig und war mit PR-Aufträgen verschiedener Firmen betraut. Für die Schweiz. Landesausstellung Zürich 1939 wurde er zusammen mit dem bernischen Maler Geiser von der Schweiz. Milchzentrale mit Entwurf und Ausführung des Milch-Pavillons beauftragt sowie mit einer kleineren Ausstellung für die SBB. Für die New Yorker Weltausstellung 1941 führte er ein Relief für die Hauptwand des Schweizer Pavillons aus sowie graphische Darstellungen über Schweizer Tourismus. 1968–1988 wohnte er in der Toscana und beschäftigte sich mit Malerei wie auch mit dem Weinbau und Olivenbäumen; danach emigrierte er in die USA.

**Cardinaux, Emil**
11.11.1877 Bern – 2.10.1936 Bern
Beginn eines Rechtsstudiums an der Universität Bern, gleichzeitig Zeichenunterricht bei Paul Volmar an der dortigen Kunstgewerbeschule. 1898 Übersiedlung nach München zur Fortsetzung seines Hochschulstudiums, das er jedoch bald danach abbrach, um an die Münchner Kunstakademie zu wechseln. Zunächst absolvierte er den Zeichenunterricht im Atelier von Ludwig Schmid-Reutte, anschliessend während zweieinhalb Jahren Schüler von Franz von Stuck. Mehrere Reisen nach Holland, Paris und Italien. 1903 Rückkehr nach Bern. Das künstlerische Schaffen (Gemälde, Wandbilder) von Cardinaux stand unter dem Einfluss der expressiven Gegenständlichkeit Ferdinand Hodlers; er wandte sich bald der angewandten Graphik zu: zahlreiche Drucksachen, Buchillustrationen und Karikaturen für die satirische Zeitschrift «Der Grüne Heinrich». Als Pionier gilt Cardinaux für sein umfangreiches Plakatschaffen, er entwarf Warenplakate, Touristikplakate und politische Plakate. Grosse Beachtung fanden das Zermatt-Plakat (1908), das die lange Tradition des Künstlerplakats in der Schweiz eröffnet, sowie das weithin Aufsehen erregende «Grüne Pferd» für die Landesausstellung 1914.

**Carigiet, Alois**
30.8.1902 Truns GR –
1.8.1985 Truns GR
Nach einer Lehre als Flach- und Dekorationsmaler in Chur arbeitete er 1923–1927 in einem Reklameatelier, anschliessend als selbständiger Gebrauchsgraphiker in Zürich, Aufträge für Bühnenbilder und Plakate. Als Mitbegründer des Cabaret Cornichon war er verantwortlich für dessen Dekor-Ausstattung, Kostüme und Werbung. Um sich ganz seiner künstlerischen Arbeit widmen zu können, zog er sich 1939 ins bündnerische Platenga zurück. Die Themen zu seinen Zeichnungen, Aquarellen, Lithographien und Ölbildern bezog er häufig aus seinem ländlichen Umfeld. Bekannt geworden ist er mit Illustrationen mehrerer Kinderbücher (in Zusammenarbeit mit der Schriftstellerin Selina Chönz), schuf aber auch Wandgemälde. Seine Anfänge als Werbegraphiker bleiben durchwegs präsent, gab er doch stets den leuchtenden Primärfarben wie auch dem Linearen den Vorzug.

1948

**Chavaz, Albert**
6.12.1907 Genf – 17.1.1990 Savièse VS
Nach einer zweijährigen Bäckerlehre im elterlichen Betrieb besuchte er 1925–1930 die Ecole des Beaux-Arts in Genf. Wiederholt Aufenthalte in Paris (Académie de la Grande Chaumière). 1928 Zusammenarbeit mit Emilio Beretta an Wandbildern, gemeinsame Studienreisen nach Italien. 1935–1937 Gehilfe von Edmond Bille bei der Ausmalung der Kirche von Fully VS. Auch in der Folgezeit zahlreiche Aufträge für religiöse Fresken, ferner Glasmalereien, Mosaike und Keramikgegenstände. Ab 1939 in Savièse ansässig. 1985 erhielt er den Walliser Staatspreis. In seinen häufig in erdiger Tonigkeit gehaltenen Gemälden (Bildnisse, Landschaften und Stilleben) ist er einem herben, zuweilen zum Süsslichen neigenden Realismus verpflichtet, der auch aus seinen gelegentlichen Plakatentwürfen spricht. Vertreten in zahlreichen Museen der Schweiz.

1927

**Chiattone, Mario**
11.11.1891 Bergamo (I) – 21.8.1957 Lugano
Einer grossen Künstlerfamilie entstammend, besuchte er zunächst die Brera-Akademie in Mailand und das Istituto delle Belle Arti in Bologna. Nahm an der Futuristenbewegung teil. 1919 liess er sich in Lugano nieder und war als klassizistischer Architekt tätig. Daneben malte er vom Divisionismus des frühen Boccioni ausgehende Landschaften, z.T. war er auch vom Surrealismus berührt. Ferner beschäftigte er sich mit Wandmalerei, so etwa 1939 im Grotto Ticinese an der Landesausstellung in Zürich.

1965

**Chicherio, Romano**
26.11.1933 Thun – 4.4.1983 Zermatt
Nach Studien an der Höheren Technischen Lehranstalt in Lugano war er während fünf Jahren als Architekt tätig, bevor er sich der Werbung zuwandte. Als Art Director in einem Graphikatelier spezialisierte er sich auf Pressewerbung. 1963 gründete er in Lugano ein eigenes Atelier. Er schuf zahlreiche Plakate für den Tessiner Tourismus sowie auch Warenplakate, zudem Signete (u.a. Banca dello Stato del Ticino), Ausstellungsgestaltungen (u.a. «L'Arte Casa») und humoristische Illustrationen. Mehrmals Auszeichnungen bei internationalen Plakatwettbewerben.

1936

**Clemens, Roman**
11.2.1910 Dessau (D), lebt in Zürich
Schulen in Dessau und Eindhoven (NL). 1927–1931 studierte er am Bauhaus Dessau, Diplom-Abschluss. 1929–1931 zudem als Bühnenbildassistent am Friedrich-Theater Dessau tätig. 1932–1943 1. Bühnenbildner und Ausstattungsleiter – und somit auch für die Plakatentwürfe verantwortlich – am Stadttheater Zürich (heute Opernhaus). Bühnenbilder für Oper, Operette und Ballett bei über 25 Uraufführungen. Ferner freie künstlerische Tätigkeit (seit 1928) sowie zahlreiche Ausstellungsgestaltungen im kulturellen Bereich, sowohl im In- wie im Ausland. Publikationen zu Aspekten des Bühnenbildes. 1980 und 1990 widmete ihm das Zürcher Kunsthaus eine Retrospektive seines umfangreichen Werks.

1985

1986

1904

1989

**Clemenz, Philipp**
8.8.1947 Stalden VS, lebt in Luzern
Nach Jugendjahren im Wallis Ausbildung zum Graphiker an der Schule für Gestaltung Luzern. Als Graphiker im Atelier M. Zeugin tätig, Sprachaufenthalt in London. 1974–1978 im Auftrag des EDI Lehrer am Pakistan-Design-Zentrum in Karachi; in dieser Funktion nahm er am Design Workshop des Hong Kong Polytechnikums teil. Seit seiner Rückkehr arbeitet er mit Tino Steinemann zusammen an verschiedenen Aufgaben der visuellen Kommunikation. Seit 1981 Lehrauftrag im Teilpensum an der Schule für Gestaltung Luzern.

**Coigny, Christian**
23.7.1946 Lausanne, lebt in Lutry VD
Jugendjahre in Lausanne. 1966 begann er eine Ausbildung an der Photoschule in Vevey, reiste jedoch bald in die USA und liess sich an der Westküste nieder, im Verlangen, sich das Metier in eigener Regie anzueignen und sich mit seinen amerikanischen Vorbildern unmittelbar auseinanderzusetzen. Fünf Jahre später, nach weiteren mehrmonatigen Aufenthalten in Brasilien und Mexiko, Rückkehr nach Europa, arbeitete in Zürich für die Modezeitschrift «Annabelle». Durch die Werbeaktion «Bon Génie» für das Modehaus Grieder erlangte er Bekanntheit. 1977 eröffnete er in Lausanne ein eigenes Atelier und spezialisierte sich auf Werbeplakate für grosse Modehäuser und Boutiquen.

**Colombi, Plinio**
14.2.1873 Ravecchia TI –
22.9.1951 Spiez BE
Nach Schulen in Bellinzona besuchte er das Gymnasium in Lausanne, danach die ETH Zürich. 1893 jedoch entschloss er sich zu einer Ausbildung als Dekorationsmaler, zunächst am Technikum Winterthur, ab 1894 an der Kunstgewerbeschule Zürich. 1897 weilte er in Paris, hernach als freier Dekorationsmaler in Bern. Ab 1899 freier Künstler, v.a. als Landschaftsmaler tätig, ab 1924 in Spiez. Stand er in seinen Anfängen noch im Banne Arnold Böcklins, konnte er sich nach der Jahrhundertwende dem Einfluss Hodlers nicht entziehen und fand zu einem helleren Kolorit. Er schuf auch ein reiches graphisches Œuvre (Radierungen, Farbholzschnitte) und gehört zu den Pionieren der Schweizer Plakatkunst. Zu seinen Auftraggebern gehörten v.a. die SBB.

**Comensoli, Mario**
15.4.1922 Lugano, lebt in Zürich
Aufgewachsen in Lugano. 1943/44 Kurse für figürliches Zeichnen an der ETH Zürich. Ab 1945 als selbständiger Maler in Zürich tätig, zumeist in Distanz zum offiziellen Kunstbetrieb. 1947/48 Besuch der Académie de la Grande Chaumière in Paris, auch später wiederholte Aufenthalte in Paris. In seinem Frühwerk finden sich geometrisch-stilisierte Figuren von kräftigderber Plastizität – nicht unbeeinflusst vom Kubismus eines Fernand Léger –, später lockert sich seine Bildsprache auf. Als engagierter und kritischer Beobachter wendet er seine Aufmerksamkeit stets auf gesellschaftliche Randgruppen (Fremdarbeiter, Jugendliche) und wird so zu einem der wichtigsten Vertreter des schweizerischen Realismus. In den fünfziger Jahren zahlreiche Aufträge für Fresken und Wandgemälde an öffentlichen Bauten, zuweilen auch freiplastische Werke. Danach v.a. Tafelbilder, die auch als Plakate und Flugblätter weite Verbreitung fanden. Zahlreiche Ausstellungen (u.a. 1989 grosse Retrospektive im Kunsthaus Zürich).

1928

1927

1934

1930

**de Coulon, Eric**
2.5.1888 Neuchâtel –
12.10.1956 Thielle-Wavre NE
1908 begann er an der ETH Zürich ein Architekturstudium, ging 1910 nach La Chaux-de-Fonds ins Atelier von L'Eplattenier und entwarf vorwiegend Möbel. 1912 Studienaufenthalt in München, 1913 Übersiedlung nach Paris (Académie de la Grande Chaumière). 1917 erhielt er den ersten Plakatauftrag von den Galeries Lafayettes, weitere grosse Werbeaufträge für Warenhäuser in Paris folgten nach. 1918 eröffnete er ein eigenes Werbebüro, das 1921 wieder aufgelöst wurde. Fortan arbeitete er gemeinsam mit seiner Frau, der Tochter des Malers Gustave Jeanneret, und machte sich insbesondere als Plakatkünstler in Frankreich wie in der Schweiz einen Namen. Kennzeichnend ist bei ihm ein bewusstes Miteinbeziehen der Schrift und der einzelnen Buchstaben als bildschaffende Elemente, wodurch Text und Werbegegenstand wirkungsvoll verschmelzen. Er entwarf auch Buchumschläge und Inserate für den Pariser Verlag Hachette, gestaltete Bücher und Schaufensterdekorationen. Daneben auch als Aquarellist von Landschaften tätig.

**Courvoisier, Jules-Ami**
23.5.1884 La Chaux-de-Fonds –
11.9.1936 Genf
Erste Ausbildung bei Charles L'Eplattenier in La Chaux-de-Fonds, anschliessend in München. 1902–1906 studierte er in verschiedenen Pariser Ateliers (Jacques-Emile Blanche, Eugène Grasset) freie und angewandte Kunst. Mehrere Studienreisen nach Italien, Frankreich und England. Ab 1911 wohnhaft in Genf; malte in Öl und Pastell und entwarf Glas- und Wandgemälde. Innerhalb der Gebrauchsgraphik spezialisierte er sich auf das figürliche Schwarz-Weiss-Plakat, gelegentlich griff er auch zur Zweifarbigkeit. Daneben finden sich lithographierte Einzelblätter sowie Buchillustrationen (u.a. zu den Fabeln von LaFontaine).

**Cyliax, Walter**
1899 Leipzig – 1945 Wien
Nach einer Ausbildung zum Schriftsetzer trat er 1924 in die Buchdruckerei Gebrüder Fretz in Zürich ein, er galt als Spezialist für Figurensatz. In derselben Firma wurde er zum künstlerischen Leiter und Prokuristen ernannt und erstellte 1935 die Jubiläumsschrift. 1937 übersiedelte er als Leiter einer Grossdruckerei nach Wien.

**Danioth, Heinrich**
1.5.1896 Altdorf –
3.11.1953 Flüelen UR
1909 trat er ins Kollegium Altdorf ein, brach jedoch das Mittelschulstudium frühzeitig ab. Während einer dreijährigen Lehre beim Maler Rudolf Löw in Basel Abendkurse der Aktklasse an der Gewerbeschule. Nach Kriegsausbruch zu selbständigem Erwerb gezwungen, arbeitete er als Bürohandlanger bei einer Krankenkasse in Zürich. Zum Bürochef avanciert, wurde er indes mangels eines kaufmännischen Diploms wieder entlassen. Nach Rekrutenschule und Aktivdiensteinsatz erkrankte er und verbrachte zwei Jahre in Sanatorien. 1919/20 ermöglichte ihm die Lyrikerin Sophie Haemmerli-Marti einen zweijährigen Romaufenthalt. 1925 besuchte er die Meisterklasse an der Landesakademie Karlsruhe. 1931 liess er sich in Flüelen nieder. Wurde zum Hauptvertreter der neuen Innerschweizer Malerei und widmete sich der Darstellung von Mensch und Landschaft der engeren Heimat. Neben Staffeleibildern führte er zahlreiche Aufträge für grossformatige Wandgemälde, Glasfenster und für Illustrationen aus, zudem Theaterdekorationen, vorwiegend für Tell-Inszenierungen, für die er auch Plakate anfertigte.

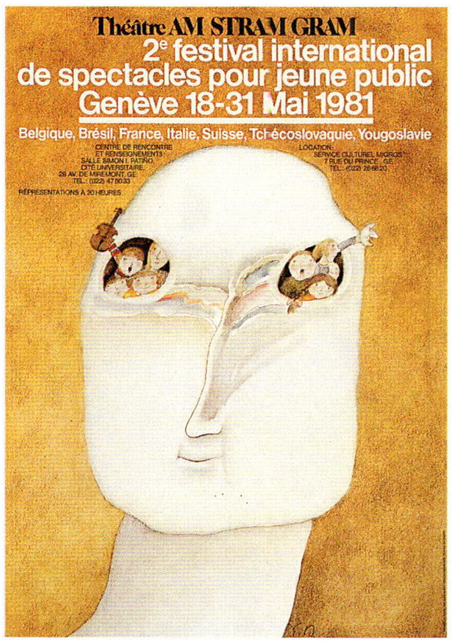


1981

1974

1959

1930

**Delessert, Etienne**
4.1.1941 Lausanne,
lebt in Lakeville CT (USA)
Der ausgebildete Graphiker arbeitete nach Anfängen in der Schweiz während zwei Jahren in Paris. 1965 zog er nach New York und wurde Mitarbeiter grosser Werbeagenturen. Für zahlreiche internationale Zeitschriften lieferte er Illustrationen. Er hat ferner mehrere Bücher illustriert (Chappaz, Chessex, Ionesco u.a.) sowie als Autor und/oder Illustrator über 40 Kinderbücher herausgegeben. Im weiteren tätig als Trickfilmzeichner. Oft bedient er sich barocker Tiermotive («Sans Fin la Fête», 1967); schwarzer Humor spricht aus seinem «Le Petit Livre Noir» (1974). Viele seiner Werke wurden mit Preisen ausgezeichnet, häufig wurden ihnen Ausstellungen gewidmet (u.a. 1975 Retrospektive im Louvre).

**Diethelm, Martin**
11.5.1943 Zürich, lebt in Zürich
Nach Mittelschule Vorkurs und Graphik-Fachklasse an der Kunstgewerbeschule Zürich. Autodidaktische Weiterbildung in Fachphotographie. 1967–1970 als Graphiker und Photograph in einer Werbeagentur in Italien, danach bis 1973 in einer Zürcher Werbeagentur tätig. Seither eigenes Atelier, bis 1976 Teilzeitbeschäftigung als Photograph am Zoologischen Museum der Universität Zürich. 1976–1979 Lehrtätigkeit an der Kunstgewerbeschule Zürich (Formenlehre). Seit 1979 selbständig: Signete und Schriftzüge, Erscheinungsbilder für Wirtschaft, Forschung und ideelle Institutionen; Buch-, Zeitschriften- und Ausstellungskataloggestaltung. Zahlreiche Plakate, vorwiegend für kulturelle Belange, sowie Gestaltungskonzepte für Ausstellungen und Museen.

**Diethelm, Walter**
7.2.1913 Zürich – 10.6.1986 Zürich
1928–1932 Lehre als Graphiker in einem Zürcher Werbebüro. 1932/33 Besuch der Kunstgewerbeschule Zürich, anschliessend Studien- und Arbeitsaufenthalte im Ausland. In Paris Besuch der Académie Ranson und der Académie de la Grande Chaumière (Schüler von Fernand Léger). Bis 1939 in einem Berner Werbeatelier tätig. Nach zehnjähriger Arbeit als Art Director von Grossdruckereien in Wien und Zürich eröffnete er 1950 ein eigenes Atelier in Zürich. Vielseitiger Arbeitsbereich: Gestaltung von Büchern und Schrift (Diethelm-Antiqua, Aktiv, Gloriette, Arrow u.a., Computer-Impulszeichen), Signete, Orientierungssysteme, Ausstellungsgestaltungen sowie Plakate, vorwiegend für kulturelle Veranstaltungen. Zahlreiche Prämierungen für gestalterische Arbeiten, Einzel- und Gruppenausstellungen in Europa und Kanada. Als Autor von Publikationen über Schrift (u.a. «Signet Signal Symbol» 1970, «Form+Communication» 1974, «Visual Transformation» 1982) erreichte er internationales Ansehen.

**Diggelmann, Alex W.**
20.8.1902 Unterseen BE –
21.11.1987 Zürich
Ausbildung zum Primarlehrer in Hofwil BE und Bern. Nach dreijähriger Berufstätigkeit in Unterseen Ausbildung zum Zeichenlehrer, Besuch der Gewerbeschule Bern. 1926/27 Aufenthalte an der Académie Colarossi und der Académie Julian, Paris, danach an der Akademie für Buchkunst und Graphik in Leipzig. Anschliessend während zwölf Jahren als freischaffender Graphiker in Zürich tätig, wobei er sich auf Sport- und Verkehrswerbung spezialisierte, aber auch Wappenscheiben, Medaillen und Briefmarken entwarf, im weiteren mehrere Wandschmuckarbeiten, die ebenfalls seine Verbundenheit mit der Sportwelt manifestieren (u.a. für das Haus des Sports, Bern; Sportzentrum Kerenzerberg und ETS Magglingen). 1938–1967 war er zudem Zeichenlehrer an der Kant. Oberrealschule, Zürich. Für seine Sportplakate erhielt er an den olympischen Wettbewerben 1936 in Berlin die Goldmedaille, 1948 in London die Silber- und Bronzemedaille.

1912

**von Divéky, Josef**
1887 Farmos (H) – 1951 Sopron (H)
Er kam mit vier Jahren nach Wien, besuchte hier das Gymnasium sowie die Kunstgewerbeschule und die Akademie. Später Übersiedlung nach Zürich, wo er in der Druckerei Wolfensberger arbeitete. 1912–1914 in Brüssel. Er wurde zum Kriegsdienst eingezogen, verwundet und somit im Kriegspressequartier eingesetzt. Nach Kriegsende kam er wieder nach Zürich und arbeitete als freier Graphiker, schuf auch politische Plakate für die Arbeiterbewegung. War ferner als Karikaturist für den «Nebelspalter» und das «Volksrecht» tätig. 1942 folgte er einer Berufung an die Kunstgewerbeschule Budapest.

1964

**Dürig, Rolf**
25.4.1926 Bern –
13.6.1985 Veltheim AG
Aufgewachsen in Bern. 1943–1945 Schüler von Max v. Mühlenen und Louis Moilliet. 1946 in Créteil bei Paris tätig sowie Studienreise nach England. Auch in den folgenden Jahren hält er sich verschiedenenorts im Ausland auf, u.a. in Rom, in den USA, Mexiko, Kuba und Ceylon. Als Maler erntete er früh, seit einer Ausstellung in London 1950, beachtlichen Erfolg. Stets sind seine Bilder von expressiver, vibrierender Farbigkeit gekennzeichnet, zunächst noch locker, später zunehmend dunkel umrissen nach Art von Glasgemälden. Die Motive entspringen einer exotischen und phantastischen Welt, getränkt von romantischem Fernweh. Es entstehen auch Zeichnungen und Lithographien sowie einige wenige Plakate für die SBB.

1977

**Duss, Carlos**
16.4.1932 Sevilla (E),
lebt in Heiden AR und Zürich
Im Alter von vier Jahren kam er in die Schweiz. Besuch der Kunstgewerbeschule Zürich, Ausbildung zum Graphiker. Nach einigen Jahren selbständiger Tätigkeit in der Werbung arbeitete er ab 1960 als freier Maler. Lange Studienaufenthalte in Frankreich und Spanien. Zahlreiche Ausstellungen im In- und Ausland. Seit 1972 intensive Beschäftigung mit «Kunst am Bau», zahlreiche vorwiegend grossflächige, jedoch luftig-transparente Wand- und Deckenmalereien für öffentliche und private Bauten, u.a. für Alterswohnheime, Schulhäuser und Spitäler.

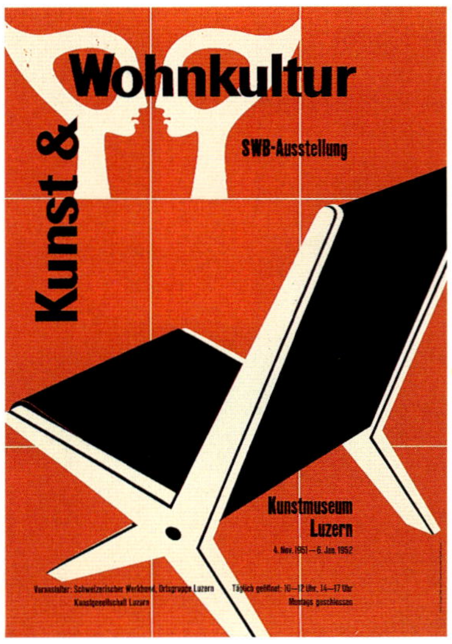


1951

**Ebinger, Joseph**
25.10.1912 Basel – 19.9.1983 Luzern
Lehre als Dekorateur. Ab 1943 als selbständiger Graphiker tätig: Plakate sowie Ausstellungs- und Raumgestaltung, insbesondere für das Verkehrshaus Luzern (u.a. 1959 Halle Luft und Raumfahrt) und das Kunstmuseum Luzern (u.a. 1959 Photo-Weltausstellung). 1962–1983 verantwortlich für die graphische Gestaltung der Kunst-Nachrichten. 1963–1973 leitete er zudem die Galerie an der Reuss in Luzern.

1951

1980

1983

1936

**Ebner, Emil**
10.3.1897 Zürich – 5.6.1989 Zürich
Lehre als graphischer Zeichner bei M. Annen, Zürich. Als Preis für besten Lehrabschluss anschliessend längerer Aufenthalt in Italien. 1918 Eintritt bei der Max Dalang AG, bald danach Ernennung zum Atelierchef (zu seinen Lehrlingen gehörte u.a. Alois Carigiet). Zu Beginn der dreissiger Jahre machte er sich selbständig und war seither freischaffend für verschiedene Reklameberater tätig. In der Freizeit widmete er sich der Aquarellmalerei.

**Eggenschwiler, Franz**
9.12.1930 Biberist SO,
lebt in Eriswil BE
1946–1951 Lehre als Glasmaler, gleichzeitig Studien an der Kunstgewerbeschule Bern. 1951–1953 Besuch der Malschule Max v. Mühlenen. Von 1951 bis 1968 bestritt er seinen Lebensunterhalt als Glasmaler bei der Firma Wüthrich in Bern. 1955 Gründung (mit Peter Meier, Konrad Vetter und Robert Wälti) der «Berner Arbeitsgemeinschaft». Nach konstruktivistischen Anfängen löste er sich in den sechziger Jahren allmählich von der strengen Formensprache, als Quelle zur Formfindung dient ihm der reiche Vorrat seiner sogenannten «Telephonzeichnungen», für Objekte und Materialassemblagen stellt er Fundgegenstände und Abfallprodukte in neue Zusammenhänge. Zahlreiche Auszeichnungen. Seit 1973 lebt und arbeitet er in Eriswil BE. 1980/81 weilte er auf Einladung des DAAD (Deutscher Akademischer Austausch-Dienst) in Berlin. Seit 1981 Professur an der Staatlichen Kunstakademie Düsseldorf.

**Eggmann, Hermann**
7.11.1931 Zürich, lebt in Zürich
Besuch der Kunstgewerbeschule Zürich und vierjährige Graphikerausbildung. Studienaufenthalte in Frankreich, Italien und Deutschland. 1954 Gründung eines eigenen Ateliers für visuelle Kommunikation in Zürich. Zu seinen Arbeitsgebieten gehören die Analyse, Konzeption und Planung im visuellen Bereich, Aufklärungs- und Profilierungs-Konzepte für nationale und kommunale Institutionen sowie Corporate Identity Programme für Industrie- und Handels-Unternehmen. Seit 1964 Prüfungsexperte für Graphikerlehrlinge, seit 1971 Mitglied der Prüfungskommission für die gestalterischen Berufe. Lehrtätigkeit 1971–1977 an der Berufsmittelschule der Schule für Gestaltung Zürich (Gestalterische Grundausbildung), 1973–1979 an der dortigen Fachklasse für Graphik (Projektunterricht). Zahlreiche Ausstellungen und Auszeichnungen im In- und Ausland. Mitglied der Verbände AGI, SGV und SWB.

**Eidenbenz, Hermann**
4.9.1902 Cannanore (Südindien), Bürger von Zürich, lebt in Basel
1918–1922 Graphikerlehre bei Orell Füssli, Zürich. 1922/23 Kunstgewerbeschule Zürich. 1923–1926 Aufenthalt in Berlin. Von 1926–1932 wirkte er als Lehrer für Schrift und Graphik an der Kunst- und Gewerbeschule Magdeburg, von 1940–1943 an der Allg. Gewerbeschule Basel. 1933–1953 führte er mit seinen Brüdern Reinhold und Willy das Atelier H., R. und W. Eidenbenz in Basel (u.a. 1937 Mitarbeit am Schweizer Pavillon der Weltausstellung Paris) und folgte danach einem Ruf als Dozent an die Werkkunstschule und Technische Hochschule in Braunschweig. 1955–1967 künstlerischer Leiter der Werbeabteilung einer Zigarettenfirma in Hamburg, daneben als freier Graphiker tätig. Er schuf zahlreiche wegweisende Plakate, ferner Embleme und Signete sowie die früheren 10- und 20-Franken-Banknoten. Er ging auch als Sieger aus einem Wettbewerb für die Gestaltung einer Banknotenserie in der Bundesrepublik Deutschland hervor.

1945

**Eidenbenz, Willi (willi eiden)**
14.5.1909 Zürich, lebt in Binningen BL
Nach Schulen in Basel 1928/29 Kunstgewerbeschule Zürich (u.a. bei Otto Meyer-Amden, Ernst Keller und Otto Baumberger), 1930–1932 Werkkunstschule in Magdeburg (Graphik, Photographie, Typographie, Lithographie), wo sein Bruder Hermann Graphiklehrer war. 1932/33 Praktikum in der Grossdruckerei Otto Elsner KG in Berlin. Ab 1933 mit seinen Brüdern im Atelier Eidenbenz Graphik/Photo, Basel, ab 1972 eigenes Atelier in Binningen. Ausstellungen mit grossformatigen Wandillustrationen (Muba). Ab 1953 vermehrt freie künstlerische Tätigkeit mit zahlreichen Einzel- und Gruppenausstellungen im In- und Ausland (Strukturcollagen).

1972

**Elsener, Eugen**
30.5.1936 Winterthur, lebt in Winterthur
Nach einer Lehre bei Hans Neuburg und an der Kunstgewerbeschule Zürich (1953–1956) in der Werbeagentur Hans Looser tätig. 1958–1960 in Paris (SNIP, Agence de publicité). 1961 eröffnete er in Winterthur ein eigenes Graphikatelier und arbeitet seither für Werbeagenturen, Privatwirtschaft, Behörde sowie für kulturelle Institutionen.

1968

**Elzi, Udo**
24.1.1932 Locarno, lebt in Bellinzona TI
Ausbildung an der Kunstgewerbeschule Luzern. Anschliessend arbeitete er als Graphiker in Zürich und Mailand. 1960 gründete er in Bellinzona ein eigenes Studio, aus dem inzwischen eine Agentur für Marketing entstanden ist; bekannte Unternehmen der Schweiz und aus dem Ausland zählen zu den Auftraggebern. Seine Plakat- und Buchgestaltungen sind wiederholt prämiert worden.

1914

**Elzingre, Edouard**
2.7.1880 Neuchâtel – 4.7.1966 Genf
Zunächst war er Schüler an der Ecole d'Art in La Chaux-de-Fonds sowie von Charles L'Eplattenier. Anschliessend Studien an der Académie Julian und an der Ecole des Beaux-Arts in Paris. Zugleich arbeitete er für verschiedene Verlagshäuser als Illustrator. Ab 1906 wieder in Genf tätig, u.a. als Buchillustrator. Für Zeitungen wie die «Tribune de Genève» machte er Federzeichnungen zu aktuellen und historischen Ereignissen, ferner entwarf er zuweilen Plakate. Hauptthema seines künstlerischen Schaffens war das Pferd in all seinen Variationen: als Zirkuspferd, Rennpferd und als Nutztier. Daneben entstanden vereinzelt Bildnisse und Landschaften.

1970

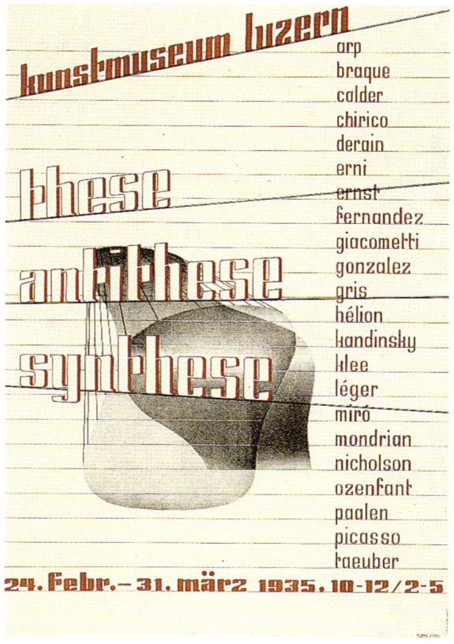


1935

1922

1990

**Emch, Peter**
26.11.1945 Biel, lebt in Zürich
1960–1965 Besuch der Graphik-Fachklasse an der Kunstgewerbeschule Biel. 1967/68 als Werbegraphiker in Paris tätig, 1969–1974 in Zürich. Zu dieser Zeit entwarf er u.a. eine kleine Anzahl Plakate. 1976 erwarb er das Aargauische Zeichenlehrerpatent. Seit 1980 als Zeichenlehrer an der Schule für Gestaltung Zürich. Ab 1977 als bildender Künstler tätig. Wiederholt erhielt er Kunst-Stipendien der Stadt Zürich (1979, 1980, Atelier in New York 1982), des Kantons Zürich und der Eidgenossenschaft. Er trat in Einzel- und Gruppenausstellungen an die Öffentlichkeit (u.a. Kunsthaus Zürich, Kunstmuseum Solothurn, Galerie Krenzinger Wien).

**Erni, Hans**
21.2.1909 Luzern, lebt in Luzern
Nach einer Lehre als Vermessungstechniker und als Bauzeichner in einem Architekturbüro besuchte er 1927/28 die Kunstgewerbeschule Luzern, anschliessend Studienaufenthalte an der Académie Julian in Paris und der Staatlichen Akademie in Berlin. Zahlreiche Reisen durch Europa und Afrika, sein Wohnsitz war abwechselnd Paris und Luzern. 1934 erste Ausstellung. 1937 Mitbegründer der Gruppe «Allianz». Für die Schweiz. Landesausstellung 1939 schuf er ein hundert Meter langes Wandbild. Seither zahlreiche Aufträge für Wandgemälde sowie für über 150 Plakate, wobei er seine Kunst nie in den Dienst der Wirtschaftswerbung stellte, sondern v.a. des Tourismus, kultureller Institutionen, humanitärer Ideen sowie des Pferdesports und des Zirkus. Der unverkennbare figurative Zeichenduktus seiner Plakatkunst fügt sich nahtlos in das übrige umfangreiche künstlerische Schaffen ein.

**Ernst, Otto**
25.11.1884 Veltheim AG –
7.5.1967 Aarau
Nach einer Graphikerlehre weilte er 1906 zu einem halbjährigen Studienaufenthalt in Florenz, 1906/07 an diversen Akademien in Paris. Erneut in Paris 1910, wo er, als Schüler von E. Grasset an der Académie de la Grande Chaumière, Th. Steinlen kennenlernte und die Bewegung der Fauves wie auch die Anfänge des Kubismus miterlebte. Anschliessend in Oberentfelden, ab 1918 in Aarau. Neben seiner Tätigkeit als Maler und Graphiker war er zunächst in fester Anstellung in der graphischen Firma Trüb, seit 1945 freischaffend. Mehrere Reisen führten ihn durch Europa und Marokko. Er schuf Landschaften in Öl und Aquarell, daneben Stilleben und Blumenstücke, zuweilen auch Zeichnungen, Lithographien und Holzschnitte. Als Gebrauchsgraphiker entwarf er v.a. zahlreiche Plakate, meist figürlicher Art.

**Excoffier, Emmanuel** («**Exem**»)
18.12.1951 Genf, lebt in Genf
Nach Maturitätsabschluss begann er in Genf ein Studium der Wirtschaftswissenschaften. 1973–1975 arbeitete er als Theatertechniker für das Théâtre de Poche, 1976–1986 für das Théâtre de la Comédie in Genf. Heute arbeitet er hauptsächlich als Illustrator und Graphiker. Als Zeichner ist er Autodidakt. Einzelausstellungen in Lausanne und Genf. Illustrationen für die Zeitschrift «L'Hebdo»; Plakate entwirft er seit 1988. Aufträge u.a. vom Flüchtlings-Hochkommissariat sowie von Gewerkschaften und der PdA.

# F

1948

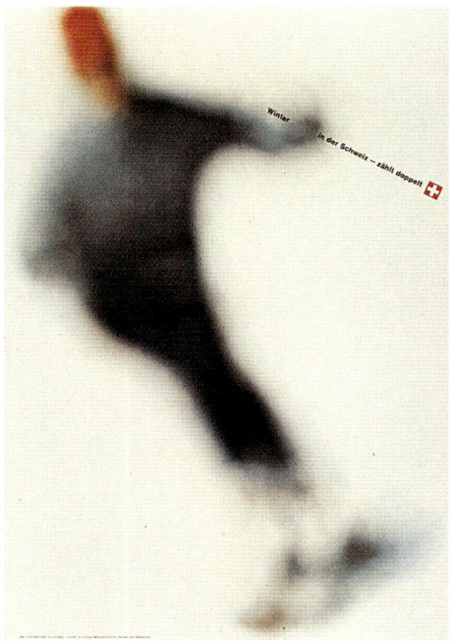

1962

1954

1933

**Falk, Hans**
16.8.1918 Zürich,
lebt in Stromboli (I) und New York
Aufgewachsen in Zürich und Luzern. 1935 Schüler von Joseph und Max von Moos an der Kunstgewerbeschule Luzern, Ausbildung zum Graphiker bei Albert Rüegg, Zürich. 1938 gewinnt er (von 900 jurierten Beiträgen) den 2. Preis am Plakatwettbewerb für die Schweiz. Landesausstellung 1939. 1939–1941 Mitarbeiter von Walter Herdeg, Graphis Editor. Freundschaft und Ateliergemeinschaft mit dem Photographen Werner Bischof. 1942/43 Besuch der Kunstgewerbeschule Zürich, hier auch Lehrtätigkeit in den Jahren 1950–1955. 1942–1950 Auseinandersetzung mit graphischen Techniken; er schuf zahlreiche, z.T. direkt auf den Stein gezeichnete Plakate, deren malerische Wirkung zuweilen die Grenzen der Plakatkunst erreichte. Seine Kunst setzte er v.a. in den Dienst sozialer Hilfswerke und der Politik sowie der Theater-, Tourismus- und Zirkusreklame. 1957 gab er die gebrauchsgraphische Auftragsarbeit auf, um sich vollumfänglich der Malerei zu widmen. Er lebt seit 1958 im Ausland (u.a. Cornwall GB, Stromboli und London), 1973–1987 in New York und seit 1988 wieder in Stromboli. Mehrere Filme und Publikationen namhafter Autoren sind seinem Schaffen gewidmet.

**Fässler, Franz**
28.8.1920 Zürich, lebt in Zürich
1936/37 Besuch der Kunstgewerbeschule Zürich, anschliessend Lehre als Graphiker-Lithograph. 1942–1944 als freier Mitarbeiter in diversen Druckereien. 1944–1970 führte er ein eigenes Atelier (Ausstellungsgestaltungen, Werbegraphik sowie sporadisch Plakatgestaltungen). Zu seinen wichtigsten Auftraggebern gehörten u.a. die Schweiz. Verkehrszentrale und die Schweiz. Zentrale für Handelsförderung. 1957–1985 gab er an der Kunstgewerbeschule Zürich Fachunterricht für Dekorationsgestalter. Seither freie Beschäftigung mit Graphik und Malerei. Zahlreiche seiner Plakate wurden im In- und Ausland preisgekrönt, so erhielt er 1964 das «Certificate of Merit» vom Asta Kongress in Miami Beach für den wirksamen Einsatz der Photographie in der Inserat- und Plakatgraphik.

**Fauquex, Eugène (Eugen Ludwig)**
26.3.1905 Zürich –
10.8.1987 Glattbrugg ZH
Lehre als Werkzeugmacher, anschliessend Beginn eines Maschineningenieurstudiums an der ETH Zürich. Wanderjahre in Afrika. Mit 28 Jahren kehrte er zurück und machte sein Hobby, die Malerei, zum Beruf. Zunächst arbeitete er auf der Wertschriftenabteilung bei der Firma Orell Füssli, seit 1949 beim Zirkus Knie in Rapperswil. Neben der Herstellung von Requisiten und Kulissen entwarf er unzählige Plakate für die zirkuseigene Werbung, ferner kommerzielle Plakate sowie überdimensionale Modellprodukte. Er schuf auch Wandmalereien, bemalte Keramiken und Stilöfen und befasste sich mit Inneneinrichtung.

**Fehr, Henri**
2.4.1890 Genf – 24.12.1974 Genf
Nach privatem Mal- und Zeichenunterricht und zweijährigem Ingenieurstudium entschloss er sich 1907, Maler zu werden. 1910–1914 Besuch der Ecole des Beaux-Arts und der Ecole des Arts Industriels in Genf, anschliessend der Akademien Ranson (unter Maurice Denis) und Julian in Paris. Ab 1914 wieder in Genf. Er malte vorwiegend Landschaften, Stilleben und Figurenbilder sowie «Fêtes galantes» im Geist des 18. Jahrhunderts. Ferner befasste er sich mit Freskenmalerei (1940 Chor der Kirche von Thônex) und führte Aufträge als Dekorationsmaler aus. Als Graphiker entwarf er in den dreissiger Jahren Plakate für den Automobilsalon und für kulturelle Veranstaltungen.

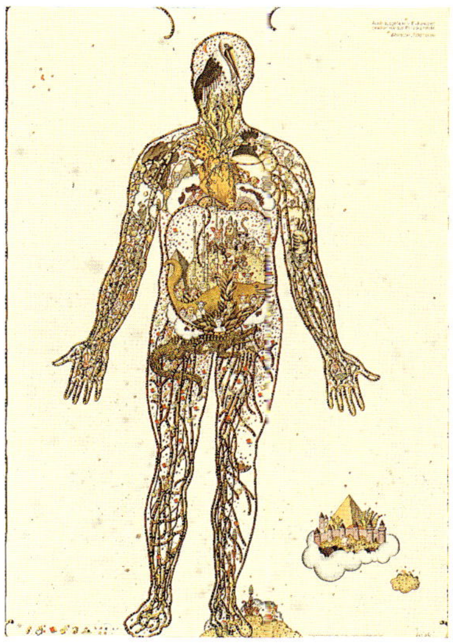

1971

**Fehr, René**
30.9.1945 Zürich, lebt in Zürich
Nach Absolvierung des Vorkurses 1961/62 an der Kunstgewerbeschule Zürich Graphikerlehre bei Georg Vetter, Industriereklame (1962–1966). Während sechs Monaten Tätigkeit in der Werbeagentur Advico, Gockhausen. Seit Mitte 1967 als selbständiger Graphiker für Werbeagenturen, als Illustrator, v.a. aber als Cartoonist tätig für in- und ausländische Zeitungen und Zeitschriften, u.a. Nebelspalter, Schweizer Illustrierte, Capital. Seine Cartoons, die auch in Buchform publiziert sind, wurden vielfach preisgekrönt und an zahlreichen Ausstellungen in der Schweiz und im Ausland gezeigt. Diverse Auszeichnungen vom Art Directors Club Schweiz und Deutschland.

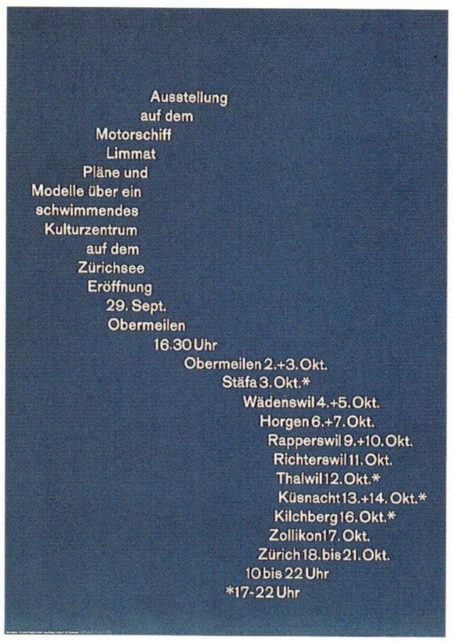


1967

**Feldmann, Markus**
14.2.1926 Bad Ragaz, lebt in Zürich
1942–1946 Lehre als Lithograph bei J. E. Wolfensberger Zürich (Wolfsbergdruck). Seit 1950 freischaffend tätig als Zeichner, Maler und Plastiker.

1959

**Filippini, Felice**
20.6.1917 Arbedo TI –
9.9.1988 Muzzano TI
1933 Beginn eines Zeichenstudiums am Technikum Fribourg, anschliessend bis 1937 studierte er Malerei bei Augusto Sartori, Ugo Zaccheo und Carlo Cotti. 1938 liess er sich in Lugano nieder. Gründete 1942 die Gruppe «Terra Rossa». Ab 1945 leitete er den Sprechdienst von Radio Monteceneri. Zahlreiche Reisen durch ganz Europa. Neben seiner ausgedehnten Tätigkeit als Schriftsteller und Übersetzer war er Maler und Buchillustrator, ferner pflegte er die Radierung, den Holzschnitt und die Lithographie, gelegentlich auch das Mosaik. Seine Bildsprache, lange stark vom Quattrocento beeinflusst, ist dem Gegenständlichen verpflichtet, die Themen entstammen der Sagen-, Bibel- und Märchenwelt. Später lockerte sich seine Malweise zunehmend auf, der Pinselstrich verselbständigte sich. Besondere Vorliebe für die Freskotechnik (Aufträge u.a. für das Zolldepartementsgebäude Bern 1955, Schule von Biasca 1956, Regierungspalast Bellinzona 1957). Zahlreiche Preise und Auszeichnungen.

1931

**Fischer, Hans (Fis)**
6.1.1909 Bern –
19.4.1958 Interlaken BE
Nach Maturitätsabschluss in Bern begann er 1927 eine Dekorationsmalerlehre in Genf und besuchte dort die Ecole des Beaux-Arts et Arts Industriels 1928–1930 Kunstgewerbeschule Zürich. 1931/32 arbeitete er in einem Reklameatelier in Paris, gleichzeitig Kurse an der Académie Fernand Léger. 1932–1936 als Graphiker in Bern tätig, ab 1933 zudem Mitarbeiter am «Nebelspalter». 1937 Übersiedlung nach Zürich. 1936–1945 lieferte er regelmässig Beiträge für die Reisezeitschrift «Die Schweiz», 1940–1942 Zeichenserien für die «Weltwoche». Zahlreiche Reisen (Skandinavien, Italien, Paris und Spanien). Sein vielfältiges Schaffen (Dekorationen, Bühnenbilder, Wanddekorationen, Buchillustrationen, insbesondere Kinderbücher wie «Pitschi» 1949, u.a.) wurde mehrmals ausgezeichnet, u.a. 1955 Graphikerpreis der Biennale São Paulo. Ferner entwarf er Plakate (u.a. Schweiz. Nationale Kunstausstellung Bern 1951) und Briefmarken (Bundesfeiermarken 1951). Seine breitgefächerte Kunst gründet im Zeichnerischen; in unverkennbarem Linienstil, der im Spätwerk an die Grenze zur Abstraktion mündet, liess er seiner unbändigen, verspielten Erzählfreude freien Lauf.

1952

**Fischer-Corso, Heini**
13.2.1921 Egerkingen SO – 19.7.1990 Zürich
Nach zweijährigem Besuch der Allg. Klasse und einer dreijährigen Graphikerlehre an der Kunstgewerbeschule Zürich arbeitete er in einer Offsetdruckerei. Ab 1946 selbständiger Graphiker im Corsohaus in Zürich, zunächst halbtags noch bei Fritz Butz tätig. In der Freizeit beschäftigte er sich mit konkreter Plastik und Malerei. Teilnahme an öffentlichen Plakatwettbewerben, zahlreiche Auszeichnungen. 1981–1986 Archivar bei J. E. Wolfensberger in Zürich. Als unabhängiger Gestalter konkreter Richtung arbeitete er seit 1986 erneut im Corsohaus.

1951

**Flückiger, Adolf**
2.12.1917 Zürich, lebt in Rosshäusern BE
1932–1936 Graphikerlehre in Zürich und Besuch der Kunstgewerbeschule. 1936–1939 Zusammenarbeit mit dem Photographen Werner Bischof. Nach zweijähriger Anstellung in Ateliers und Druckereien eröffnete er 1943 ein eigenes Graphikatelier in Bern. Mehrere Studienaufenthalte in Italien, Frankreich und Deutschland. Ab 1956 unterrichtete er im Nebenamt Graphik am Technikum Biel, anschliessend bis 1983 an der Kunstgewerbeschule Bern. Tätig in allen Gebieten der Werbegraphik (u.a. Aufträge von SBB, SRG und humanitären Institutionen). Verbindung konstruktiver und abstrakter Elemente mit Gegenständlichem. Beschäftigte sich auch mit Ausstellungsgestaltungen, mit Malerei und Photographie.

1928

**Fontanet, Noël**
24.12.1898 Genf – 21.5.1982 Genf
Nach einem Malereistudium an der Ecole des Beaux-Arts in Genf zeichnete er für zwei bedeutende Genfer Zeitungen sowie für den «Nebelspalter» Karikaturen. Ferner Gestaltung zahlreicher Warenplakate und politischer Manifeste. In Genf war er Atelierchef bei der Allgemeinen Plakatgesellschaft.

1899

**Forestier, Henry-Claude**
25.2.1875 Chêne-Bougeries GE – 21.5.1922 Meyrin GE
Besuch der Ecole des Arts Industriels in Genf. Anschliessend verdiente er seinen Lebensunterhalt als Holzschnitt-Illustrator in Paris. Zurück in Genf wirkte er 1896 mit bei der Ausstattung des Schattentheaters an der Schweiz. Landesausstellung und arbeitete als Illustrator für Zeitschriften und andere Publikationen sowie als Plakatkünstler für die «Société des Affiches Artistiques». Es erschienen von ihm zudem vereinzelte Holzschnittfolgen. 1914 entwarf er die Figurinen von Schweizer Soldaten und Volkstrachten für das Festspiel der Genfer Hundertjahrfeier. Später malte er vorwiegend dekorative Blumenstilleben und Landschaften sowie Figurenkompositionen.

# G

1985

1936

1978

1969

**Fröhlicher, Katharina**
24.2.1947 Oberdorf SO,
lebt teilweise in Bern
1964–1968 Ausbildung an der Kunstgewerbeschule Biel, Fachklasse Graphik. Seither freischaffende Graphikerin und Malerin. Zu ihren Hauptauftraggebern gehörten ein Berner Lokalradio sowie die Berner Zeitung; ihre Plakate wurden mehrmals preisgekrönt.

**Früh, Eugen Traugott**
22.1.1914 St. Gallen – 18.7.1975 Zürich
1928–1932 Besuch der Kunstgewerbeschule Zürich, anschliessend selbständige Ausbildung zum Maler und Zeichner im eigenen Atelier in Zürich, unterbrochen durch mehrere Aufenthalte in Paris. Reisen u.a. nach Südfrankreich, England und ab 1945 wiederholt nach Italien. Nach zeichnerischen Anfängen wurde er bald durch zahlreiche einfühlsame Illustrationen zu literarischen Werken (Ramuz, Frisch, Humm u.a.) bekannt, pflegte auch den Holzschnitt und die Lithographie. Er wandte sich sodann der Farbe zu, schuf Wandbilder (u.a. im Erfrischungsraum des Technikums Winterthur und an der Aussenfassade des Postgebäudes Zürich-Wiedikon) und arbeitete in Öl und Gouache, wobei immer die menschliche Figur im Mittelpunkt stand. Zahlreiche Ausstellungen in der ganzen Schweiz.

**Galli, Orio**
15.10.1941 Mailand, lebt in Caslano TI
Nach einer Lehre als Schaufensterdekorateur (1956–1960) war er in Zürich als Graphiker tätig. Abendkurse an der Kunstgewerbeschule Zürich 1960–1963. Anschliessend unterrichtete er bis 1966 am CSIA in Lugano, zugleich Besuch der Accademia di Brera (Abt. Szenographie) in Mailand. 1964–1968 befasste er sich mit Verkauf und Marketing für eine multinationale Gesellschaft. Seit 1968 freischaffende Tätigkeit als Graphiker in Caslano. Zahlreiche Aufträge vom Kanton Tessin für Tourismuswerbung – Plakate, Ausstellungsgestaltungen und Prospekte. Viele seiner Arbeiten wurden preisgekrönt. Er übt zudem mehrere Funktionen als Experte aus: seit 1972 als Prüfungsexperte für graphische Berufe; 1981–1988 Jury-Mitglied «Die besten Plakate der Schweiz»; seit 1989 Jury-Mitglied «Die schönsten Bücher»; Jury-Kommissionsmitglied für die neue Banknotenserie der Schweiz.

**Gauch, René**
8.12.1936 Catania (I),
lebt in Rümlang ZH
Nach einer Berufslehre als Dekorationsgestalter Weiterbildung zum visuellen Gestalter an der Schule für Gestaltung Zürich. Neben der Führung eines eigenen graphischen Ateliers übernahm er 1960 einen Lehrauftrag sowie ab 1973 die Leitung der Gestalterischen Berufsmittelschule an der Kunstgewerbeschule Zürich; seit 1981 Vorsteher der Abteilung Druck-, Gestalter- und Malerberufe. Entwicklung von diversen Weiterbildungskursen, u.a. für das Personal der Stadt Zürich. Seit 1961 Prüfungsexperte für die Lehrlinge in den gestalterischen Berufen. Präsidialämter und Mitglied verschiedener gestalterischer Berufsverbände. 1976 ausgezeichnet an der Biennale für Plakatkunst in Warschau. Plakate für die Präsidialabteilung, das Kunstgewerbemuseum Zürich und das Museum Bellerive; Plakat zur Pockenbekämpfung für die UNO-Weltgesundheitsorganisation.

1935

1963

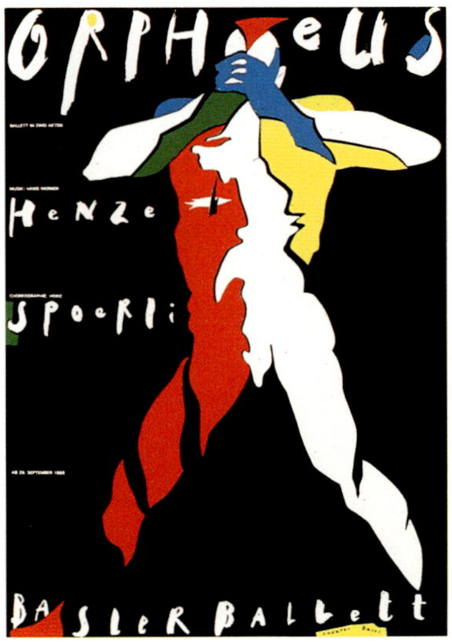


1988

1966

**Gauchat, Pierre**
5.1.1902 Zürich – 26.2.1956 Kairo
Ausbildung an der Kunstgewerbeschule Zürich (Graphik-Fachklasse), anschliessend bei F. H. Ehmcke in München. Nach einem Praktikum in einer Buchdruckerei amtete er 1925–1944 als Lehrer an der Kunstgewerbeschule Zürich, danach bis zu seinem Tod am Kantonalen Gymnasium. Mitbegründer der AGI und des VSG. Sein reichhaltiges Schaffen umfasst v.a. Werbegraphik sowie Entwürfe amtlicher Drucksachen (Briefmarken, Banknoten, Stadtsiegel von Zürich), ferner Theaterdekorationen, Marionettenfiguren, Teppichentwürfe und Ausstellungsgestaltungen. Er starb während eines Aufenthalts in Ägypten.

**Geiser, Roger-Virgile**
14.11.1923 Paris, lebt in Lausanne
1940–1944 Kunstgewerbeschule Biel. Ergänzender Ausbildungskurs an der Kunstgewerbeschule Basel, 1947 an der Académie Drouot Paris. 1948–1953 Mitarbeiter in graphischen Ateliers, seit 1953 selbständig. Gehört zu den wichtigsten typographischen Graphikern der Westschweiz. 1958–1989 Unterricht in Wort/Schrift, Signet, Piktogramm und Logotypie an der Graphikabteilung der Ecole Cantonale d'Art Lausanne. 1976–1989 ferner tätig an der Ecole Romande des Arts Graphiques in Lausanne, Atelierunterricht an Lehrlinge in Graphik und visueller Kommunikation.

**Geissbühler, K. Domenic**
15.11.1932 Zürich, lebt in Zürich
Besuch der Schulen in Winterthur und Zürich. Ausbildung zum Graphiker an der Kunstgewerbeschule Zürich unter Ernst Keller und Johannes Itten. Leistungspreis der Stadt Zürich, Kunsthochschule Berlin. Art Director in einer internationalen Werbeagentur. Seit 1963 selbständig. Er wurde bekannt durch seine Arbeiten für das Zürcher Opernhaus und für die Fluggesellschaft British Airways. 1981 Junifestwochen Opernhaus Zürich: Ausstattung Ballett «Der Narziss» von Heinz Spörli; 1983 Ausstattung «Verklärte Nacht» Basel/New York von Heinz Spörli. Zahlreiche internationale Plakatpreise (u.a. 1987 Toulouse-Lautrec Medaille, 1988 Plakatpreis Art Directors Club New York) und Einzelausstellungen (Zürich, Toronto, New York). Mitglied AGI, Art Directors Club der Schweiz und American Institute of Graphic Arts.

**Geisser, Robert**
24.3.1920 Herisau AR, lebt in St. Gallen
1936–1940 Berufslehre als Fahnenzeichner in einer Stickereifabrik. In einer zweiten Berufslehre Ausbildung zum Werbegraphiker an der Kunstgewerbeschule St. Gallen (1940–1944). Bis 1960 in diversen Werbeagenturen als Graphiker tätig. Aus Unbehagen Abkehr von der Konsumwerbung und Gründung eines eigenen Ateliers für institutionelle Werbung, d.h. «Werbung für eine Idee» – kulturelle, kirchliche und politische Plakate. Ferner Signete für Institutionen (u.a. Olma-Signet) und Illustrationen für Verlage und Tageszeitungen (u.a. Politik-Glossen im St. Galler-Anzeiger). Zahlreiche Wettbewerbspreise und Auszeichnungen im In- und Ausland.

1960

**Gerstner, Karl**
2.7.1930 Basel,
lebt in Paris und Hippolskirch (F)
Seine Ausbildung bekam er im Atelier Fritz Bühler und an der Basler Schule für Gestaltung (Armin Hofmann, Emil Ruder). Später hospitierte er bei Hans Finsler an der Photo-Fachklasse Zürich. Seit 1949 arbeitete er im Atelier der J. R. Geigy AG, wo er zusammen mit Max Schmid zum Begründer des «Geigy-Stils» wurde. 1959 gründete er zusammen mit Markus Kutter ein «Büro für Werbung, Graphik, Publizität», aus welchem – ab 1961 mit Paul Gredinger – die internationale GGK hervorging. 1970 zog er sich aus der aktiven Geschäftsleitung zurück und beschäftigt sich hauptsächlich mit der Entwicklung seiner Bilder sowie dem Verfassen verschiedener Bücher (u.a. «Kompendium für Alphabeten», «Der Geist der Farbe», «Die Formen der Farben», «Karl Gerstners Avant Garde Küche»).

1975

**Gfeller, Rolf**
4.11.1924 Bern, lebt in Brissago TI
Aufgewachsen in Zürich. Nach einer Werbegraphikerlehre und einem Aufenthalt in Lausanne (1944/45) führte er ab 1946 ein eigenes Atelier, unterbrochen durch eine einjährige Tätigkeit als Graphiker (1951/52) bei Unilever, Lintas. Zu seinen wichtigsten Auftraggebern gehörten SBB, PTT, Landeslotterie sowie diverse Markenartikel-Hersteller. Seit 1970 beschäftigt er sich ausschliesslich mit Malerei, Lithographie und Radierung. Ausstellungen seit 1964 (u.a. in Zürich, Basel und Bern). Immer wieder zieht es ihn in die Toscana und die Provence, seit 1970 wohnt er im Tessin.

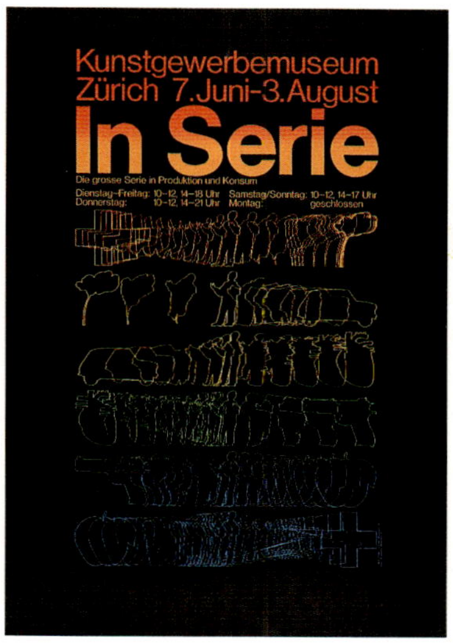


1969

**Gfeller-Corthésy, Roland**
22.10.1940 Lyon (F),
lebt in Mühlethurnen BE
Schulen und Ausbildung in Bern. Verschiedene Einzel- und Gruppenausstellungen. Zahlreiche Aufträge zu Arbeiten im öffentlichen Raum, u.a. Mensa der Universität Stuttgart-Vaihingen 1974–1976; Schweizerische Nationalbank Bern 1978–1981; Bezirksspital Schwarzenburg 1985–1987; SBB 2 Salonwagen 1986/87; Bahnhofgebiet Luzern 1986–1991.

1923

**Giacometti, Augusto**
16.8.1877 Stampa GR –
9.6.1947 Zürich
Nach Schulen in Stampa und Zürich besuchte er die Kantonsschule Chur. 1894–1897 Kunstgewerbeschule Zürich, anschliessend weilte er zu einem Studienaufenthalt in Paris (Ecole Nationale des Arts Décoratifs und Ecole Normale d'Enseignements de Dessin unter Eugène Grasset). 1901 musste er wegen einer Lungenerkrankung einige Monate im Sanatorium Wald verbringen. 1902 weilte er erstmals in Florenz, erneut 1907–1915, als Lehrer für Aktzeichnen an einer Privatakademie. 1915 Rückkehr in die Schweiz und Niederlassung in Zürich. Zahlreiche Reisen führten ihn durch Europa und Nordafrika, alljährlich nach Italien und jeden Winter nach Paris. 1942 erkrankte er schwer, erholte sich jedoch noch einmal für kurze Zeit. Nach zeichnerischen Anfängen nach Art des Jugendstils steht in Giacomettis Malerei später die Farbe im Mittelpunkt.

1969

1970

1950

1908

**Giegel, Philipp**
10.10.1927 Zürich, lebt in Zürich
Nach einer Photographenlehre Besuch der Fachklasse für Photographie an der Kunstgewerbeschule Zürich, längere Studienaufenthalte im Ausland. Seit 1949 ist er als Photograph bei der Schweiz. Verkehrszentrale für die Tourismuswerbung verantwortlich, zahlreiche seiner Plakate wurden preisgekrönt. 1952–1968 unternahm er gemeinsam mit dem Theologen Paul Bruin ausgedehnte Reisen nach den biblischen Ländern; aus dieser Gemeinschaftsarbeit entstanden vier überkonfessionelle Bildbände («Hier hat Gott gelebt», «Welteroberer Paulus», «Petrus der Fels» und «Biblische Länder – Heilige Stätten»). Zahlreiche Wettbewerbsbeteiligungen und Teilnahme an internationalen Photoausstellungen.

**Gilardi, Emilio**
25.9.1938 Lugano, lebt in Lugano
Ausbildung am CSIA in Lugano durch Verleihung des Premio Maraini 1957. Weiterbildung und Praktika. 1976–1984 kantonaler Prüfungsexperte für Graphiker. Seit 25 Jahren führt er ein eigenes Graphikatelier in Lugano. Aufträge zahlreicher Firmen (Banca del Sempione, SBG Lugano, Bic Suisse, La Jolla University–European Campus, u.a.m.).

**Gilsi, René**
31.5.1905 St. Gallen, lebt in St. Gallen
Sohn des Malers und Graphikers Fritz Gilsi, besuchte zunächst die Kunstgewerbeschule, weilte ab 1926 in Paris und 1928/29 in Wien (Akademie der Bildenden Künste). 1930 Studienaufenthalt in Holland und Belgien. Sein Haupttätigkeitsfeld war indes nicht die Malerei, sondern v.a. die politische Karikatur. Er zeichnete für den «Nebelspalter», den «Schweizer Spiegel», den «Öffentlichen Dienst» sowie für ausländische Zeitungen. Politisches Einfühlungsvermögen bewies er auch dann, wenn er sich den verschiedenen Gebieten der Gebrauchs- und Werbegraphik widmete.

**Gimmi, Wilhelm**
7.8.1886 Zürich –
29.8.1965 Chexbres VD
Lehrerseminar Küsnacht, anschliessend Besuch der Kunstgewerbeschule Zürich. 1908 ging er nach Paris und studierte während drei Jahren an der Académie Julian. 1910 gehörte er zu den Mitbegründern des «Modernen Bund» (mit Klee, Arp, Helbig, Huber und Lüthy). 1911 sechsmonatiger Aufenthalt in Italien, blieb aber weiterhin in Paris wohnhaft. Seit 1920 Mitglied des Salon d'Automne. Ein Vertrag band ihn an die Galerie Druet. 1940 Rückkehr in die Schweiz, liess sich in Chexbres nieder. Seine malerischen Anfänge sind bestimmt von der Auseinandersetzung mit Cézanne und dem Kubismus; später erhalten seine figürlichen Kompositionen eine weichere Plastizität. Neben der Tafelmalerei führte er auch Wandbild-Aufträge aus und hinterliess eine beträchtliche Zahl lithographierter Einzelblätter, darunter auch Plakate und Buchillustrationen. Seine Werke sind vertreten in Museen der ganzen Schweiz.

1947

**Glaser, Jules**
27.1.1917 Binningen BL,
lebt in Feuerthalen ZH
Nach Kindheitsjahren in Südamerika kehrte er 13jährig nach Basel zurück. Von 1933–1935 absolvierte er eine Dekorationsmalerlehre an der Kunstgewerbeschule Basel. Nach Studienaufenthalten im Ausland arbeitete er zunächst selbständig. Werbeaufträge für zahlreiche Markenartikel, bis ihn Duttweiler zur Migros holte, für die er während 35 Jahren als Werbegraphiker und Plakatgestalter gearbeitet hat. Für die von ihm entwickelte Eierverpackung erhielt er als erster Schweizer in London die Auszeichnung «Eurostar». In den letzten Jahren widmet er sich vorwiegend der Malerei.

1949

**Glaser, Otto**
12.2.1915 Basel,
lebt in Soragno/Davesco TI
Jugendjahre in Südamerika. Ausbildung an der Kunstgewerbeschule Basel. Danach arbeitete er als selbständiger Graphiker zunächst in Basel, seit den fünfziger Jahren im Tessin. Zahlreiche Aufträge insbesondere für die Mode- und Schuh-Branche (Löw, Salamander) sowie für Touristik. In den letzten Jahren seiner Tätigkeit wiederholt Arbeiten für eine Agentur in Stuttgart.

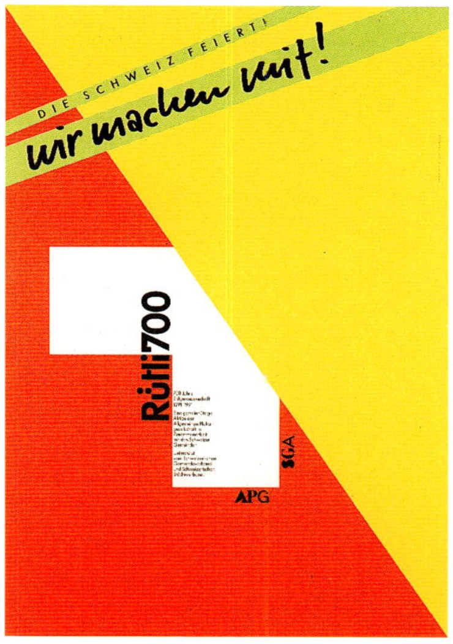


1987

**Gottschalk, Fritz**
30.12.1937 Zürich, lebt in Zürich
Nach einer Lehre als Typograph und Besuch der Kunstgewerbeschulen Zürich und Basel arbeitete er in Paris in einem typographischen Atelier als Maquettist, 1961–1963 als Typographic Designer in London. 1963 Übersiedlung nach Kanada, wo er als Graphic Designer und in leitender Position am Projekt «Expo 67» in Montreal tätig war. In Montreal gründete er 1966 mit Stuart Ash die Gottschalk + Ash Ltd. Ausstellungen in Montreal und Chicago. 1978 Rückkehr in die Schweiz und Atelier-Eröffnung in Zürich. 1982 Gestaltung des Schweizer Passes. Aufträge von verschiedenen Firmen wie: APG, Alusuisse, Balzers, EniChem, Reuters, Wirz & Partner.

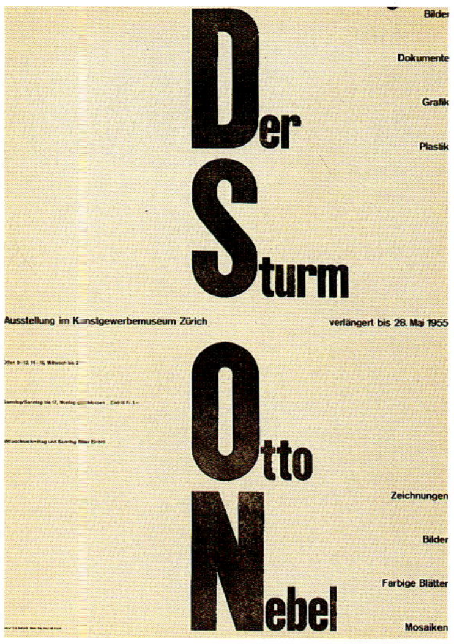


1955

**Graf, Carl Bernhard**
13.12.1926 Zürich – 16.1.1968 Zürich
1942/43 Allg. Klasse Kunstgewerbeschule Zürich, 1943–1947 Lehre als Graphiker und anschliessend Graphik-Fachklasse an der Kunstgewerbeschule Zürich. 1948–1953 als Graphiker tätig beim Reklameberater A. Wirz in Zürich, 1950 Studienaufenthalt in London. Ab 1953 eigenes Graphik-Atelier in Zürich, Aufträge für Prospekte, Packungen, Plakate, Inserate und Ausstellungswerbung. Als wichtiges Gestaltungsmittel verwendete er Typographie und Photomontage.

1893

1914

1982

1970

**Grasset, Eugène**
25.5.1845 Lausanne –
23.10.1917 Sceaux (F)
Der Sohn eines Elfenbeinschnitzers begann zunächst ein Architekturstudium am Polytechnikum Zürich, wurde bald Schüler von Bocion, ging 1871 nach Paris, wo er für den Rest seines Lebens wohnhaft blieb, ohne jedoch den Kontakt zu seiner Geburtsstadt zu verlieren. Arbeit bei einem Dekorateur. Erteilte Unterricht in dekorativer Kunst, wurde 1899 franz. Staatsbürger. 1892 Beteiligung am Salon der Rosenkreuzer. Als Kunstschaffender strebte er eine Demokratisierung der Kunst an, die sich an die Masse wenden sollte. Fasziniert haben ihn – nach dem Motto «Kunst ist in allem» – sämtliche Gebiete künstlerischen Schaffens: Malerei, Architektur, Graphik, Buchillustration, Modezeichnung, Möbel- und Schmuckentwürfe sowie auch Wandteppiche, Glasmalerei und Briefmarken. Seit der Jahrhundertwende widmete er sich vorwiegend der Lehrtätigkeit und der Abfassung didaktischer Schriften. Er gehört zu den Hauptvertretern des frühen Art Nouveau, seine Plakate erinnern nicht selten an gewisse Werke von Toulouse-Lautrec.

**Graz, John**
12.4.1891 Genf –
27.10.1980 São Paulo (Brasilien)
1907–1911 und 1914/15 Ecole des Beaux-Arts in Genf, während der dazwischenliegenden Jahre weilte er in München an der Kunstgewerbeschule (Prof. Moos) sowie in verschiedenen Ateliers in Paris. Als Maler in der Nachfolge Hodlers war er bis 1920 in der Schweiz tätig, es wurden ihm mehrere Stipendien und Preise erteilt, und er führte wiederholt Aufträge für Glasmalereien aus. Anschliessend heiratete er eine brasilianische Kommilitonin und wanderte nach São Paulo aus, wo er bis zu seinem Tod wohnhaft blieb. Er freundete sich mit der dortigen Avantgarde an und beteiligte sich aktiv an der Erneuerung der brasilianischen Kunst. Neben der Malerei interessierte ihn hier besonders die Tätigkeit als Innenarchitekt; in einem Art-Déco-Stil hat er zahlreiche Villen mit Fresken und Skulpturen ausgestattet.

**Greber, Emil**
24.8.1920 Zürich, lebt in Zürich
1936–1939 Malerlehre, zudem Besuch der Kunstgewerbeschule Zürich als Tagesschüler, später Weiterbildung an der Abendschule, u.a. figürliches Zeichnen bei W. Roshardt, Franz Fischer und Max Gubler sowie Farbenlehre bei Emil Mehr. Grosse Auslandreisen in Europa und nach China. Als Maler und Zeichner jahrzehntelange Beschäftigung mit Zirkus, Tanz, Brauchtum sowie politischen Collagen. Ausführung einiger Plakate, wichtigste Auftraggeber waren Gewerkschaften. Zahlreiche Wettbewerbsbeteiligungen und Ausstellungen.

**Greminger, Walter**
25.4.1917 Frauenfeld,
lebt in Zollikon ZH
Nach der Handelsmatura erste kaufmännische Praxis in der damaligen Migros AG. Nach Auslandaufenthalten arbeitete er 1940 als Werbeleiter einer Metallwarenfabrik in Zürich. Ab 1941 selbständig tätig, 1947 als Stagiaire bei J. Walter Thompson in London. 1948–1955 Zusammenschluss mit Hans Bolliger, Reklameberater, Zürich. Ab 1956 führte er eine eigene Werbeagentur, breitgefächerte Auftraggeberschaft (Esso, Rivella, Bell, Playtex, Emil Frey AG u.a.m.). Aktivitäten in den werbewirtschaftlichen Verbänden und im Aufbau der werbefachlichen Ausbildung.

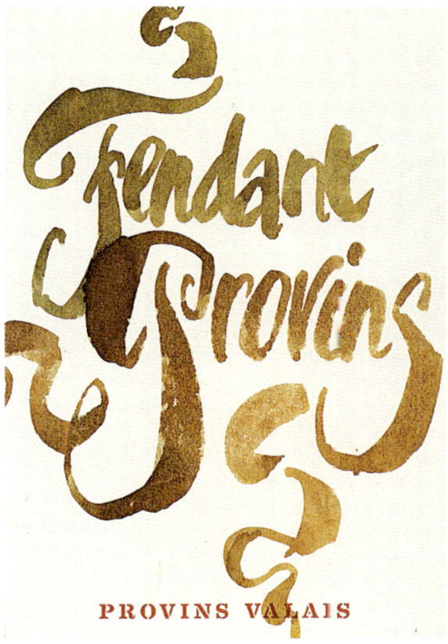


1969

**Grendene, Luigi**
12.4.1945 Zürich, lebt in Egg ZH
Nach fünfjähriger Ausbildung an der Kunstgewerbeschule Zürich (Fachklasse für Graphik) arbeitete er bei Ennio Luccini in Novarra und Mailand, danach während drei Jahren als Gestaltungsleiter bei Advico in Gockhausen ZH. 1969–1971 betrieb er ein eigenes Atelier in Zürich. Seit 1971 ist er zur Hälfte beteiligt an der Werbeagentur Grendene + Lanz AG. Tätigkeit für verschiedene internationale Kunden im In- und Ausland.

1968

**Grieder, Walter**
21.11.1914 Basel, lebt in Basel
Ausbildung zum Graphiker an den Gewerbeschulen St. Gallen und Basel. Reise nach Paris, London und Bombay. Zeichnerisch virtuos bedient er sich häufig einer aussagekräftigen Symbolik. Früher verantwortlich für die künstlerische Propaganda des Verbands schweizerischer Konsumvereine. Seit 1965 freischaffend als Bilderbuch-Autor und Illustrator, seit einigen Jahren auch als Maler. Zahlreiche Ausstellungen sowie Publikation von Schriften und Essays.

1965

**Grimm, Hans Beat**
15.10.1927 Bern, lebt in Bern
Nach Schulen in Bern besuchte er das Staatl. Lehrerseminar Bern-Hofwil. Anschliessend Marketing- und Verkaufspsychologie-Ausbildung. Aufenthalte in Korea, Japan und den USA. Arbeitet als Werbeberater BSW und Verkaufspsychologe. Leiter der Grimm AG, Aufträge von Firmen aus ganz Europa (Marketing, Werbung und Public Relations), ferner international tätig als Dozent für Management und Verkaufspsychologie. Zahlreiche internationale Preise für Werbefilme und Inseratenkampagnen (u.a. Goldmedaille Int. Film & TV Festival New York; Bronzener Löwe 1977 am XXIV Festival Int. du Film Publicitaire, Cannes).

1986

**Grünig, Urs**
26.3.1947 Bern, lebt in Bern
Ausbildung zum Graphiker in Bern und Zürich, seit 1973 ist er freischaffend, zunächst in der Ostschweiz, ab 1976 in Bern. Arbeitsschwerpunkte seit 1985: Plakate im kulturellen Bereich. Experimentelle Anwendung dreidimensionaler Visualisierungstechniken mit Metall-, Holz- und Kunststoffreliefs, Silikonkautschuk, Gips, Laserschnitt usw. Für Plakate Auszeichnungen und Ausstellungen im In- und Ausland.

# H

1955

1952

1930

1957

**Gubler, Max**
26.5.1898 Zürich – 29.7.1973 Zürich
1914–1918 besuchte er das Kantonale Lehrerseminar in Küsnacht, trat jedoch vorzeitig aus, um Maler zu werden. 1918 wurde der Kunsthändler Paul Cassirer sein Mäzen. Ab 1920 mehrere Studienreisen nach Berlin, Florenz und Sizilien. 1923–1927 hielt er sich auf der Insel Lipari in Süditalien auf, anschliessend arbeitete er drei Jahre in Zürich. 1930–1937 Aufenthalt in Paris-Montrouge, ab 1937 wohnte er in Unterengstringen ZH, wo er sich ein eigenes Atelier einrichtete. 1932 fand im Kunstmuseum Winterthur eine erste grössere Ausstellung seiner Werke statt. 1939–1945 Lehrtätigkeit an der Kunstgewerbeschule Zürich. Zahlreiche Wandbilder in öffentlichen Bauten. Zahlreiche Preise und Auszeichnungen. Ab 1961 lebte er in einer Heilanstalt.

**Gusset, Paul**
23.10.1909 St. Gallen – 28.2.1975 Zürich
Nach Abschluss der Handelsmaturität an der Kantonsschule St. Gallen besuchte er 1930/31 die Kunstgewerbeschule Stuttgart. Danach wandte er sich vor allem der Industrie- und Verkehrswerbung zu. Er führte ab Ende der dreissiger Jahre ein eigenes Atelier in Zürich, wobei die Plakatgestaltung vorrangiges Tätigkeitsfeld war.

**Haasbauer-Wallrath, Helene**
8.12.1885 Basel – 14.5.1968 Basel
Noch während der Schulzeit Kurse an der Allg. Gewerbeschule Basel. 1903–1907 jeweils im Winter Besuch der Malerinnenschule Karlsruhe. 1907 Übersiedlung mit den Eltern nach Wien. Porträtaufträge 1911 und 1912 in Berlin und Hamburg. 1913/14 Erholungsaufenthalt in Süddalmatien. 1916 Heirat, österreichische Staatsbürgerin, 1917 verwitwet. 1918/19 Schriftkurs bei Prof. Larisch in Wien. 1919 Rückkehr nach Basel. Ergänzende Kurse an der Allg. Gewerbeschule. Erteilte Privatkurse im eigenen Atelier, insbesondere an Kinder. 1940 wieder Schweizerin. Hauptgebiet ihrer künstlerischen Tätigkeit waren nebst der figürlichen Tafel- und Wandmalerei die freie und angewandte Graphik, insbesondere Plakatentwürfe; zahlreiche Plakataufträge erhielt sie 1922–1932 vom Gewerbemuseum Basel. Ferner Ausstellungsgestaltungen sowie Ausstellungsbeschriftungen.

**Hablützel, Alfred**
13.11.1931 Vaucresson/Paris, lebt in Wil SG
1938 Übersiedlung nach Zürich. Nach einer Lehre als Tapezierer-Dekorateur (ab 1947) besuchte er die Kunstgewerbeschule Zürich 1951–1955. Tätigkeit als Innenarchitekt, Graphiker und Photograph bei Teo Jakob in Bern, danach selbständig. 1963–1966 Chefredaktor und Gestalter der Zeitschrift «Intérieur». 1966 Gründung der Werbeagentur «Hablützel & Jaquet». Ab 1976 in leitender Stellung als Marketing- und Produktberater in der Möbelindustrie. 1979 eröffnete er ein eigenes Studio für Marketing- und Produktberatung in Wil SG, seit 1981 regelmässige Zusammenarbeit mit MIRA-X, Internationaler Textilverlag. Ausstellungsgestalter und Berater für Design- und Kommunikationsfragen. Seit 1987 Koordinator des «Forum kreativer Fabrikanten der Schweiz», 1989 Beauftragter des Centre Georges Pompidou Paris für die Ausstellung «Mobilier Suisse. Création. Invention».

1970

1989

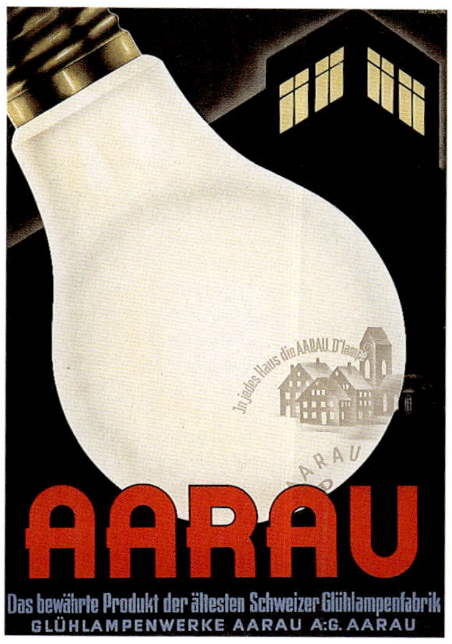


1939

1905

**Hajnoczky, Peter**
2.5.1943 Zürich,
lebt in Zürich und Winterthur
Ausbildung an der Kunstgewerbeschule Zürich (Vorkurs und 1960–1964 Fachklasse Graphik). Anschliessend praktische Berufstätigkeit in diversen Ateliers in Bern, Kanada und Zürich. 1970 Gründung eines eigenen Ateliers. Gestaltungsarbeiten für ökologische, soziale, politische und kulturelle Anliegen (WWF; Gottlieb Duttweiler Institut; Pro Juventute, Zürich; ferner für diverse Verlage). 1975 Gründung einer interdisziplinären Arbeitsgruppe für lebendige Ausstellungsgestaltung. Konzeption und Realisation von verschiedenen Ausstellungen (u.a. Segantini – ein verlorenes Paradies; Zürich entdeckt Le Corbusier; Swissbau 79: Forum für energiebewusstes Bauen; Grün 80, Sektor «Thema Erde»; Dritte Welt im Jugendbuch). Ab 1973 zahlreiche Lehrtätigkeiten: 1973–1976 Medienkurse am Oberseminar Zürich; Freies Gymnasium Zürich; Gestalterische Berufsmittelschule sowie seit 1980 Gestalterischer Grundlagenunterricht an der Fachklasse für Graphik der Schule für Gestaltung Zürich. Seit 1990 Ateliergemeinschaft mit Urs Husmann in Zürich.

**Hamburger, Jörg**
22.8.1935 Olten, lebt in Zürich
1951–1955 Ausbildung an der Kunstgewerbeschule Basel unter Armin Hofmann und Emil Ruder. Anschliessend arbeitete er 1955–1958 als Graphiker im Atelier der J.R. Geigy AG in Basel, 1958–1961 für J. Müller-Brockmann in Zürich. Seit 1961 betreibt er ein eigenes Atelier in Zürich; ab 1958 zudem Lehrer an der Schule für Gestaltung Zürich. Mehrere Plakatprämierungen.

**Handschin, Johannes**
7.6.1899 Rickenbach BL – 24.1.1948 Basel
Kunstmaler und Graphiker, über den nur wenig bekannt ist. Er liess sich am 16.7.1928 in Basel nieder. 1935–1938 war er in Neu-Allschwil ansässig, ab 5.4.1938 erneut in Basel, wo er zehn Jahre später verstarb. (Auskunft: Staatsarchiv Basel)

**Hardmeyer, Robert**
15.2.1876 Zürich – 10.4.1919 Zürich
Nach Absolvierung der Kunstgewerbeschule Zürich war er 1894–1899 als Hilfslehrer für Blumenzeichnen tätig. Ab 1907 leitete er eine Privatschule für Zeichnen und Malen in Zürich und bevorzugte die Landschaftsmalerei. Zum Broterwerb arbeitete er als Graphiker und Illustrator für verschiedene Zeitschriften und illustrierte die Glarner Schulbücher. Ferner schrieb und illustrierte er Kinderbücher, zeichnete auch Kopfleisten und gelegentlich Titelblätter. Robert Hardmeyer, der 1919 während der Grippeepidemie starb, wird irrtümlicherweise in der Literatur generell mit dem Etikett «Erneuerer der Plakatkunst in der Schweiz nach der Jahrhundertwende» versehen, obwohl von ihm lediglich ein Kleinanschlag für eine Weinhandlung sowie ein flächenwirksames Plakat für die Waschanstalt AG existieren. Dieses letztere basiert auf einer zweifarbig aquarellierten Mono-Karte mit einem konturierten Hahn in weissem langem Hemd mit Stehkragen und steifen Manschetten.

1947

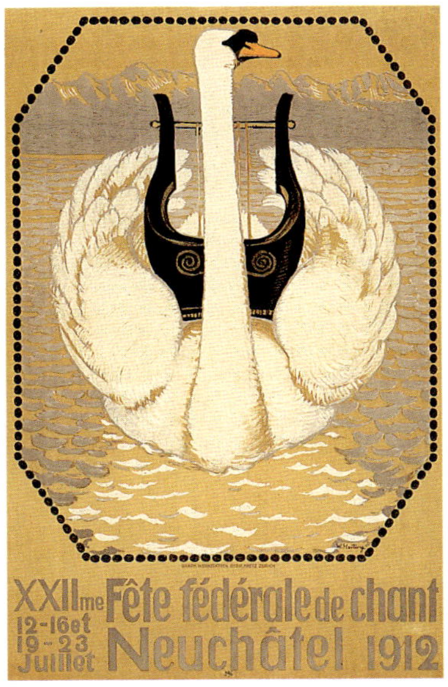


1912

1948

1959

**Hartmann, Hans**
10.12.1913 Villnachern AG, lebt in Köniz BE
Nach zweijähriger Tätigkeit im Reklamebüro von Bally Schönenwerd, besuchte er 1932–1936 die Kunstgewerbeschule Zürich, Fachklasse für Graphik. Anchliessend Ateliergemeinschaft mit Hans Fischer (fis) in Bern, seit 1938 betreibt er ein eigenes Graphik-Atelier. Zahlreiche graphisch wirkungsvolle Signete und Plakate für Firmen und Institutionen, u.a. für die SBB und die SKS (Schweiz. Konferenz für Sicherheit im Strassenverkehr) sowie die Swissair und PTT (für die er vorwiegend Briefmarken, indes keine Plakate entwarf). Mehrfach wurden seine Plakate preisgekrönt, u.a. erhielt er das Certificate of Merit vom Art Directors Club New York.

**Hartung, Wilhelm**
2.8.1879 Raperswilen TG – 4.1.1957 Zürich
Nach einer Lehre als Flachmaler besuchte er 1889–1902 die Kunstgewerbeschule Zürich und, nach einem halbjährigen Parisaufenthalt, die Kunstakademie Karlsruhe. Ab 1905 in Zürich ansässig. In der Folge vorwiegend als Wandmaler tätig, zahlreiche Aufträge für Fassadenbilder. Bis 1920 malte er zudem Landschaften, ferner betätigte er sich in diesen Jahren auch als Graphiker. Seine Frühwerke sind deutlich beeinflusst vom deutschen Jugendstil, später erst sollte er sich allmählich von der dekorativen Flächengebundenheit lösen.

**Hasslauer, Viktor**
7.7.1916 Zürich, lebt in Nairobi (Kenya)
Nach Schulen in Zürich besuchte er dort während fünf Jahren die Kunstgewerbeschule (Ausbildung zum Graphiker). Seit 1950 ist er in Kenya ansässig und führt dort ein Atelier für Graphik und Ausstellungsgestaltung.

**Hauert, Kurt**
19.7.1924 Aarau, lebt in Basel
Nach Maturitätsabschluss Ausbildung zum Zeichenlehrer an der Kunstgewerbeschule Basel 1945–1949. Anschliessend unterrichtete er bis 1953 an Staatsschulen in Basel, seit 1951 auch an der Schule für Gestaltung, wo er 1954–1957 zudem eine Graphikerausbildung absolvierte. Als Graphiker aktiv bis 1968; zu seinen wichtigsten Auftraggebern gehörte das Gewerbemuseum Basel. Seit 1968 Unterricht an der Weiterbildungsklasse für Graphik, bis zu seiner Pensionierung 1988 als Zeichenlehrer tätig.

1943

1953

1923

1938

**Hauri, Edi**
16.12.1911 Basel – 13.4.1988 Basel
Nach zwei Semestern Ausbildung an der Basler Gewerbeschule vierjährige Lehre als Graphiker-Lithograph bei den «Graphischen Werkstätten» Basel, Abendkurse an der Gewerbeschule. 1932 Aufenthalt in Berlin an der Akademie für freie und angewandte Kunst (Prof. Hadank). Nach Hitlers Machtergreifung Rückkehr in die Schweiz, zunächst tätig als Hausgraphiker für die Firma Frobenius, anschliessend auf eigene Rechnung bei Donald Brun, der ihm einen Arbeitsraum zur Verfügung stellte. Zu Beginn der vierziger Jahre eröffnete er ein Atelier in Basel. Vielfältige Tätigkeit (u.a. Touristik- und Warenplakate, Briefmarkenentwürfe).

**Hausammann, Wolfgang**
14.4.1914 Hamburg,
lebt in Pagig GR und Zürich
Nach Maturitätsabschluss Besuch der Kunstgewerbeschule Berlin. Arbeitete bis 1949 als Hausgraphiker im polygraphischen Betrieb Manatschal Ebner in Chur. Ab 1950 selbständiger Graphiker. Aufenthalte in Paris, Mailand und Rom. Tätig ist er vor allem für schweizerische und ausländische Kur- und Verkehrsvereine und touristische Unternehmungen (Orell Füssli Touristik, Zürich), wobei er sich auf Vogelschau-Panoramen spezialisiert hat.

**Hauth-Trachsler, Dora**
1.8.1874 Zürich – 30.10.1957 Zürich
Studien ab 1890 an der Kunstgewerbeschule Zürich, 1907–1914 Akt- und Bildnismalen bei Hans Schildknecht in München. Ab 1914 war sie als Bildnismalerin Leiterin einer Malschule in Zürich. Ihre Kunst ist dem malerischen Realismus verpflichtet, sie führte aber auch graphische Arbeiten aus: eine Folge von Federzeichnungen 1914, Plakate (u.a. 1920 für das Frauenstimmrecht), die Bundesfeierkarte von 1923 sowie Illustrationen für zwei Schullesebücher des Kantons Zürich.

**Heiniger, Ernst Albrecht**
4.8.1909 Engwang TG,
lebt in Marina del Rey CA (USA)
Während einer Lehre als Positiv-Retoucheur Abendkurse an der Kunstgewerbeschule Zürich. Ab 1929 arbeitete er selbständig in seinem erlernten Beruf sowie als Graphiker und Photograph. 1932 Studienreise nach Russland, Bekanntschaft mit Sergej Eisenstein. 1934–1939 Ateliergemeinschaft mit Heiri Steiner in Zürich. 1943–1950 entstanden mehrere Werbefilme. 1950 in New York, erste Versuche mit «Light Art»-Bildern, und 1953–1957 in Kalifornien, Zusammenarbeit mit Walt Disney. 1958 Gründung der «Swissfilm» in Hollywood. Für Filmgestaltungen erhielt er zwei Oscar-Auszeichnungen. 1962–1964 drehte er den Circarama-Film «Rund um Rad und Schiene» für die Expo in Lausanne. Zahlreiche Reisen u.a. durch Mexiko, Afrika und Asien. Auch als Verfasser von Photographie-Büchern (u.a. 1936 «Puszta Pferde»; 1939 «Das Photobuch der Landesausstellung»; 1971 «Grand Canyon»; 1974 «The Great Book of Jewels») und als Ausstellungsgestalter hervorgetreten sowie als Verfasser zahlreicher Drehbücher. 1968 erhielt er den Zürcher Filmpreis für sein gesamtes filmisches Werk. 1965–1979 Erfindung und Realisation eines 360°-Rundsystems «Swissorama». Mitte der achtziger Jahre wanderte er in die USA aus.

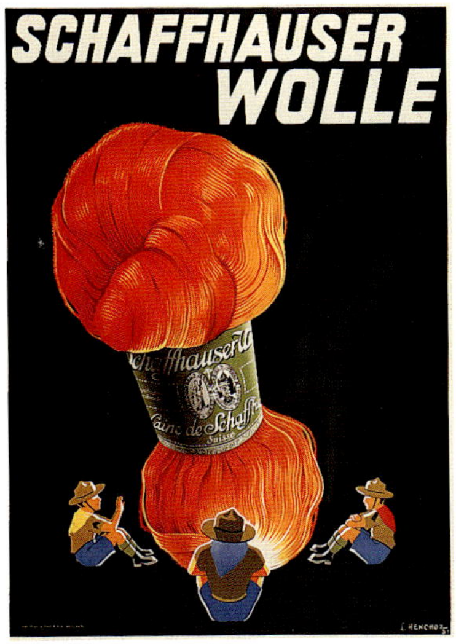


1937

1918

1934

1936

**Henchoz, Samuel**
13.11.1905 Glion s/Montreux – 26.9.1976 La Tour-de-Peilz VD
Nach Diplomabschluss der Ecole d'Arts et Métiers, Vevey (1922) und der Ecole des Beaux-Arts, Lausanne (1925) arbeitete er als Dekorateur in Nancy und als Graphiker in Paris. Bei Kriegsausbruch kehrte er in die Schweiz zurück. Lehrtätigkeit an der Ecole d'Arts et Métiers in Vevey, später Vorsteher der Abteilung Photographie. Er führte ferner freie Aufträge aus: Plakate, Werbeprospekte (für Publikationen, Tourismus, Uhrenindustrie) u.a. Ab 1948 Commissaire professionnel für die Graphikerlehrlinge. Seine Verdienste liegen insbesondere im Bereich der Typographie. 1967 publizierte er zudem sein für den typographischen Unterricht bestimmtes Buch «Modèles de lettres». Zahlreiche Auszeichnungen im In- und Ausland.

**Henziross, Eugen**
24.6.1877 Nieder-Buchsiten SO – 13.6.1961 Bern
Noch während seiner Tätigkeit als Lehrer (in Bättwil und Trimbach) nahm er 1899–1901 Unterricht an der Gewerbeschule Basel. 1904–1908 Zeichenlehrer in Olten, dazwischen Studien am Technikum Winterthur. 1908–1921 lehrte er an der Städtischen Zeichenschule und an der Gewerbeschule Bern. Daneben aquarellierte er Landschaften und Figürliches und befasste sich mit Werbegraphik, Plakatentwürfen und Illustrationen für die Basler «Fliegenden Blätter», die «Schweiz» und den «Jugendborn». Zudem kunstgewerbliche Arbeiten mit heraldischen Stoffen.

**Herdeg, Walter**
3.1.1908 Zürich, lebt in Meilen ZH
Kunstgewerbeschulen in Zürich und Berlin. Weitere Studien in Paris, London und New York. Tätig als Art Director, Designer und Herausgeber der Zeitschrift «Graphis». 1963 Gründer des Graphis-Verlags, aus dem er sich 1986 zurückzog. 1987 wurde er in New York mit dem Graphikpreis «Walter» der Parson's School of Design und dem «Medalist Award» der AIGA ausgezeichnet.

**Hermès, Erich (Eric)**
18.1.1881 Ludwigshafen (D; Bürger von Genf) – 21.6.1971 Genf
Studien an der Ecole des Beaux-Arts in Genf. Reisen nach Italien, Paris und München. Zunächst standen dekorative und monumentale Werke im Mittelpunkt seines Schaffens: Brunnenreliefs, Wandgemälde, Mosaiken und Glasgemälde. In der Staffelei-Malerei beschäftigten ihn vor allem religiöse und soziale Themen, daneben auch Genrebilder und Landschaften. Stilistisch war er vielfach beeinflusst: von Tendenzen der Jahrhundertwende (Hodler, Jugendstil) wie des Naturalismus und des Symbolismus. Dies zeigt sich auch in seinen Plakatentwürfen und in einer Reihe von Radierungen, einer Technik, der er sich ebenfalls zugewandt hat.

1961

1954

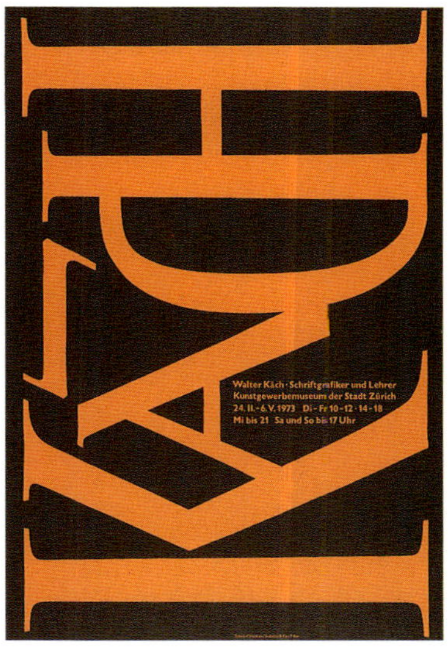


1973

1924

**Hiestand, Ernst**
16.9.1935 Zürich, lebt in Zürich
Fünf Jahre Ausbildung zum Graphiker an der Schule für Gestaltung Zürich, Weiterbildung in Paris. Atelierchef in einer Zürcher Werbeagentur. Ab 1960 E.+U. Hiestand, Zollikon, Visuelle Gestalter, und ab 1981 Ernst Hiestand, Zürich, Studio für Design-Beratung, Visuelle Gestaltung. Seit 1986 Ernst Hiestand+Partner AG, Studio für Design-Beratung, Visuelle Kommunikation. Gastdozent an verschiedenen Fach- und Hochschulen. Mitwirkender an internationalen Meetings, Kongressen, Jurys, Ausstellungen. Leiter der Fachklasse für Graphik der Schule für Gestaltung, Zürich. Mitglied u.a. AGI, SGV, ASG und SWB.

**His, Andreas**
23.5.1928 Basel, lebt in Witterswil SO
Nach Gymnasien in Basel und Schiers GR Besuch der Graphik-Fachklasse an der Kunstgewerbeschule Basel 1945–1950. Anschliessend als Graphiker tätig. Ab 1955 Lehrer für Illustration, Materialstudien, Naturstudien und Gedächtniszeichnen an der Kunstgewerbeschule Basel. Seit 1963 wohnhaft in Witterswil SO. Als freischaffender Maler zahlreiche Einzel- und Gruppenausstellungen im In- und Ausland.

**Hochuli, Jost**
8.6.1933 St. Gallen, lebt in St. Gallen
Schulen für Gestaltung in St. Gallen und Zürich. Er ist vorwiegend als Verleger, Buchgestalter und typographischer Berater tätig. Nationale und internationale Auszeichnungen als Buchgestalter. Einzelausstellungen in München, Krakau und Warschau.

**Hodel, Ernst**
29.7.1881 Münsingen BE – 10.5.1955 Luzern
Sohn des gleichnamigen Malers, studierte zunächst bei Hans Bachmann und Josef Vetter in Luzern, 1903–1905 an der Akademie für bildende Künste in München. Anschliessend Reisen nach Paris und Italien. Ab 1908 in Luzern ansässig, er widmete sich vorwiegend der religiösen Malerei sowie genrehaften Idyllen und an Hodler anklingende Landschaftsansichten, oft mit Tierstaffage. Er führte auch Aufträge für Wandgemälde und panoramaartige Monumentalwerke aus für öffentliche Bauten (Bahnhof Luzern, Basel und Bern, Gletschermuseum Luzern u.a.), ferner einige Glasgemälde und Hinterglasmalereien.

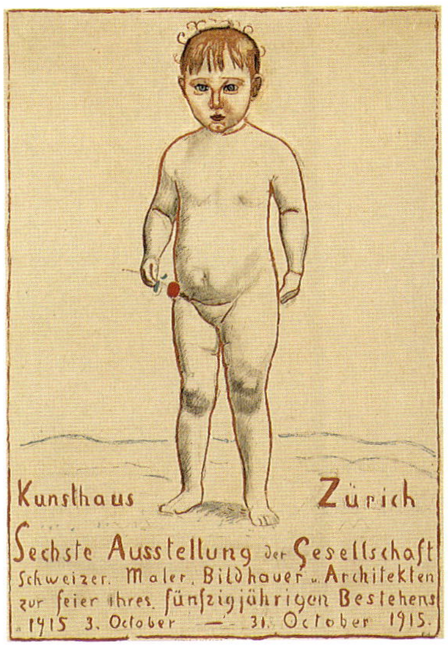


1915

1981

1948

1955

**Hodler, Ferdinand**
14.3.1853 Bern – 19.5.1918 Genf
Der bedeutendste Schweizer Künstler der Jahrhundertwende verbrachte seine Jugend in ärmlichen Verhältnissen, ging 1867 zum Thuner Vedutenmaler Ferdinand Sommer in die Lehre. 1871 zog er nach Genf, wo er 1873–1878 bei Barthélemy Menn an der Ecole des Beaux-Arts Unterricht nahm. Ab 1879 hatte er ein eigenes Atelier. Erste Anerkennung im Pariser Salon du Champ de Mars. Annäherung an den Rosenkreuzer-Orden und den Symbolismus. Begründer des Parallelismus. 1895 erster öffentlicher Auftrag für die Landesausstellung in Genf. Allmähliche Anerkennung und Preise im Ausland (1897 Grosse Medaille an der 7. Internationalen Kunstausstellung im Münchner Glaspalast; 1900 an der Pariser Weltausstellung). Mitglied der Sezessionen in Berlin, Wien und München. Etwa gleichzeitig hatte er mit seinem Marignano-Wandbildentwurf für die Waffenhalle des Landesmuseums einen gesamtschweizerischen «Freskenstreit» ausgelöst, doch galt er fortan als Erneuerer des monumentalen Wandbildes. 1904 feierte er einen triumphalen Erfolg als Ehrengast der XIX. Sezessions-Ausstellung in Wien. Wandbildaufträge für Jena und Hannover. Vermehrt befasste er sich mit der Landschaftsdarstellung. Hauptmotive sind der Genfer- und der Thunersee. Noch lange sollte er starken Einfluss auf die nachfolgenden Künstlergenerationen in der Schweiz ausüben.

**Hofkunst, Alfred**
30.12.1942 Wien, lebt in Missy VD
Aufgewachsen in Zürich und Lehre als Schriftsetzer. 1959–1963 Lehre als Theatermaler am Stadttheater (heute Opernhaus) Zürich. 1963/64 Tätigkeit am Stadttheater Bern. Seit 1965 als freischaffender Künstler tätig, von 1966 an ausschliesslich als Zeichner. Zahlreiche Stipendien und Preise. Seit 1963 Einzelausstellungen im In- und Ausland.

**Hofmann, Armin**
29.6.1920 Winterthur,
lebt in Luzern und Basel
1937–1939 Kunstgewerbeschule Zürich, anschliessend bis 1943 Lithographenlehre in Winterthur. 1943–1948 in verschiedenen Firmen in Basel und Bern als Lithograph tätig. Seit 1948 betreibt er ein eigenes Graphikatelier in Basel, die Lehrtätigkeit steht jedoch im Vordergrund (Leiter der Fachklasse für Graphik an der Gewerbeschule Basel, später Leiter des Weiterbildungskurses für visuelle Kommunikation an der Schule für Gestaltung). Seit 1955 wurde er wiederholt als Gastdozent an amerikanische Universitäten berufen (u.a. 1955/56 Philadelphia School of Art, 1956 Yale University, New Haven). Als Consultant und Gastdozent weilte er zudem am National Institute of Design Ahmedabad, Indien. Zahlreiche Ausstellungen sowie Preise und Auszeichnungen (u.a. 1987 Dr. h.c. Philadelphia University of the Arts; 1988 Ehrenmitglied der Royal Society of Arts, London.)

**Holy, Adrien**
30.1.1898 St-Imier BE –
29.12.1978 Genf
Einer Familie von Graveuren und Medailleuren entstammend, besuchte er die Ecole des Beaux-Arts in La Chaux-de-Fonds (1915/16) und in Genf (1917/18). Nach kurzem Aufenthalt in Florenz und Rom übersiedelte er 1920 nach Paris. Zunächst arbeitete er während sechs Monaten im Graphikatelier Waltner, danach verdiente er sich den Lebensunterhalt in einer Fabrik. 1923 machte er sich als Werbegraphiker und Textilzeichner selbständig. Ab 1925 an Pariser Avantgarde-Bühnen als Bühnenbildner, als solcher trat er später auch am Grand Théâtre in Genf hervor, wo er sich bei Kriegsausbruch niederliess. Zwischen 1941 und 1945 häufige Aufenthalte im Tessin. Ausgedehnte Reisen in ganz Europa, insbesondere auch nach Norwegen, der Heimat seiner Frau, der Malerin Ellisif. Seine heitere, dekorative Kunst eignete sich besonders für Wandgemälde. Bevorzugte Motive seiner Staffeleibilder (Werke in zahlreichen Museen der Schweiz und Europa) sind figürliche Szenen, intime Interieurs und Landschaften. Ferner schuf er Buchillustrationen und gelegentlich werbegraphische Arbeiten, insbesondere Plakate für Ausstellungen und die SBB.

1951

1913

1981

1916

**Honegger, Gottfried**
12.7.1917 in Zürich,
lebt in Zürich und Paris
Besuch der Allg. Klasse der Kunstgewerbeschule Zürich (1932), anschliessend Lehre als Schaufensterdekorateur. 1937 gründete er mit seiner späteren Frau Warya Lavater ein Atelier für angewandte Graphik, Dekoration und Photographie. 1938 Berufung an die Gewerbeschule Zürich, Unterricht der Lehrlingsklasse für Schaufensterdekorateure. 1939 Übersiedlung nach Paris, um als Maler zu arbeiten. Aktivdienst bis 1945, daneben vereinzelt Aufträge, insbesondere für Ausstellungsgestaltungen. 1948 Lehrer an der Kunstgewerbeschule Zürich, ab 1954 Prüfungsexperte für die Graphik-Fachklasse. 1952 längerer Aufenthalt in Skandinavien. Ab 1955 Leiter der graphischen Abteilung der Firma Geigy in Basel, für diese 1958 als Art-Consultant in Ardsley, N.Y. Ab 1960 in Paris und Zürich als freier Künstler der geometrisch-ungegenständlichen Richtung tätig. Erste Tableaux-Reliefs und Skulpturen. Nach anfänglich rational gebauten Kompositionen bezog er später den Zufall mit ein, wobei er nach Festlegung von Bildstruktur und geometrischen Elementen den Gestaltungsfortgang dem Computer oder dem Würfel überträgt. Zahlreiche Aufträge und Ehrungen (u.a. 1984 Verleihung «Chevalier de l'ordre des arts et lettres» durch den französischen Kulturminister; 1987 Zürcher Kunstpreis).

**Hoppler, Albert**
27.9.1890 Eschlikon TG –
19.1.1919 Zürich
Hoppler zeichnete bereits als Patient im Kantonsspital Winterthur vom achten bis zum dreizehnten Lebensjahr. Ein Stipendium ermöglichte ihm während fünf Jahren Studien am Technikum Winterthur. Nach einem längeren Aufenthalt in München war er in Zürich als Lithograph und Gebrauchsgraphiker tätig. Er schuf zahlreiche Plakate, u.a. für die Deutsche Werkbundausstellung Bern 1917 und für die Firma Jecklin. Ferner entwarf er Illustrationen zu Flaubert, Daudet und Gotthelf. Von expressionistischen Anfängen gelangte er zu einer zarten Aufweichung von Raum und Figur, auch in freien graphischen Blättern, die als Mappenwerke publiziert wurden (1918 Aus der Stadt Zürich; 1919 Sieben Lithographien von Albert Hoppler).

**Hort, Hans-Peter**
26.12.1924 Basel, lebt in Basel
Nach dem mathematisch-naturwissenschaftlichen Gymnasium Ausbildung an der Kunstgewerbeschule Basel (u.a. bei Eidenbenz, Tschichold, Kammüller und Bodmer). Nach Diplomabschluss Praktikum bei den Graphikern Fritz Bühler und Donald Brun sowie technische Weiterbildung in der Graphischen Kunstanstalt Schwitter AG, Basel. 1946 Gründung eines graphischen Ateliers, das 1950 durch Angliederung einer Werbeagentur ausgebaut wurde. Aufenthalte in England und Amerika. Neben zahlreichen, vielfach prämierten Plakaten (Warenplakate, Plakate für Kultur- und Messeveranstaltungen, politische Plakate) schuf er Buchillustrationen, Bühnenbilder für das Stadttheater Basel, zudem Texte für Radio DRS und für zwei Musicals. Malte Fasnachtslaternen. Mitbegründer der «Kuttlebutzer» und des Cabaret «Kikeriki».

**Huber, Emil**
28.6.1883 St. Gallen –
21.4.1943 Zürich
Studium als Maschinentechniker. Danach Ausbildung zum Maler an Privatschulen. Er war in Zürich v.a. als Gebrauchsgraphiker tätig (Plakate, Exlibris, Illustrationen), insbesondere griff er militärische Themen auf.

1948

um 1920

1945

1957

**Huber, Max**
5.6.1919 Baar ZG, lebt in Sagno TI
Ab 1935 Besuch der Kunstgewerbeschule Zürich und Lehre in einer Werbeagentur. 1939 holte ihn Emil Schulthess als graphischen Mitarbeiter zu Conzett & Huber. Bei Kriegsausbruch leistete er kurz Militärdienst, ging aber im Februar 1940 nach Mailand (Studio Boggeri). Studien an der Accademia di Brera, Milano. 1942 Rückkehr in die Schweiz, u.a. für die Zeitschrift «Du» tätig. 1944–1947 Mitglied der Gruppe «Allianz», der Vereinigung moderner Schweizer Künstler. Als Graphiker arbeitete er für mehrere sozialistische Organisationen und Verleger. Nach Kriegsende erneut in Mailand, von Einaudi mit diversen Aufträgen betraut. 1946–1948 Lehrauftrag für Graphik an der Scuola Rinascità, Milano. 1949–1952 Mitglied des MAC (Movimento Arte Concreta), Milano. In der Folge zahlreiche wichtige Design-Aufträge, u.a. für RAI, Eni, Rinascente und Montecatini sowie Plakatentwürfe für die Automobil-Rennveranstaltungen in Monza. Weltweit vielfach preisgekrönt. 1959–1963 Lehrer für Graphik an der Scuola Umanitaria und 1971–1977 Lehrauftrag für Visual Design an der Scuola Politecnica di Design, beide in Milano. 1978–1984 Lehrer für Graphik und Typographie an der CSIA Lugano. Zahlreiche Ausstellungen im In- und Ausland als wichtiger Vertreter der konstruktiven und konkreten Kunst.

**Hugentobler-Mauerhofer, Iwan E.**
14.3.1886 Degersheim SG – 19.4.1972 Zürich
Nach Absolvierung der Kantonsschule als Entwerfer in einer St. Galler-Stickerei tätig. 1915 wurde er als Lehrer für Ornamentik, Stillehre, Malen und Komposition an die Gewerbeschule St. Gallen berufen. 1920 Umzug nach Zürich. Um sich vermehrt der Malerei widmen zu können, arbeitete er in Teilzeit im schwiegerväterlichen Betrieb. Anatomische Studien am Zürcher Tierspital und 1924 ein mehrmonatiger Aufenthalt an der Eidgenössischen Pferderegieanstalt in Thun brachten den Durchbruch zur Pferdemalerei, eine anschliessende Ausstellung bestätigte diesen künftigen Weg. Er hielt sich in der Folge oft zu weiteren Studien auf Rennplätzen und in Reiterzentren im In- und Ausland auf. Eine Balkanreise und eine Reise ins Niltal brachten neue Impulse. Es entstand im Laufe der Jahrzehnte eine Fülle von Arbeiten mit Pferdemotiven: Soldatenmarken, Wehrkalender, Pro Juventute-Karten sowie über fünfzig Plakate.

**Hügin, Karl Otto**
18.7.1887 Trimbach SO – 1.5.1963 Bassersdorf ZH
Nach einer Lehre als Eisenbetonzeichner und Unterricht an der Gewerbeschule Basel war er 1904–1906 in Stuttgart berufstätig. Daneben architektonische und kunstgewerbliche Studien. Danach Niederlassung in Zürich. Arbeitete selbständig und wechselte 1918–1920 als Autodidakt zur freien Graphik und Malerei. Reisen durch Europa, v.a. Italien. Während sieben Jahren als Hilfslehrer an der Kunstgewerbeschule Zürich, eine Zeit lang Stellvertretung für Otto Meyer-Amden. Ab 1945 wohnte und arbeitete er in Bassersdorf. Nach Anfängen als Karikaturist für deutsche Witzblätter blieb die Satire und Gesellschaftskritik kennzeichnend für seine weitere graphische Arbeit. Auch in den meist kleinformatigen Staffeleibildern wurden Motive des modernen Alltags verarbeitet. Sein Interesse galt aber Fragen der Wandbehandlung und der Steinbehauung; Haupttätigkeitsfeld seit Ende der zwanziger Jahre bildet somit die Wandmalerei und das Mosaik, zahlreiche Aufträge für Wand- und Fassadendekorationen öffentlicher und privater Bauten.

**Hunziker, Max**
6.3.1901 Zürich – 9.9.1976 Zürich
Nach Ausbildung am Lehrerseminar beschloss er, Maler zu werden und weilte als Zwanzigjähriger für vier Jahre in Florenz, anschliessend in Paris. 1939 kehrte er in die Schweiz zurück. In der Folge führte er zahlreiche Aufträge für Glasgemälde in Kirchen und öffentlichen Bauten aus (Kirche Thalwil, Wollishofen, Kantonsspital Zürich, Chorfenster Kirche von Neftenbach u.a.), ferner Privataufträge. Er arbeitete auch als Graphiker und Buchkünstler.

# I

# J

1990

1976

1920

1951

**Husmann, Urs**
13.3.1949 Schaffhausen,
lebt in Schaffhausen
Nach einer Ausbildung zum Schriftsetzer 1965–1969 verschiedene Anstellungen als Reinzeichner. 1971–1974 Weiterbildung zum Graphiker. Danach arbeitete er bis 1982 als Gestalter beim Tages-Anzeiger-Magazin Zürich. 1983 Aufenthalt in Italien. 1984 erneut als stellvertretender Art Director beim Tages-Anzeiger-Magazin. 1985–1989 Alleingraphiker beim Schauspielhaus Zürich. Daneben Mitarbeit an Ausstellungsgestaltungen und Bühnenbildern (u.a. Bühnenbild, Kostüme und Graphik für das Schaffhauser Sommertheater und das Theater im Fass (TiF)-Ensemble). Seit 1987 Fachlehrer (Graphik) im Nebenamt an der Schule für Gestaltung in Zürich. Zu seinen Auftraggebern gehören vorwiegend kulturelle Veranstalter in Schaffhausen und Zürich. Zahlreiche Einzel- und Gruppenausstellungen in der Schweiz und im Ausland. Mehrere Preise (u.a. 1979/80, 1981/82 Gold und Evergreen des ADC für die Gestaltung des Tages-Anzeiger-Magazins). Seit 1990 Ateliergemeinschaft mit Peter Hajnoczky in Zürich.

**Iseli, Rolf**
22.1.1934 Bern,
lebt in Saint-Romain (Burgund, F)
1950–1954 Lehre als Photo- und Farblithograph und Besuch der Kunstgewerbeschule Bern. 1955 Aufenthalt in Paris. Erste ungegenständliche Bilder und Kontakt zu amerikanischen Tachisten. 1962 Aufenthalt in New York, 1967 in Moskau und 1976 in China. Seit 1956 viele Einzelausstellungen und internationale Erfolge. 1966 wandte er sich von der Ölmalerei ab und verzichtete auf die reine Abstraktion. Begann wieder zu lithographieren, ferner Kupferstich, Collagen und Holzreliefs. 1969 erste Eisenobjekte. Er bezieht seine Motive aus seinem unmittelbaren Erlebnisraum (Stockhorn, Züpfe, Klammern, Pilze, Metamorphosen des eigenen Schattens usw.) und benützt seit 1971 Erde als Bildmaterial. Folge der täglichen Beschäftigung mit ihr beim Ausbau des eigenen Weinbergs im Burgund. 1975 begann er auch mit grossformatigen Kaltnadelradierungen.

**Jacques, François**
13.11.1877 Fleurier NE –
29.3.1937 Prangins VD
1897 erhielt er das Diplom der Ecole des Beaux-Arts von Paris. Anschliessend unterrichtete er bis 1915 an Schulen in Fleurier. Aus gesundheitlichen Gründen übersiedelte er 1917 nach Nyon, wo er an der Ecole Supérieure und am Collège ebenfalls Unterricht erteilte, sich aber nach vier Jahren für die Malerei, insbesondere die Landschaftsmalerei und Genreszenen aus dem jurassischen Landleben, entschied; daneben widmete er sich der Bienenzucht. Auch als Politiker trat er hervor, während mehrerer Jahre war er Mitglied der Stadtregierung von Nyon sowie des Grossen Rates des Kantons Waadt.

**Jegerlehner, Hans**
24.11.1906 Bern –
19.12.1974 Syens VD
Nach Studien an der Gewerbeschule Bern, in München und auf einer Italienreise Aufenthalt in Berlin, wo er dekorative Arbeiten für den Verlag Grote ausführte. Ab 1928 in Grindelwald ansässig, unterbrochen von mehreren Parisaufenthalten zur Weiterbildung (u.a. bei A. Lhote und O. Fries). Während des Aktivdiensts führte er mehrere Wandgemälde aus (Hallwil, Naturns). 194[illegible] nahm er in Bern und ab 1956 in Bressonaz Wohnsitz. Zahlreiche Reisen, mehrere Aufenthalte in Kalabrien. Er war in verschiedenen künstlerischen Gebieten tätig: neben Ölgemälden, die in ihrer expressiven Farbigkeit zuweilen einen an Matisse und Dufy gemahnenden vereinfachten Stil aufweisen, hinterliess er Plakatentwürfe sowie ein reiches Illustrationswerk. Er war Mitarbeiter der Zeitschrift «Illustré» und illustrierte zudem Werke seines Vaters, des Schriftstellers Johannes Jegerlehner.

# K

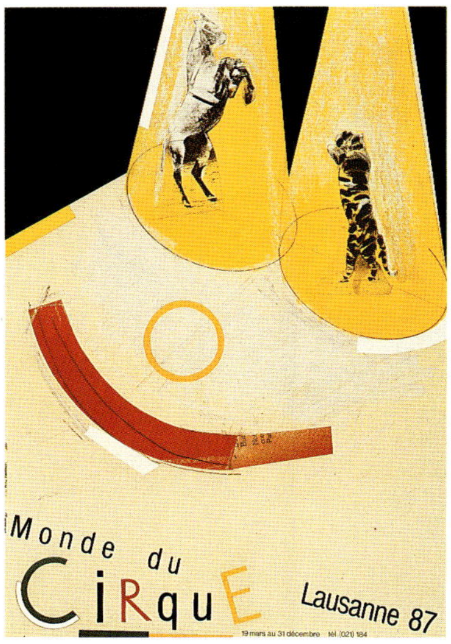


1987

**Jeker, Werner**
25.12.1944 Mümliswil SO, lebt in Châtillens VD und Lausanne
1960/61 Vorkurs an der Kunstgewerbeschule Luzern, anschliessend bis 1965 Graphikerlehre bei Hugo Wetli in Olten und Herrenschwanden BE. Gleichzeitiger Berufsschulunterricht in Basel und Bern. 1965–1968 Mitarbeiter bei Designers-Associés in Pully. 1968 Eidg. Stipendium für angewandte Kunst. 1969–1971 Mitarbeiter bei Freddy Huguenin in Lausanne. Seit 1972 betreibt er ein eigenes Atelier. 1972–1986 unterrichtete er an der Ecole Cantonale des Beaux-Arts in Lausanne, ab 1974 als Leiter der Abteilung Graphik. 1972–1978 besorgte er Layout und Illustrationen für die TV-Radio-Zeitung, Bern; 1980–1982 Art Director der Wochenzeitung «L'Illustré». Ab 1984 Ateliergemeinschaft «Les Ateliers du Nord» mit Antoine Cahen und Claude Frossard (Industrie-Designer) in Lausanne. Plakatentwürfe für Museen, sowohl in der Schweiz wie im Ausland. Zahlreiche Auszeichnungen und Plakat-Prämierungen in Europa, den USA und Japan.

1990

**Jost, Heinz**
2.8.1934 Bern, lebt in Bern
Nach vierjähriger Ausbildung an der Kunstgewerbeschule Biel arbeitete er während zwei Jahren als Volontär am Stadttheater Bern, für das er u.a. auch erste Plakate schuf. Anschliessend holte ihn Hugo Wetli nach Olten, wo er für ein Herrenbekleidungsgeschäft Schaufensterdekorationen entwarf. Daneben Erlernung des Siebdruckerhandwerks. Ab 1959 leitender Graphiker einer Kaffee- und Lebensmittelfirma. 1966 eröffnete er ein eigenes Graphikatelier in Bern. Seit 1968 nimmt er erneut zahlreiche Aufträge vom Stadttheater Bern sowie Plakataufträge für die Bernische Musikgesellschaft entgegen.

1925

**Käch, Walter**
9.6.1901 Ottenbach ZH – 5.12.1970 Zürich
Schulen in Muri AG, anschliessend Lehre als Lithograph bei Trüb AG. Ausbildung zum Graphiker an der Kunstgewerblichen Abteilung der Gewerbeschule Zürich. 1921/22 Assistent bei Prof. F. H. Ehmcke an der Kunstgewerbeschule in München. Von 1925 bis 1929 Lehrer für freies graphisches Entwerfen und für Holzschnitt an der Kunstgewerblichen Abteilung der Gewerbeschule Zürich. Ab 1929 war er freischaffender Graphiker, 1940–1967 amtierte er zugleich als Lehrer für Schrift an der Kunstgewerbeschule Zürich.

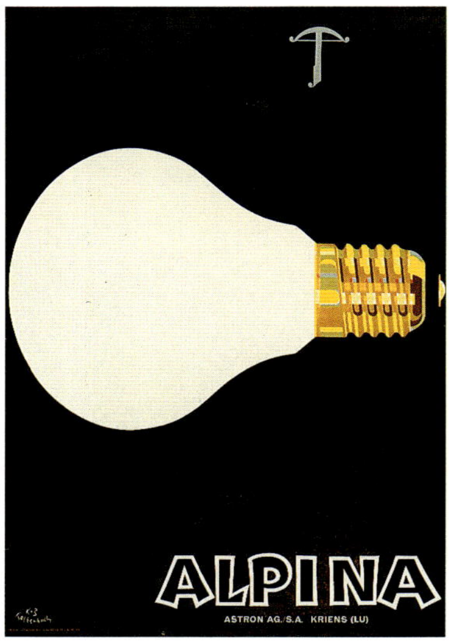


um 1950

**Kaltenbach, Fritz**
22.3.1914 Basel – 26.11.1989 Luzern
1930–1933 Studien in graphischen Ateliers und an der Gewerbeschule Basel sowie an der Kunstgewerbeschule Luzern. Vorwiegend als Gebrauchsgraphiker und Plakatkünstler tätig. Inhaber der Firma Kaltenbach und Zbinden in Luzern. Daneben freie graphische Arbeiten und Aquarellmalerei.

1988

1919

1932

1932

**Kammerer, Bruno**
4.9.1936 Zürich, lebt in Zürich
Lehre als Dekorateur und Graphiker. Anschliessend Weiterbildung als Graphiker an der Kunstgewerbeschule Zürich. Arbeitsaufenthalte im Ausland. Zweimal mit einem grossen Preis der Eidgenossenschaft für angewandte Kunst ausgezeichnet. Seit 1962 führt er ein eigenes Atelier für visuelle Kommunikation und Gestaltung in Zürich. Mitglied SGV. Aufbau eines visuellen Informationszentrums innerhalb des Zoologischen Museums der Universität Zürich. Gestaltung von zahlreichen thematischen und wissenschaftlichen Ausstellungen. In den letzten Jahren vermehrt als Plakatgestalter tätig. Seit 1970 zusätzliche politische Tätigkeit als Gemeinderat der Stadt Zürich in den Bereichen Kultur und Stadtentwicklung. Mitglied der Zürcher Kunstkommission.

**Kammüller, Paul**
31.1.1885 Lahr/Baden (D; Bürger von Basel) – 9.3.1946 Basel
Aufgewachsen in Basel und Besuch der dortigen Gewerbeschule. Weiterbildung an der Akademie für bildende Künste in München (u.a. bei F. Stuck) und der Académie Julian in Paris. 1909–1911 Aufenthalt in Florenz; an der Turiner Weltausstellung 1911 entstand sein Panorama für die Berner Alpenbahnen. 1915 Berufung als Hauptlehrer an die Gewerbeschule Basel, wo er bis 1942 tätig war. Neben der Öl- und Aquarellmalerei (Bildnisse, Landschaften und Stilleben) widmete er sich vor allem der freien und angewandten Graphik, die Merkmale des Jugendstils aufweist. In grosser Anzahl entwarf er Plakate, insbesondere für Ausstellungen und Veranstaltungen, aber auch Industrie- und Wahlpropaganda. Ferner Verpackungen, Exlibris und Urkunden sowie zahlreiche Buchillustrationen.

**Keck, Leo**
28.10.1906 Hödnitz (heute Hodonice CSFR) – 10.4.1987 Zürich
Schulen in Wien, 1919/20 Besuch der Vorklasse der Kunstgewerbeschule München, 1921–1927 Ausbildung an der Akademie für angewandte Kunst in Wien. Bis 1929 als Entwerfer und Graphiker in Wien und in Graz tätig, anschliessend bis 1937 Graphiker und Lithograph bei der Firma Wolfensberger Zürich. Danach Hausgraphiker bei der Firma Gebr. Fretz AG in Zürich, bis er zu Beginn der fünfziger Jahre ein eigenes Atelier eröffnete: Graphik und Ausstellungsgestaltung sowie Restaurierungen (Bilder u.a.). Internationale Preise für Verpackungen und Plakate. In den letzten Lebensjahren befasste er sich zunehmend mit der authentischen Restaurierung von Kunstgegenständen und entwickelte das Edeldruckverfahren «Artinta».

**Keiser, Ernst**
11.6.1894 Basel –
13.11.1960 Münchenstein BL
Nach Maturitätsabschluss Besuch der Kunstgewerbeschule Basel, Ausbildung zum Graphiker. 1918 selbständiges Atelier. 1922 eröffnete er mit W. H. Gnirs als kaufmännischem Partner die «Basler Werkstätte für Kunst und Gewerbe», die er ab 1924 allein führte als «Werkstätte für angewandte Kunst». Ausbildung junger Graphiker. Werbetätigkeit (Inserate, Signete, Verpackungen, Plakate usw.). Auch freikünstlerische Tätigkeit (Malerei, Lithographie, Glasgemälde, Holz- und Linolschnitt). Entwürfe und Ausführung von Messeständen für die Mustermesse. Zunächst erteilte er sporadisch, später in fester Anstellung Unterricht an der Kunstgewerbeschule Basel (Graphik-Fachklasse, Kalligraphie). Gründungsmitglied VSG. Stets sind seine Arbeiten von originellem Humor gekennzeichnet, was auch seine aktive Beteiligung mit Laternen, Zeedel, Larven und Kostümen für die Basler Fasnacht erklärt.

1931

**Keller, Ernst**
15.6.1891 Villigen AG –
4.11.1968 Zürich
Aufgewachsen in Buchs begann er 1906 eine Lehre als Zeichnerlithograph in Aarau. 1911–1914 weilte er in Leipzig und arbeitete in der «Werkstatt für deutsche Wortkunst». 1916 trat er dem Schweizerischen Werkbund bei und wurde 1918 durch Alfred Altherr an die Kunstgewerbeschule Zürich berufen; ab 1920 Fachlehrer für angewandte Graphik. Er hat hier Generationen von Graphikern herangebildet und ist deshalb als «Vater der Schweizer Graphik» bezeichnet worden. Kellers Spezialgebiet war das typographische Plakat, eine grosse Zahl schuf er für karitative Institutionen, Ausstellungen des Kunstgewerbemuseums und für Abstimmungskampagnen. Nach seiner Pensionierung 1956 wandte er sich vermehrt der Bildhauerei zu. Er hat aber auch viele heraldische Signete (u.a. für die Zürcher Stadtverwaltung), Schrift- und Wandreliefs entworfen sowie graphische Gestaltungen in Zusammenhang mit Architektur (u.a. Zifferblatt für St. Peter, Zürich).

1905

**Koch, Walther**
14.4.1875 Ottenen bei Altona (D) –
30.6.1915 Zürich
Zunächst Schüler an der Hamburgischen Kunstgewerbeschule; von 1893–1896 studierte er an der Akademie Berlin beim Bildhauer Joh. Böse, kehrte jedoch bald zum Kunstgewerbe zurück. 1898 zwang ihn ein Lungenleiden zur Übersiedlung nach Davos, wo er fortan Aufträge für Tourismusplakate ausführte und auch als Landschaftsmaler arbeitete. 1914 gewann er den Grossen Ausstellungspreis in Bern für die Gestaltung des Pavillons für das Davoser Kurwesen an der Schweiz. Landesausstellung.

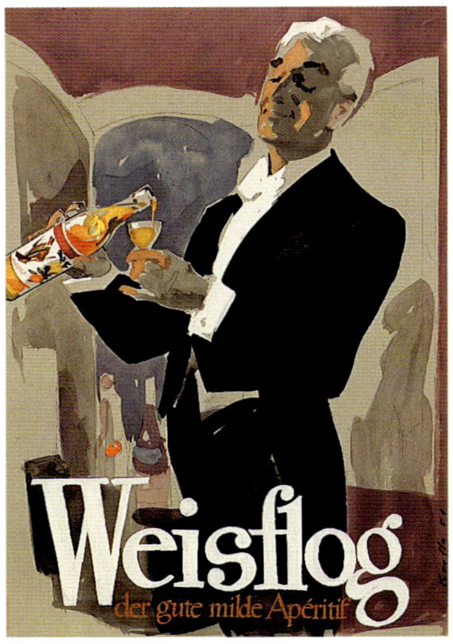


1958

**Koella, Alfred**
20.8.1913 Zürich, lebt in Zürich
Berufslehre als Werbegraphiker und an den Kunstgewerbeschulen Zürich 1929 und Basel (freie Tages- und Abendkurse). 1933 hielt er sich zur Weiterbildung in Paris auf. Anschliessend nebenamtliche Lehrtätigkeit an den Gewerbeschulen Aarau und Zürich. Seit 1942 selbständiger Werbegraphiker und Illustrator in Zürich; Aufträge u.a. von Werbeagenturen, Tonhalle-Gesellschaft, SBB, PTT (Briefmarken), Swissair, Bally sowie Industrie, Versicherungsgesellschaften, Banken; für verschiedene Verlage entwarf er zudem Buch- und Schutzumschläge. Seit 1978 freies illustratives und malerisches Schaffen.

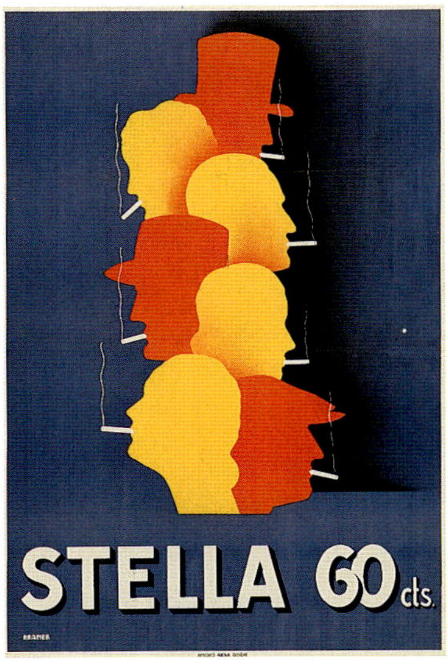


1934

**Kramer, Pierre**
20.3.1910 in La Chaux-de-Fonds, lebt in Onex GE
1925–28 Ausbildung an der Ecole d'Art in La Chaux-de-Fonds, anschliessend Studienreise nach Deutschland und Weiterbildung an der Kunstgewerbeschule in München. Erste Einzelausstellung im Musée des Beaux-Arts in La Chaux-de-Fonds. Ab 1929 in Paris, Zuwendung zur Werbung, ferner Textilentwürfe für Meyer & Rodier. 1930 ausschliesslich zuständig für die Werbung der Editions musicales Chappell (Paris-London) für Film, Operette und Music-Halls. Zudem Buchumschläge für das Verlagshaus Flammarion und Programmgestaltungen der Tournées et Galas Karsenty. 1932 im Atelier Paul Colin tätig. Zahlreiche Plakatentwürfe in der Schweiz und in Frankreich, zudem Aufträge für eine internationale Konzertagentur. Ausgedehnte Studienreisen in Europa und Nordafrika, 1939/40 nach Südamerika. Nach seiner Rückkehr über Paris in die Schweiz wurde er zum Werbechef in einer grossen Uhren-Verpackungsindustrie in Genf ernannt; Werbeaufträge in sämtlichen Publikationen der Uhrenindustrie.

1928

1986

1972

1962

**Kuhn, Charles**
11.9.1903 Porrentruy JU,
lebt in Zumikon ZH
1918 absolvierte er eine Lithographenlehre in Lausanne, ging 1922 nach Zürich und arbeitete bei der Firma Wolfensberger als Graphiker. Ab 1945 betrieb er ein eigenes Atelier, entwarf insbesondere zahlreiche Weinetiketten; wiederholt wurden seine Plakatentwürfe (u.a. für Comptoir Suisse Lausanne, Pro Telephon) prämiert.

**Kuhn-Klein, Claude**
30.8.1948 Bern, lebt in Bern
Nach Absolvierung der Kunstgewerbeschule Bern (1964–1968) Besuch 1969–1971 der Staatlichen Akademie der Bildenden Künste in Stuttgart, anschliessend ein Jahr Hospitant an der Schule für Gestaltung Zürich.
Ab 1972 freie künstlerische Arbeit, als Graphiker für das Naturhistorische Museum Bern tätig. 1986–1990 Lehrauftrag an der Schule für Gestaltung Bern, Fachklasse Graphik. Zahlreiche Auszeichnungen und Ausstellungen im In- und Ausland.

**Külling, Ruedi**
4.2.1935 Zürich, lebt in Gockhausen ZH
Ausbildung als Graphiker an der Kunstgewerbeschule Zürich. 1956/57 Graphiker im Studio Franco Grignani, Milano. Anschliessend bei der Werbeagentur Victor N. Cohen in Zürich. 1962 war er Art Director bei Mather & Crowther in London. Seit 1963 Gestaltungsleiter bei der Werbeagentur Advico in Gockhausen/Zürich, seit 1965 Mitglied der Geschäftsleitung, seit 1976 Mitinhaber der Advico. Seit 1.1.1989 mit Young & Rubicam zur Advico Young & Rubicam zusammengeschlossen. Am 1.11.1989 hat er noch die Külling Partner Design gegründet, eine Agentur für Corporate und Packaging Design. Er ist Mitglied der Kantonalen Prüfungskommission für die Lehrlinge in den gestalterischen Berufen sowie des Art Directors Club Zürich, der AGI und des SGV.

**Küng, Edgar**
29.4.1926 Luzern, lebt in Luzern
Ausbildung als Graphik-Designer und Werbeberater in Luzern und Neuchâtel. Tätigkeiten und Studienaufenthalte in Paris, London, Berlin und Chicago. Seit 1951 leitet er selbständig eine Werbeagentur in Luzern. Mitglied BSW und ASG. Zu seinen wichtigsten Auftraggebern gehören der Autosalon Genf, die Zigarrenfabrik Villiger Söhne AG sowie die Mode-, Schmuck- und Uhrenbranche. Vielfach wurde er mit nationalen und internationalen Preisen ausgezeichnet, u.a. erhielt er den Kunstpreis von der Rodriguez-Acosta-Stiftung, Granada, sowie Ehrenurkunden des American Institute of Graphic Arts und an der Plakat-Biennale in Warschau.

# L

1928

1920

1934

1977

**Landolt, Otto**
7.3.1889 Luzern – 11.10.1951 Luzern
Ausbildung an den Kunstgewerbeschulen Luzern und Köln. Anschliessend Wanderschaft in Deutschland sowie mehrere Reisen nach Paris und durch Frankreich, ferner Wien, Prag und Italien. Ansässig in Luzern, war er zunächst als Reklamegraphiker tätig (Plakate, Werbeprospekte). Später wandte er sich v.a. der Porträtmalerei zu. In der Nachfolge Hodlers und Vallottons stehend, malte er ferner Landschaften und Stilleben. Übernahm auch Aufträge für Wandgemälde und Kachelöfen.

**Laubi, Hugo**
1.11.1888 Zürich – 6.6.1959 Zürich
1909/10 studierte er in München und Paris, 1911 war er in London als Graphiker tätig, 1912–1914 erneut in Paris. Die Druckerei der Gebrüder Fretz holte ihn 1918 als künstlerischen Leiter nach Zürich; hier war er danach als freierwerbender Graphiker tätig und schuf über 60 Plakate für Gewerbe und Industrie. Weitere Plakatentwürfe wurden in anderen Zürcher Druckereien hergestellt. Daneben malte er – in Öl und Tempera – insbesondere Landschaften, das Hauptgewicht seines Schaffens lag jedoch in gebrauchsgraphischen Arbeiten, Plakaten und Illustrationen.

**Lavater, Warja**
28.9.1913 Winterthur,
lebt in Zürich und Paris
Erste Jugendjahre in Russland und Griechenland. Besuch des Gymnasiums in Winterthur und der Graphik-Klasse an der Kunstgewerbeschule Zürich. Nach Studienaufenthalten in Stockholm, Basel und Paris eröffnete sie 1937 mit ihrem späteren Mann, Gottfried Honegger, ein Atelier für angewandte Graphik in Zürich. 1944–1958 u.a. Redaktorin und Gestalterin einer Jugendzeitschrift. Ihr Interesse galt von Anbeginn dem Signet, dem Wesentlichen, dem Zeichenhaften. So begann sie in New York, wo sie 1958–1960 ansässig war, mit Versuchen, literarische Mitteilungen durch Zeichen lesbar zu machen. In den folgenden Jahren wurden ihre Bücher – gemalte Gedanken als Geschichten erzählt – in lithographierter Bilderschrift publiziert (durch das MOMA New York, durch den Verlag Basilius Presse Basel, seit 1963 durch A. Maeght Editeur Paris.) Daneben Aufträge für Keramik-Wandbilder für die Stadt Zürich, ebenfalls als «pictogram» gestaltet. Zahlreiche Ausstellungen im In- und Ausland.

**Leber, Paul**
10.5.1928 Zürich, lebt in Zürich
Aufgewachsen in Rüschlikon. Lehre als Graphiker und Besuch der Kunstgewerbeschule Zürich. Kurzer Parisaufenthalt (Académie de la Grande Chaumière). 1951/52 Mitarbeiter an der Kunstzeitschrift «Essence». Mitinhaber eines Ateliers für Gestaltung in Zürich, Aufträge aus dem Detailhandel, von Kulturinstituten, Verlagen sowie öffentlichen Institutionen. Im Nebenamt unterrichtete er visuelle Kommunikation an der Schule für Gestaltung Zürich. Zahlreiche gestalterische Aufträge – Schweizer Pavillon Expo 70 Osaka; Weihnachtsbeleuchtung Bahnhofstrasse Zürich seit 1975; Künstlerische Leitung des Zürcher Künstler-Maskenballes 1965–1971; Flughafenbahnhof SBB Kloten-Zürich 1978/79. Malerei, Zeichnung, Druckgraphik, Illustration sowie Baugestaltung. Zahlreiche Einzel- und Gruppenausstellungen.

1955

1979

1936

1945

**Le Corbusier (Charles-Edouard Jeanneret)**
6.10.1887 La Chaux-de-Fonds – 27.8.1965 Cap-Martin (F)
Erste Ausbildung bei Charles L'Eplattenier an der Ecole d'Art de La Chaux-de-Fonds. Mit 18 Jahren entwarf er sein erstes Einfamilienhaus. Reisen nach Italien, Budapest, Wien (Kontakte zu Joseph Hoffmann). 1908 erstmals in Paris, arbeitete beim Architekten Auguste Perret. 1910 Zusammenarbeit mit Peter Behrens in Berlin. Nach einer Balkanreise (1911) Rückkehr nach La Chaux-de-Fonds, wo er an der Ecole d'Art unterrichtete. 1917 liess er sich in Paris nieder. Freundschaft mit Amédée Ozenfant. Gemeinsame Publikation des Manifests «Après le Cubisme» (1918), Lehre des «Purismus». 1920 Gründung der Zeitschrift «L'Esprit Nouveau». Trat als Maler, Bildhauer und Schriftsteller (La Peinture Moderne, 1925) hervor, insbesondere jedoch weltweite Tätigkeit als Baukünstler und Stadtplaner, der für sämtliche nachfolgenden Architektengenerationen wesentliche Impulse verlieh. 1928 Mitbegründer des CIAM (Congrès International de l'Architecture Moderne). 1930 franz. Staatsbürger. In den vierziger Jahren entwickelte er ein eigenes Ordnungs- und Proportionssystem, den «Modulor», der auf dem Goldenen Schnitt und dem Menschenmass beruht und inskünftig seinen Bauten zugrunde lag.

**Leiter, Martial**
14.4.1952 Fleurier NE, lebt in Lausanne
Ausbildung als technischer Zeichner. Danach als politischer Zeichner tätig, von 1974–1980 hauptsächlich als Pressezeichner für zahlreiche schweiz. Zeitungen. Mit seinen bissigen, minutiös ausgearbeiteten Schwarz-Weiss-Zeichnungen, die von einer surrealistischen Phantastik erfüllt sind, publizierte er mehrere Bücher: «Festgenagelt» (1980), «Klärstriche» (1984) und «Moderne Welt» (1989). Ferner entstanden einige Lithographie- und Radierfolgen. Seit 1970 zahlreiche Einzel- und Gruppenausstellungen im In- und Ausland.

**L'Eplattenier, Charles**
9.10.1874 Neuchâtel – 7.6.1946 (abgestürzt in den Côtes du Doubs; F)
Nach Schulbesuch Maler- und Gipserlehre in Peseux. Ging 1891 nach Budapest und besuchte die dortige Kunstgewerbeschule. 1893–1896 Studien in Paris an der Ecole des Arts Décoratifs und an der Ecole des Beaux-Arts. Rückkehr in die Schweiz. 1896/97 Studienreisen und Aufenthalte in England, Belgien, Holland und Deutschland, 1900–1903 wiederholt in Italien. Ab 1898 Lehrer an der Ecole d'Art in La Chaux-de-Fonds, wo er eine kunstgewerbliche Abteilung einführte und 1903–1914 auch Direktor war. Zu seinen Schülern gehörte u.a. Le Corbusier. Neben der erfolgreichen Lehrtätigkeit v.a. kunstgewerbliche und monumentalplastische Arbeiten (u.a. Nationaldenkmal in Schwyz), zudem Wandbilder und Mosaike. Ferner machte er sich mit Juralandschaftsgemälden einen Namen.

**Leupin, Herbert**
20.12.1916 Beinwil AG, lebt in Basel
Aufgewachsen in Augst BL, besuchte er 1932–1935 die Kunstgewerbeschule Basel (u.a. bei Paul Kammüller und dem konstruktiven Maler Theo Eble). Anschliessend absolvierte er ein Praktikum im Atelier Eidenbenz, Basel. 1936 Ecole Paul Colin, Paris, Fachschule für graphisches Zeichnen. Seit 1938 eigenes Atelier, allmählich Aufträge für Plakate, Schallplattenhüllen und Inserate; erfolgreiche Teilnahme an nationalen und internationalen Plakatwettbewerben und Ausstellungen. 1957 Einzelausstellungen in Chicago, Offenbach und Hamburg. Zahlreiche nationale und internationale Auszeichnungen und Preise (u.a. 1960 Medal Award des «Art Directors Club», Chicago, 1968 Auszeichnung an der Plakat-Biennale in Warschau, 1974 Verleihung der Ernst-Litfass-Medaille in Kassel). Ab 1970 arbeitete er als freier Maler. Zahlreiche Ausstellungen im In- und Ausland.

1987

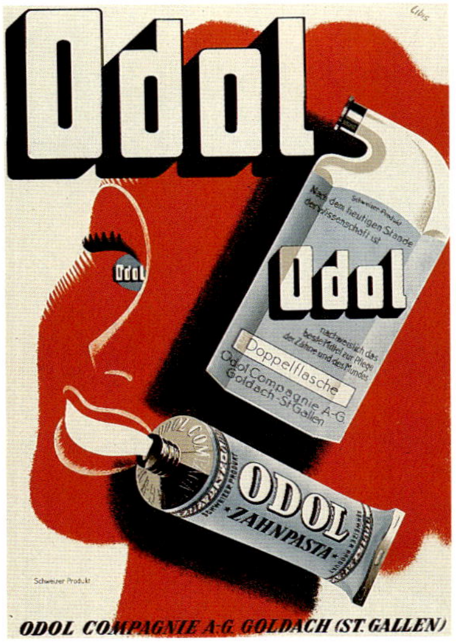


1939

1942

1964

**Lévy, Jean Benoit**
17.6.1959 Pully VD, lebt in Basel
Nach Absolvierung der Schule für Gestaltung Basel (1978–1983, Graphik-Fachklasse) als Hausgraphiker der Schweizer Mustermesse tätig bis 1986. Anschliessend freischaffend. Reisen nach New York und San Francisco 1987/88. Zurück in Basel eröffnete er im September 1989 ein eigenes graphisches Atelier unter dem Namen «&.Trafic Grafic». Aufträge für Warenplakate sowie durch das Kongresszentrum Basel. Mehrere Auszeichnungen im In- und Ausland.

**Libiszewski, H. Berthold (Libis)**
17.5.1897 Bischofszell –
19.8.1985 St. Gallen
Dreijährige Ausbildung als Stickereientwerfer an der Gewerbeschule St. Gallen. Ab 1916 besuchte er drei Semester die Akademie in München, anschliessend die Ecole des Beaux-Arts in Genf. 1921 übersiedelte er nach Paris, frequentierte freie Akademien und die Académie André Lhote. Arbeitete zudem für namhafte Zeitschriften wie «Vogue» und «Jardin des Modes» als Modezeichner, Reklameberater und Illustrator. 1941 Rückkehr in die Schweiz, wo er als Gebrauchsgraphiker und freier Maler tätig war.

**Lohse, Richard Paul**
13.9.1902 Zürich – 16.9.1988 Zürich
1919–1923 Lehre als Reklamezeichner und Besuch der Kunstgewerbeschule Zürich. 1922–1927 Tätigkeit in einem Werbeatelier, Arbeiten und Publikationen für die künstlerische Avantgarde. 1937 Mitbegründer der «Allianz», der Vereinigung moderner Schweizer Künstler. Nach postkubistischen Versuchen 1943 Beginn mit Diagonal-, Vertikal- und Horizontalstrukturen. Bildung serieller und modularer Ordnungen sowie kontinuierlicher Farbreihen. Entwicklung systematischer rektangulärer Strukturen. Neben Max Bill gehörte er zu den Hauptvertretern der «Zürcher Konkreten». 1947–1955 Chefredaktor und Gestalter der Architekturzeitschrift «Bauen + Wohnen»; 1958–1962 Mitredaktor der Zeitschrift «Neue Grafik». Mitglied zahlreicher Ausstellungskommissionen und Jurys; Lehraufträge. 1987 Gründung der Stiftung Richard Paul Lohse, Zürich.

**Looser, Hans (Hannes)**
10.10.1919 Zürich –
17.10.1988 Herrliberg ZH
Besuchte während viereinhalb Jahren die Kunstgewerbeschule Zürich. 1945 gründete er hier ein eigenes Atelier. Aus dieser ersten Zeit stammen vor allem realistische Plakate. Es folgte eine Periode lockerer Modezeichnungen; allmählich entstand der für ihn typische Stil einer Verbindung aus Bild und Wortwitz (vgl. Werbekampagnen für Gauloises und Volkswagen). 1953 eröffnete er eine Werbeagentur, die bald zu einer der grössten in der Schweiz heranwuchs. Modeausstellungen an der Muba sowie Präsentationen von Schweizer Mode und Uhren an den Weltausstellungen in Brüssel und Montreal. Ab 1985 widmete er sich ausschliesslich der freien Malerei, 1986 Bezug eines Ateliers in der Mühle Tiefenbrunnen. Fast gleichzeitig Beginn einer schweren Krankheit, doch schuf er in der ihm verbleibenden Zeit ein reiches, von Dynamik und Leidenschaft getragenes Œuvre (Selbstbildnisse, Phantastisches, Konkretes wie auch Kalligraphisches).

1970

1967

1976

1989

**Looser, Heinz**
3.11.1934 Arbon TG, lebt in Zürich
Nach zweijährigem Studium an der Kunstgewerbeschule St. Gallen absolvierte er in St. Gallen eine Graphikerlehre. 1955–1968 als Graphiker in Ateliers und Agenturen in Zürich tätig. Seit 1968 führt er in Zürich ein eigenes Atelier. Mehrmals wurden seine Plakate ausgezeichnet (u.a. 1988 1. Preis am 3. Salon International de l'Affiche Touristique in Cholet FR; 1989 Bronzemedaille an der Feria Internacional de Turismo in Madrid).

**Losa, Armando**
12.12.1936 Locarno, lebt in Locarno
Nach drei Jahren Mechaniker-Lehrzeit brach er die Lehre ab und besuchte die «Scuola dei Pittori, Decoratori e di Insegne» in Lugano, Diplomabschluss. Anschliessend als Schriftenmaler im Tessin tätig, danach arbeitete er bis 1960 als Dekorateur in Biel und als Graphiker in Zürich. 1960–1964 Besuch der Accademia di Brera in Mailand. 1965 eröffnete er ein eigenes Studio für Werbegraphik in Locarno, wobei er insbesondere kulturelle Plakate entwirft (Suche nach Schwarz-Weiss-Lösungen). Mehrere Auszeichnungen bei Wettbewerbsbeteiligungen (Arte Casa 1973 und 1987). Neben der graphischen Arbeit befasst er sich mit Malerei und Skulptur. Mitglied ASG und GSMBA.

**Luginbühl, Bernhard**
16.2.1929 Bern, lebt in Mötschwil BE
1945–1948 Bildhauerlehre. 1949 erste Eisenplastiken figürlicher Art. Ab 1951 Zuwendung zur Abstraktion. Schrott- und Eisenteile werden zu wuchtigen Konstruktionen neu zusammengefügt und in ein dynamisches Gleichgewicht gebracht. Seit 1949 zahlreiche Einzel- und Gruppenausstellungen sowie Aufträge im In- und Ausland. Ab 1961 zahlreiche Grossprojekte, u.a.: Tell (Schweizer Pavillon an der Weltausstellung in Montreal 1967); Osakapunch (Weltausstellung in Japan 1970); Zyklop (Berlin 1970); Zorn (Verbrennungsaktionen 1976ff); Sisyphos (Flughafen Kloten 1977); Hafentorfigur (Hamburg 1982). In direkter Wechselbeziehung zum bildnerischen Schaffen entsteht ein reiches druckgraphisches Œuvre, oft gekennzeichnet durch dichtes Linienspiel (1970 Grosser Preis Graphik-Biennale Tokyo). Die Plakate zu seinen Ausstellungen entwirft er selbst, schreibt auch Texte und macht Filme. Grosse Retrospektive Reithalle/Kunstmuseum Bern 1989.

**Luyet, Claude**
9.5.1948 Genf, lebt in Carouge/Genf
1963–1967 Ausbildung zum Graphiker, anschliessend in einer Werbeagentur in Genf tätig. 1970 Mitbegründer des Studio GDS, das sich mit der Realisierung von Trickfilmen, Plakaten im Comic-Stil, Illustrationen und anderen graphischen Arbeiten befasst. 1971 arbeitete er in einer Agentur für Graphik und Ausstellungsgestaltung in Algier. In den folgenden Jahren mehrere Kurzfilme. Wiederholt erhielt er das Eidg. Stipendium für angewandte Kunst (1978, 1979) sowie das Lissignol-Stipendium (1976–1978). 1979–1984 wirkte er mit als Zeichner am Trickfilm «Gwen et le livre de sable» von J. F. Laguionie. Mehrmals an internationalen Trickfilmwettbewerben preisgekrönt wurden seine Kurztrickfilme «Question d'optique» (1986) und «Academy leader variations» (1987) (Mitarbeit als Co-Autor).

1905

**Mangold, Burkhard**
10.9.1873 Basel – 17.10.1950 Basel
1889–1894 Besuch der Tageskurse an der Allg. Gewerbeschule Basel. Daneben absolvierte er bis 1893 eine Lehre als Dekorationsmaler. 1894–1900 Studium in München, wo er kurze Zeit auch als Lehrer tätig war. 1900 liess er sich in Basel nieder und eröffnete ein eigenes Atelier. 1915–1918 unterrichtete er an der Allg. Gewerbeschule Basel die neue Klasse für Lithographie und Glasmalerei. Zahlreiche Reisen in Europa. Mangold gehört mit Emil Cardinaux, Otto Baumberger und Niklaus Stoecklin zu den frühen Pionieren der Schweizer Plakatkunst. Er hinterliess 151 Plakatentwürfe – Produkte-Werbung, Plakate für Sportanlässe und Wahlveranstaltungen sowie Konzert- und Tourismus-Plakate –, wobei sein Plakat 1905 für das Eidg. Sängerfest in Basel besondere Aufmerksamkeit erregte.

um 1920

**Marxer, Alfred**
28.6.1876 Turbenthal ZH – 8.12.1945 Kilchberg ZH
Erlernte zunächst beim Vater die Dekorationsmalerei, besuchte daneben die kunstgewerbliche Abteilung am Technikum Winterthur. Nach Wanderjahren als Dekorationsmaler studierte er 1896–1899 in München, wohin er, nach einer Italienreise und kurzer Tätigkeit in der Schweiz, 1902 zurückkehrte. Arbeitete als freier Maler und Graphiker. 1914 Aufenthalt in Paris. Ab 1915 in Kilchberg ZH ansässig. Nach konventionellen realistischen Anfängen in der Tradition der Münchner Maler befreite er sich allmählich von der dumpfen Farbigkeit, und die Flächen lockerten sich unter Cézannes Einfluss auf. Neben einem reichen bildnerischen Œuvre vorwiegend in Öl (symbolbeladene Kompositionen, Landschaften in Hodlers Nachfolge, Selbstbildnisse und Stilleben) schuf er auch graphische Werke, insbesondere Holzschnittfolgen und Buchillustrationen sowie Wandgemälde für öffentliche Bauten. Ferner publizierte er in den dreissiger und vierziger Jahren zahlreiche feuilletonistische Beiträge, v.a. in der Neuen Zürcher Zeitung.

1935

**Matter, Herbert**
25.4.1907 Engelberg OW – 8.5.1984 New York
1923–1925 Studien an der Ecole des Beaux-Arts, Genf, danach an der Académie Moderne in Paris (u.a. bei Léger und Ozenfant). Beginn mit der Photographie. 1929–1932 Zusammenarbeit mit dem Plakatgraphiker Cassandre und mit Le Corbusier, Mitarbeit bei der Zeitschrift «Vogue». 1930–1936 in Zürich tätig, gestaltete zahlreiche Photoplakate und Prospekte für die Schweiz. Verkehrszentrale, die in ihrer Kombination von Graphik, Photographie und Typographie richtungweisend wurden für die sog. Photo-Graphik. 1936 emigrierte er nach New York, wo er als selbständiger Gebrauchsgraphiker und als Photograph für Modezeitschriften arbeitete. 1952 erhielt er eine Professur für Photographie an der Yale University in New Haven und wichtige Aufträge aus der New Yorker Kulturszene (u.a. Guggenheim Museum). 1978 widmete ihm die School of Art der Yale University eine Retrospektive.

1958

**Mayer, Roger**
19.3.1928 Basel, lebt in Basel
Zunächst Besuch des Gymnasiums Basel, 1947–1950 Kunstgewerbeschule Basel. Anschliessend zweijähriger Aufenthalt an der Ecole des Hautes Etudes de Cinématographie in Paris. 1952–1954 tätig im Birkhäuser Verlag (Zeitschriften Basel) und 1954–1956 bei der Central-Film AG Zürich. Seither führt er eine eigene Werbeagentur in Basel. Zu seinen Hauptauftraggebern gehören der Zentralverband schweiz. Milchproduzenten, Bern, sowie der Schweiz. Bankverein. Mehrere Auszeichnungen für Plakate und Anzeigenserien.

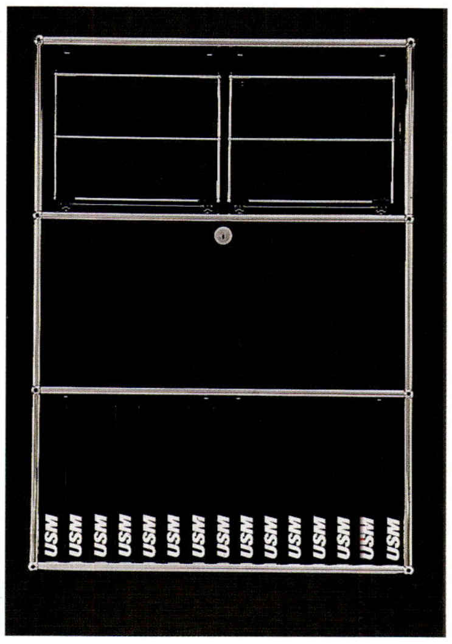


1976

1965

1960

1981

**Medici, Roberto**
6.6.1942 Solothurn, lebt in Solothurn
Nach einer Berufslehre 1957–1960 als Wagenlackierer war er in verschiedenen Industriebetrieben als Graphiker angestellt. Seit 1966 selbständig tätig als Gestalter in Solothurn. Ab 1970 Aufbau des Erscheinungsbildes der Firma USM, U. Schärer Söhne AG, Münsingen. Ferner Aufträge von der Wirtschaftsförderung des Kantons Solothurn, der Handelskammer sowie von Kunstmuseum und Kunstverein Solothurn. Seit 1973 Inhaber der Galerie Medici, Solothurn. 1985 erhielt er den Kulturpreis des Kantons Solothurn.

**Megert, Peter**
28.3.1937 Bern,
lebt in Columbus/Ohio (USA)
Nach Abschluss einer Graphikerlehre in Bern 1956 besuchte er bis 1958 die dortige Kunstgewerbeschule. 1964–1968 eigenes Design-Büro in Bern. Studien an der Ohio State University. 1968–1970 Advisory Graphic Designer im Westinghouse Corporate Design Center, Pittsburgh. 1970–1985 Professor für Visual Communication Design an der Ohio State University, Columbus. Seit 1986 führt er ein eigenes Design-Büro in Columbus, Ohio (Visual Syntax Design Inc.). Wiederholt Lehraufträge (u.a. Harvard University, Cambridge MA; Carnegie Mellon University, Pittsburgh, PA; Schule für Gestaltung, St. Gallen). Mitglied AGI und IDSA (Industrial Designers Society of America).

**Meier, Hans Eduard**
30.12.1922 Horgen ZH, lebt in Horgen
1939–1943 Typographenlehre. Anschliessend bis 1947 Ausbildung an der Kunstgewerbeschule Zürich in Typographie, Graphik und Zeichnen. Gestalterische Mitarbeit bei Verlagen sowie bei der Monatszeitschrift «Du». 1949–1952 Studienaufenthalt in Paris und freie Mitarbeit u.a. bei der Unesco. 1952–1984 unterrichtete er am Vorkurs der Schule für Gestaltung Zürich die Fächer Schrift, sachlich konstruktives Zeichnen und Naturstudium. Daneben arbeitete er als freischaffender Graphiker (Plakate für die Tonhalle und das Kunsthaus Zürich). 1959 Herausgabe des Buches «Die Schriftentwicklung» (Graphis-Verlag, Zürich) und 1968 Entwurf der Druckschrift «Syntax» (realisiert bei der Schriftgiesserei Stempel, Frankfurt). 1978 Vorträge an verschiedenen Schulen für Gestaltung in den USA über «Syntax» und über seine Lehrtätigkeit. Seit 1984 befasst er sich mit der Gestaltung neuer Druckschriften mit Hilfe des Computers am Institut für Informatik der ETH Zürich.

**Messi/Schmidt**
**Messi, Enzo**
1.10.1957 Lugano, lebt in Lausanne
1976–1981 Ecole Cantonale des Beaux-Arts et d'Arts Appliqués in Lausanne, Abteilung Graphik. 1982 gründete er mit Urs Schmidt ein Graphikatelier in Lausanne.

**Schmidt, Urs**
5.4.1958 Basel, lebt in Lausanne
Ecole Cantonale des Beaux-Arts et d'Arts Appliqués in Lausanne (1974–1979), anschliessend einjähriger Aufenthalt an der School of Visual Arts, New York.

Graphische Arbeiten und Illustrationen für schweizerische und ausländische Direktkunden wie auch für Werbeagenturen. Veröffentlichungen u.a. in Idea (Japan), European Illustration (England), Art Directors Club et Print (USA).

1984

**Michels, Sergio**
5.8.1941 Lugano, lebt in Pragassona TI
Nach Schulen in Lugano besuchte er das Liceo Artistico und die Accademia di Brera in Mailand. Anschliessend als Graphiker bei Ciba Spa. in Mailand angestellt, danach Mitarbeiter der «Quadratum Advertising». 1963 machte er sich selbständig. Entwirft zahlreiche Signete und Drucksachen aller Art, ferner Verpackungen und Ausstellungsgestaltungen. Wiederholte Auszeichnungen für Verpackungs- und Plakatentwürfe (u.a. für Campari, Sandro Vanini SA, Crossair).

1934

**Miedinger, Gérard**
23.8.1912 Zürich, lebt in Zürich
1928–1932 Graphikerlehre und Ausbildung an der Kunstgewerbeschule Zürich. 1934/35 Aufenthalt an der Académie Ranson, Paris. Bevor er 1938 ein eigenes Atelier für Gebrauchsgraphik eröffnete, arbeitete er bei der Orell Füssli AG, Zürich und in einer Werbeagentur. Schwerpunkte seines Schaffens sind Signet, Plakat, Packung, Erscheinungsbilder und Ausstellungsdesign (u.a. Weltausstellungen in Brüssel 1958 und Montreal 1967). Während 25 Jahren gestaltete er die Schaufenster der Schweiz. Kreditanstalt in Zürich. 1968–1972 Jury-Mitglied der besten Schweizer Plakate. 1968–1972 Präsident des Verbandes Schweizer Graphiker (jetzt ASG).

1989

**Monguzzi, Bruno**
21.8.1941 Mendrisio TI,
lebt in Meride TI
Graphikstudium an der Ecole des Arts Décoratifs in Genf. Weiterbildung in Typographie, Photographie und Wahrnehmungspsychologie in London. 1961 Eintritt ins Studio Boggeri in Mailand sowie Lehrtätigkeit für typographisches Design bei der Fondazione Cini in Venedig. Dreijähriger Aufenthalt in den USA, wo er für die Expo 67 in Montreal neun Pavillons gestaltete. Nach seiner Rückkehr nach Mailand arbeitete er vorwiegend im Verlags- und Ausstellungsdesign. Zahlreiche Auszeichnungen (Premio Bodoni 1971; Gold Medal des Art Directors Club New York 1989). Seit 1979 Mitglied AGI. Verfasser mehrerer Publikationen. Mitbeteiligt 1985 am Entwurf des Orientierungssystems des Musée d'Orsay in Paris. Zahlreiche Ausstellungen und vertreten u.a. in den Sammlungen des Centre Pompidou und des Musée de l'Affiche in Paris, des Stedelijk-Museums in Amsterdam und des MOMA New York. Er lebt, lehrt und arbeitet heute im Tessin.

1956

**Monnerat, Pierre**
23.11.1917 Paris (Bürger von Vermes JU), lebt in Torremolinos (E)
Nach Beginn der Lehrzeit bei einem Architekten besuchte er 1936–1940 die Ecole des Beaux-Arts in Lausanne. Anschliessend als selbständiger Gebrauchsgraphiker tätig, neben Werbung und Plakaten für in- und ausländische Firmen auch zahlreiche Buchillustrationen, ferner Theaterdekorationen, Wandmalereien und Glasgemälde. Ab 1956 zudem Lehrer an der Lausanner Ecole des Beaux-Arts. 1958–1964 Mitglied des Organisationskomitees und graphischer Berater für die Expo Lausanne 1964 sowie Mitglied der Jury, die im Auftrag des EDI die besten Plakate prämiert. 1970–1974 führte er in Lausanne die Ecole d'Art Graphique Monnerat. Danach wanderte er nach Südamerika aus und liess sich später in Spanien nieder, wo er sich mit der Herausgabe von Kinderbüchern befasst.

1946

1905

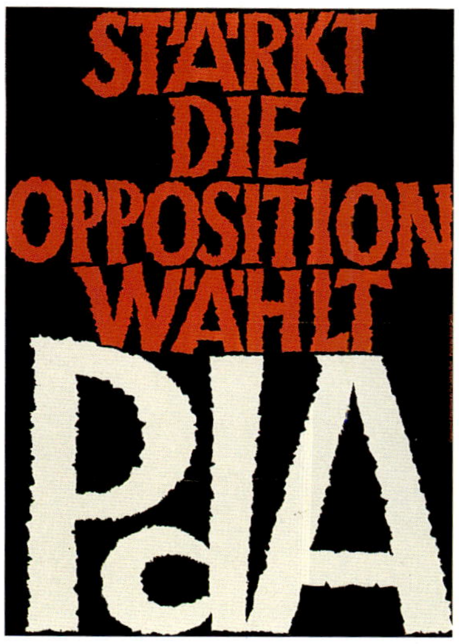


1959

1928

**Monticelli, Walter**
14.5.1915 Zürich – 28.12.1980 Zürich
Er machte sich als Graphiker und Gestaltungsarchitekt für die Zürcher Herbstmesse (Züspa) verdient. In den sechziger Jahren gab er sodann diese Tätigkeit auf und widmete sich erneut der Malerei (Ölbilder, Zeichnungen und Tempera), insbesondere befasste er sich mit der Landschaftsmalerei sowie mit Tier- und Zirkusmotiven. Als Karikaturist betreute er während Jahren im «Zürichbieter» und im «Zürcher Unterländer» aktuelle Themen.

**Moos, Karl (Carl)**
29.10.1878 München (Bürger von Zug) – 9.7.1959 Zürich
Der Sohn des Porträtmalers Franz Moos besuchte zunächst Akt- und Modellierkurse in München, für kurze Zeit war er auch als Stickereizeichner tätig und 1897 als Illustrator der Münchner Tagespresse. Erfolgreich war er in jenen Jahren v.a. als Plakatgraphiker, er entwarf ferner Postkartenserien zu Themen aus Sport und Touristik. Mitglied der Gruppe «Die 6». Im 1. Weltkrieg verliess er München und war ab 1915 in Zürich ansässig. Als freier Maler schuf er Landschaften (insbesondere Bergbilder) und Genreszenen in Öl, Aquarell und Tempera, befasste sich zudem mit Druckgraphik. 1924 wurden seine expressionistischen Entwürfe zu «Tannhäuser» anlässlich eines Wettbewerbs für die Erneuerung alter Repertoire-Opern am Stadttheater Zürich preisgekrönt. 1928–1933 künstlerischer Leiter bei Orell Füssli. Beteiligung an zahlreichen Ausstellungen.

**von Moos, Max**
6.12.1903 Luzern – 28.5.1979 Luzern
Hauptvertreter des Surrealismus in der Schweiz. Begann 1919–1921 Studien an der Kunstgewerbeschule München (u.a. bei dem mystisch beeinflussten Jugendstilkünstler Jan Thorn-Prikker); zudem besuchte er kunsthistorische und anatomische Vorlesungen. Resigniert kehrte er in die Schweiz zurück und absolvierte eine Lehre als Buchantiquar in Basel (1924–1927). Nach einjähriger Tätigkeit als Antiquariatsgehilfe in Genf wandte er sich erneut der Malerei zu und arbeitete vorübergehend in einer Reklamefabrik in Horw, danach als freier Graphiker. Er fand zu einem individuell geprägten, engagierten Surrealismus, der eine apokalyptische Menschheitsvision beinhaltet. Als Plakatkünstler kreierte er in den fünfziger Jahren einen neuen Schrifttypus für Plakate der PdA. 1932 wurde er Fachlehrer für Schriften-, Figuren- und Aktzeichnen an der Kunstgewerbeschule Luzern, ab 1950 auch für Kunstgeschichte.

**Morach, Otto**
2.8.1887 Solothurn – 25.12.1973 Zürich
Nach der Maturität 1906 holte er sich an der Universität das Sekundarlehrerpatent (1908) und besuchte die Kunstgewerbeschule Bern. Erste Landschaften und Stilleben. 1909–1911 Aufenthalt in Paris, danach als Sekundarlehrer in Zug tätig. 1912/13 in Deutschland und Prag, später erneut in Paris. Erste Dombilder. Anregungen vom Kubismus und Orphismus sowie vom «Blauen Reiter». 1914–1918 als Maler und Lehrer in Solothurn, danach wurde er an die Zürcher Kunstgewerbeschule berufen, wo er bis 1953 angewandte Malerei unterrichtete (mit Unterbrüchen zwecks längeren Auslandaufenthalten, meist in Frankreich und Italien). Miterneuerer des Schweiz. Marionettentheaters. Kontakt mit Oskar Schlemmer und dessen Bühnenwerkstatt am Bauhaus. Begegnung mit dem Dadaismus und Mitglied der Künstlergruppe «Das Neue Leben», Basel. Die anfänglich bewegten, rhythmisch gegliederten Architektur- und Landschaftsbilder weichen im Spätwerk einer zunehmend abstrakten Verselbständigung der Linienstruktur. Auch als Dekorations-, Wand- und Glasmaler tätig sowie als Mosaizist und Teppichentwerfer, gemeinsam mit seiner Frau, der Bildhauerin Hermana Sjövall. Ferner zahlreiche Plakate (zwei Goldmedaillen an der Pariser Weltausstellung 1925).

1947

1981

um 1930

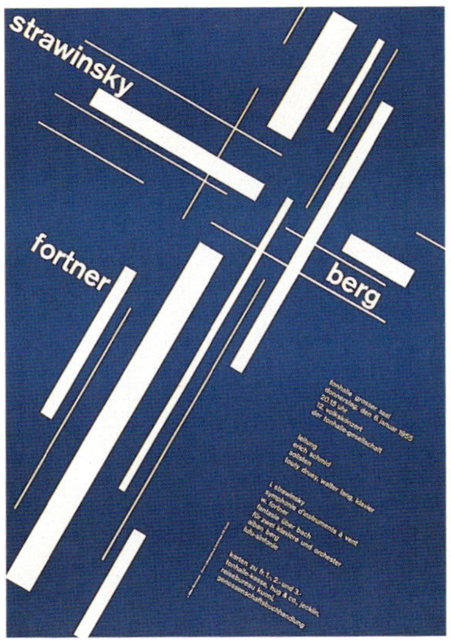


1955

**Morgenthaler, Ernst**
11.12.1887 Kleindietwil BE – 7.9.1962 Zürich
Nach Absolvierung des Gymnasiums war er einige Zeit in der Seidenbranche tätig, daneben zeichnete er für den «Nebelspalter». 1913 begann er eine künstlerische Ausbildung bei Eduard Stiefel in Zürich, später bei Fritz Burger in Berlin. 1915 Aufenthalt in München, Unterricht an der Privatschule von Heinrich Knirr sowie bei Paul Klee. 1916 Heirat mit der Puppenbildnerin Sasha (von Sinner) Morgenthaler. Nach Aufenthalten in Genf, Hellsau, Oberhofen und Zürich-Wollishofen übersiedelte er 1923 nach Küsnacht und 1929 nach Meudon bei Paris. Ab 1932 in Zürich-Höngg ansässig. Häufig weilte er bei Cuno Amiet auf der Oschwand, unter dessen Anleitung er zu seiner persönlichen, stimmungsgeladenen Gestaltungsweise fand. Zahlreiche Reisen, u.a. auch eine Weltreise. Langjährige Freundschaft mit Hermann Hesse. 1951–1954 Präsident der eidg. Kunstkommission. Neben Gemälden, Druckgraphik und dekorativen Wandmalereien hat er sich in zahlreichen Schriften auch über seine Malerfreunde geäussert.

**Morscher, Reinhart**
11.2.1938 Bludenz (A), lebt in Bern
Nach Maturitätsabschluss besuchte er 1957–1966 die Schule für Gestaltung sowie die Universität Basel. Seit 1973 freischaffender Gestalter in Bern. Lehrer für Verbale Kommunikation und Semiotik an der Höheren Schule für Gestaltung Basel. Vorträge und Seminare im In- und Ausland. Zu seinen wichtigsten Arbeitsbereichen gehören Corporate Identity, Graphic Design wie auch Kunst am Bau und im öffentlichen Raum. Preise für Graphik und Malerei. Ausstellungen in der Schweiz, Österreich, der BRD und den USA.

**Mossdorf, Ernst Gustav**
5.10.1902 Zürich – 2.2.1979 Luzern
1918–1922 Besuch der Kunstgewerbeschule Luzern, Lehrzeit als Medailleur und Graveur. 1922–1927 Ausbildung an der königlichen Kunstgewerbeschule in München (Abt. Goldschmiedekunst und Bildhauerei), unterbrochen durch Militärdienst 1924 in der Schweiz. 1927–1935 führte er ein eigenes Atelier als Gebrauchsgraphiker in Zürich (Zeitungsreklame, Prospekte und Plakate), daneben als Maler von Blumenstilleben tätig. 1935/36 als technischer Volontär am Landesamt für Denkmalpflege in München. 1937–1942 Nebenamtlehrer für graphisches Gewerbe an der Gewerbeschule Luzern. 1936 eröffnete er in Luzern ein Atelier für Restaurierung und befasste sich fortan vorwiegend mit restauratorischen Belangen (Aufträge u.a.: Restaurierung der Kapellbrücke Luzern).

**Müller-Brockmann, Josef**
9.5.1914 Rapperswil SG, lebt in Unterengstringen ZH
Vorlesungen an der ETH und der Universität Zürich. Zweijährige Lehre als Graphiker, ein Jahr Hospitant an der Kunstgewerbeschule Zürich. Seit 1936 selbständig. Ausstellungsgestaltungen im In- und Ausland. 1946–1952 als Bühnenbildner in Zürich, Chur, München und Kopenhagen. Marionetten-Entwürfe für «Hin und Zurück» von Hindemith. 1957 Gründer und Mitredaktor der Zeitschrift «Neue Grafik». 1957–1960 Fachlehrer für Graphik an der Kunstgewerbeschule Zürich. 1960–1989 Dozent in Europa und Übersee. 1965 Gründung der «galerie seestrasse» für konkrete und konstruktive Kunst in Rapperswil SG. 1964 Gestalter der Abteilung «Erziehung, Wissenschaft und Forschung» an der Landesausstellung Expo Lausanne. Seit 1950 zahlreiche Einzelausstellungen in Europa, den USA, Japan und Mittelamerika sowie Jury-Mitglied von Wettbewerben im In- und Ausland. 1967 Gründung der Agentur «Müller-Brockmann & Co.», seither europäischer Design-Consultant für IBM Europe. Für seine vielfach prämierten Plakate verwendet er Typographie, Photographie und geometrische Elemente als visuelle Gestaltungsmittel. Autor zahlreicher Bücher. Mehrere Auszeichnungen (1987 Goldmedaille Kt. Zürich für kulturelle Verdienste; 1988 Honorary Designer for Industry of the Royal Society of Arts, London).

1964

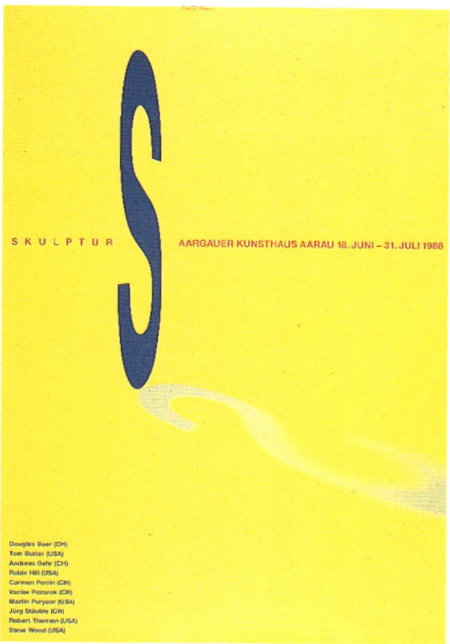


1988

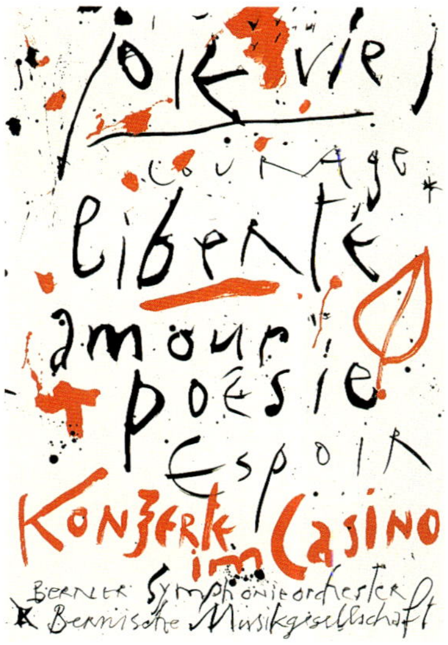


1984

1913

**Müller, Fridolin**
13.5.1926 Bärschwil SO,
lebt in Stein am Rhein SH
1945–1950 Ausbildung an der Kunstgewerbeschule Basel (u.a. bei Walter Bodmer, Armin Hofmann und Emil Ruder). Anschliessend arbeitete er während zwei Jahren in der Werbeabteilung der Firma Ciba-Geigy, danach eröffnete er ein eigenes Atelier in Zürich. 1960–1974 wirkte er als Art Director in der Werbeagentur Halpern in Zürich. Lehraufträge am National Design Institute in Ahmedabad, Indien (1965) und am College of Art in Philadelphia USA (1969/70). Seit den siebziger Jahren auch Beschäftigung mit Malerei und dreidimensionalen Objekten. In jüngster Zeit führt er wieder vermehrt Werbeaufträge aus, auch in der BRD.

**Müller, Lars**
25.12.1955 Oslo (N), lebt in Baden
Nach einer Graphikerlehre Studienaufenthalte in den USA und Holland. 1981 Mitarbeiter bei Total Design, Amsterdam. Seit 1982 führt er ein eigenes Atelier in Baden. Zahlreiche Plakate für kulturelle Institutionen in der ganzen Schweiz. 1985–1988 Fachlehrer an der Schule für Gestaltung Zürich. Seit 1983 verlegerische Tätigkeit in den Bereichen Kunst, Design, Architektur.

**Mumprecht, Rudolf**
1.1.1918 Basel,
lebt in Köniz BE und Brione TI
Jugend in Bern. 1934–1938 Lehre als Kartograph und Zeichner-Lithograph. Seit 1936 autodidaktische Ausbildung zum Maler, ab 1944 erprobte er insbesondere die Druckgraphik. In den fünfziger Jahren löste er sich allmählich vom Gegenständlichen und gelangte über konkrete, tachistische und gestische Versuche zur Abstraktion. Die zunehmende Formbefreiung führte ihn schliesslich zu seinen «Schriftbildern», für die er nunmehr bekannt ist. Wohnhaft war er in Paris 1949–1954 und Versailles 1960–1964, Bern, Schaffhausen und Zürich; 1964 liess er sich in Köniz nieder, seit 1987 arbeitet er teilweise auch im Tessin. Zahlreiche Preise und Auszeichnungen sowie Ausstellungen im In- und Ausland.

**Muret, Albert**
1.6.1874 Morges VD –
23.9.1955 Pully VD
Nach Maturitätsabschluss in Lausanne Besuch der Ecole des Arts Industriels in Genf. 1894 Übersiedlung nach Paris, bis 1899 tätig in mehreren Ateliers (u.a. bei Benjamin Constant). Mithilfe bei den Malereien von Puvis de Chavannes im Panthéon. Glasmalereistudien. Niederlassung in Lens VS, später in Pully. Tätig als Maler, Graphiker und Glasmaler. 1923 wirkte er bei den Festdekorationen anlässlich der Major-Davel-Feiern mit. Zahlreiche seiner Werke in öffentlichem Besitz.

# N

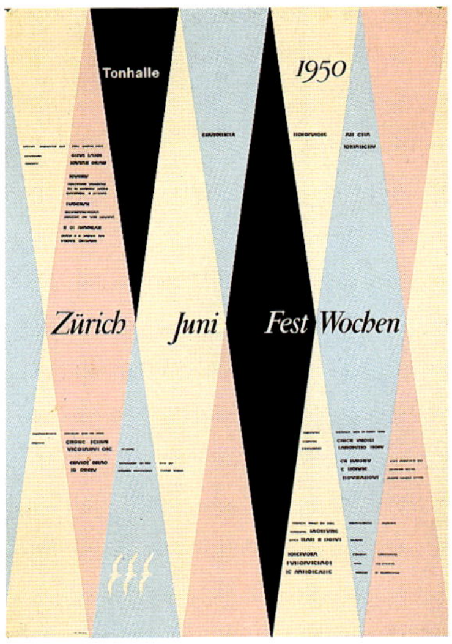


1950

1930

1954

1988

**Neuburg, Hans**
20.3.1904 Grulich (Böhmen, heute CSFR; Bürger von Zürich) – 24.6.1983 Zürich
Aufgewachsen in Zürich. Absolvierte während drei Jahren eine kaufmännisch-technische Lehre bei Orell Füssli, anschliessend bei verschiedenen Firmen in Zürich als Graphiker und Texter tätig, ab 1932 in Basel als Propagandachef. Ab 1936 betrieb er ein eigenes Atelier für Gebrauchsgraphik in Zürich; er gilt als Anreger der schweiz. Industriegraphik, die seit den dreissiger Jahren nach konstruktivistischen Prinzipien arbeitete (Plakate, Signete, Ausstellungsstände, Kataloge usw.). Bildredaktor der illustrierten Zeitschrift «Woche» und Mitbegründer der Zeitschrift «Neue Grafik». Er trat neben seiner hauptberuflichen Tätigkeit als Graphiker auch als Maler (Landschaften und Bildnisse sowie surrealistische und abstrakte Versuche) und als Kunstkritiker hervor.

**Neukomm, Emil Alfred**
8.6.1906 Bern – 26.2.1948 Davos
Nach Maturitätsabschluss am Berner Gymnasium Aufenthalt in Strassburg, wo er sich zum Graphiker ausbildete. Ende der zwanziger Jahre übersiedelte er nach Paris, wo er mit seinem Bruder Fred Neukomm ein Werbeatelier leitete. 1939 Rückkehr in die Schweiz. Tuberkuloseerkrankung. Unterbrochen von Kuraufenthalten in Davos arbeitete er bei Jelmoli in Zürich sowie für die Schriftgiesserei Haas in Münchenstein.

**Neukomm, Fred**
19.5.1905 Bern – 23.12.1988 Basel
Nach einer kaufmännischen Ausbildung und gleichzeitigem Besuch von Zeichenkursen an der Gewerbeschule Bern wandte er sich der Graphik zu. 1924/25 in Paris, anschliessend in Strassburg tätig. 1926–1928 als selbständiger Graphiker in Barcelona. 1928 ging er zur Weiterbildung erneut nach Paris, Zeichenunterricht bei Maudin und Bildhauerei bei Bourdelle, gleichzeitig Mitarbeiter bekannter Reklamefirmen. Bis 1939 führte er mit seinem Bruder in Paris ein Reklameatelier (Kunden u.a. Ford, Nestlé France, PKZ, Peugeot, His Masters Voice, Maggi); ab 1940 in Basel (Kunden u.a. Thomi & Franck, Knorr, Liebig, Bâloise Vers.), wobei er Mitinhaber eines Reklamebüros in Paris blieb.

**Neumann, Pierre**
14.9.1951 Adelaide (Australien), lebt in Vevey VD
Nach Schulen in Neuchâtel 1964–1972 besuchte er in Lausanne die Ecole d'Art Appliqué Monnerat (1973/74) und anschliessend bis 1978 die Ecole Cantonale des Beaux-Arts. 1978/79 Mitarbeiter bei Werner Jeker in Châtillens. Seit 1980 ist er als freier Graphiker tätig. 1983–1986 Ateliergemeinschaft mit KZ Design und Magali Koenig, Photograph. 1985/86 unterrichtete er Graphik an der Ecole Cantonale d'Art in Lausanne. Zahlreiche Auszeichnungen für Buchgestaltungen und Plakate, zweimal erhielt er das Eidg. Stipendium für angewandte Kunst, wiederholt stellte er seine Werke aus. Seit 1987 führt er eine eigene Agentur in Montreux. Zu seinen Auftraggebern gehören insbesondere kulturelle Institutionen wie etwa Museen in Sion und Lausanne sowie das Béjart-Ballett, Lausanne.

# O

1955

1981

1926

1926

**Nitsche, Erik**
7.7.1908 Lausanne,
lebt in Ridgefield, Connecticut (USA)
Künstlerische Ausbildung in Lausanne, Paris und München. Ging 1934 in die USA, wo er durch Arbeiten auf dem Gebiet des Industrie-Designs (über 300 Schallplattenumschläge für Decca) hervortrat. Art Director verschiedener Warenhäuser. Werbeleiter für industrielle Unternehmen und Graphiker für kulturelle Institutionen. Massgebender Einfluss auf die Entwicklung der amerikanischen Gebrauchsgraphik. 1947 Vizepräsident der Dorland International, 1955 Art Director der General Dynamics. Machte sich zudem für die friedliche Nutzung der Atomenergie einen Namen (1955 Plakatserie für General Dynamics «Die Entdeckung des Universums», die das Thema der wissenschaftlichen Forschung im Dienste der Menschheit behandelt). Ab 1960 Gestalter populärwissenschaftlicher Buchreihen, später von Kinderbüchern. Zahlreiche Preise und Auszeichnungen.

**Odermatt, Siegfried**
13.9.1926 Neuheim ZG, lebt in Zürich
Als Graphiker ist er Autodidakt. Er arbeitete kurze Zeit bei einem Industrie-Graphiker und war während mehreren Jahren freier Mitarbeiter des Malers und Graphikers Hans Falk. Nach einer dreijährigen Tätigkeit in einer Werbeagentur machte er sich 1950 selbständig. Seit 1968 Ateliergemeinschaft mit Rosmarie Tissi, seit 1974 Mitglied der AGI. 47 verschiedene Sonderbeiträge in internationalen Fachzeitschriften und Büchern. 1988 Jurymitglied an der 12. internationalen Plakat-Biennale in Warschau. Seine oft streng typographisch gestalteten Plakate wurden gemeinsam mit jenen von Rosmarie Tissi in zahlreichen Gruppen- und mehreren Einzelausstellungen gezeigt, auch sind sie in vielen Galerien und Museen in Europa, den USA und Japan vertreten. Mehrere Auszeichnungen (u.a. einen der drei 1. Preise an der 5. Intern. Plakatausstellung in Fort Collins, Colorado; 1989 Icograda Preis an der 8. Poster Biennale in Lahti, Finnland).

**Oechslin, Arnold**
7.6.1885 Schaffhausen –
14.11.1960 Schaffhausen
1903–1906 Besuch der königl. Kunstgewerbeschule Nürnberg, 1906–1908 und 1911–1914 Hochschule für bildende Künste in Berlin-Charlottenburg. Mit Ausnahme eines zweijährigen Unterbruchs war er seit 1917 in Schaffhausen als Lehrer für Modellieren und Zeichnen an der Städt. Gewerbeschule und der Pestalozzischule tätig. Daneben schuf er Landschaften in Öl und figürliche Radierungen, insbesondere Exlibris, ferner Plakate und Reklamen aller Art. Führte auch mehrere Wand- und Fassadenmalereien aus für Stadt und Kanton Schaffhausen.

**Oesch, Albert-Sebastian**
25.3.1893 St. Gallen –
14.3.1920 St. Gallen
Nach einer Lehre als Stickereizeichner besuchte er 1911 die Böcklin-Akademie in Zürich, 1912 hielt er sich in Weimar und Berlin auf. Kurze Zeit als Lithograph in Zürich tätig. 1914 Reise nach Algier und 1915–1917 Aufenthalt in Paris. Anschliessend ansässig in St. Gallen, im Tessin und im Appenzell. Die Landschaften des in jungen Jahren an der Grippe verstorbenen Künstlers stehen in der Nachfolge Hodlers, seine figürlichen Kompositionen – Appenzeller Typen und Sitten – sind den Bauernbildern des Berners Max Buri verwandt, wenn auch von stärkerer Lokalfarbigkeit.

# P

1968

**Olpe, Peter**
13.9.1949 Zürich, lebt in Basel
1965–1970 Graphikerausbildung an der Fachklasse der Allg. Gewerbeschule Basel unter Armin Hofmann. Seit 1972 ist er hier als Lehrer für Zeichnen und Photographie tätig. 1984 gastierte er zudem als Dozent an der Rhode Island School of Design, USA. Als Plakatgestalter arbeitete er häufig für das Gewerbemuseum Basel. Er beschäftigte sich mit verschiedenen Projekten aus dem Film- und Photobereich (1976 «Velofilmmaschine» – der Velofahrer filmt sich selbst) und setzt sich seit zehn Jahren intensiv mit Lochkameras auseinander.

1959

**Ongaro, Jean/Ongaro, Lucien**
Beide 12.8.1925 Genf, leben in Genf
Nach Abschluss der Ecole des Arts Décoratifs in Genf (Graphik-Fachklasse) absolvierten sie diverse Praktika in Neuchâtel, Basel, Zürich und Lausanne. 1948 eröffneten sie ein gemeinsames Atelier in Genf. Zahlreiche Aufträge für Plakate, Ausstellungsgestaltungen, Werbekampagnen, Schaufensterdekorationen usw. Ferner Briefmarkenentwürfe und Tätigkeit für die Expo Lausanne 1964. Wiederholte Auszeichnungen.

1949

**Ott, Henri**
16.5.1919 Zürich, lebt in Endingen
1935–1938 Lehre als Schriftenmaler, 1938/39 Kunstgewerbeschule Zürich. Neben figürlichen Gemälden und Landschaftsbildern schuf er auch Gebrauchsgraphik und Plakate, Mosaike, Majolika, Wandteppichentwürfe sowie Festdekorationen.

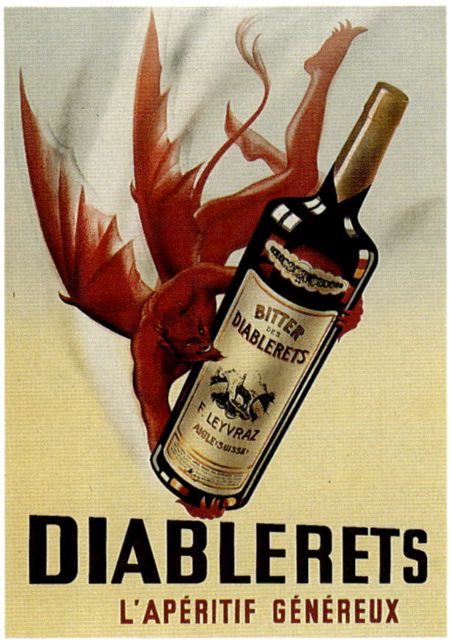


1944

**Peikert, Martin**
5.4.1901 Zug – 3.9.1975 Zug
Während seinen Ausbildungsjahren an der Ecole des Beaux-Arts in Genf (bis 1921) erste Versuche als Reklamezeichner. Studienaufenthalte in Stuttgart, Hamburg, Berlin und Paris. 1923 als Reklame- und Dekorationsmaler in einem Warenhaus in Genf. 1925 trat er ins graphische Atelier von Orell Füssli in Zürich ein, ab 1927 als freier Mitarbeiter, insbesondere lieferte er für deren Zeitschrift «Wochenschau» die Titelblätter und Illustrationen. 1940–1950 im Welschland ansässig. Er schuf auch Reklamegraphiken, Plakate und Signete für Firmen, für Verkehrsorganisationen sowie für Sportanlässe. Schriftzug und Markenzeichen halten sich stets gekonnt die Waage. Zeitlebens hat er sich nebenbei als Landschaftsmaler betätigt.

1924

um 1900

1921

1972

**Pellegrini, Alfred Heinrich**
10.1.1881 Basel – 5.8.1958 Basel
Sohn eines Steinbildhauers aus Stabio. Er arbeitete nach der Realschule im väterlichen Bildhauergeschäft, daneben Besuch der Basler Gewerbeschule. 1899–1901 Aktzeichnen an der Akademie in München. 1902–1906 in Genf als Lithograph tätig, wo er u.a. politische Plakate herstellte. Es entstanden auch einige Landschaftsbilder sowie erste Blumenstilleben und Figurenbilder. Anschliessend weilte er in Stuttgart, Unterricht bei Adolf Hölzel. Seit 1906 Mitglied der Münchner Sezession. Kontakt zu Otto Meyer-Amden und Hans Brühlmann. Ab 1917 wieder in Basel ansässig. 1948 erhielt er den Kunstpreis der Stadt Basel. In seinem umfangreichen Œuvre finden sich grosse Figurenkompositionen, monumentale Wandgemälde sowie Reklamewandbilder, daneben aber auch Tafelbilder – Bildnisse, Jagdbilder, Landschaften –, wobei Graubündner Landschaftsmotive einen grossen Stellenwert einnehmen.

**Pellegrini, Carlo**
25.10.1866 Albese (I) –
5.9.1937 Albese
Studien an der Accademia di Brera in Mailand, 1897 wurde er zu deren Ehrenmitglied ernannt. Ab 1900 Wohnsitz in der Schweiz, zunächst in Genf, dann in Adelboden. Kunstberater der Verlagsfirma Vouga & Co. in Genf. Zahlreiche Postkarten zum Thema Sport und Winterlandschaft. Reisen in ganz Europa. Einladung von Baron Coubertin, für die Winterolympiade in Stockholm 1912 ein Motiv zu entwerfen, für das er die Goldmedaille erhielt. 1914 Rückkehr in die Schweiz. Aufträge für Landschaftsbilder, insbesondere Engadiner Winterlandschaften, sowie für Porträts.

**Pernet, Percival**
26.12.1890 Evian (F) –
19.11.1977 Thônex (GE)
Nach seiner Ausbildung (1908–1912) an der Ecole des Arts Industriels in Genf spezialisierte er sich auf den Holzschnitt und die Farblithographie: figürliche Kompositionen, expressive Köpfe und Landschaften. Später arbeitete er v.a. in Öl und Mosaik. Ferner entwarf er Möbel, Textilien, Buchillustrationen und Plakate, führte auch Holzeinlegearbeiten und Innenausstattungen mit dekorativer Malerei aus.

**Pfeiffer, Walter**
29.3.1946 Beggingen SH,
lebt in Zürich
Aufgewachsen in Neunkirch SH, Lehre als Schaufensterdekorateur. 1966–1968 F+F-Klasse Kunstgewerbeschule Zürich. Seit 1971 als Künstler tätig. Zahlreiche Ausstellungen im In- und Ausland. Mehrere eidg. und kant. Stipendien sowie 1980 das New York Stipendium der Stadt Zürich.

1986

**Pfund, Roger**
28.12.1943 Bern, lebt in Carouge/Genf
1963–1966 Graphikerlehre bei Kurt Wirth. Seit 1966 eigenes Graphikatelier. Auch als Kunstmaler tätig. 1971 gewann er den ersten Preis beim Banknoten-Wettbewerb der Schweiz. Nationalbank. 1972/73 führte er Wandmalereien aus für die Kaserne Wangen a.A. und die Schweiz. Volksbank, Neuchâtel. Plakate für Museen in Bern und Genf sowie für kulturelle Veranstaltungen. Vielfache Auszeichnungen und Stipendien, Einzelausstellungen und Gruppenausstellungsbeteiligungen im In- und Ausland. Zahlreiche Buchgestaltungen, u.a. «L'Art pour l'Aare, Bernische Kunst im 20. Jahrhundert», 1985 und «Festschrift 75 Jahre IBM Deutschland». Erarbeitung des Erscheinungsbildes Centre Culturel Suisse Paris für Pro Helvetia. 1986–1988 Gestaltung des Internationalen Museums des Roten Kreuzes in Genf.

1971

**Piatti, Celestino**
5.1.1922 Wangen ZH,
lebt in Duggingen/Basel und Basel
1937 Besuch der Kunstgewerbeschule Zürich, 1938–1942 Lehre als Graphiker bei Gebrüder Fretz AG Zürich. 1948 eröffnete er ein eigenes Atelier. Er führte nicht nur zahlreiche Aufträge für Plakate aus, die vielfach preisgekrönt wurden, sondern war auch für Werbekampagnen und ab 1960 für die künstlerische und typographische Gestaltung des Verlagsprogramms des Deutschen Taschenbuch Verlags (dtv) verantwortlich (über 5000 Buchumschlagentwürfe). Schuf auch Wandbilder (u.a. 1960 Ciba AG Basel; 1967 Schweizer Pavillon Expo Montreal) und monumentale Glasgemälde. Er trat zudem als Illustrator und Gestalter von vielen Kinderbüchern hervor (Texte: Ursula Piatti), die, in unzählige Sprachen übersetzt, weltweit erschienen sind. Neben seiner graphischen Tätigkeit widmet er sich in den letzten Jahren vermehrt der freien künstlerischen Arbeit: Werke in Öl, Aquarell, Zeichnungen sowie druckgraphische Blätter. Zahlreiche Ausstellungen und Preise im In- und Ausland.

1960

**Plancherel, Jacques**
23.1.1926 Arosa, lebt in Zürich
1940–1944 Kunstgewerbeschule Zürich, Fachklasse Graphik bei Ernst Keller. 1945 Praktikum bei Cliché Schwitter AG Zürich/Basel. Danach bis 1950 als Buchgestalter im Walter-Verlag Olten und 1951–1976 als Bildredaktor und Layout-Verantwortlicher der Illustrierten Zeitschrift «Die Woche» tätig, ab 1953 zudem als Lehrer und Leiter der Graphikabteilung an der Schule für Gestaltung Luzern. 1965–1988 Prorektor der Schule. Ab 1954 führte er ein eigenes graphisches Atelier in Zürich. 1960–1964 Arbeitsgemeinschaft mit Beno Blumenstein für die Gestaltung von zwei Abteilungen im Sektor «Menschliche Gesellschaft» an der Expo Lausanne. 1968 Gründung des Ateliers B+P mit Beno Blumenstein und dem Photostudio Visual in Zürich.

um 1930

**Plattner, J. Otto**
29.6.1886 Liestal –
20.10.1951 Stein a. Rhein
Ausbildung zum Dekorationsmaler in Basel. Es folgten Studienjahre an der Ecole des Beaux-Arts in Genf und Paris sowie ein Aufenthalt in München. 1912 kehrte er in die Schweiz zurück und richtete sich ein eigenes Atelier ein. Seit 1936 war er wieder in Liestal, mehrere Reisen führten ihn u.a. nach Tunesien, in die Bretagne, nach Ungarn und Italien. Neben zahlreichen Wandmalereien an Hausfassaden in Basel und Liestal sowie der Bemalung des Stadttors in Laufen pflegte er die Landschaftsmalerei. Er war aber auch als Heraldiker tätig und beschäftigte sich intensiv mit dem Schweizerkreuz als Landeszeichen (vgl. seine Schrift dazu «Das Kreuz im Landesbanner»).

1989

1968

1918

um 1950

**Poussin, Gérald**
13.8.1946 Carouge/Genf, lebt in Genf
Lehrabschluss 1965 als Heizungsmonteur. Als Künstler ist er Autodidakt. 1970 verfasste er zwei Kurz-Trickfilme («Trou attention»; «Colonel Zabu»), die, im Verbund mit weiteren Filmen des Studios GDS Carouge als «Patchwork» bezeichnet, am Festival von Annecy 1971 prämiert wurden. 1975 erhielt er die «Bourse Lissignol», Genf; 1983 und 1984 Eidg. Stipendium für angewandte Kunst. Gestalterisch tätig in verschiedenen Bereichen: Plakate im Comic-Stil, Signete, Buchgestaltungen, Bühnenbilder, Möbelentwürfe, Wandgemälde für öffentliche Gebäude, Illustrationen für diverse Zeitungen (u.a. L'Hebdo, Emois, Tribune de Genève, Libération; A Suivre). Regelmässig Ausstellungen in der Schweiz und im Ausland. Beauftragter für das Projekt des Festival International de la Bande Dessinée in Sierre VS im Rahmen von CH 91.

**Prack, Fredy**
19.6.1940 Basel, lebt in Basel
Aufgewachsen in Riehen BS. 1956–1961 Graphikerlehre in einem Atelier und an der Allg. Gewerbeschule Basel. 1961/62 in Biel und 1962/63 in Mailand tätig. Ab 1964 selbständig, seit 1971 führt er in Basel gemeinsam mit René Beuret ein Atelier für Werbegraphik.

**de Praetere, Jules (Prater)**
21.1.1879 Ledeberg bei Gent (B) – 3.5.1947 Basel
Studien an der Académie Royale des Beaux-Arts und der Ecole Industrielle in Gent. Reisen nach Frankreich, Holland und England. 1898–1901 Betrieb einer Handpresse für bibliophile Drucke. 1901–1905 Lehrer für Graphik an der Kunstgewerbeschule Krefeld, der Ecole du Livre in Gent und an der Kunstgewerbeschule Düsseldorf. 1905–1921 amtierte er als Direktor der Kunstgewerbeschule und des Kunstgewerbemuseums in Zürich, mit einem Unterbruch 1915–17, als er dieselbe Stellung in Basel innehatte. Daneben Beschäftigung mit graphischen Belangen (Buchillustration, Plakate) und Kunstgewerbe aller Art. 1921 Rückkehr nach Belgien, Lehrer für industrielle Formgebung. 1941 als Commissaire Général du Gouvernement Beauftragter für Kunstausstellungen im Ausland.

**Rabinovitch, Gregor**
13.8.1884 Leningrad – 31.10.1958 Zürich
Nach Beginn eines Architekturstudiums in Leningrad Ausbildung als Maler und Graphiker in München. Ab 1905 Jurastudium in Moskau (Promotion 1911). 1912–1914 künstlerisch in Paris tätig. 1914 kam er nach Genf, ab 1915 in Zürich ansässig, wo er 1917 die Malerin Stephanie von Bach heiratete und sich 1929 einbürgerte. Er schuf zahlreiche graphische Einzelblätter und Mappenwerke wie auch Buchillustrationen (u.a. zu E.T.A. Hoffmann). Das Figürliche steht im Vordergrund, wobei das östliche Element wie auch expressionistische Einflüsse erkennbar sind. Während Jahrzehnten wirkte er als Karikaturist beim «Nebelspalter» mit.

1977

1895

1905

1988

**Raetz, Markus**
6.6.1941 Büren a.d. Aare BE, lebt in Bern
1957–1961 Lehrerseminar Hofwil BE. Seit 1963 freischaffender Künstler. 1971 Aufenthalt in Marokko. 1969–1973 wohnhaft in Amsterdam, 1973–1976 in Carona TI. 1979 Gast des Stedeljik Museum, Amsterdam, 1981/82 des Berliner Künstlerprogramms DAAD. Wichtigstes Anliegen ist ihm die Erforschung der Wahrnehmungsmechanismen. Die poetisch anmutenden Arbeiten, die er in seinen Notizbüchern entwirft, reichen von Porträts und Zeichnungen über mythologische Architektur-Situationen und Steinskulpturen bis hin zu anamorphotischen Installationen. Zahlreiche Einzel- und Gruppenausstellungen im In- und Ausland, u.a. 1986 Retrospektive im Kunsthaus Zürich, 1989 im Museum für Gegenwartskunst Basel. 1986 vertrat er die Schweiz an der Biennale in Venedig.

**Reckziegel, Anton**
27.7.1865 Gablonz (Böhmen) – 20.10.1936 Mödling bei Wien
Der Landschaftsmaler und Plakatzeichner hatte in seiner Geburtsstadt die Kunstschule durchlaufen und kam mit 19 Jahren nach Graz an die Akademie. Anschliessend leistete er Militärdienst, zuerst Feldzug nach Bosnien, dann zwei Jahre in der Kartographie von Wien. Hierauf Rückkehr nach Graz, drei Jahre in der graphischen Anstalt Metey als Landschaftsmaler tätig. 1892 kam er in die Schweiz in die Firma Müller und Trüb, wo er als Plakatmaler Beschäftigung fand. 1898 Übersiedlung nach Bern, ebenfalls als Plakatmaler tätig. Nach vier Jahren machte er sich selbständig und lieferte Plakatentwürfe für zahlreiche Länder Europas. 1908 Serie von 12 Blättern mit Landschaftsdarstellungen für Lehrzwecke. Im selben Jahr Reise zum Nordkap und durch Skandinavien. Werbebilder für die Norwegischen Staatsbahnen und Dampfschiffslinien. 1912 Niederlassung in Mödling bei Wien. Weiterhin als Landschaftsmaler und Entwerfer von Werbebildern tätig.

**Renggli, Eduard**
25.2.1882 Luzern – 5.4.1939 Luzern
Ausbildung an den Akademien München und Rom. Seit 1906 in Luzern ansässig. Zeichenlehrer an der Kantonsschule und Kunstgewerbeschule. Zu Beginn zahlreiche gebrauchsgraphische Arbeiten und Plakatentwürfe. Daneben Zeichnungen und Tafelbilder, in der Nachfolge Hodlers stehend. Seit den zwanziger Jahren trat die Wandmalerei in den Vordergrund, zahlreiche Aufträge für Fassaden an Kirchen und öffentlichen Bauten (Friedhöfe, Gasthöfe). Didaktische Publikationen zum Zeichenunterricht.

**Rentschler, Christian**
25.9.1946 Zürich, lebt in Hausen a.A.
Bis 1963 besuchte er die Rudolf Steiner-Schule in Zürich, anschliessend 1964–1968 Ausbildung zum Graphiker in Zürich. 1969/70 arbeitete er in einer Werbeagentur in London. Seit 1970 tätig als selbständiger Graphiker und Illustrator.

1933

1971

1957

1908

**Rick (Rickenbacher), Numa Walter**
8.7.1902 Basel – 20.10.1973 Basel
1918–1921 kaufmännische Lehre und Abendkurse an der Allg. Gewerbeschule Basel. 1920–1922 als Entwerfer bei den Basler Werkstätten für Kunst und Gewerbe. 1924–1939 in Paris als freischaffender Graphiker und Maler. Ab 1937 vorwiegend Ausstellungsgestaltungen (u.a. Weltausstellung Paris 1937, Landesausstellungen Zürich 1939 und Lausanne 1964). Ab 1939 in Basel ansässig, künstlerische und gestalterische Aufgaben für Ciba-Geigy. 1948–1950 Graphik-Fachlehrer im Nebenamt an der Allg. Gewerbeschule Basel. Gebrauchsgraphische Tätigkeit, ferner ungegenständliche geometrisierende Kompositionen in Techniken aller Art, auch Bildteppich-Entwürfe, Fassadenschmuck und Glasmalerei.

**Rieser, Willi**
23.4.1936 Zürich, lebt in Zürich
Lehre als Graphiker 1954–1958. Danach bis 1962 als freischaffender Maler in Spanien tätig. Ab 1963 arbeitete er als Illustrator und Graphiker für Werbeagenturen und Firmen (Advico, Leo Burnett, Wirz, Kodak, Volkswagen, Swissair, TWA, IBM, Sinalco, SBB u.a.m.). Seit 1988 beschäftigt er sich wieder vermehrt mit freier Malerei.

**Rissone, Emilio**
29.5.1933 Viganello TI,
lebt in Viganello
Nach einem Handelsdiplomabschluss in Luzern besuchte er 1952–1958 die Graphik-Fachklasse an der dortigen Kunstgewerbeschule (Schüler von Max von Moos und Werner Andermatt). Anschliessend absolvierte er die British School of Design in London. Seit 1960 erteilt er Graphikunterricht am CSIA in Lugano und amtiert als kantonaler Experte für Kunsterziehung. Seine zeichenhaften Plakatentwürfe lassen die ausgedehnte Tätigkeit als Glasmaler erkennen (mehrere Aufträge für private und öffentliche Bauten im Tessin). Zahlreiche Ausstellungen im In- und Ausland.

**Roesch, Carl**
9.5.1884 Diessenhofen TG –
27.11.1979 Diessenhofen
Dem Wunsch des Vaters folgend frühe handwerkliche Lehre. Zusammenbruch und Krankheit. Während der Genesungszeit Beginn mit Zeichnungen. Besuch des Technikums in Winterthur, zunächst Maschinenabteilung, 1901–1903 Kunstabteilung (L. Calame). 1903 Kunstgewerbeschule Karlsruhe und anschliessend bis 1906 graphische Privatschule in München. Ab 1907 Wohnsitz in Diessenhofen. Freundschaft u.a. mit Cuno Amiet, Ernst Morgenthaler und Max Gubler. Zahlreiche Reisen nach Italien und Paris. Zur finanziellen Sicherung des Studiums führte er druckgraphische Arbeiten wie auch Werbegraphik und Plakate aus. Im Handwerklichen verwurzelt, neigte er zum Monumentalen. Grosse Aufträge für zahlreiche Wand- und Glasmalereien sowie Mosaikarbeiten. In der Tafelmalerei allmähliche Abkehr vom Genrehaften hin zu figurativer Rhythmisierung und Geometrisierung der Form.

1983

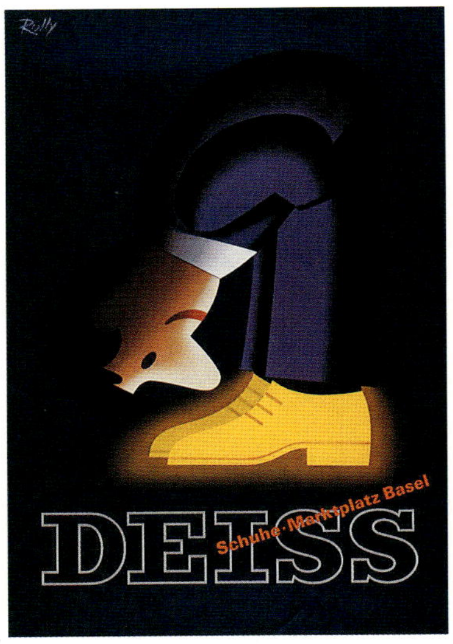


1983

1981

1986

**Rohr, Marcel**
7.11.1935 Zürich, lebt in Zürich
Ab 1951 absolvierte er eine Lehre als Bauzeichner und anschliessend das Abendtechnikum. Tätigkeit in verschiedenen Ingenieurbüros. Ab 1976 Zweitausbildung als Graphiker und Photograph in diversen Werbeagenturen. Seit 1982 betätigt er sich auch als Gestalter von thematischen Ausstellungen (z.B. Masken, Comics, Der Stuhl, Tanz, Menschenrechte u.a.). Auch seine bisher über 50 entworfenen Plakate galten vorwiegend kulturellen Veranstaltungen. Als Zeichner und Maler seit 1978 mehrere Einzelausstellungen und Beteiligung an Gruppenausstellungen.

**Rolly, Hanspeter**
18.12.1924 Basel, lebt in Basel
1941–1948 Besuch der Kunstgewerbeschule Basel und Absolvierung einer Graphikerlehre bei Herbert Leupin. Anschliessend Mitarbeit bei diversen Graphikern zwecks Weiterbildung. 1950–1969 zunächst Mitarbeiter von Hermann Eidenbenz, danach Chefgraphiker und später Teilhaber im Atelier Eidenbenz, Basel. Ab 1969 gemeinsam mit Jürg Spahr (Jüsp) Inhaber eines Ateliers für Graphik, Photographik und Werbung, seit 1983 ist er Alleininhaber eines Ateliers für Graphik-Design. Seine Tätigkeit umfasst viele Bereiche der angewandten Graphik: Signete, Namenszüge, Prospekte, Buchgestaltung, Verpackungsdesign sowie Plakate.

**Roth (Rot), Dieter**
21.4.1930 Hannover (Bürger von Fahrni BE), lebt in Island, Mols SG und Stuttgart
1943 Übersiedlung in die Schweiz, Schulen in Zürich, St. Gallen und 1947 Graphikerlehre in Bern. 1950–1954 Gelegenheitsarbeit in Bern und Solothurn. 1955 als Textilzeichner und Gebrauchsgraphiker in Kopenhagen tätig. Ab 1957 wohnte er in Reykjavik, Island, unterbrochen durch Aufenthalte in Europa und den USA. Seine Ruhelosigkeit drückt auch sein vielfältiges Schaffen aus, stets entzieht er sich festlegbaren Wertvorstellungen. In neodadaistischer Verbindung von visuellen und verbalen Elementen entsteht ein umfangreiches Buchwerk, doch: «um schreiben zu können», malt er. Beteiligung an Aktionen im Rahmen der Happening- und Fluxus-Szene; Objekte und Bilder aus organischem, dem Verfall ausgesetztem und dem Zufall überlassenem Material (Brot, Schokolade, Gewürze usw.). Lehrtätigkeit an Kunstschulen in den USA und in Europa. Zahlreiche Einzelausstellungen (u.a. 1986 Werkschau im Museum für Gegenwartskunst Basel und 1987 in der Kunsthalle Hamburg).

**Roth, Fulvio**
24.11.1944 Faido TI, lebt in Bellinzona
Schulen in Lavorgo, danach Lehre in Bellinzona als technischer Zeichner 1960–1967 (mit Diplomabschluss). Anschliessend besuchte er bis 1972 die Kunstgewerbeschule Basel. Seit 1973 führt er ein eigenes graphisches Atelier in Bellinzona; Aufträge für touristische, kulturelle sowie kantonale Belange.

1955

1973

1934

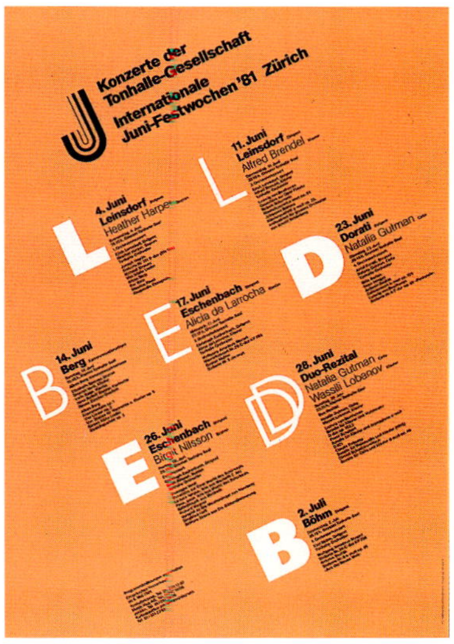


1981

**Ruder, Emil**
20.3.1914 Zürich – 13.3.1970 Basel
1929–1933 Berufslehre als Schriftsetzer. 1938/39 Studienaufenthalt in Paris. 1941/42 besuchte er die Kunstgewerbeschule Zürich und nahm Unterricht in Schriftsatz und Buchdruck. 1942 wurde er zum hauptamtlichen Fachlehrer für Typographie an die Allg. Gewerbeschule Basel ernannt, 1947 zum Abteilungsvorsteher (kunstgewerbliche Lehrlingsabteilung). Initiant und Leiter der Tagesfachklasse für Buchdruck. In den folgenden Jahren war er aktiv im SWB und ab 1961 Mitglied der Eidgenössischen Kommission für angewandte Kunst sowie künstlerischer Berater der PTT-Wertzeichenabteilung. 1962 Mitbegründer des «International Center for the Typographic Arts» (ICTA), New York. 1965 Wahl zum Direktor der Allgemeinen Gewerbeschule und des Gewerbemuseums Basel, Positionen, die er bis zu seinem Tod bekleidete.

**Rudin, Marc**
29.9.1945 Solothurn,
lebt in Griechenland
Nach Absolvierung des graphischen Vorkurses an der Kunstgewerbeschule Bern machte er 1963–1967 eine Graphikerlehre bei Jürg E. Mauerhofer. Anschliessend arbeitete er für verschiedene Firmen und Werbeagenturen in Solothurn, Bern und Paris, z.T. als leitender Graphiker. Seit 1969 freierwerbend. Zahlreiche Aufträge wurden ihm von den SBB sowie der Tourismusbranche erteilt. Seit 1980 weilt er in Griechenland.

**Rüegg, Albert**
17.8.1902 in Zürich – 4.8.1986 Zürich
Erste künstlerische Anregungen von E. Gubler, Zeichenlehrer an einer Sekundarschule in Zürich. 1918–1922 absolvierte er in der Graphischen Anstalt Wolfensberger, Zürich, eine Graphikerlehre, Abendkurse an der Kunstgewerbeschule Zürich. 1922–1924 Staatl. Kunstgewerbeschule München. Ab 1924 wieder in Zürich ansässig. 1939 gründete er die Zeitschrift «Kunst und Volk» und war zudem Präsident der Zürcher GSMBA-Sektion. Neben seiner Tätigkeit als Gebrauchsgraphiker widmete er sich v.a. der Malerei (Landschaften, Stilleben und Bildnisse), die nach expressionistischen, linearen Anfängen zunehmend eine Auflockerung erfuhr, stets aber dem Gegenständlichen verpflichtet blieb. Ferner Zeichnungen, Lithographien, Entwürfe für Wandmalereien und mehrere Serien von Reisebildern (Italienreise 1932; Südamerikareise 1962; Venedig 1963).

**Rüegg, Ruedi**
4.8.1936 Zürich, lebt in Zürich
Ausbildung an der Kunstgewerbeschule Zürich. 1960–1963 im Atelier von J. Müller-Brockmann als Graphiker tätig. 1963/64 Assistent von Paul Rand, Westen (USA), Studienreisen in den USA und Mexiko. 1964/65 in Osaka, Japan. 1965 Rückkehr ins Atelier J. Müller-Brockmann und 1967–1976 Mitinhaber und geschäftsführender Partner der Werbeagentur MB & Co., Zürich. 1977 Eröffnung der Bürogemeinschaft Baltis und Rüegg BSW. Mitglied SWB, SRV und AGI. 1976–1975 Vorstandstätigkeiten im SWB und VSG/ASG. 1976–1981 Präsident AGI-Schweiz. 1973–1980 Mitglied Plakatjury EDI. Als Gastreferent in der Schweiz und den USA; seit 1968 regelmässig als Gastdozent für Graphik-Design an der Ohio State University, Columbus, USA. Diverse Publikationen und mehrere Auszeichnungen für Plakate und Bücher.

1912

1920

1939

1973

**Ruprecht, Ernst**
9.1.1891 Laupen BE –
29.7.1954 Laupen
1907–1910 Kunstgewerbeschule am Technikum Biel, danach bis 1914 Staatliche Kunstgewerbeschule München. 1914–1918 als selbständiger Maler und Graphiker in Laupen tätig. 1918–1924 Atelierchef bei der polygraphischen Gesellschaft in Laupen. 1925–1931 erneut freischaffend, ab 1931 Lehrer an der kunstgewerblichen Abteilung am Technikum Biel. Als Gebrauchsgraphiker befasste er sich mit Ausstellungsgestaltungen, Fahnenentwürfen, Wappenscheiben sowie Plakatentwürfen, v.a. für Musik- und Sportveranstaltungen. Zu seinen freien Arbeiten gehören Bilder in öffentlichem Besitz sowie ein Wandbild mit Sonnenuhr im Arbeiterheim Tannenhof (Gampelen, 1949/50) und eine Sonnenuhr am Schulhaus Konolfingen 1950.

**Rüttimann, Carl**
30.1.1881 Oberuzwil SG –
2.3.1963 Gossau SG
Nach Schulen in Lachen SZ Lehre als Lithograph bei Orell Füssli Zürich 1900–1904. Anschliessend in Neuchâtel als Entwerfer im Kunstgewerbe tätig, 1905/1906 erneut bei Orell-Füssli. 1906–1910 Besuch der Kunstakademie in München. 1910/11 als Entwerfer in Basel, danach bis 1929 als technischer Zeichner beim Wasserwerk der Stadt Zürich. Ab 1929 arbeitete er als selbständiger Lithograph und Graphiker, bis 1958 in Zürich, danach in Gossau SG. Betätigte sich aktiv als Kunstturner und Schwinger, hielt zudem während der Veranstaltungen gewonnene Eindrücke zeichnerisch fest. Publikation von Strichzeichnungen in diversen Zeitungen. Entwarf zahlreiche Diplome und Plakate für Schwing- und Turnfeste.

**Rutz, Viktor (Ruzo)**
22.12.1913 Straubenzell SG,
lebt in Montreux
Nach der Schulzeit in Zürich-Wiedikon Lehre als Mode- und Warenhauskatalog-Zeichner. Bis 1945 schuf er etwa 200 Plakate, mehrere Prämierungen im In- und Ausland. 1946 Übersiedlung nach Vevey. Zuwendung zur Malerei. 1949 längerer Aufenthalt an der Côte d'Azur. Während der folgenden 15 Jahre arbeitete er an dem monumentalen «Drehbild der universalen Philosophie», über das 1969–1971 Marc Michel einen 90min. Film drehte. Seit 1960 in Montreux wohnhaft. 1964 vertrat er die Schweiz als Maler im Schweizerpavillon der Weltausstellung in New York. 1971/72 Studienreisen in den fernen Osten. Wandbilder und «Kunst am Bau». Durch die 1979 erfolgte Invalidität seiner Tochter widmet er sich fortan v.a. deren Schicksal, 1988 Gründung der Fondation Ruzo. Z.Zt. befasst er sich mit der Errichtung eines Musée et Archive Ruzo zur Inventarisierung seines umfangreichen Werks.

**Sadkowsky, Alex**
16.1.1934 Zürich,
lebt in Zürich und Schneisingen AG
Aufgewachsen in Zürich, erster Malunterricht beim Vater Hippolyt Sadkowsky, Salzburg sowie bei Walter Jonas und Charles Kisling in Zürich. 1957 Academia de Bellas Artes San Fernando, Valencia. 1958–1960 in verschiedenen Berufen tätig, 1960 längerer Aufenthalt in Indien. Seither freischaffender Künstler. 1964 in Berlin und 1975/76 in New York (Atelier der Stadt Zürich). Figürliche, traumhaft-surrealistische Motivwelt. Neben Malerei in Öl und Aquarell auch graphische Arbeiten (z.T. zur Illustrierung eigener Schriften) – Zeichnung, Radierung, Aquatinta – sowie plastische Werke in Holz, Stein, Marmor, Bronze und Gips. Zahlreiche Ausstellungen im In- und Ausland.

um 1930

1897

1951

1954

**Saget, Hubert**
10.8.1890 Aachen – 28.2.1949 Bremen
Als preussischer Staatsangehöriger kam der Schriftsteller und Graphiker als Reklamechef in die Firma Max Baur nach Basel, wo er 1923 die Niederlassungsbewilligung erhielt. Am 11.5.1934 wurde er in der Einwohnerkontrolle gestrichen, da die Familie nach Bremen gezogen war (Auskunft: Staatsarchiv Basel). Von seiner weiteren Tätigkeit ist nichts bekannt. Er verstarb in Bremen am 28.2.1949 (Auskunft: Einwohnermeldewesen Bremen).

**Sandreuter, Hans**
11.5.1850 Basel – 1.6.1901 Basel
Nach Erlernung des Lithographenberufs Wanderschaft durch Europa über Würzburg, München und Verona nach Neapel, wo er in der lithographischen Anstalt Richter & Co. eine Anstellung fand. Unterricht in Landschaftsmalerei beim Akademie-Professor Carillo. 1873 kam er über Rom und Florenz nach München, wo er an der Akademie zugelassen und auf Empfehlung Arnold Böcklins auch bei Wilhelm von Kaulbach in die Abteilung Aktzeichnen aufgenommen wurde. 1874–1877 in Florenz, wo sich inzwischen auch Böcklin aufhielt. 1877–1880 in Paris. 1880 in Basel, anschliessend erneut in Italien. 1885 Rückkehr nach Basel, regelmässige Ausstellungsbeteiligungen in der Schweiz und im Ausland, u.a. in Berlin, Paris und München (Glaspalast, Sezession). Nach den von Böcklin geprägten Anfängen wandte er sich einer locker-luftigen, realistischen Landschaftsmalerei zu, führte auch zahlreiche Aufträge für dekorative Wandgestaltungen öffentlicher Bauten aus. Ferner Zeichnungen, Aquarelle, Schnitzereien, Radierungen und Plakate.

**Sautter, Walter**
16.8.1911 Zürich,
lebt in Zumikon ZH und Tegna TI
Aufgewachsen in Zürich. Schon im Schulalter Kontakt zu Cuno Amiet, der ihn im Entschluss, Maler zu werden, bekräftigte. Nach Abschluss der Maturität Studien an Privatakademien in Paris. Ab 1934 selbständiger Maler in Zürich. Seit 1954 in Zumikon ansässig. Jährliche Malreisen in grosse Städte und südliche Länder finden fruchtbaren Niederschlag in seinem Werk; neben Landschaftsbildern und Intérieurs ist das Porträt sein besonderes Anliegen. Ausstellungen im In- und Ausland, mehrere Preise (u.a. 1941 Conrad Ferdinand Meyer-Preis; 1987 Kunstpreis Zollikon). Zahlreiche Werke in öffentlichem Besitz.

**Schaad, Hans P.**
20.3.1928 Zürich, lebt in Eglisau
Kunstgewerbeschule Zürich, Ausbildung zum Graphiker. Atelier in Zürich, später in Eglisau. Neben seiner Tätigkeit in der Werbung verfasste und illustrierte er verschiedene Kinderbücher.

1917

**Schaupp, Richard**
17.11.1871 St. Gallen – 15.10.1954 St. Gallen
Gymnasium St. Gallen, anschliessend künstlerische Ausbildung an der Kunstakademie München und 1894/95 in Paris. Nach einem vierjährigen Aufenthalt im Berner Oberland kehrte er 1905 nach München zurück, wo er bis 1940 als Maler und Graphiker tätig war. Danach liess er sich in St. Gallen nieder. Neben der Tafelmalerei schuf er Votivbilder sowie zahlreiche Wandgemälde, oft mit religiöser Thematik. Daneben Bildnisse und Landschaften. Befasste sich auch mit Plakaten, Buchillustrationen, Postkarten, Radierungen und Lithographien.

1919

**Scherer, Carl**
25.11.1890 Basel – 18.3.1953 Zürich
Nach einer Lehrzeit als Schrift- und Dekorationsmaler in Basel 1904–1906 hielt er sich bis 1914 oftmals in Deutschland auf. Ab 1944 in Zürich wohnhaft. Als engagierter Sozialist entwarf er zahlreiche Plakate für die Arbeiterbewegung. Redaktor der Zeitschrift «Werden», Blätter für soziale Kultur und Arbeit. Neben der graphischen Tätigkeit (Wahlplakate, mehrmals Plakate für die Basler Mustermesse u.a.) widmete er sich der Malerei, insbesondere der Landschaftsmalerei und dem Stillleben.

1964

**Schiavo, Elso**
10.8.1934 Baar ZG, lebt in Baar
Besuch der Stiftsschule Einsiedeln. 1949/50 Aufenthalte in Paris, Spanien und Italien. 1951–1956 Graphik-Fachklasse Kunstgewerbeschule Luzern. Ab 1957 als Graphiker und Art Director tätig. Seit 1970 eigene Werbeagentur in Zürich. Nebst Werbung/Graphik befasst er sich mit Malerei. Seit 1975 Einzelausstellungen im In- und Ausland. Öffentliche und private Aufträge.

1960

**Schierle, Uli**
13.7.1935 Hamburg, lebt in Bottmingen BL
Nach einer Schriftsetzerausbildung in Hamburg übersiedelte er 1956 zur Berufserweiterung nach Basel (Schriftsetzer bei der National-Zeitung). 1957–1962 Vorkurs und Graphik-Fachklasse an der Allg. Gewerbeschule Basel. Anschliessend eröffnete er ein eigenes graphisches Atelier. Mitglied ASG und SWB. Arbeitsschwerpunkt: Corporate Design sowie Auftragsarbeiten für verschiedene Werbeagenturen im In- und Ausland. 1973–1980 Gestaltungsarbeiten für diverse Sportverbände und -organisationen (Poster, Plakate, Kalender und Bücher). Wiederholt wurden seine Plakate ausgezeichnet; Ausstellungsbeteiligungen in der Schweiz und im Ausland. Seit 1981 ist er zusätzlich Fachlehrer an der Schule für Gestaltung Basel.

1914

1925

1979

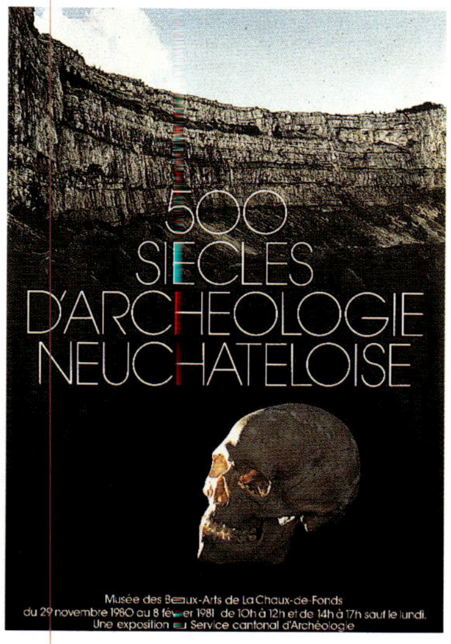


1980

**Schlatter, Ernst Emil**
27.11.1883 Zürich –
13.9.1954 Uttwil TG
Lithographenlehre am Polygraphischen Institut Zürich. Anschliessend Weiterbildung an der Kunstgewerbeschule Stuttgart, ab 1910 arbeitete er in der Graphischen Anstalt Wolfensberger in Zürich, wo er für die Verwendung der Farblithographie in der Plakatkunst wichtige Neuerungen vermittelte. 1917–1920 Lehrer für Lithographie und Landschaftszeichnen an der Kunstgewerbeschule Zürich. Ab 1920 in Uttwil als freischaffender Künstler ansässig. Von der Werbegraphik herkommend ist er stets dem Zeichnerischen verpflichtet, die Farbe spielt eine untergeordnete Rolle. Landschaften, Stilleben, später auch Bildnisse und lithographierte Mappenwerke. Er schuf zudem «Originallithographien» in Postkartenformat.

**Schlegel, Karl**
19.6.1892 Gailingen (D; Bürger von Zürich) – 2.4.1960 Birmensdorf ZH
Mit fünf Jahren kam er nach Zürich. Hier besuchte er die Kunstgewerbeschule und machte eine Lithographenlehre in der Firma Jauchli & Beck. Aktivdienst, ab 1918 als Kunstmaler und Graphiker selbständig. Er führte Aufträge aus für Buchumschläge und Illustrationen, Prospekte und Kataloge, ferner Plakate sowie mehrere Wandmalereien in Gasthäusern. Ab 1931 war er als ständiger Mitarbeiter von Gottlieb Duttweiler, durch die Migros AG Zürich angestellt, verantwortlich für Werbung und Propaganda der sich rasch expandierenden Firma. Unzählige Plakate, Inserate und Werbekampagnen für die Verkaufsartikel der Migros AG, für Hotelplan, den «Landesring der Unabhängigen» sowie die Zeitung «Die Tat», für die er auch als Illustrator wirkte. 1941 gehörte er zu den Gründungsmitgliedern der Migros-Genossenschaft Zürich. Nach seiner Pensionierung Ende 1954 widmete er sich – zurückgezogen – v.a. der Malerei.

**Schlup, Bernard**
26.7.1948 Bern, lebt in Bern
Nach Maturitätsabschluss Ausbildung zum Zeichenlehrer an der Kunstgewerbeschule Bern 1969–1973. Anschliessend arbeitete er als Zeichenlehrer an der Kantonsschule Chur, seit 1974 am Städtischen Literargymnasium Bern-Neufeld. Als politisch engagierter Plakatgestalter steht er in der Nachfolge von Heartfield und Staeck und bedient sich häufig der Montagetechnik unter Verwendung von populären Bildzitaten. Zu seinen wichtigsten Auftraggebern gehören denn auch verschiedene politische Gruppierungen, u.a. SP Schweiz, SP Kanton Bern und der Schweiz. Gewerkschaftsbund.

**Schneider, Eric**
5.5.1944 Ennetbaden AG,
lebt in Le Landeron NE
Graphikerlehre bei Bally und an der Kunstgewerbeschule Basel. Zur beruflichen Weiterbildung arbeitete er für ITT, Paillard sowie als Art Director in grösseren Zürcher Werbeagenturen. 1972 liess er sich in Le Landeron nieder, wo er eine Werbeagentur eröffnete und seit 1973 eine Galerie für zeitgenössische Kunst führt. Ausstellungsgestaltungen für diverse Museen (u.a. Musée d'Ethnographie, Neuchâtel). Initiant der Triennale 83 «La Femme et l'Art» sowie des alljährlichen «Fête de la Brocante» in Le Landeron.

1939

1920

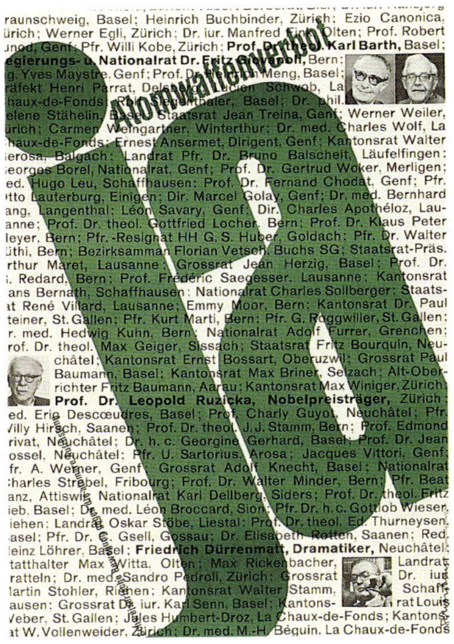


1962

1934

**Schnider, Adolf**
24.10.1890 Basel –
5.9.1961 Küsnacht ZH
Ausbildung zunächst am Technikum Winterthur und am Industrie- und Gewerbemuseum St. Gallen 1906–1909, anschliessend bis 1911 in Paris (u.a. Ecole des Beaux-Arts) und 1912–1915 an den Akademien von Florenz und München. 1915–1920 war er in Turbenthal ansässig, später in Zürich und ab 1927 in Küsnacht. 1956 schwere Erkrankung. Als Maler und Graphiker schuf er v.a. figürliche Kompositionen und Landschaftsstücke, aber auch Holzschnitte und Lithographie-Serien, ferner Buchillustrationen, Buchumschläge, Bühnenbilder, Festdekorationen und mehrere Wandbilder.

**Schoellhorn, Hans**
10.2.1892 Winterthur –
5.3.1982 Winterthur
1910/11 Studium an der Kunstabteilung des Winterthurer Technikums, anschliessend an der Ecole des Beaux-Arts Genf (u.a. bei F. Hodler) und 1912–1915 an der Kunstakademie München. 1915–1920 und ab 1925 lebte er erneut in Genf (ab 1954 abwechselnd auch in Winterthur). 1920–1922 in Paris (Académie de la Grande Chaumière), 1923–1925 in Marseille. Zahlreiche Plakate schuf er für den Zirkus Knie, denn auch seine im französischen Spätimpressionismus wurzelnde Malerei ist aufs engste mit der Zirkuswelt verbunden, immer wiederkehrende Motive sind Clowns, Tänzerinnen, Harlekine und Manegenszenen. In den zwanziger Jahren war er zudem als Karikaturist und Illustrator für die Münchner «Jugend» und den «Simplizissimus» tätig, später auch für den «Nebelspalter». Schuf auch Buchillustrationen, Lithographien und Wandgemälde.

**Schönhaus, Cioma**
28.9.1932 Basel, lebt in Basel
Nach Besuch der Kunstgewerbeschule Basel gründete er 1957 eine Promotions- und Werbeagentur, die für zahlreiche Firmen kundenspezifische Konzepte entwickelt sowie Plakate entwirft (u.a. für Sandoz Basel, Pfaff Haushaltnähmaschinen, Vita Versicherungen Zürich).

**Schönholzer, Ernst Friedrich**
3.5.1913 Arbon, lebt in Sigriswil BE
Nach Besuch des Realgymnasiums in Mannheim und Zürich machte er die Handelsmaturität. Anschliessend absolvierte er ein Jurastudium an der Universität Zürich (Promotion 1939). Er wirkte im Auftrag der Gemeinde Unterengstringen als Beistand von Max Gubler. Im Malen und Zeichnen bildete er sich autodidaktisch aus. Befasste sich vorwiegend mit Figürlichem und Landschaften in Öl und Aquarell sowie mit Linoldruck. Sein erster Plakatauftrag führte er für den ACS aus, ferner entwarf er auch die Plakate für das IX. und das X. Internationale Klausenrennen (1932 resp. 1934). 1988 gab er seinen Beruf als Jurist in Zürich auf und widmet sich nun im Berner Oberland ausschliesslich der Malerei.

1925

**Schott, Ferdinand**
23.8.1887 Delsberg – 31.7.1964 Basel
Schulen in Bern bis 1907. 1908–1914 Ausbildung abwechselnd in München und Paris. Danach mit Unterbrechungen in Lausanne, Oberwil und Allschwil und ab 1956 in Basel ansässig, als Graphiker in der Clichéfabrik Schwitter AG tätig. Mitglied der «Walze». 1933–1940 Präsident der Basler GSMBA Sektion. Als Jäger und Hundezüchter malte er v.a. Tier-, Jagd- und Pflanzenbilder, zumeist kleinmeisterlich in Öl, ferner Gouache und Aquarell, später findet sich eine allmähliche Stilisierungstendenz. Daneben Fasnachtsbilder, Linol- und Holzschnitte sowie auch Wandgemälde mit Tiermotiven (u.a. Schulhaus Pestalozzi, Basel; Hotel Touring, Basel).

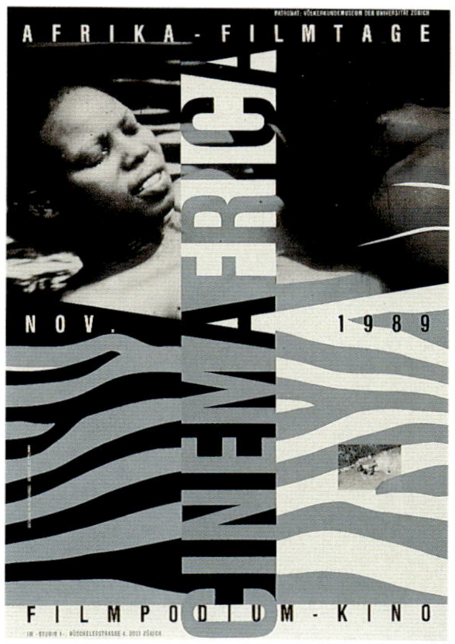


1989

**Schraivogel, Ralph**
4.6.1960 Luzern, lebt in Zürich
Nach der Ausbildung zum Graphiker an der Kunstgewerbeschule Zürich (1978–1982) machte er sich selbständig und arbeitet, unterbrochen von längeren Auslandaufenthalten, vorwiegend für kulturelle Institutionen (u.a. Filmpodium Zürich, Pro Helvetia, diverse Museen). Nebst Plakatentwürfen, für die er eine strenge Formgebung bevorzugt, beschäftigt er sich mit Produktdesign sowie Buchgestaltungen. Auszeichnungen im In- und Ausland.

1936

**Schuh, Gotthard**
22.12.1897 Berlin – 30.12.1969 Küsnacht ZH
Als Maler verbrachte er Studienjahre in Italien, kam 1926 in die Schweiz und unterhielt Kontakte zur Basler Künstlergruppe «Rot-Blau». Ausstellungen in Zürich und Paris. Arnold Kübler verpflichtete ihn ab 1931 als Photoreporter für die «Zürcher Illustrierte». Nach 1933 Mitarbeiter an grossen ausländischen Illustrierten, für kurze Zeit arbeitete er auch für die Monatszeitschrift «Du». 1941–1960 Bildredaktor der «Neuen Zürcher Zeitung».

1976

**Schuhmacher, Hugo**
17.4.1939 Zürich, lebt in Zürich
1957–1961 absolvierte er eine Lehre als Retoucheur in Zürich, seither als freischaffender Künstler tätig. 1962–1967 Studienaufenthalte in Spanien, Paris und auf den Kanarischen Inseln, 1975 und 1977 in Favignana, Sizilien. 1979 Reisen nach Indonesien und Kanada, 1982 erneut nach Kanada sowie in die USA und nach Mexiko. 1987 Studienaufenthalt in Australien. 1963 und 1969 Stipendien der Stadt Zürich. Mitbegründer des Künstlerkollektivs «Prodega» (Produzentengalerie Zürich), das 1974 erstmals an die Öffentlichkeit trat. Nach Anfängen in der Landschafts- und Bildnismalerei zunehmende Auflösung der Elementarformen. Tachistische Versuche. Neben Malerei in Öl auch Zeichnung, Collage und Siebdruckarbeiten, z.T. als Mappenwerke erschienen und oft geprägt von politischem und ökologischem Engagement («Frauto»; «Natur, Natur»). Mehrere Wandbildgestaltungen an öffentlichen Gebäuden (u.a. Wandfries Verwaltungsgebäude Universität Zürich 1977; Wandbild Arbeitserziehungsanstalt Uitikon ZH 1979), zahlreiche Einzel- und Gruppenausstellungen im In- und Ausland.

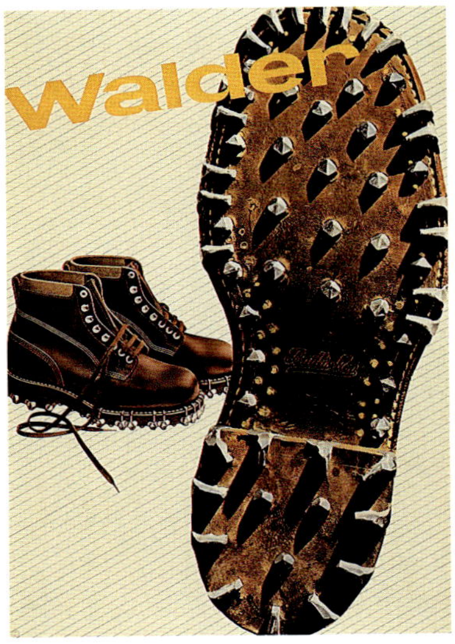


1938

1961

1939

1951

**Schulthess, Emil**
29.10.1913 Zürich,
lebt in Forch/Zürich
Absolvierte eine Graphikerlehre 1928–1932 und war im letzten Lehrjahr Hospitant an der Photoklasse der Kunstgewerbeschule Zürich. Nach einem Studienaufenthalt in Paris arbeitete er zunächst als selbständiger Graphiker, ab 1937 für das Druckerei-Verlagshaus Conzett & Huber in Zürich; 1941 Mitbegründer und Art Director der Monatsschrift «Du». 1957 Austritt aus der Redaktion der Zeitschrift «Du» und in der Folge unzählige Reisen und Photo-Expeditionen (in eigener Regie und Verantwortung), die zur Publikation vieler preisgekrönter Bildbände führten: u.a. «Afrika» I und II (1958/59); «Antarctica» (1960); «Amazonas» (1962); «China» (1966); «Sowjetunion» (1971); «Swiss Panorama» (1982) mit 360°-Flugpanoramen; «Landschaft der Urzeit» (1988); «Nord Ost Süd West» (1985–1989). Weltweite Tätigkeit als Gastreferent und Gestalter von Wanderausstellungen seines photographischen Œuvres. Zahlreiche Preise (u.a. 1964 Köln, Kulturpreis der Deutschen Gesellschaft für Photographie; 1967 US-Camera-Achievement Award; 1983 «Goldene Letter», Leipzig).

**Schwabe, Nikolaus**
24.9.1926 Zürich, lebt in Zürich
Kunstgewerbeschule Zürich 1946/47 (Unterricht bei H. Müller, C. Fischer und J. Itten). Anschliessend Schüler bei Fernand Léger in Paris. Selbstausbildung zum Graphiker. 1949–1951 Ateliergemeinschaft mit Paul Leber. Seither führt er ein eigenes Atelier in Zürich: Illustrationen, Zeichnungen, Prospekte, Plakate, Wandbilder, Schaufensterdekorationen, Objektentwürfe, Papierfalz- und Collage-Techniken. Studien und Experimente mit räumlich-geometrischen Körpern (1973 schuf er für Langenbach AG Lenzburg den grössten geodesischen Dom aus Wellpappe). Einer seiner wichtigsten Plakat-Auftraggeber ist die Swissair, ferner beteiligt er sich an der Gestaltung von Ausstellungen und Display-Systemen für Industrie, Verlage, Dienstleistungsbetriebe usw. (u.a. für Pro Helvetia: «Schweizer Architektur heute», 1968; Phänomena 1984 Zürich; Unicef Schweiz: «Kinder brauchen Zuwendung» 1986/87; «Symmetrie», Darmstadt 1986).

**Seifert, Hermann Rudolf**
1885 Sternberg (CS) – 1954 Zürich
Nachdem er den Plan, Architekt zu werden, aufgeben musste, absolvierte er eine Lithographenlehre, danach die graphische Fachklasse an der Kunstgewerbeschule Zürich. Da seine Litho-Entwürfe jedoch keinen Anklang fanden, fasste er den Entschluss, Kaufmann zu werden und besuchte eine Handelsschule. Bald jedoch nahm ihn J. E. Wolfensberger in seine Kunstanstalt auf; nach eineinhalb Jahren gründete er sein eigenes graphisches Atelier in Zürich. Neben Reklameplakaten entwarf er auch Urkunden, Buchumschläge und Etiketten, häufig unter Einbezug von rhythmisierten Schriftzügen. An der Internationalen Ausstellung für Buchgewerbe und Graphik in Leipzig erhielt er 1914 den Grossen Preis zuerkannt.

**Seigner, Fritz**
31.12.1915 Arbon, lebt in Zürich
Schulen und Ausbildung an der Kunstgewerbeschule in St. Gallen. Anschliessend als Stipendiat Studienaufenthalt in Paris. 1936–1938 als selbständiger Graphiker in Zürich, Weiterbildung an der Kunstgewerbeschule Zürich und HHS St. Gallen. 1939–1945 Aktivdienst. 1946–1962 eigenes Atelier in Zürich. 1963–1970 Leiter des Ateliers einer grossen Werbeagentur. 1971–1990 selbständige Tätigkeit in allen Bereichen der graphischen Gestaltung, insbesondere für bedeutende Markenartikel des In- und Auslandes. Lehrauftrag an der Schule für Gestaltung St. Gallen. Verschiedene Auszeichnungen für Plakate und Verpackungs-Design.

1953

1940

1957

1951

**Sigg, Walter**
26.12.1914 Biel BE – 9.10.1989 Zürich
Nach fünfjähriger Ausbildung an der Kunstgewerbeschule Zürich arbeitete er zunächst bei Orell Füssli, danach als Chefgraphiker bei einer Werbeagentur. 1946–1988 als selbständiger Graphiker in Zürich tätig. Zu seinen Auftraggebern gehörten u.a. die Werbeagentur Dr. Farner sowie während Jahrzehnten die Schweizerische Landeslotterie.

**Simon, André (Andreas)**
26.1.1899 Moskau (Bürger von Niederurnen GL) – 28.12.1959 Genf
Ecole des Beaux-Arts und Ecole des Arts et Métiers in Genf 1922–1925, anschliessend bis 1929 Ecole des Arts Appliqués in Paris. Danach vorwiegend in Genf tätig.

**Soland, Gottlieb**
13.3.1928 Aarau, lebt in Reiden LU
Ausbildung zum Graphiker an der Kunstgewerbeschule Zürich. Danach Graphiker-Mitarbeiter im Atelier Honegger-Lavater. Seit 1956 führt er ein eigenes Graphikatelier in Zürich, spezialisiert für Signete und Gestaltung von Büro- und Konferenzräumen mit Bildern.

**Sollberger, Paul**
26.1.1913 Bern – 16.11.1988 Bern
Nach einer Graphikerausbildung bei Hallwag in Bern besuchte er 1933/34 die Staatliche Kunstgewerbeschule in Wien. Nach der Rückkehr eröffnete er ein eigenes Atelier in Bern. Zahlreiche Aufträge (Plakate, Signete, Ausstellungsgestaltungen) von Verlagen, Firmen sowie aus dem kulturellen Bereich. Er trat als Schriftgestalter hervor, und seine wiederholt preisgekrönten Signete sind noch heute in Gebrauch. Ab 1946 bis zu seiner Pensionierung 1978 hatte er zudem einen Lehrauftrag an der Kant. Kunstgewerbeschule Biel.

# St

1988

**Staehelin, Georg**
13.9.1942 Basel, lebt in Ottenbach ZH
1958–1963 Vorkurs und Fachklasse für Graphik an der Allg. Gewerbeschule Basel. Anschliessend arbeitete er als Graphiker bei Gérard Ifert (Paris und Basel), für die Expo 64 Lausanne. 1964–1966 in Amsterdam bei Total Design, danach bis 1969 in London bei Crosby/Fletcher/Forbes. 1969–1977 Aufbau und Leitung der Pentagram Design, Zürich. Seit 1977 betreibt er ein eigenes Atelier und hat einen Lehrauftrag an der Schule für Gestaltung Zürich.

1934

**Stankowski, Anton**
18.6.1906 Gelsenkirchen (D), lebt in Stuttgart
1921–1926 Lehre als Dekorations- und Kirchenmaler u.a. in Düsseldorf, Kontakt zu Max Ernst und Otto Dix. 1927–1929 Besuch der Folkwangschule in Essen. Anschliessend als Graphiker im Reklame-Atelier Max Dalang in Zürich tätig. Einfluss auf Zürcher Künstler und Gestalter durch seine Photoplakate. 1931 Mitglied der Gruppe «Die Augen» (Gründer: Max Bill und L. Leuppi), aus der später die «Allianz» entstand. Ab 1937 als Graphiker und Maler in Stuttgart. 1940–1948 Kriegsjahre und Gefangenschaft. 1949–1951 Schriftleiter der Stuttgarter Illustrierten. 1951 Gründung eines eigenen Ateliers als freier Graphiker. 1972 Beginn der Zusammenarbeit mit Karl Duschek. Als visueller Gestalter, «konkreter» Maler und Publizist tätig. Neben der konkreten Kunst interessiert ihn die Photographie (Simultanphoto und Photomontage), Beschäftigung mit Industriegraphik. 1964 Gastdozent an der Hochschule für Gestaltung Ulm. 1969–1972 Vorsitzender des Ausschusses für visuelle Gestaltung des Organisationskomitees für die Olympischen Spiele München 1972. 1976 Titularprofessur des Landes Baden-Württemberg. 1982 Villa Massimo-Preis. 1983 Gründung der Stankowski-Stiftung zur Förderung der Verbindung von Kunst und Design mit der Tendenz, die Grenzen zwischen Kunst und Design abzubauen.

um 1930

**Stauffer, Fred**
29.8.1892 Gümligen BE – 6.9.1980 Thörishaus BE
1908–1912 Lehrerseminar in Bern-Hofwil. 1912 als Lehrer in Kapf bei Eggiwil BE und Entschluss, Maler zu werden. Nach einem Aufenthalt an der Akademie in Karlsruhe kehrte er bei Kriegsausbruch nach Bern zurück. Bis 1915 als Lehrer tätig. 1915/16 Akademie in München bei Franz von Stuck. 1916 wieder in Bern, Abendkurse in Aktzeichnen bei Ernst Linck. Heirat mit der Malerin Ruth Stauffer. Häufiger Wohnortswechsel und zahlreiche Reisen. Die Landschaftsdarstellung wurde seine wichtigste Beschäftigung. Nach expressionistischen und fauvistischen Anfängen Ansätze zur Abstraktion. Auch Dekorations- und Wandmalereien für private und öffentliche Bauten in Bern und Umgebung. Ferner als Lithograph und als Verfasser von Mundartstücken hervorgetreten.

1970

**Steinemann, Tino**
21.8.1945 Altdorf, lebt in Rippertschwand bei Neuenkirch LU
Aufgewachsen in Altdorf. 1967–1972 Graphikerlehre an der Schule für Gestaltung Luzern. Danach arbeitete er bis 1976 in verschiedenen Ateliers und Werbeagenturen in Mailand, Zürich und Luzern. 1968–1972 Mitbegründer und Leiter des Kellertheaters Altdorf. Sein Interesse gilt v.a. der Musik, dem Theater und der angewandten Kunst, auf diesem Gebiet bearbeitet er, seit 1978 zusammen mit Philipp Clemenz, Ausstellungen, Kataloge und Plakate. Das Hauptarbeitsgebiet liegt im Bereich der didaktischen Ausstellungen. Zahlreiche Auszeichnungen. Seit 1986 Teilpensum an der Schule für Gestaltung Luzern. Mit seiner Frau betreibt er seit 1982 eine Galerie für angewandte Kunst in Rippertschwand bei Neuenkirch.

1931

1890

1906

1926

**Steiner, Heinrich (Heiri)**
1.10.1906 Horgen ZH –
7.5.1983 Hombrechtikon ZH
1924–1927 Graphikerausbildung bei Ernst Keller an der Kunstgewerbeschule Zürich und bei O. H. W. Hadank in Berlin. Ab 1929 eigenes Atelier in Zürich, 1934–1939 gemeinsames Atelier mit Ernst A. Heiniger. 1930–1935 als Hilfslehrer für Graphik an der Kunstgewerbeschule Zürich tätig. 1937 gestaltete er an der Weltausstellung in Paris eine Abteilung des Schweizer Pavillons und 1939 den Pavillon «Vorbeugen und Heilen» an der Landesausstellung Zürich. 1947–1958 Aufenthalt in Paris (Plakate u.a. für Unesco). Nach seiner Rückkehr nach Zürich war er v.a. als Typograph und Gestalter im Verlagswesen tätig (Buchumschläge für Feltrinelli Mailand). Unter seinem späteren Plakatschaffen spielte insbesondere die Theaterwerbung eine grosse Rolle (Zürcher Schauspielhaus), ferner Plakate für das Zoologische Museum Zürich.

**Steinlen, Théophile Alexandre**
10.11.1859 Lausanne –
14.12.1923 Paris
Beginn eines Studiums an der philosophischen Fakultät der Universität Lausanne. 1879–1881 tätig als Stoffmusterzeichner für eine Textilfirma in Mülhausen im Elsass, daneben als Porzellanmaler. Anschliessend übersiedelte er nach Paris. Bekannt wurde er als sozialkritischer Chronist des Montmartre zur Zeit des Fin-de-Siècle. Er machte auch Illustrationen für Bücher und Zeitschriften, u.a. war er 1883–1885 Illustrator der Hauszeitschrift des literarischen Kabaretts «Chat Noir» sowie für «Gil Blas illustré» und «L'Assiette au Beurre». 1894 gründete er mit Albert Langen in München den «Simplizissimus». Vor der Jahrhundertwende trat er mit Plakaten hervor, in denen – neben der Katzenthematik – ebenfalls die Sozialkritik Eingang fand und deren suggestiver Stil – mit umrisshaft betonten Flächen und mit in die Komposition integrierten Schriftzügen – an Toulouse-Lautrecs Künstlerplakate gemahnt. Zur Zeit des ersten Weltkriegs schuf er eine Anzahl Plakate mit kriegsgeschichtlichen und sozialpolitischen Themen.

**Stiefel, Eduard**
5.4.1875 Zürich – 30.12.1967 Zürich
Lehre als Lithograph bei Frey und Conrad sowie Kurse an der Kunstgewerbeschule Zürich. 1889–1904 Kunstakademie München. Ab 1904 Lehrer für Graphik an der KGS Zürich, später Zeichenlehrer am kantonalen Gymnasium. Neben figürlichen Kompositionen und Landschaften auch als Porträtmaler tätig, ferner Wandmalereien (u.a. Bezirksgericht Zürich) und Bühnenbilder. Graphische Arbeiten (Radierungen, Holzschnitte), insbesondere Buchillustrationen sowie vereinzelte Plakate, u.a. zur Eröffnung des Kunsthaus Zürich 1910. Verfasser verschiedener Schriften für den Kunstunterricht (u.a. Aktzeichnen, Zürich 1940; Vom Grundton zur Gestaltung, Zürich 1945; Teile des menschlichen Körpers, Zürich 1945).

**Stoecklin, Niklaus**
19.4.1896 Basel –
31.12.1982 Riehen BS
Nach Schulabschluss begann er eine Lehre als Flachmaler, wechselte indes bald nach München über und besuchte den Elementarkurs an der dortigen Kunstgewerbeschule. Bei Ausbruch des ersten Weltkriegs kehrte er in die Schweiz zurück und nahm Unterricht bei Burkhard Mangold an der Allg. Gewerbeschule Basel. 1917 machte er sich selbständig und stellte erstmals seine Bilder in der Basler Kunsthalle aus. Mitbegründer der Künstlergruppe «Das Neue Leben». 1921–1924 Studienreise in die Toscana, Aufenthalte in Süditalien, Tunis, Paris und Südfrankreich. Neben der Tätigkeit als Tafel- und Wandmaler (mit seinem naturalistisch-magischen Stil stand er der «Neuen Sachlichkeit» der zwanziger Jahre nahe) entwarf er 116 Plakate; berühmt wurde insbesondere sein «Gaba»-Plakat von 1927. Als Graphiker – er schuf auch Briefmarken und Buchillustrationen – ist er ein Hauptvertreter der sogenannten «Basler Schule». Die Stadt ehrte ihn 1958 mit ihrem Kunstpreis.

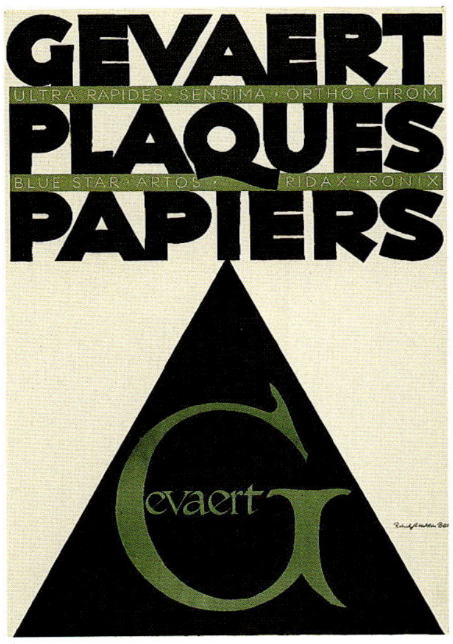


1925

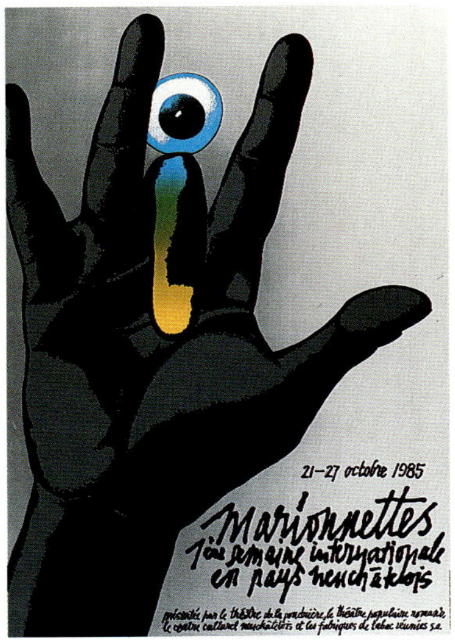


1985

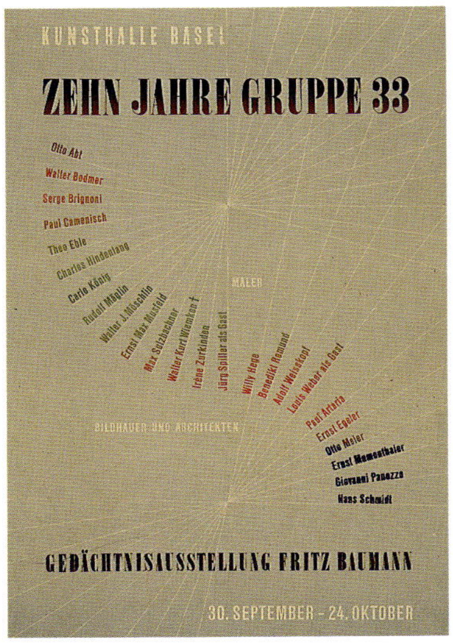


1943

1914

**Stoecklin, Robert**
17.2.1889 Basel – 25.2.1931 Basel
Lehre in einer Basler Druckerei. Wanderjahre, Arbeit in Leipzig und gleichzeitig Besuch der Königlichen Akademie der Künste. Nach Kriegsende Technischer Leiter einer Druckerei in Basel, danach führte er ein eigenes graphisches Atelier. Mitarbeiter der APG, war u.a. für die Firmen Métraux und Suchard tätig. Trat v.a. als Gestalter von Schriftplakaten hervor und übernahm gebrauchsgraphische Arbeiten. Unterrichtete ferner an der Allg. Gewerbeschule Basel (Kurse für Schriftzeichnen).

**Stump, Erika**
27.10.1958 Zug,
lebt in La Chaux-de-Fonds
1976–1980 Graphikerlehre und Besuch der Kunstgewerbeschule Zürich. Seit 1980 ist sie in fester Anstellung als Graphikerin für das Théâtre Populaire Romand in La Chaux-de-Fonds tätig. Mehrmals hat sie mit ihren Theater-Plakaten an internationalen Ausstellungen und Wettbewerben (Osnabrück, Plakat-Biennale Warschau) teilgenommen.

**Sulzbachner, Max**
31.1.1904 Basel – 25.8.1985 Basel
Nach Schulabschluss tätig als Möbelzeichner, Buchhandlungsgehilfe und Fabrikarbeiter. 1923/24 Aufenthalt in Paris, Beginn mit der Malerei. Nach seiner Rückkehr nach Zürich schloss er sich mit Hermann Scherer und Albert Müller dem Kreis um E.L. Kirchner an. Er gehörte zu den Initianten der Gruppe «Rot-Blau» und der «Gruppe 33». In der Folge Zuwendung zur Gebrauchsgraphik. 1933/34 arbeitete er als künstlerischer Assistent am Stadttheater Basel. Zahlreiche Aufträge für Bühnenbilder dieses Theaters sowie für die Theater von Luzern und Zürich, ab 1942 auch für die Cabarets «Cornichon» (Zürich) und «Kaktus» (Basel). Ferner illustrierte er mehrere Basler Kinder- und Schulbücher.

**Surbek, Victor**
1.11.1885 Zäziwil BE – 26.3.1975 Bern
Maturitätsabschluss in Bern 1904. Beginn mit Anatomiestudien bei Prof. Strasser, anschliessend bis 1906 Kunstgewerbeschule München. Nach einer Italienreise besuchte er während zwei Jahren die Kunstgewerbeschule Karlsruhe. 1909–1911 Aufenthalt in Paris. 1914 Heirat mit der Malerin Marguerite Frey, gemeinsam führten sie in Bern bis 1931 eine Malschule. Den Sommer verbrachte er jeweils in Iseltwald am Brienzersee. Ausgehend vom monumentalen Stil Hodlers, allmählich verhaltene Tonigkeit. Entscheidende Impulse in der Ausbildung des persönlichen Stils erhielt er durch einen Aufenthalt in Tunesien 1921: Vereinfachung und Stilisierung der Landschaft, Erkenntnis von der Eigenbedeutung der Linie. Grossformatige Wandmalereien (Städt. Gymnasium Bern, Westfassade Zeitglockenturm, Inselspital Bern u.a.). In den vierziger Jahren Licht als wichtiges Gestaltungsmittel, zahlreiche Winterlandschaften. Reisen in ganz Europa. Malte auch Bildnisse und Stilleben. Er hat sämtliche graphische Techniken erprobt (vgl. Werkkataloge Kunstmuseum Bern), ab 1931 auf der eigenen Lithopresse. Werke in allen grösseren Museen der Schweiz.

# T

1928

1982

1929

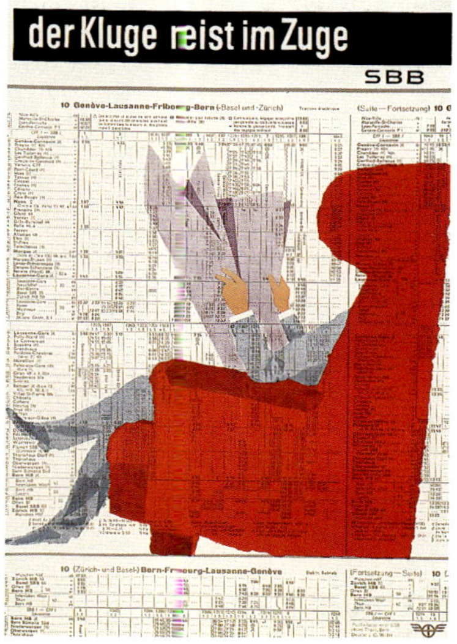


1958

**Tanner, Willy**
14.6.1907 St. Gallen, lebt in Meggen LU
Nach Sekundarschulabschluss besuchte er die Gewerbeschule St. Gallen und die Hoover-Schule. 1930–1932 arbeitete er beim Nebelspalter. Danach war er nicht mehr im graphischen Bereich, sondern im Verkauf tätig und befasste sich mit der Entwicklung von Dampfkochern und mit dem Pendeln nach Wasseradern. 1941–1970 arbeitete er für die Firma Fissler Idar-Oberstein (BRD), zunächst in der Entwicklung von «Vitavit», anschliessend als Werbe- und Schulungsleiter.

**Thomkins, André**
11.8.1930 Luzern – 9.11.1985 Berlin
Aufgewachsen in Luzern, Besuch der dortigen Kunstgewerbeschule 1947/48, Schüler von Max von Moos. 1950/51 Aufenthalt in Paris, Académie de la Grande Chaumière. 1954 Übersiedlung nach Essen. 1967 entstanden die ersten Palindrome. 1971–1973 Professur für Malerei an der Kunstakademie Düsseldorf. 1978 Umzug nach Zürich, 1984 nach München. Seine Bilder und Zeichnungen wie auch seine Dichtkunst verraten unermessliche Phantasie und sind erfüllt von Bild- und Wortwitz. Zahlreiche Einzel- und Gruppenausstellungen im In- und Ausland. 1972 und 1977 documenta in Kassel. 1979 Teilnahme an der 15. Biennale von São Paulo. 1986 Retrospektive im Kunsthaus Zürich.

**Thommen, Ernst**
14.7.1891 Rheinfelden AG – 26.1.1976 Ascona
1907–1911 Kunstgewerbeschule Zürich, Zeichenlehrerdiplom. Zur Weiterbildung weilte er 1912 in München und 1913 in Paris (Académie Julian). Nach dem Aktivdienst liess er sich 1918 im Engadin nieder. Für die Architekturfirma N. Hartmann in St. Moritz führte er seit 1911 Sgraffiti und Fresken aus (u.a. Rathaus-Fassade, Maienfeld; Pontresina; Apotheke, Samedan; St. Moritz; Hotel Bahnhof, Herzogenbuchsee BE). Für die Gemeinden Pontresina und Davos schuf er ferner zahlreiche Plakate. 1928 übersiedelte er nach Ascona, war Mitglied des Gemeinderats und Präsident von «Pro Ascona». 1939–1945 Aktivdienst. Neben seiner Tätigkeit als Wandmaler und Plakatkünstler widmete er sich intensiv der Ölmalerei, hielt insbesondere die Landschaft seiner südlichen Wahlheimat fest.

**Thöni, Hans**
12.5.1906 Wengen BE – 22.3.1980 Bern
Nach Schulen in Lauterbrunnen besuchte er die Kunstgewerbeschule Zürich. Vierjähriger Studienaufenthalt in Paris. Ab 1930 arbeitete er als freischaffender Graphiker in Bern und leistete wichtige Beiträge zur schweiz. Plakatkunst (z.B. Plakate für die SBB, siehe dazu W. Belmont). Gründungsmitglied des ersten Verbandes Schweiz. Graphiker VSG. Er gestaltete auch Ausstellungen (u.a. für die Schweiz. Verkehrszentrale (Schaufenster in Rom), Pavillons für die Schweiz. Landesausstellungen 1939 und 1964 und die Weltausstellung Brüssel 1958. Er entwarf ferner mehrere Briefmarken (PTT, UNO und Unesco) und wirkte als Buch-Illustrator und Buchgestalter.

1974

1990

1969

1932

**Tinguely, Jean**
22.5.1925 Fribourg,
lebt in La Verrerie/Paris
Schulen in Basel. 1938/39 baute er tönende und klappernde Wasserräder in Waldbächen um Basel. 1941–1945 Lehre als Dekorateur im Warenhaus Globus Basel. Besuch von Kursen an der Allg. Gewerbeschule. 1953 Umzug nach Paris. Entwicklung der ersten «Métamécaniques». Freundschaft und Zusammenarbeit mit Yves Klein und Daniel Spörri. 1960 Homage to New York (machine-happening – autodestructive) im MOMA New York. Beteiligung an Manifestationen des «Nouveau Réalisme». Seit 1954 regelmässig Einzel- und Gruppenausstellungen im In- und Ausland. Ab 1961 häufige Zusammenarbeit mit Niki de Saint Phalle (u.a. Stravinsky-Brunnen vor Centre Pompidou, Paris 1983). Er zählt zu den Hauptvertretern der kinetischen Kunst. Zahlreiche Preise und Ehrungen (u.a. Retrospektiven 1988 Palazzo Grassi, Venedig und 1990 Tretjakow Galerie, Moskau).

**Tissi, Rosmarie**
13.2.1937 Schaffhausen, lebt in Zürich
Sie besuchte die Kunstgewerbeschule Zürich und machte eine vierjährige Berufslehre. Seit 1968 bildet sie mit Siegfried Odermatt eine Ateliergemeinschaft. Dreimal erhielt sie das Eidg. Stipendium für angewandte Kunst. Zahlreiche Auszeichnungen (1. Preis an der 11. Internationalen Plakat-Biennale 1986 in Warschau, Kategorie «Kulturelle Plakate»; 1. Preis im Wettbewerb für das Plakat und Erscheinungsbild der Kieler Woche 1990; Henri de Toulouse-Lautrec Medaille in Silber an der 6. Plakat-Triennale Essen in der Kategorie «Plakate zur Wirtschaftswerbung» 1990). Wiederholt wurde sie als Jurymitglied herangezogen: Plakatwettbewerb «100 Jahre Automobil», Stuttgart 1985; Internationale Plakatausstellung, Colorado 1987; 3. Internationaler Herb Lubalin Studenten Design Wettbewerb, New York 1987; Plakat- und Erscheinungsbild-Wettbewerb für die Kieler Woche 1991. In insgesamt 37 Sonderbeiträgen wurden ihre Arbeiten in internationalen Fachzeitschriften und Büchern vorgestellt. Gemeinsam mit Siegfried Odermatt hat sie ihre Arbeiten in Gruppen- und in Einzelausstellungen (in Europa wie in den USA) gezeigt. Ihre Plakate sind in mehreren Galerien und Museen Europas, der USA und Japans vertreten. Seit 1974 Mitglied der AGI.

**Tognola, Lulo (Giulio)**
6.9.1947 Grono GR, lebt in Grono
Graphikerausbildung in Lugano (CSIA) bis 1969. Weiterbildungskurs für Graphiker an der Kunstgewerbeschule Basel. Ab 1972 Dozent für Graphik am CSIA Lugano, seit 1986 Abteilungsleiter der Graphiksektion. Veröffentlichte satirische Illustrationen im Nebelspalter, Corriere del Ticino, Wirtschaftsinformation und anderen Zeitschriften. Verschiedene Buchpublikationen und Mitarbeit beim Schweizer Fernsehen TSI.

**Tomamichel, Hans**
12.2.1899 Bosco Gurin TI –
15.4.1984 Zürich
Aufgewachsen in Bosco Gurin, Graphikerlehre in Zürich, daneben Kunstgewerbeschule Zürich. Anschliessend dreijähriger Aufenthalt in Paris, u.a. Besuch der Académie Colarossi. Ab 1928 in Zürich ansässig, v.a. als Gebrauchsgraphiker tätig. Erfinder der Werbefiguren «Knorrli» und «Fipp und Fopp» (Nestlé). Er arbeitete über dreissig Jahre lang als Illustrator für den «Schweizer Spiegel». Schuf auch zahlreiche Sgraffiti an privaten Bauten; Kirchengestaltungen in Bosco Gurin und Rheinfelden AG. Mitbegründer der ASG.

1933

1930

1920

1959

**Traffelet, Fritz**
27.8.1897 Bern – 20.12.1954 Bern
Lehre als Dekorationsmaler, Kunstgewerbeschule Bern 1914–1916, anschliessend Kunstgewerbeschule Zürich. 1919/20 Studien an der Académie de la Grande Chaumière und Académie Julian in Paris. Ab 1921 in Bern ansässig. Zunächst ausgehend vom Impressionismus und der Kunst Cézannes entstanden v.a. Landschaften in toniger Farbigkeit. 1933 als Militärmaler tätig, ein Genre, dem er fortan treu blieb und mit dem er Erfolge feierte (Publikation: «Ich bin Soldat und bleib Soldat», Bern 1935). Während des Aktivdienstes wurde er als Interniertenmaler abkommandiert, Porträtaufträge des Generals. Weiterhin Beschäftigung als Landschaftsmaler, zudem heiter-erzählerische Wandmalereien für öffentliche Bauten, Innenraumausstattungen, zahlreiche Illustrationen und einige Glasgemälde.

**Trapp, Willi**
3.8.1905 Eger (heute CSFR) – 6.6.1984 Zürich
Nach einer vierjährigen Ausbildung zum Graphiker in Eger studierte er an der Kunstakademie in Wien. Von dort wurde er in die Firma Wolfensberger nach Zürich berufen. Ab 1954 selbständig als Graphiker tätig (u.a. für die Schweiz. Bankgesellschaft SBG), lieferte für mehrere Firmen Weinetiketten. Nebenamtlich illustrierte er während zehn Jahren das Kinder-Sonntagsschulblatt sowie eine Kinderbibel (Haller Verlag Bern).

**Trieb, Anton**
15.12.1883 Straubing (Niederbayern, D) – 14.10.1954 Wallisellen ZH
1904 Lehre bei Orell Füssli, später in dieser Firma tätig. Ab 1915 führte er in Wallisellen ein Maler- und Graphikatelier. Neben Landschaften, Tier- und Jagdbildern sowie figürlichen Szenen in Öl, Pastell und Aquarell schuf er Gebrauchsgraphik aller Art. Illustrationen u.a. für den Silva-Bilderdienst. Ferner Keramikmalerei und Sgraffiti (Kindergarten Glattbrugg und Schulhaus Bürgli, Wallisellen).

**Troller, Fred**
12.12.1930 Zürich, lebt in Rye NY (USA)
1947–1951 Kunstgewerbeschule Zürich, anschliessend als selbständiger Designer tätig. 1954/55 Aufenthalt in den USA und Mexiko, 1957/58 Lehrer an der Kunstgewerbeschule Zürich. Seit 1960 in den USA wohnhaft, bis 1966 als Art Director und Kurator der Ciba-Geigy Kunstsammlung. Neben seiner Tätigkeit als Visual Communication Consultant beschäftigt er sich mit Malerei, Bildhauerei, Siebdruck und Collage, schuf ferner Wandbilder, u.a. 1974 für Sandoz-Wander in East Hannover, NJ. Zahlreiche Ausstellungen in den USA.

# U

1989

1983

1930

1919

**Troxler, Niklaus**
1.5.1947 Willisau LU, lebt in Willisau
Nach einer Typographenlehre und einer Graphikerausbildung an der Schule für Gestaltung Luzern 1967–1971 war er zunächst Art Director in Paris. Anschliessend (1973) eröffnete er ein eigenes Graphikatelier in Willisau. Sein Name ist untrennbar verknüpft mit den hier seit 1966 regelmässig stattfindenden Jazz-Veranstaltungen, deren Initiator und Organisator er ist. Für die Jazz-Festivals entwirft er jeweils die Plakate, zuerst waren sie als Kleinplakate konzipiert, seit 1975 auch im Grossformat. Zahlreiche Preise und Auszeichnungen in der Schweiz und im Ausland, u.a. fünf «Awards» vom Art Directors Club New York. Vier seiner Plakate befinden sich im MOMA New York. Toulouse Lautrec-Medaille in Gold an der Plakat-Triennale Essen 1987.

**Truninger, Bettina**
20.10.1943 Zürich, lebt in Zürich
1959–1961 Kunstgewerbeschule Zürich. Anschliessend Mitarbeiterin bei verschiedenen Graphikern sowie freischaffend tätig. Ab 1968 Radierungen, Versuche mit Trickfilmen (Trickfilmstudio London, Filmkurs Animation Zürich, Trickfilmatelier Zipper, Zürich). Fasnachtsdekorationen für Künstler-Maskenbälle. Seit 1973 freie künstlerische Tätigkeit. Zahlreiche Einzel- und Gruppenausstellungen in der Schweiz und im Ausland. Mehrere Stipendien, u.a. 1981 Atelier der Stadt Zürich in New York.

**Tschichold, Jan**
2.4.1902 Leipzig –
11.8.1974 Berzona TI
Zunächst Studium an der Akademie für Graphische Künste und Buchgewerbe in Leipzig, anschliessend an der Kunstgewerbeschule Dresden. Nach 1920 eigenes Atelier, Bauhaus-Einflüsse. 1925/26 lebte er freischaffend in Berlin, 1926 Berufung nach München an die Meisterschule für Deutschlands Buchdrucker. 1933 emigrierte er in die Schweiz und war in Basel tätig, bis 1940 im Verlag Benno Schwabe, 1941–1946 beim Birkhäuser-Verlag. 1942 Einbürgerung in Basel. 1946–1949 weilte er in London (typographische Reform der Penguin Books). Mit zahlreichen Veröffentlichungen über Aspekte der Schrift (1928 «Die neue Typographie», 1935 «Typographische Gestaltung» u.a.) nahm er grossen Einfluss auf die Entwicklung moderner Gebrauchsgraphik. Er schuf ein reichhaltiges Plakatwerk, insbesondere Filmplakate für den Phoebus-Palast München unter Verwendung von Photographien.

**Urech, Rudolf**
17.2.1888 Basel – 13.6.1951 Basel
Begann als Zeichner in einer Basler Seidenbandfabrik und besuchte Abendkurse an der dortigen Allg. Gewerbeschule. Anschliessend arbeitete er als Gebrauchsgraphiker und Lithograph, ab 1912 freischaffend, auch als Plakatzeichner. Dem Realismus verpflichtet, malte er v.a. Landschaften und figürliche Szenen, ab 1933 vorwiegend Bildnisse sowie Stilleben, insbesondere Blumenstücke. Er befasste sich auch mit Buchillustrationen und der Lithographie. Zahlreiche seiner Werke befinden sich in Museen der Schweiz und in Deutschland (Landesgewerbemuseum von Stuttgart).

# V

1917

1892

1963

1957

**Vallet, Edouard**
12.1.1876 Genf – 1.5.1929 Genf
Nach Beginn einer Lehre als Stukkateur trat er 1893 in die Xylographenklasse der Ecole des Arts Industriels in Genf ein, Kurse u.a. bei B. Menn. Er verliess die Schule jedoch frühzeitig, um sich ganz der Malerei in der freien Natur zu widmen. Zahlreiche Reisen (Paris, Italien, Deutschland). 1910 liess er sich in Savièse nieder und malte zahlreiche Darstellungen der Landschaft und des Brauchtums im Wallis, z.T. auch grossformatige ernste Figurenbilder, zuweilen symbolträchtig stilisiert. 1925 übersiedelte er nach Genf, gab die Naturverbundenheit aber nicht auf. Er gilt ferner als «Schöpfer» der dekorativen Radierung, indem er auf Einzelheiten verzichtete und kräftige Hell-Dunkel-Kontraste verwendete. Buchillustrationen zu Ramuz sowie Radierungen nach eigenen Gemälden.

**Vallotton, Félix**
28.12.1865 Lausanne –
29.12.1925 Neuilly/Paris
Nach Abschluss des Collège Cantonal in Lausanne ging er 1882 nach Paris, Studium an der Académie Julian. 1890–1897 Kunstberichterstatter für die «Gazette de Lausanne». Von realistischen Anfängen gelangte er zu einem dekorativen Flächenstil. Seine Holzschnitt-Serien mit ihren Schwarz-Weiss-Kontrasten übten grossen Einfluss auf die Malerei des Expressionismus wie auch auf die Druckgraphik aus. Mit Illustrationen belieferte er fast alle namhaften Pariser Zeitschriften, besonders die «Revue Blanche». 1892 Mitglied der Künstlergruppe «Nabis». 1900 französische Staatsbürgerschaft. Allmählich widmete er sich wieder vermehrt der Malerei, wobei in seinen Gemälden gewisse Stilmerkmale der Holzschnittkunst – Umrissbetonung und Grossflächigkeit – übernommen wurden. 1903 entschloss er sich, vermehrt grossformatige Kompositionen in Angriff zu nehmen (monumentale Aktbilder). 1904 schuf er auch eine Anzahl Skulpturen. Ab 1910 stand die Landschaftsdarstellung im Vordergrund. Sein 1907/08 verfasster, posthum erschienener Roman «La Vie meurtrière» trägt autobiographische Züge.

**Varlin (Willy Guggenheim)**
16.3.1900 Zürich –
30.10.1977 Bondo TI
Besuch der Kantonsschule und der Gewerbeschule St. Gallen. Hier begann er eine Lehre als Lithograph. 1921/22 Besuch der Staatlichen Kunstgewerbeschule Berlin. 1922–1932 lebte er in Paris als freischaffender Maler und verkehrte mit dem Künstlerkreis von Montparnasse (Soutine, Soupeault usw.). Besuch der Académie Julian. Karikaturen für den «Nebelspalter» sowie für diverse Pariser Zeitschriften. Ab 1937 in Zürich wohnhaft, ab 1964 teilweise auch in Bondo im Bergell. Für die Expo 1964 in Lausanne schuf er zwei grossformatige Gruppenbilder (Sektor l'Art de Vivre). Schwerpunkte seines Schaffens sind Stadtlandschaften, Fensterausblicke und Stilleben, später auch Bildnisse.

**Vieira, Mary (Maria)**
30.7.1927 São Paulo (Brasilien), lebt in Basel und Mailand
Nach pädagogischen Studien Unterricht bei Alberto da Veiga Guignard an der Académie des Beaux-Arts Belo Horizonte 1943–1947. 1951 kam sie nach Europa, ab 1952 in der Schweiz ansässig. Mitglied der Gruppe «Allianz». Seit 1966 unterrichtet sie Raumgestaltung an der Kunstgewerbeschule Basel. Zahlreiche ihrer auf mathematischen Prinzipien beruhenden Skulpturen, sog. «Polyvolumen», befinden sich in privatem und öffentlichem Besitz in der Schweiz und im Ausland. Sie befasst sich ferner mit Tapisserien, Malerei, Graphik, kinetischer Kunst und Raumgestaltung. Zahlreiche internationale Auszeichnungen.

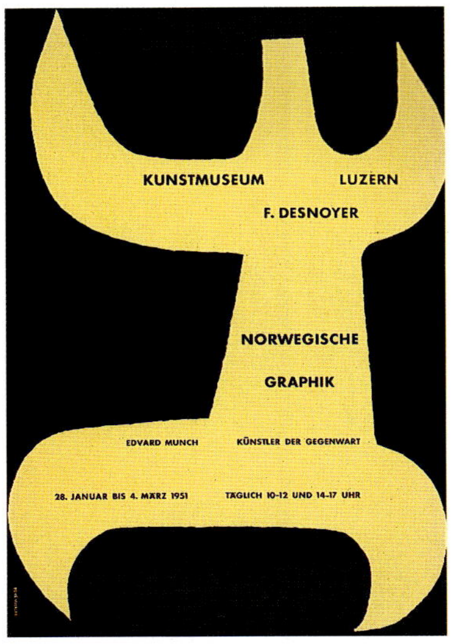


1951

1940

1943

1895

**Villiger, René**
6.2.1931 Sins AG, lebt in Sins
Ausbildung zum Graphiker 1946–1951 an der Kunstgewerbeschule Luzern (Lehrer u.a. Max v. Moos). Nach verschiedenen Auslandaufenthalten führte er ab 1953 ein eigenes Graphikatelier in Zürich, seit 1971 in Sins. Haupttätigkeitsgebiet ist die Werbung für zahlreiche namhafte Firmen der Schweiz, die Illustration von Lehrmitteln, zudem Raum- und Wandgestaltungen (u.a. Naturw. Institut der Universität Zürich). In zahlreichen Ausstellungen ist er auch als Maler hervorgetreten.

**Vivarelli, Carlo L.**
8.5.1919 Zürich – 12.6.1986 Zürich
1934–1939 Graphikerlehre und Besuch der Kunstgewerbeschule Zürich. 1939 Aufenthalt in Paris. 1946 wurde er künstlerischer Leiter im Studio Boggeri in Mailand. Ab 1947 führte er ein eigenes Atelier in Zürich, Designberater grosser Industrie-Firmen. Ab 1950 auch als Maler der konkreten Richtung tätig, seit 1966 regelmässige Ausstellungen. Herausgabe – gemeinsam mit Lohse, Neuburg und Müller-Brockmann – der Fachzeitschrift «Neue Grafik». 1988 widmete ihm die Stiftung für konstruktive und konkrete Kunst in Zürich eine Gedenkausstellung.

**Vuilleumier, Reynold**
11.3.1904 Tramelan BE –
19.1.1987 Nyon VD
1918–1920 Uhrmacherlehre in Tramelan und Tätigkeit als Uhrmacher bis 1924. Nebenher Zeichenunterricht in St-Imier. 1925–1928 Ecole des Arts Industriels in Genf. 1928 Eintritt bei der Firma Bally als Schaufensterdekorateur. 1930–1934 bei der Firma Löw tätig, anschliessend erneut bei Bally, zuerst in Schönenwerd (Wandgemälde Schuhmuseum) und dann im Werbebüro in Zürich. Er entwarf zahlreiche Plakate, auch ausserhalb der Firma. Graphische Gestaltung von Prospekten, Schaufenstern und Inseraten.
In den fünfziger Jahren Abendkurse im Figurenzeichnen. Regelmässige Ausstellungsbeteiligungen. Nach seiner Pensionierung 1969 übersiedelte er 1970 nach Nyon, wo er sich bis zu seinem Tod v.a. dem Landschafts-Aquarell widmete.

**Weber, Johannes**
24.5.1871 Zollikon ZH –
19.12.1949 Zürich
1886–1890 Kunstgewerbeschule Zürich, anschliessend während zwei Jahren Weiterbildung in Paris. 1892–1905 Zeichenlehrer an der Kantonsschule Frauenfeld, dazwischen (1897) Besuch der Académie Julian in Paris. 1906/07 Lehrtätigkeit an der Kantonsschule Zürich. Danach erneut an der Académie Julian. 1908 Rückkehr nach Zürich, zunächst als freier Maler, 1917–1937 als Zeichenlehrer an der kantonalen Oberrealschule tätig. Er führte zahlreiche Porträtaufträge von Persönlichkeiten des öffentlichen Lebens aus (u.a. General Wille), widmete sich zudem der Landschafts- und der Pferdemalerei.

1967

1989

1978

1931

**Wegmann, Karl Jakob**
17.3.1928 Haslen GL, lebt in Zürich
Erster Malunterricht beim Vater Jak. Heinr. Wegmann. Absolvierte zunächst eine Buchdrucker-, anschliessend noch eine Textildruckerlehre. 1947/48 Besuch der Kunstgewerbeschule Zürich. Ab 1949 freie künstlerische Tätigkeit in Zürich. 1959–1963 Sommeratelier im Schloss Weyer in Ettiswil LU, das mit einem Teil der Bilder durch Blitzschlag zerstört wurde. Nach gegenständlichen Anfängen (v.a. Landschaften, Städtebilder sowie Pferdemotive) ab 1956 Übergang zur Abstraktion (räumliche Durchdringung und der Formen). 1959 Verleihung des Conrad Ferdinand Meyer-Preises, 1989 Kulturpreis des Kantons Glarus. Zahlreiche Werke in öffentlichem Besitz. Ausstellungen in Deutschland und der Schweiz.

**Weiersmüller, Rolf**
31.10.1941 Uster ZH, lebt in Zürich
Nach einer Graphikerlehre 1959–1964 unterrichtete er während elf Jahren an der Schule für Gestaltung Zürich. Seit 1975 führt er ein selbständiges Atelier für visuelle Gestaltung.

**Weingart, Wolfgang**
6.2.1941 in Konstanz (D), lebt in Basel
Lernte das Handwerk des Schriftsetzers. Seit 1968 Lehrer für Typographie an der Schule für Gestaltung Basel. Mitarbeiter der ‹Typographischen Monatsblätter› und Herausgeber verschiedener Periodika. Seit 1972 Vorträge und Seminare über seine Lehrmethodik in der Schweiz, BRD, Holland, Grossbritannien, Norwegen, Österreich, den USA und Kanada. Veröffentlichungen in der internationalen Fachpresse. Mehrfache Auszeichnungen. Mitglied AGI. Als Lehrer und Gestalter ist er Autodidakt.

**Weiskönig, Werner**
3.11.1907 Chemnitz (D; Bürger von St. Gallen) – 23.3.1982 St. Gallen
1924–1927 besuchte er die kunstgewerbliche Abteilung an der Gewerbeschule St. Gallen. 1930/31 Aufenthalt an der Staatlichen Kunstakademie in Düsseldorf. Anschliessend Reisen in Europa und Nordafrika. Niederlassung 1934 in St. Gallen. Tätig als Maler und Gebrauchsgraphiker: Beratung, Planung und Durchführung von Werbeaktionen, Signeten, Briefmarken, Ausstellungs- und Messebauten. Gestaltung von Werbeträgern aller Art in Wort und Bild. Sein erstes Plakat entstand 1931 für das 25. St. Galler Kantonal-Turnfest. Verschiedene Verkehrsvereine nahmen seine Dienste in Anspruch, insgesamt schuf er über 40 Plakate, u.a. auch für die Mustermesse Basel sowie für die Olma St. Gallen. Künstlerische Ausstattung (Wandbilder, Glasfenster) mehrerer Schulhäuser und Mitbeteiligung am Schweiz. Schulwandbildwerk.

1946

1984

1962

1973

**Welf, Edmund**
11.6.1915 Zürich, lebt in Zürich
Die ersten Jugendjahre verbrachte er in Italien, 1927 kehrte er in die Schweiz zurück. 1932–1936 Graphikerlehre bei der Firma Fretz AG in Zürich und Abendkurse an der Kunstgewerbeschule. 1937/38 Studium an der Kunstakademie in Berlin. Seit seiner Rückkehr in die Schweiz ist er selbständig tätig in Zürich. Er befasste sich mit baulichen Konzepten, betrieb Studien zu einer Masseinheit für den Wohnungs- und Bürobau und entwarf u.a. ein neues Verkehrsteiler-System («Delta») sowie ein Filmprojektions-System. Einige seiner Plakatentwürfe sind international ausgezeichnet worden. Nebenberuflich beschäftigte er sich mit Malerei, Architektur und Schrift.

**Wenger, Rolf**
27.12.1951 Bern, lebt in Wabern/Bern
Nach einjährigem Vorkurs absolvierte er 1971–1975 eine Graphikerlehre bei Chocolat Tobler und an der Kunstgewerbeschule Bern. Anschliessend bis 1980 als Graphiker und Illustrator in einer Werbeagentur in Bern tätig. 1981 besuchte er zur Weiterbildung diverse Airbrush-Illustratoren in Kalifornien (USA). Seit 1983 arbeitet er als selbständiger Graphiker und Illustrator in Bern, zu seinen Auftraggebern gehören u.a. die Modezeitschrift Annabelle, Banken sowie die Pharma-Industrie.

**Wermelinger, Willi**
1.1.1933 Basel, lebt in Zollikon ZH
1949–1954 Kunstgewerbeschule Basel (Graphik-Fachklasse), danach bis 1960 in der Werbeagentur Wirz in Zürich tätig. Nach einem Aufenthalt in einer Werbeagentur in London machte er sich 1962 selbständig. Für die Privatwirtschaft und öffentliche Institutionen entwirft er Inserate, Plakate, Verpackungen, Signete, Broschüren, Konzeptionen und Illustrationen. Wiederholt wurden seine Plakate und Signete prämiert (u.a. Premio Europeo Rizzoli, Bronzene Reisekutsche (Plakat SVZ) sowie erster Preis (PTT) für einen Briefmarkenentwurf).

**Wespi, Dora**
28.7.1946 Reiden LU, lebt in Luzern
Nach einer kaufmännischen Ausbildung besuchte sie die Schule für Gestaltung Luzern (Vorkurs und Graphik-Fachklasse). Seit 1975 freischaffend. 1976 erhielt sie das Eidg. Stipendium für angewandte Kunst. Zahlreiche Ausstellungen seit 1978. Heute ist sie vorwiegend als Illustratorin für verschiedene Buch- und Zeitschriftenverlage tätig. Seit 1981 Lehrerin an der Schule für Gestaltung Luzern, seit 1989 Leiterin der Abteilung «Vorkurs». 1984/85 Lehrauftrag an der Schule für Gestaltung Zürich.

1947

1985

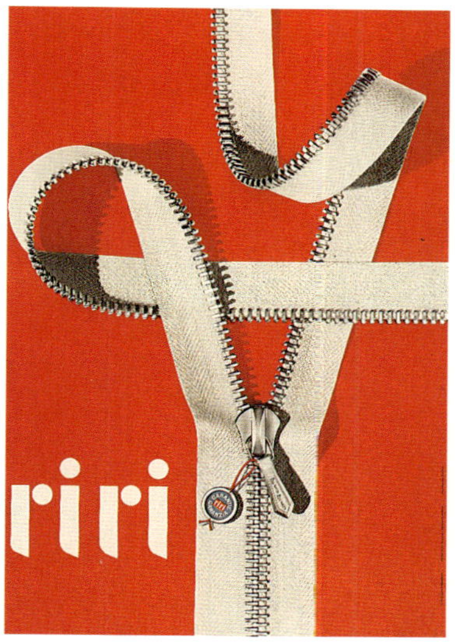


1958

1903

**Wetli, Hugo**
20.3.1916 Bern – 23.8.1972 Bern
1932–1935 Bauzeichnerlehre in Bern, anschliessend Ausbildung zum Graphiker in privaten Ateliers. 1936–1946 als Maler und Zeichner in Bern und Genf tätig, mit Unterbrüchen durch Reisen (in Europa, Afrika und den USA). Zudem gebrauchsgraphische Arbeiten (Verkehrsplakate, Buchillustrationen u.a.). 1947/48 Aufenthalt an der Académie de la Grande Chaumière in Paris. 1949–1956 Graphiker in einem Herrenbekleidungsgeschäft in Olten, danach eröffnete er ein eigenes Graphikatelier, war aber auch weiterhin als Maler (Wandbildaufträge für Swissair in Mailand, Expo Lausanne u.a.) und Illustrator tätig, ferner Verfasser von: «Griechenland. Zeichnungen und Notizen» (Zürich 1965). Zahlreiche Ausstellungen im Inland. Ab 1964 in Halen bei Bern ansässig.

**Wetter, Trix**
8.4.1947 Zürich, lebt in Zürich
Nach Absolvierung des Vorkurses an der Kunstgewerbeschule Bern besuchte sie während vier Jahren die Graphik-Fachklasse an der Kunstgewerbeschule Biel. 1967–1972 in der Werbeagentur Hablützel & Jacquet in Bern tätig, danach selbständig. 1977 Übersiedlung nach Zürich, Illustrationen für das Tages-Anzeiger-Magazin sowie Aufträge verschiedener Agenturen. Seit 1984 regelmässige Gestaltung der Kunstzeitschrift «Parkett», Plakate und Kataloge für Kunstmuseen im In- und Ausland, 1988 für Swatch-Uhren. Neugestaltung der Architekturzeitschrift «Ottagono», Mailand.

**Widmer, Hansruedi**
26.2.1930 Zürich,
lebt in Gockhausen ZH
Nach der Ausbildung zum Graphiker an der Kunstgewerbeschule Zürich Studienaufenthalt in Paris. Als Graphiker bei Victor N. Cohen. Atelierleiter und Mitglied der Geschäftsleitung der Advico AG, Werbeagentur BSW. Einige Jahre Tätigkeit als Werbeberater und Mitarbeit beim Aufbau eines Filmproduktions-Unternehmens. Seit mehr als 25 Jahren Leiter der Devico AG, Gesellschaft für Industrial Design in Gockhausen. Schwerpunkte seiner Tätigkeit sind heute die Gestaltung von Erscheinungsbildern und Packungen.

**Wieland, Hans Beat**
11.6.1867 Gallusberg SG – 23.8.1945 Kriens LU
Aufgewachsen und erster Zeichenunterricht in Basel. 1884/85 Besuch der Kunstgewerbeschule und bis 1892 der Akademie in München. Bekanntschaft mit C. Amiet und G. Giacometti. Nach einem Aufenthalt in Rom reiste er 1893 nach Chicago, wo er mit Z. Diemer im Auftrag des österreich. Staates für die Weltausstellung ein Panorama der Tirolerberge malte. 1894–1918 erneut in München. 1904–1906 Mitglied der eidg. Kunstkommission als Vertreter in München. Während des ersten Weltkriegs wurde er zum Militärmaler der österr.-ungar. Armee berufen. Frontberichterstatter. 1917 Verleihung des Professorentitels durch Ludwig III. von Bayern. 1918–1932 liess er sich in Schwyz nieder, danach in Kriens. 1934 Reise nach Marokko. Ab 1937 Präsident der GSMBA Luzern. Neben einem reichen graphischen Œuvre, mehreren Wandgemälden und Buchillustrationen schuf er v.a. volksnahe Genreszenen und Alpenbilder. In den dreissiger Jahren allmähliche Loslösung vom Realismus und Hinwendung zu einem graphisch-dekorativen Stil.

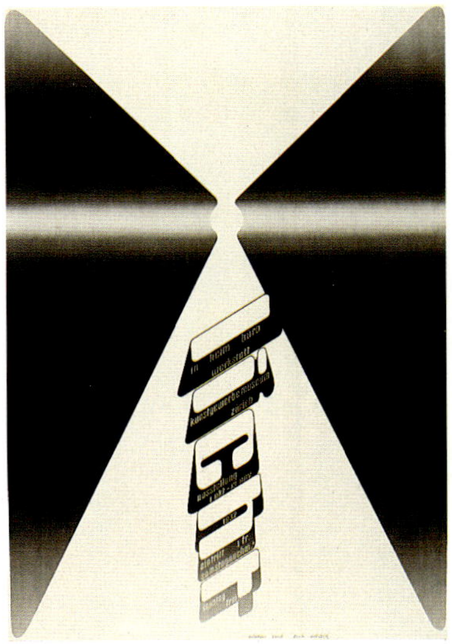

1932

1956

1958

1967

**Willimann, Alfred**
26.2.1900 Klingnau AG –
17.1.1957 Zürich
1916/17 Besuch der Kunstgewerbeschule Zürich, anschliessend selbständig tätig als Graphiker und Bildhauer. 1921–1924 Akademie der bildenden Künste in Berlin, Ausbildung in Malerei und Bildhauerei. 1924–1929 als Bildhauer und Graphiker in Oerlikon und Zürich. Studienaufenthalt in Paris. Ab 1930 war er Lehrer an der Kunstgewerbeschule Zürich, zunächst für Zeichnen und Schrift, später auch für typographische Gestaltung an der Photoklasse. Er vermittelte wichtige Impulse für die nächste Photographen- und Graphikergeneration. Er war auch als Industriegraphiker tätig und gestaltete zahlreiche Ausstellungsplakate.

**Wirth, Kurt**
12.9.1917 Bern, lebt in Bern
Nach dreijähriger Ausbildung zum Graphiker (u.a. bei Hans Fischer/fis) sowie Kursen an der Gewerbeschule Bern eröffnete er 1937 ein eigenes Atelier. Illustrationen für zahlreiche schweizerische Tageszeitungen, Bücher sowie Taschenbuch-Umschlagentwürfe für den Fischer Verlag, Frankfurt, ferner Pharma-Prospekte. 1955 schloss er sich für fünf Jahre mit vier andern Künstlern zum «Tim» (Team) zusammen. Es entstanden auch Wandbilder, Öl-, Tempera- und Gouachegemälde. Ausstellungsgestaltungen und Beteiligung an Ausstellungen im In- und Ausland. Zahlreiche Auszeichnungen. 1956–1959 Präsident des VSG. Verfasser didaktischer Fachbücher über das Zeichnen. 1971–1987 unterrichtete er Komposition und Bildaufbau am Zeichenlehrerseminar der Schule für Gestaltung Bern. Zu seinen Auftraggebern zählen u.a. die Schweiz. Verkehrszentrale, die SBB und die Swissair, für die er 1988 auch eine neue, beliebig variierbare Bild-Identität entwarf (Modulor für geometrische Streifenbilder).

**Witzig, Ernest**
25.1.1928 in Schaffhausen –
18.2.1989 Ferlens VD
Ausbildung an der Kunstgewerbeschule Basel. Ab 1947 arbeitete er in Lausanne, zunächst in einer Druckerei, anschliessend in einer Werbeagentur. 1951 eröffnete er ein eigenes graphisches Atelier in Lausanne. Doch neben seiner graphischen Tätigkeit (Briefmarkenentwürfe für PTT, seit 1964 Spezialisierung auf Weinetikettenentwürfe, in Zusammenarbeit mit M. Legoz) widmete er sich stets auch der Malerei. Zahlreiche Ausstellungen im In- und Ausland. Von 1977–1986 betrieb er mit seiner Frau Madeleine Witzig die «Galerie d'Art Quadri» in Lausanne.

**Wyss, Alban**
29.4.1927 Gebenstorf AG,
lebt in Luzern
Vierjährige Berufslehre und Besuch der Kunstgewerbeschule Luzern. Ausbildung als Werbephotograph in einer Werbeagentur in Zürich. Anschliessend war er während drei Jahren Mitarbeiter bei Marshal-Plan in Paris. 1953–1955 Atelierleiter der Cellpack AG in Wohlen. Seit 1955 eigenes Atelier für Graphik und Photographie in Luzern. 1961 Lehrer für Typographie an der Schule für Gestaltung Luzern. Mehrere Auszeichnungen bei Plakatwettbewerben.

# Z

1988

1983

1923

1963

**Wyss, Marcel**
21.2.1930 Bern, lebt in Bern
1946–1950 Graphikerlehre und Besuch der Kunstgewerbeschule in Bern, anschliessend Volontariat in der Verpackungsindustrie. 1952 Mitarbeiter von Robert Sessler, Bern. 1953 gründete er mit Eugen Gromінger und Dieter Roth die «spirale», Internationale Zeitschrift für konkrete Kunst, deren Herausgeber er bis 1964 war. Seine enge Verbundenheit mit der konkreten Kunst geht auch aus seinem Plakatschaffen hervor, häufig führt er Aufträge für Kunstmuseen und Galerien aus. Seit 1953 ist er als selbständiger Graphiker und freier Künstler tätig. Wiederholt erhielt er das Eidg. Stipendium für angewandte Kunst sowie mehrere nationale und internationale Auszeichnungen für Buch- und Plakatgestaltungen. 1980 Gewinner des Plastikwettbewerbs Neubau SBG Bern. 1986 Verleihung des Camille Graeser-Preises.

**Wyss, Ruedi**
30.9.1949 Zofingen AG,
lebt in Bern und Zürich
Besuch der Kantonsschule Zug, 1968–1972 Schule für Gestaltung in Biel (Fachklasse Graphik). Seit 1974 arbeitet er selbständig in Bern. Zu seinen wichtigsten Auftraggebern gehören diverse Kulturveranstalter. Mehrere Auszeichnungen und Stipendien. 1985 war er an der Ausstellung «L'Image des mots» im Centre G. Pompidou in Paris vertreten. 1985–1987 unterrichtete er an der Schule für Gestaltung in Bern, seit 1987 ist er Lehrer an der Fachklasse für Graphik und an der Weiterbildungsklasse Visuelle Kommunikation an der Schule für Gestaltung in Zürich.

**Zehnder, Meinrad**
17.5.1885 Einsiedeln SZ –
17.3.1941 Einsiedeln
Nach einer Lehre als Zeichner-Lithograph beim Benziger-Verlag in Einsiedeln besuchte er die Kunstakademie in München und erwarb dort das Zeichenlehrerpatent. Anschliessend Zeichenlehrer an der Klosterschule Einsiedeln und an der dortigen Gewerbeschule. Kassier der K. K. Konkordia und Führung einer eigenen Papeterie. Neben seiner beruflichen Tätigkeit schuf er Linolschnitte mit Szenen und Bräuchen aus dem Leben seiner Heimatstadt, zudem Tempera- und Aquarellbilder.

**Zeugin, Mark**
9.7.1930 Bern, lebt in Ebikon LU
Nach Schulen in Liestal und Luzern Ausbildung zum Graphiker an der Schule für Gestaltung Luzern. Praxislehre in einem graphischen Atelier 1948–1952. Nach kurzer Tätigkeit als Graphiker in Basel war er 1954–1957 Art Director in einer Luzerner Werbeagentur. 1958 eröffnete er hier ein eigenes graphisches Atelier, das 1965 in eine Design- und Werbeagentur mit mehreren Mitarbeitern umgewandelt wurde. 1963–1972 Präsident des Bundes Graphischer Gestalter der Schweiz und 1972–1975 der ASG, zudem Mitglied AGI und BSW. Seit 1978 Fachlehrer für Graphik an der Kant. Schule für Gestaltung Biel. Zahlreiche Ausstellungsbeteiligungen und Preise für Plakate und Büchergestaltungen im In- und Ausland.

1930

**Zimmermann, Gustav Oskar**
8.6.1874 Zürich – 11.7.1966 Zürich
Nach einer vierjährigen Zeichnerausbildung bei Orell Füssli AG begab er sich zur Weiterbildung nach Paris. Er arbeitete dort in einer Druckerei, begann jedoch auch zu malen und war mit seinen Arbeiten von 1901–1911 regelmässig an den Pariser Salonausstellungen vertreten. Nach 27 Jahren kehrte er nach Zürich zurück, wo er sich als Reklamezeichner den Unterhalt bestreiten musste. Seine Werke signierte er mit «Zim».

1982

**Zimmermann, Peter**
30.5.1952 Vitznau LU, lebt in Zürich
Nach einer Berufslehre und Weiterbildung an der Kunstgewerbeschule Luzern Studienaufenthalte in Rom, Hamburg und Berlin. Seit 1978 eigenes Atelier für Gestaltung in Zürich. 1982 eidg. dipl. Werbeassistent. 1984 Werkjahrbeitrag des Kantons Zürich für die Gestaltung des Bandes «Marcel Duchamp, die Schriften I». Er gestaltet Kunst- und Sachbücher für Museen, Verlage und Institutionen und entwirft Plakate (u.a. für Kunstmuseum Winterthur, Kunsthalle Zürich, Strauhof Zürich, Museum für Gestaltung Zürich).

1957

**Zimmermann, Yves José**
17.4.1937 Basel, lebt in Barcelona
Studium an der Allg. Gewerbeschule Basel. Begann seine graphische Tätigkeit 1957 in New York im Studio Will Burtin, Visual Research and Design. 1958 arbeitete er mit dem Architekten Ulrich Franzen. Anschliessend bei Geigy Chemical Corporation in Ardsley, N.Y., später in Montreal. 1960 Rückkehr nach Basel. 1961–1966 Art Director bei Geigy S.A. in Barcelona. 1966–1968 Art Director in der Werbeagentur Grupo Publicitario Barcelona. Gründete 1968 ein eigenes Graphikstudio. 1975–1988 leitete er gemeinsam mit dem Industrial Designer André Ricard die Diseño Integral. 1989 Gründung der Zimmermann Asociados S.L. Er war während mehrerer Jahre Lehrer an der Elisava und Eina, zwei Schulen für Gestaltung in Barcelona. Mitarbeit an Büchern über Visuelle Kommunikation und Gestaltung (gemeinsam mit dem Herausgeber Gustavo Gili).

1956

**Zryd, Werner**
16.12.1923 Zürich, lebt in Zürich
Graphikerlehre 1941–1943, Besuch der Graphik-Fachklasse an der Kunstgewerbeschule Zürich. Anschliessend Assistent von Emil Schulthess an der Monatszeitschrift «Du». Ab 1946 vorwiegend freischaffend tätig, mit temporären Aufenthalten in verschiedenen Werbeagenturen. Zu seinen wichtigsten Auftraggebern gehören Jelmoli (Sektor Ausstellungen), Kurverein Arosa, Landeslotterie, Kunsthaus Zürich sowie Rietbergmuseum Zürich. Ab 1957 hat er für seine Plakate mehrmals Auszeichnungen erhalten, u.a. 1962 Goldmedaille an der 2. internationalen Touristik-Plakatausstellung, Livorno.

1970

**Zwimpfer, Moritz**
28.1.1940 Entlebuch LU, lebt in Basel
Nach Ausbildung an der Kunstgewerbeschule Basel (1956–1962 Vorkurs und Graphik-Fachklasse) arbeitete er in einem Graphikstudio in Mailand, anschliessend (1963–1966) im Graphikatelier von Bally. Seit 1967 befasst er sich mit der Gestaltung von Ausstellungen, Plakaten und Publikationen für das Völkerkundemuseum Basel sowie von Plakaten für das dortige Gewerbemuseum. Daneben Lehrtätigkeit an der Schule für Gestaltung Basel (Farbunterricht und Farbtheorie), seit 1986 Entwurfsunterricht an der Graphik-Fachklasse. 1977 Eidg. Stipendium für angewandte Kunst. 1985 erschien sein Buch «Farbe – Licht, Sehen, Empfinden» (Verlag Haupt, Bern). Seit 1988 erteilt er an mexikanischen Design-Schulen Kurse über Methodik im Gestalterunterricht.

**Abkürzungen**

| | |
|---|---|
| AGI | Alliance Graphique Internationale |
| ASG | Arbeitsgemeinschaft Schweizer Grafiker |
| BSW | Bund Schweizer Werbeagenturen |
| SGV | Schweizer Graphiker Verband |
| SRV | Schweizer Reklameverband |
| SWB | Schweizerischer Werkbund |
| VSG | Verband Schweizer Grafiker |

## Die Plakatsammlung des Museums für Gestaltung Zürich

Die vorliegende Publikation über Schweizer Plakatgestalter gibt mit ihrem Bildmaterial einen Einblick in die Plakatsammlung des Museums für Gestaltung in Zürich, das mit über 200 000 Exemplaren die wohl grösste und wertvollste Sammlung dieser Art auf der Welt besitzt.

Der Beginn war denkbar anspruchslos. Von der Gründung des Kunstgewerbemuseums (heute Museum für Gestaltung) vor über hundert Jahren bis zum Jahr 1961 wurden eigene und fremde Plakate einfach aufbewahrt, ohne dass jemand auf den Gedanken gekommen wäre, sie systematisch zu sammeln und zu bearbeiten. So kamen bis 1933 etwa 4000 Plakate zusammen – für damalige Verhältnisse ein grosser Bestand, der das Museum zu seiner ersten internationalen Plakat-Ausstellung veranlasste. Genau zwanzig Jahre später – die Sammlung umfasste nun bereits 20 000 Exemplare – wurde eine zweite derartige Ausstellung durchgeführt. Sie gab zum erstenmal einen umfassenden Einblick in das internationale Plakatschaffen. Ein Katalog von Willy Rotzler, welcher die Ausstellung organisiert hatte, ist leider längst vergriffen.

Unterdessen hatte ein Privatsammler, Fred Schneckenburger in Frauenfeld, in aller Stille mit 15 000 Plakaten eine fast ebenso grosse Sammlung angelegt. 1930 hatte er systematisch damit begonnen, Verkehrsvereine und andere Organisationen auf der ganzen Welt um Belegexemplare ihrer Werbeplakate zu bitten. Dank seinen vielen Auslandreisen war es ihm auch möglich, in vielen Hauptstädten Helfer zu finden, die ihm über Jahre hin wertvolles Plakatgut zukommen liessen. 1949 wurden im Helmhaus Zürich aus der Sammlung Schneckenburger unter dem Titel «Das Plakat als Zeitspiegel» über 900 Plakate gezeigt. Das Plakat für diese kulturgeschichtliche Schau schuf Schneckenburgers Freund Hans Falk.

Mitte der fünfziger Jahre bot Schneckenburger seine wertvolle Sammlung zum Kauf an. Ihr Umfang sprengte räumlich und organisatorisch die Möglichkeiten eines privaten Sammlers. Hans Fischli, der damalige Direktor von Schule und Museum für Gestaltung, und der damalige Stadtpräsident Dr. Emil Landolt nahmen Verhandlungen mit Fred Schneckenburger auf, die schliesslich dazu führten, dass die Stadt Zürich 1955 die Sammlung für 50 000 Franken erwarb. Mit Stadtratsbeschluss Nr. 528 vom 4. März 1955 wurden alle 15 000 Plakate dem Museum für Gestaltung übergeben, womit eine Zersplitterung der Sammlung verhindert werden konnte.

Unter diesen Plakaten, vielfach Meisterwerken der Plakatkunst, befanden sich auch zirka 200 russische Plakate aus den zwanziger und dreissiger Jahren, die mit grosser Wahrscheinlichkeit die einzigen aus dieser Epoche noch existierenden Exemplare sind. Eine weitere Spezialität der Sammlung Schneckenburger waren «Wandzeitungen» aus dem nationalsozialistischen Deutschland.

Lange Zeit «schlummerten» die angehäuften Plakate einen Dornröschenschlaf. Das änderte sich erst 1961, als Oskar Walser in einer Zürcher Tageszeitung einen Artikel mit dem Titel «Kunstgewerbemuseum – Grabstätte für 15 000 Plakate» schrieb. In Wirklichkeit war der Bestand inzwischen aber bereits auf 45 000 Plakate angewachsen. Es wurde nun versucht, Ordnung in diese Lagerbestände zu bringen, doch fehlten der Platz und das sachkundige Personal. 1968 wurde die Sammlung – sie hatte zu diesem Zeitpunkt die 70 000-Grenze überschritten – in den Konradshof, Limmatstrasse 57, 8005 Zürich, verlegt. Erst dort begann eine sachgemässe Aufbewahrung und Registrierung.

Da damals kein Museum der Welt Plakate in so grossem Ausmass sammelte und brauchbare Erfahrungen in der Aufbewahrung besass, musste für die Archivierung zuerst ein Konzept erarbeitet werden. Schon der Umgang mit so grossformatigen, leicht zu beschädigenden Papierobjekten stellte uns vor einige Probleme. Zunächst versuchten wir, die Plakate – wie Leintücher an einer Wäscheleine – an Kartonbügeln aufzuhängen. Dieses Verfahren bewährte sich jedoch nicht, weshalb wir schliesslich dazu übergingen, die Bogen in eigens dafür entwickelten Metallschubladen abzulegen.

Die Plakate werden seither sowohl in einer Sach- als auch in einer Autorenkartei dokumentiert. Zu diesem Zweck recherchieren wir jeweils den Autor, bzw. den Designer oder Graphiker eines Plakats, ferner Zeitpunkt und Anlass seines Entstehens sowie den Inhalt seiner Aussage, Drucktechnik und Druckerei. Ausserdem werden von jedem Plakat nach einer Dia-Film-Aufnahme zwei farbkonstante Cibachrome-Kopien hergestellt. Die Karteikarten, versehen mit einer Reproduktion und wichtiger Sachinformation, liefern somit über jedes Plakat die wichtigsten Informationen.

Unser Museum sammelt und archiviert jedoch diese Plakate nicht nur, sondern präsentiert auch in kleinen, regelmässig wechselnden Ausstellungen Arbeiten bekannter Plakatgestalter. Darüber hinaus zeigt es seine Plakate auch in öffentlichen Ausstellungen in der Schweiz wie im Ausland. Exemplare aus der Sammlung sind auf Ausstellungen von Russland bis Amerika zu sehen.
Im vergangenen Jahr 1989 wurden über 1500 Plakate weltweit als Leihgaben an verschiedene Institutionen gesandt. Täglich kommen Anfragen aus dem In- und Ausland, die Auskünfte über bestimmte Gestalter oder Plakate erbitten. Verleger und Journalisten finden bei uns Material zur Illustration ihrer Publikationen. Viele Studenten suchen Dokumentationsmaterial für ihre Arbeiten, und zwei Hochschulabsolventen haben sich in ihren Dissertationen mit dem Phänomen des Plakats auseinandergesetzt.

Vom Plakat zum 1. Mai über Protest- und Abstimmungsplakate bis zum Zirkus- oder Umweltschutz-Plakat – sie alle werden gesammelt, registriert, dokumentiert und eingeordnet; mit jedem Jahr gewinnen sie an historischem Wert. Mit sorgfältiger Archivierung und Restaurierung leistet das Museum für Gestaltung so einen wichtigen Beitrag zur Erhaltung dieser kulturgeschichtlichen «Spiegelbilder».

Die Plakatsammlung an der Zürcher Limmatstrasse ist von Montag bis Freitag zu den Bürozeiten für Besucher geöffnet; Voranmeldung ist erwünscht.

Karl Wobmann